【清】李慈銘 著
張桂麗 輯校

上海古籍出版社

同治元年

正月

何氏學　清　何治運

十四日　偕叔子、珊士遊廠甸，買得嘉定金璞園先生曰追儀禮正譌一部、閩人何郊海治運何氏學一部、宋人李心傳舊聞證誤一部。郊海深通小學，其書指駁潛邱、竹垞、謝山、竹汀、抱經、北江、淵如、覃谿、懋堂、伯申、匪石諸家之說，皆確有所據。以嘗爲西莊弟子，又受知於儀徵，故於二家之書，獨無所糾擿也。

三月

樹經堂文集　清　謝啓昆

朔　今日閱樹經堂文，僅二十首。蘇潭名啓昆，字蘊山，南康人，官至廣西巡撫，所著小學考及西魏書，皆經史中必傳之作。西魏書，予日記庚集中已論之矣。其文久已散失，問月偶於琉璃廠書肆，得其稿二十篇，乃湯海秋户部家物。問月即以寄中丞孫陝西知州某，遂登於木，亦幸事也。其文皆原本經籍，簡潔詳明，具可寶貴。與孫淵如辨湯陵在山西榮河兩書，與趙雲松論西魏書體例兩書，與馮鷺庭辨浙東浙西書，俱考覈精碻，足垂之不刊。所論兩浙分合，尤字字不苟，吾浙考方輿者不可不采此文。予日記丁集中有言兩浙疆域形勢一條，與之吻合。因録存其書於此，以示予鄉人不可不知也，文附下方。其與姚惜抱書，言漢宋小學之書，塗殊徑異，或者互爲尊抑，不知各有本原。六書九數者，周官(周)〔保〕氏之教也；三德三行者，周官師氏之職也。劉録、班志録史籀以下爲小學，而弟子職入乎孝經，本末兼賅，皆學者所當從事。宋以來師氏之職大明，而(周)〔保〕氏之教掩晦，近儒乃講求之云云，數語平允精當，足釋漢宋門户之爭。與阮儀徵國朝儒林傳稿序，見揅經室文集。並爲千古名論。蓋姚姬傳雖講求經術，然頗爲異論。以後桐城宛陵及江右新城空疏謬妄之學派，實自姬傳開之，若方東樹、陳用光、梅曾亮尤其著也。如謝氏、阮氏之言，則學者各行其是，國史兩存其人，騎驛既通，冰炭可化矣。

附録謝氏啓昆答馮鷺庭書

承示嚴州應屬浙西，其稱浙東者流俗之失，具見考古雅懷。浙江省境，應稱布政司，不當沿元代行中書省之名，今姑狥時稱。西至徽州，東至海。浙江源出徽州，水經漸江「水出三天子都」，酈注：「山海經謂之浙江也，地理志云水出丹陽黟縣南蠻夷中。」東入於海，杭、嚴、嘉、湖四府在江北，金、衢、寧、紹、温、台、處七府在江南，使竟畫江爲界，稱爲浙南浙北，則尺土不可移易矣。若東西本無一定之界，即不必有一定之稱。按宋書州郡志，孝建元年分揚州之會稽今紹興、東陽今金華、新安今嚴州、永嘉今温州、臨海今台州五郡爲東揚州，當時雖無浙東之稱，而東之名已權輿於此。唐以前無浙江之目。唐初浙江全省隸江南東道，見新、舊唐書地理志。乾元元年乃曰浙江，分東西道節度使。見唐書方鎮表。浙西領昇今江蘇江寧、潤今鎮江、宣今安徽寧國、歙今徽州、饒今江西饒州、江今九江、蘇今江蘇蘇州、常今常州、杭今杭州、湖今湖州十州。浙東領越今紹興、睦今嚴州、衢今衢州、婺今金華、台今台州、明今寧波、處今處州、温今温州八州。貞元三年，乃以睦州隸浙西觀察使。見方鎮表。慈銘案，乾元二年即廢浙江西道節度使，置浙西觀察使，其宣、歙、饒三州於元年即罷領，更置宣、歙、饒觀察使，自後更易不常，浙東節度使亦於大曆五年改置觀察使，十四年廢浙東，合於浙西，數月復故。建中二年，復合浙東、西二道觀察，置鎮海軍節度使。貞元三年，復分爲浙東、浙西二道觀察使，於是，浙西僅領潤、江、常、蘇、杭、湖、睦七州，與浙東同矣。慈銘又案，處州本名括州，建中初以德宗諱适，避嫌名，故改處州，乾元元年乃肅宗即位之三年，其時尚爲括州，新書方鎮表因沿後稱而誤，謝氏亦失於更正也。

一朝之設官分地，因勢利便，具有經緯。其分爲東、西者，統計大勢如此，非沾沾僅以浙江一水定數千里方位也。故稱嚴州爲浙東者，乾元之制，稱浙西者，貞元之制，皆無不可。豈必乾元誤而貞元是哉？如以嚴州在唐曾隸浙西，即不可更稱浙東，則嚴州在漢半爲丹陽歙縣地，今必當改隸安徽，不可復稱浙矣。且東西南北，移步换形，州郡分併，尤無定制。若今河南省兼領河北，江南省兼轄江北，湖廣之蘄黄，舊領淮南，今安徽。慈銘案，唐肅宗至德元載初置淮南節度使，以蘄黄隸淮南道，旋改隸淮西道，後又隸鄂岳節度使，其實蘄黄固在淮西，非在淮南也。又按，淮南道初領揚、楚、滁、和、壽、廬、舒、光、蘄、安、黄、申、沔十三州，兼有今江蘇、安徽、湖北、河南四省地之一隅，以後光、沔、蘄、黄旋即他屬，廬、壽等亦移易無定，而其治所在揚州，終唐世不改，是淮南即今江北也。謝氏云今安徽，亦非。廣西之桂林，漢屬零陵今湖南。如此類者，不可更僕數。以下原本尚有數語，因文有語病，刪之。

國朝本無東、西浙之制，不過相沿舊稱，未爲大失。惟謂嚴州在浙江之東，此不達地形之言，誠有如先生所譏也。故欲正今日之方域，必以浙水之來處爲西，則金、衢亦在浙西；江水之入海處爲東，則杭、嘉亦在浙東耳。惟先生好古而知其意，按地而辨其形，故不憚反復陳之，惟高明鑒察焉。

雷介庵著述　清　雷學淇

十二日　偕允臣遊廠肆，買得李雁湖注王荊公詩一部，近人通州雷介庵淇所著書四種，爲服緯釋注、介庵經説及所輯世本與竹書紀年。服緯者，其父崇仁縣知縣鐏所撰，備言古今服章服制之沿革變遷，皆一準以經訓，而介庵箋注之。經説則雖以古義爲本，而不甚信鄭許之學，於近時諸名儒説亦無引用者，然精博時有可取。世本乃采掇群書所引，略存梗概而已。竹書紀年後附以天象、地理、世系各圖。予家有其書，紙槧俱佳。此本已爲翻刻，頗有誤字。紀年終不足深信，以流傳既久，古事之載於往籍者往往藉以考證。雷氏抉摘遺文佚義，多所補正，較徐氏文靖之統箋爲密，惜所撰義證四十卷，尚未見於世耳。

閻潛邱年譜　清　張穆

十五日　跋樹經堂遺文及閻譜各一通，文皆不存稿。張石舟爲山西平定州舉人，以博學稱於京師。嘗撰顧亭林氏年譜，搜輯賅洽，爲識者所重。閻譜體例，一同顧譜，惟潛邱事蹟較爲寥落，石舟廣徵博引，閩人何願船刑部秋濤佐之，凡各家詩文集及説部地志多所摭拾。雖或傷支蔓，不稱體裁，然可以考見一時人物著述之盛，於國史藝文志、儒林傳皆有裨益。惟石舟以同時毛西河氏與潛邱辨難相詬，遂痛詆西河，殊非公論。西河經學，固有可議，其與閻氏論古文尚書，閻氏作疏證力攻其僞，此潛邱平生第一致力之書。而西河作冤詞以矯之，自是虚憍逞辨，不能取勝。然我朝廓清宋元荒陋之學，西河實爲首功。凌次仲氏嘗言蕭山著述，如醫家之大黄，有立起沈疴之效，爲斯世不可無者，誠爲有見。而謂其四書改錯一書，最爲簡要可寶，予謂政不止此。其所説詩經諸書，自非唐以後人可及。論春秋亦多可取。若石舟者，其學問豈足望其津涯耶？

石舟又以元和顧千里氏言嘗見廣雅顧亭林氏校本，列潛邱於弟子，而潛邱著書未嘗及此，疑倍其師云云。石舟遂力辨潛邱未嘗爲亭林弟子，而詬千里爲輕薄翻覆，嘗師段氏懋堂，嗣以論學不合，遂貽書忿詆，身爲倍師之尤，而妄毁先哲。考千里未嘗執贄段氏，其相論難，乃以周世小學之制，段氏謂當主祭義「天子設四學」注「四學謂周四郊之虞庠」，而以爲周制四郊各有小學。此説始於仁和孫頤谷氏據北史劉芳傳「四小在郊」語。顧氏謂當主王制「虞庠在國之西郊」，而祭義爲誤字；各執一是。段撰禮記小學疏證一篇；顧撰學制備忘之記一篇，其説雖似段爲長，然各欲改經字以合於一，亦互有是非，今俱見兩家文集中。段、顧往復書及段證顧記，皆刻入經韻樓集，而思適堂集爲楊芸士所删。段氏既累與顧書痛辨之，復致書黄紹武以盡其説，其於千里亦極肆詆毁，而未嘗敢言千里爲其弟子。石舟與千里年輩不相接，何所感而毒詈之？甚非著書之體也。

頤志齋四譜 清 丁晏

十六日 跋丁儉卿晏所輯鄭康成氏、陳思王、陶靖節、陸宣公四年譜各一通。儉卿，江蘇山陽人，辛巳舉人。自序其所著經説，有周易解故一卷、禹貢集釋一卷、禹貢錐指正誤一卷、毛鄭詩釋四卷、詩考補注補遺三卷、蓋補東原戴氏之遺。重編鄭氏詩譜一卷、儀禮周禮禮記釋注八卷、佚禮抉微一卷、論語孔注正僞四卷、孝經徵文一卷、説文舉隅一卷。又有楚辭天問箋及柘唐脞録、柘唐詩文集、山陽詩徵等書，皆未刻。張石舟閻譜中屢引其柘唐脞録、山陽詩徵兩書，則所作固信而可徵。

此四譜僅其一鱗半爪，然援據詳博，考辨精細，所附論斷，簡雅可觀，是誠近日之儒林碩果矣。鄭君譜尤詳，其論范書本傳所載戒子書「不爲父母群弟所容」語，當據太平御覽所引別傳作「爲父母郡所容」，謂父母郡者，猶父母之邦也。爲父母郡所容，故下接言去廝役之吏，遊周秦之都，范書誤改，甚爲害理。此條極精確，有功於先儒甚鉅。惟謂其去廝役之吏爲指太守召爲功曹則非。案，袁宏後漢紀載鄭爲鄉嗇夫，屢詣學聽講，太守杜密爲除吏録，使得極學，遂造太學受業。范書杜密傳亦言密爲北海相，見鄭爲鄉佐，召署郡職，遂遣就學。此所謂去廝役之吏，遊周秦之都也。其辨孝經爲小同所注，據樂史太平寰宇記所載小同序文。然其文有「念昔先人餘暇，述夫子之志而注孝經」云云，則正言是康成所作而小同序之者。孫淵如氏問字堂集重修費縣東山書〔院〕記中誤亦與此同，丁氏殆本孫氏説，又但引太平御覽而不引寰宇記，亦疏。

又范書述鄭君著述，獨不及其周禮注。丁氏徧采群書所引鄭氏著述，補范書之所未載，而亦不及周禮，皆小失也。段若膺氏謂，范書稱鄭注周易、尚書、毛詩、儀禮、禮記、論語、孝經、尚書中候乾象曆。按此不應遺周禮，疑「儀禮禮記」四字乃「周官禮禮記」五字轉寫之誤。蓋儀禮本但稱禮，無「儀」字，漢人無稱儀禮者。劉子玄引晉中經簿，周易、尚書、尚書中候、尚書大傳、毛詩、周禮、儀禮、禮記、論語凡九書，皆云鄭注。

援鶉堂筆記 清 姚範

二十日 閲桐城姚薑塢先生範援鶉堂筆記，自經史子集以至説部、佛經，皆抉摘其異文佚義，多所辨正。援鶉者，楊子法言寡見篇「春木之芚兮援我手之鶉兮」，注：「芚猶盛也，鶉猶美也。」先生爲姬傳禮部之世父。桐城學派實開近世空疏之弊，而先生專力考訂，精博遠非姬傳所及。極推服義門何氏及同時定宇惠氏，凡二家所校訂經史，悉據其本録之，不更加論斷。書共五十卷，乃其曾孫石甫臬使瑩所輯，而邑人方植之東樹爲之校正。姚氏文義簡澀，其書大半從平日所批注群籍中録出，往往不具首尾，亦多未定之語。石甫校刊不精，訛奪甚衆。植之所附案語，雖亦時有精義，然屢詆近世諸儒之爲漢學者，於惠氏亦譏其阿鄭太過，每失之愚。至謂近日學者，痛詆唐、陸、孔而推臧琳，痛詆程、朱而推戴震，爲猖狂之尤。惟於吾鄉盧氏文弨獨無間言；於阮氏元雖有微辭，亦無過訐。其於三禮三傳校訂頗密，殊足爲姚氏功臣也。蕫塢原名啓涑，字南青，乾隆壬戌進士，官編修。

十月

入蜀記　宋　陸游

初七日　終日窮愁寥落，不聊讀經史，因檢知不足齋叢書中説部數種借以撥悶。閲得黄山谷宜州家乘、范石湖吴船録、陸放翁入蜀記、元人郭天錫畀客杭日記，共四種，皆前賢日記也。計看此已三過，故歷歷翻去，殊不費目力。范、陸二公所作皆極經意，山水之外，多徵古跡，朝夕之事，兼及朝章，膾炙藝林，良非無故。若涪翁、雲山二記，則隨筆直述，寥寥短章，而傳播至今，風流不歇，固由叙次簡潔，自有可貴，要亦吉光片羽，以人增重者也。

放翁記有云：「至平江過盤門，望武丘樓塔，正如吾鄉寶林，爲之慨然。」又過舒州長風沙有云：「西望群山靡迤，巖嶂深秀，宛如吾廬南望鏡中諸山，爲之累欷。」郭記遊大般若寺云：「寺門俗云望江亭，俯視錢唐江水，大略與揚子江同，但隔岸越山蒼翠差勝耳。遠見西興渡口，煙樹如薺。」觀此三則，越中光景，可見一斑，不禁鄉思坌集矣。嗚呼！渭南越産，而西川之行，全家上官，萬里如砥，然尚觸目生感，不勝故國之思，況如僕者，家陷虎狼之窟，身居溝壑之濱乎？厲樊榭題郭記云：「解道樓居好風韻，杭人不合異鄉遊。」若以僕擬之樊榭，所處之地，所值之時，又不止霄埃别矣。生有勝賞，而惑於汝南兩蜮，致陷曾阮。悲夫！

通甫類稿　通甫詩存　清　魯一同

初八日　閱近人山陽魯孝廉一同通甫類稿及通甫詩存。類稿凡四卷，其胥吏論五篇、復潘四農書、與左逸民第二書、與于司馬書、與吳中翰論時勢書、復戴孝廉第二書，皆識議絶人，筆力亦足相副。擬之杜牧、尹洙，良無愧色；葉適、陳亮，非其敵也。潘、戴三書，名論獨創，實近世之奇作。與左逸民第一書、與高伯平論學案小識書，辭意深醇，於學術源流邪正之辨，反覆詳盡。與王學博書、與黃通判書，氣宇嶄然，足以扶翼名教。安東歲災記叙、王翁小傳、沈貞女傳、關忠節公家傳、裕靖節公死節事略、湯文端公神道碑、孫節母墓誌銘、擬論姚瑩功罪狀諸篇，俱足於古文家中自樹一幟。餘如蓋寬饒論、秦論、舜論、沭陽仲氏族譜叙、邳州志後叙、吳城義塾記、王氏孝旌録叙，俱極有關係之作。二燕記，亦不減李義山、陸魯望諸小文。通計四卷，文四十八篇，多閎肆而謹嚴，演迤而峻峭，幾於篇篇可傳。道光以來，殆無第二手。梅曾亮輩，不足道耳。

詩亦四卷，氣象雄闊而未成家，蹊徑亦多未化，然浩蕩之勢，獨來獨往，固爲偏師之雄矣。中如李元忠歌、題元潁川王父子清秋迴獵圖、三公篇、裕靖節、王文恪及浙撫劉韻珂。投贈東阿周制府四十韻即周文忠。諸作，氣象嶽嶽，想見其人。他亦多涉時事，傳之將來，足當詩史。恨其人已往，不得起九原而友之。嗚虖，以視世之絺繡粉繪、津津詞賦之末，行詭品污，搔頭弄姿者，豈特鵬鵾之於斥鷃乎？士夫平日學問不求根柢，專爲浮靡，以自炫鬻，必至墮操裂節，或下流爲異類，甚可歎也。如通甫者，其志豈欲以文自見者哉？宋人謂杜司勳非文士，恨唐無知而用之者，吾於通甫亦云。

刊正九經三傳沿革例　宋　岳珂

十七日　閱岳倦翁刊正九經三傳沿革例，識議精當，足爲良法。南宋人學問如此謹慎守古訓者，甚不多見。鄂侯於掌故之學則有媿郯録，於金石之學則有法書贊，於詩詞之學則有玉楮集，而金陀粹編一書，則孝子慈孫，百代興感。此書及媿郯録尤著述家眉目也。大忠之後，生此名儒，自爲佳話。惜其歷官無似，蒙譏史乘，轉有愧於秦氏義烈侯耳。

明人尺牘

十九日　得伯寅書，以明人尺牘一册屬爲考訂名字之罕見者，即以館中無書復之。尺牘留閱，共二十餘方，計十三人，皆明季名公。其顯可考見者爲詹爾選、華允誠、魏雲中、楊忠烈、盧忠肅、周延儒、顧杲、侯忠節，俱首尾瞭然。忠烈、忠節書蹟世多有之，宜興書未經見。此牘蓋在思宗登極時與吴江周閣老道登者，中所云李劉二老者，謂高邑、長山，時方以次登庸也。宜興字畫方正，而無神采，然骨力勁挺，殊不類其爲人。忠烈、忠肅、忠節三札，惇惇有生氣，楊侯俱有求去語，進退之際，數語較然。盧公書中及中使一事，尤青天白日，明季時局，亦可於三札中想像得之。詹、華二公直節冠世，顧亦未覩簡翰，讀此數紙，清風穆然。鳳超亦有欲歸未得之語，且深以一官爲負國，令人誦之感發。顧子方書凡兩通，蓋皆南都被逮後所作，草法極工，東林子弟故自文采超絶，前賢楮墨關系正鉅，固不僅斠量戈畫、評相波磔也。其他名琦者殆是馮文敏，名科者殆是江進之，名相者殆是郭尚書，單文短幅，無可旁證，又不能識其筆跡，故難臆定耳。

癸巳類稿　清　俞正燮

二十三日　閱俞理初癸巳類稿。理初博綜九流，而文繁無擇，故不能卓然成一家言。蓋經學之士，多拙於文章。康成、沖遠，尚有此恨，況其下乎？理初經説之外，醫學天文，尤所窮究。其第八卷駐劄大臣原始；第九卷臺灣府屬渡口考、俄羅斯佐領考、俄羅斯事輯、緬甸東北兩路地形考；第十二卷總河近事考、地丁原始、除樂户丐户籍及女樂考，亦他日國史所必需也。是書首有王藻荻原序，言理初類稿本有二十餘卷，荻原先爲釐正得十五卷付梓，餘爲外集。又言皖人尚有徐卓者，字犖生，道光癸巳進士，著作甚多，其經義未詳説五十四卷，先已梓行云云。理初，道光辛巳舉人，出吾鄉湯文端之門。

鬼董　宋　佚名　山居新語　元　楊瑀

二十六日　連日憊甚，閱書無復緒理。偶檢得南宋人沈某所撰鬼董及元人楊瑀山居新語兩書，文牀觀之，聊以遣日而已。

鬼董叙次頗潔，然其中如俠士韋自東一條、陶小娘子一條，皆已見太平廣記，大略相同。而此書皆以爲南渡時事，以陶小娘子爲張循王妾，蓋傳聞之誤。小説無稽，固不足責也。

瑀字元誠，順帝至正時由翰林出爲浙東宣慰使都元帥。陶南村輟耕録屢及其人。此書楊廉夫爲之序，多記元代朝野雜事，頗稱美順帝，亦臣子之義應爾。元世説部甚爲寥寂。王文定玉堂嘉話，予未之見，世間殊少傳本，所賴輟耕録及葉子奇草木子兩書，最足證補史事。其外惟此書及庶齋老學叢談、至正直記三書，差可備參考耳。

駢雅訓纂　明　朱謀㙔撰　清　魏茂林訓纂

二十八日　閲駢雅訓纂。朱鬱儀撰駢雅七卷，頗爲奥洽。近時魏滁生觀察爲之訓纂，共十六卷，雖未極淹博，亦稱精慎。其卷首辨正四庫書目提要之誤及識語一卷，尤爲邃密。滁生名茂林，閩人，由部郎官直隸通永河道。所著尚有吴玉搢别雅輯證四十卷、國朝四十七科同館詩賦題解十二卷，皆已梓行。其門人光州吴鞠生廉訪稱其尚有覃雅廣腋、天部類腋、天部二十九聞諸書，則予未見之也。

乾嘉間考據之學極盛，朝士多能讀書。若南昌彭文勤、南匯吴白華總憲、稷堂侍郎、萍鄉劉金門宫保、平湖朱萩堂漕帥、歙縣程春海侍郎、山陽汪文端、吾鄉莫寶齋侍郎，諸公於應制之學，皆能探討本原，故雖不能赫赫以經術名，而被服儒雅，維持樸學，此道賴以不墜。滌生及歙縣鮑覺生侍郎、仁和金亞伯大理等輩，述作斐然，皆其繼起者。下此若蕭山湯文端、寶應朱文定太宰、平湖徐辛庵少宰，亦尚知看書。自歙縣、吳縣、華陽相繼當國，不談學，不愛才，蒲城、濱州等佐之，而道光三十年間，外秉旄鉞者率滿洲之任子貲郎，提倡無人，絃誦遂絶。重以長洲、黄縣、商城等拄腹撐腸，講章半卷，蒙然張口，如坐雲霧，上下枵然，併爲一氣，臺省衮衮，盡原伯魯之子矣。壽陽、常熟，稍知學問，而廉謹保位，閉閣不開。伏獵滿朝，猰豸盡起，流毒天下，可歎也夫。

沈下賢集　唐　沈亞之

夜閲沈亞之下賢集。亞之文以峭厲名，然多俗氣，中唐以後作家，往往如是。至於司空表聖、羅昭諫諸人，崛强幾如驢橛矣。

十一月

宋史　元　脱脱

初二日　閲宋史文苑傳、隱逸傳、世家傳、周三臣傳。文苑傳太寥落，又置郭忠恕於蘇舜欽諸人後，殊失次序。文同傳載死後見形、崔公度吐舌三疊之事，亦太怪妄，蹈晉書、南史之疵。

夜燒紅燭，看宋史李穀傳。都中皆用銀燭，光特清烱，宜於觀書，然自不如絳蠟之富麗，今夕聊以點綴歲華而已。李穀於周世宗時已以宰相致仕，恭帝即位，告歸洛邑，宋太祖建隆元年即卒，未嘗受宋代一官，於宋無一事可紀。其生平功績卓卓，爲周名臣，自宜入五代史，必不可入宋史者。乃薛、歐兩史俱不爲立傳，此亦限斷之失。宋史蓋以補五代之缺，與周三臣傳一例者也。

思補齋筆記　清　潘世恩　李衛公集　唐　李德裕

初四日　閱潘太傅思補齋筆記，共八卷。其第五掌故，第八易名，雖未全備，然足爲未讀中秘書者耳目之一助。第七管聞，亦可佐談柄。

夜閱李衛公集。中唐以後文，自韓、柳外，首推牧之，次則衛公，次孫可之，次李文公，次皇甫持正、李元賓，又次則獨孤文公、元次山、劉中山、李遐叔、李翰子羽、梁補闕、蕭茂挺、歐陽四門，若張文昌、元微之、李義山，又其亞也。劉文泉、沈下賢、皮襲美、陸魯望，已不免村野氣太重。司空侍郎、羅江東，則樸不勝俗，健不勝麁矣。

陵川集　元　郝經

初七日　歸閱郝陵川集。文忠詩文雖不免粗率，然頗激宕有氣勢。其詩如青城行、照碧堂行、汝南行、三峰關、金源十節士歌，尤可傳也。

宋史 元 脫脫

十七日 夜閱宋史，至四更方睡。計是日閱理宗本紀五卷、度宗本紀一卷、瀛國公紀附二王一卷、后妃列傳二卷、宗室傳三卷、忠義傳七卷、文苑傳二卷，共得二十六卷。天寒晷短，又館課去其十之三，賓客應酬去其十之四，重以病後目力不給，看書都草草涉獵，不加研究。然所見錯繆漏略、重沓失當之處，已指不勝屈。蓋諸史莫劣於宋；而南監本二十一史，又於宋史校刊最劣，誤文奪字，連篇接簡，因隨筆稍爲改正之，十不及一也。宋史、元史皆乙部自鄶以下，而宋史事實浩繁，尤難修訂。前賢如湯義仍、萬季野、徐健庵、邵南江、陳和叔諸先生，累有志改作而卒不能成。錢竹汀氏廿二史考異中所糾正者亦僅其梗略耳。南監之刻史書在嘉靖七年，其重刊者惟史記、兩漢、遼史、金史共五部，餘俱即監中宋元舊版修補，而宋史乃取廣東布政使所刻板校補，故尤訛劣。

十二月

施愚山集 清 施閏章

初一日 閱施愚山集。愚山古文學永叔、子固，而詞氣太弱，僅得子固之迂緩，然自沖和肖其爲人。內有張長史墓誌，言山陰張氏爲衣冠甲族，長史之祖爲明顯官，乃吾鄉白魚潭張氏也。今則子姓寥落，皆編農籍矣。

初四日　閲施愚山蠖齋詩話及矩齋雜記。愚山讀書不多，識議亦隘，然詩話論自來詩中用「之」字、「焉」字、「哉」字等優劣，及論少陵樂府太切盡，其石壕吏篇「老婦出門看」，「看」字乃「首」字之誤；又論詩固貴含蓄，然唐詩如崔護「昔年今日此門中」、劉禹錫「當年何事柳名橋」等絶，皆一直説下，絶無曲折藴蓄，而自然入妙，皆知言也。雜記所載瑣事，亦多可備勸懲。吾鄉盛傳紫洪山樵者，以夜聞土地神許以飼虎，遂先殺虎，仆神象，踞坐而化一事，亦見於此書也。

檀几叢書　昭代叢書　清　張潮輯

初七日　夜閲張山來潮、王丹麓晫新輯檀几叢書，及山來所輯昭代叢書。國朝叢書之刻，此兩書實繼毛氏津逮秘書而起，爲開一代風氣之先。惜所收者自閻百詩毛朱詩説、孟子考、毛西河三年服制考、吴陳炎春秋三傳異同考、黄梨洲歷代甲子考數書外，半係村書小説。宋人沈作喆所謂非要而著書者。他若王漁洋隴蜀餘聞、宋牧仲漫堂墨品、汪堯峰答喪禮問、魏叔子日録等，則各家全集久已風行，張氏采掇單零，不足觀也。

詞綜　清　朱彝尊輯

初九日　夜批抹詞綜中宋詞。誦放翁諸作，如漁家傲云：「寄語紅橋橋下水，扁舟何日尋兄弟。」

感皇恩云：「如今熟計，只有故園歸路。石駢山腳下，菱三畝。」朝中措云：「回首淒然。明月梅山笛夜，和風禹廟鶯天。」鵲橋仙云：「鏡湖元自屬閒人，又何必、官家賜與。」南鄉子：「重到故鄉交舊少，淒涼。卻恐他鄉勝故鄉。」皆低徊欲絶，不覺淚熒書字矣。

經學叢書 清 桂文燦

初十日 得伯寅書，言昨日有舉人桂文燦進所著經學叢書四函，被旨交南書房閱看，以孝經集證、群經補證兩函屬予代閲。其外爲易大義補、禹貢川澤考、毛詩釋地、春秋疆域考、鄭氏詩箋、禮注異義、論語皇疏考證、孟子趙注考證七種，共兩函。此君稟承漢學，著述裒然。閲其書名，已爲神往，不謂斯世尚有此人。惜未值其時，恐終無當耳。

閲孝經集證、群經補證，粗得其大概，真漢學也。

知足齋文集 清 朱珪

夜閲朱文正公知足齋文集。大興文無他長，而清雅簡慎，自爲可傳。其傳誌諸作，多可備國史之采擇。御史曹錫寶、知縣武億兩墓誌，尤可觀感。蓋大興當裕陵末年，厄於和珅，幾得奇禍，而兩公皆能力與珅忤；虚谷風塵外吏，尤爲難能，故以兩誌連屬一卷中，言之甚切，固亦有爲而然也。惜抱軒文集有博山知縣武君墓表，專提杖和珅所遣提督番役一事，言之甚詳，較此尤有聲色。梁文定公墓誌、封儒林郎邵翁墓誌、何母申太夫人墓誌，爲吾鄉文獻所關。邵翁名陞陛，乾隆丙子舉人，精於經學，與二雲學士爲族兄弟，學士嘗從受業者，世稱梅林先生，其子即瑶圃編修也。此誌略舉其説經數則；又稱編修秉其口授，故最精於樸學，甲辰會試殿試，皆以對策典核擅長，殿試以誤書一字置一甲第二云云。編修著書甚富，已梓者有説文群經正字及文集、詩集，予俱未見。又聞其於學士爾雅正義訂正甚多。蓋學士之學，精綜經史，名滿天下；編修杜門數十年，聲華闇莫，專心考訂，實視學士爲尤密。惜兩公之後，式微殆盡。邵氏族姓迄今爲顯官、得科第者不絶，而皆瞢不知學。二雲氏之書僅傳爾雅，瑶圃氏至世無知者，可歎也夫。

通論　清　孫鼎臣

十三日　詣庭芷談，並晤江西人尹湜軒孝廉濟美、四川人敖金圃庶常册賢，共閲湖南孫侍講鼎臣所著通論。尹君著有毛詩管見，又素爲古文者，今日見其題某氏族譜後一篇，頗簡潔知古文法。敖君聞善爲詩及駢文，未見所作，其人皆樸素可友也。孫侍講力闢漢學，謂粤寇之禍，實由於此，其殆病風之言歟？

晚聞居士集　清　王宗炎

十四日　得平景孫書，以蕭山近儒王穀人先生宗炎晚聞居士集見借。蕭山二王穀人氏、畹馨氏之學精研兩漢，常恨其書不傳，今得觀此集，亦吉光片羽之珍矣。

不遠復齋遺書 清 潘世璜

二十日 從碩卿處借得潘理齋先生世璜不遠復齋遺書共六種，皆性理之言也。六種爲周程張子合鈔、朱子節要鈔、高子講義、薛子讀書録鈔及自著者得心編、一得録兩書。理齋爲太傅從兄，由編修改官主事，告歸，時年未四十，侍其父三松老人里居二十餘年，極林下之福，吴人艷稱之。

讀史兵略 清 胡林翼

二十二日 得庭芷書，以胡文忠讀史兵略見借，此書共四十六卷，摘取左傳、通鑑之言兵事者，依時代爲次，不加論斷，每條下間有斠注地理，考證頗覈，差爲可傳，否則直鈔胥耳。首有使相官公序，言與文忠共爲此書，而每卷之首但題益陽胡林翼纂，胡序言編輯者江寧孝廉汪士鐸，分輯者楚中孝廉胡兆春、張裕釗、莫友芝、諸生丁取忠、布衣張華理也。

玉谿生詩注 唐 李商隱撰 清 馮浩注

二十四日 閲馮孟亭侍御浩玉谿生詩注。孟亭於此書幾用一生之力。其考證史事，固爲詳盡，而筆蕪詞漫，附會迂曲，時復不免，轉不及朱長孺本也。

國朝文述 清 王瑬輯

二十五日 偕允臣閲市，見有近人王瑬所編國朝文述一帙，借歸閲之，乃皆從經世文編録出，而稍增入數篇，因夜讀之略遍，至四更方寢。瑬字亮生，亦有文名。其書分類編次，不依時代。中如顧亭林與人論學書、汪文端由敦上徐大司空論從祀書、張蒿庵袁氏立命説辨、黄梨洲六世祖小雷府君萬里尋兄記、陸周明墓誌銘、董文友宋太宗論、全謝山曲端論、孫文定三習一弊疏、劉才夫阮君傳、彭秋士先府君述、亡妻龔氏墳銘、錢竹汀七出説、章實齋原史、永清義門列傳序、韓節婦傳、彭尺木曾孝女傳、陳和叔傳、張積石春秋常事不書解、夫人無歸寧禮辨、性述上下篇、管韞山春秋公羊説、陸朗夫與王惺齋論佛教書、王蘭泉續復仇論、與畢秋帆論續通鑑書、慰忠祠碑、郭舟山廟碑、王惕夫故明二楊將軍傳、李忠毅公行狀、姚姬傳朱竹君先生傳、洪稚存邵學士家傳、惲子居辨微論、彭甘亭劉晏論、錢心壺記張忠烈事，皆佳文也。

尚書質疑 讀春秋存稿 春秋三傳雜案 清 趙佑

二十六日 閲趙鹿泉先生尚書質疑、讀春秋存稿、春秋三傳雜案等書，皆確核可傳。先生官位通顯，著書滿家，皆根柢深厚，不爲侈張門户之談。而世之言漢學者顧罕及之，豈以其未嘗攻擊宋人歟？

同治二年

正月

金剛經注　清　石成金注

十二日　日下春後，復同予恬遊廠市，買得石注金剛經一本，乃康熙間揚州人石成金據南唐道顒法師石刻本爲之注解。其中有注，有論，有講，有證，有音，頗簡浄，得訓詁法。乾隆間納蘭曉楓少詹慶齡刻之，而翁覃谿爲之序。是經注本甚夥，以此爲最善。其板已失，都市頗不易購。佛家此經，猶吾儒之易，爲文字之最先，包藴衆義，無微不入。其後楞嚴、法華、圓覺、蓮華四經，則猶書、詩、春秋、禮記也。華嚴猶周禮，大品涅槃猶儀禮也。心經、維摩詰經猶論語、孟子也。以上九經，皆夙藏之絳趺閣，先王母倪太恭人所朝夕持誦者。予嘗謂九經之外，若法苑珠林、佛祖通載、五燈會元三書，則猶儒之三史，皆參宗乘者所必須也。

程侍郎遺集　清　程恩澤

十三日　晨詣廠市閲書，見有程侍郎遺集，乃歙縣程恩澤春海所著，前有祁相國及道州何子貞太史序。侍郎文章學問譽重一時，是集寥寥，僅其梗概。詩賦以外，惟傳誌祭文數首，肇十有二州等經解三四則耳。阮文達爲作墓誌，言侍郎著述惟國策地名考二十卷，寫有定本，可知其散佚者多矣。

護教編序　明　宋濂

十五日　録宋文憲護教編序，凡一千六百八十字，叙述釋家教、禪二宗源流同異，如數諸掌。而吾儒學派，陵夷淆雜，乃無人朔漢迄今，爲之分别訂正，可歎也。潛谿史學甚疏，經學尤非所長，而於旁宗之學，能淹貫如是，其負一代盛名，良非無故。佛氏教、禪之别，猶如吾儒漢學宋學之分，然釋氏能見性成佛，自可不泥文字，故不得謂禪絀於教。而儒之本在經，經之本在名物，名物之本在訓詁，宋儒乃欲以禪爲學，則何歟？

元夕詞

十六日　歐陽永叔元夕生查子詞云：「去年元夜時，花市燈如晝。月上柳梢頭，人約黄昏後。今年元夜時，月與燈依舊。不見去年人，淚滿羅衫袖。」辛稼軒生查子云：「去年燕子來，繡户深深處。花徑得泥歸，都把琴書污。今年燕子來，誰聽呢喃語。不見捲簾人，一陣黄昏雨。」全本歐公，而風調殊減。蔣竹山虞美人詞云：「少年聽雨歌樓上，紅燭昏羅帳。中年聽雨客舟中，江闊雲低斷雁叫西風。而今聽雨僧廬下，鬢已蕭蕭也。悲歡離合總無情，一任階前點滴到天明。」則機勢亦仿歐、辛，而杼軸全別。所謂善脱胎者。今戲合歐、蔣詞爲癸亥元夕虞美人令云：「少年元夕庭前地，燈陣花圍綺。中年元夕逐笙歌，到處青山燈影酒人多。　而今老作京華客，淚灑思親節，典衣猶自買燈看，萬一春燈畫裏見家山。」雖工拙不同，而悲歡益異矣。

援鶉堂筆記　清　姚範

十七日　閱姚薑塢編修範援鶉堂筆記。其第一卷至第四十三卷，皆校勘群籍，自經史諸子以及文選、楚辭、文心雕龍、韓昌黎集、王荆公詩集、王阮亭古詩選、方望谿文集，俱隨條訂正，或專録善本，或參存己見，掇拾叢殘以成一書。姚氏之學，頗左袒宋儒，服膺方氏，然其説經，雖間亦駁鄭注，攻唐疏，而深信近時何義門、惠松厓兩家之説，故鉤校謹嚴，猶不失章句家法。史子諸集，亦多考證文義，不務議論，尤留意於地理。其中儀禮一卷、漢書十卷、文選三卷爲最善，所論詩文亦多當。薑塢於望谿爲鄉里私淑之人，然於遊豐臺記，則譏其少與戴褐夫即戴名世締交，難後更其名曰宋潛虛，集中不復相及。於李剛主墓誌銘則譏其過自誇詡，以暴亡友之過。誌「有以語崑繩者語剛主，剛主立起自責」云云，姚氏謂崑繩才士，剛主北方學者，其毀程朱，亦南師於毛西河，而藉以自張顔習齋之門庭，未必望谿數言所能折也。況李所刻恕谷集具在，其毀程朱之言，尤班班也。何嘗鐫削耶？又謂此志皆斷續，以不知古人神理融結之妙，而求之於所謂義法，少自離局，即筋脈弛散不屬矣。於禮部尚書楊公墓誌銘，則譏其稱直隸爲北直之誤，於萬季野墓誌，則譏其前云史稿不知所歸，後云具存華亭王氏爲失檢，可知其實事求是矣。

第四十四卷爲文史談藝，論古今詩文優劣，時有特見。如曰：「字句章法，文之淺者也，然神氣體勢，皆階之而見。古今文字高下，莫不由此。」又曰：「宋人作序，前多有冒頭，序其原由情節，惟昌黎不然，闢頭湧來，是其雄才獨出處。」又曰：「凡文字輕利快便，多不入古，纔説仙才，便有此病，李太白詩、蘇東坡文，皆有此患，莊周亦間有之。」又曰：「左氏之文，須看其摹畫點綴，千古情事如睹，而天然葩艷，照映古今。」又曰：「戰國策可謂能文，所少者蒼黯含蓄之致。」又曰：「西漢文法莽蒼，亦有過於硬插。」又曰：「韓昌黎畫記學考工，而或者謂似顧命，則不然，渾穆莊重，豈能如顧命哉？」又曰：「王文可謂惜墨如金，又曰震川惟傳記文爲佳，而序文平順流衍，十首一律。」又曰：「弇州惜震川銘詞不古，人多詈之。然銘詞不古，自是病，如昌黎銘詞，何嘗平順？」又曰：「歐公文每於將説未説處吞吐抑揚作態，令人欲絶。」又曰：「歐公文字，玩其轉調處，如美人轉眼。」又曰：「句字之奇，宋以後大家多不講，此亦是病處。」皆與予平日所論暗合。

又論沈歸愚明詩別裁集云：「大雅不作，詩道淪蕪，歸愚以帖括之餘，研究風雅，自漢魏以及勝國篇章，悉所甄録，跡其生平，門徑依傍漁洋，而於有明諸公及本朝竹垞之流，緒言餘論，皆上下采獲，然徒資探討，殊尠契悟。結習未忘，妄仞大乘，味蜜味之中邊，昡寶器之飯色，未得爲得，未證爲證。禪家所謂用盡氣力，不離故處。淮南所云有以言白黑，無以知白黑也。兹選亦仍雲間、秀水之遺意，而去取未當，負滄溟之瑰奇，笑鼠璞之未辨，徒標矜慎，漫詡賞音者矣。」此段議論，尤契鄙懷。又痛詆吳修齡圍爐詩話之謬妄，趙秋谷聲調譜、談龍録之無足取，亦爲知言。

第四十五至四十九共五卷，爲雜識，乃隨筆劄記之屬。首爲南豐年譜，僅撮其大略而未詳。次爲諸賢生卒，尤寥雜不成書。餘俱雜記散文佚事，多有可觀。末爲梯愚軒脞簡，皆言釋氏之學，間亦加考辨。此五卷雖無詮次，然足見其學之博綜。王述庵言先生深通佛乘，爲天津山長，數與書論佛頂蒙鈔及成唯識論，往復數萬言不已。佛頂蒙鈔者，錢牧齋所注楞嚴經也。上可希困學紀聞之雜識一門，次亦不失爲明代焦竑澹園筆乘、李日華紫桃軒雜綴之類，在近時雖不敢望養新録、龍城札記諸書，正可與梁氏庭立紀聞相爲頡頏。第五十卷爲續編，則皆其校訂之遺，自戰國策至吴梅村集，又附以雜文，共若干條。

薑塢原名啓涑，改名範，字南青，桐城人，乾隆壬戌進士，在翰林未十年，告歸不出。所著尚有援鶉堂詩集七卷、文集六卷，其曾孫石甫廉使先合是書刻於閩中，後以筆記失於讎校，多有謬誤，及官淮上，乃屬其鄉人方孝廉東樹爲之校勘整比，重有增益，蓋皆從所評注書籍中搜輯而成。竊歎國朝儒林極盛，其著書滿家，湮没不傳者，何可勝道。而薑塢生無專書，數十年後，乃能蒐綴畸零，裒然成集，是賴有賢子孫力也。石甫名瑩，嘉慶戊辰進士，以文章經濟名。道光庚子、辛丑間，官福建臺灣道，禦夷甚有聲。咸豐初，起廣西按察使卒。著有石甫文集及東槎紀略等書，皆早行於世。

東樹字植之，曾遊阮文達之門，頗究心經注，以淹洽稱，而好與漢儒爲難。著漢學商兑一書，多所彈駁，言僞而辨，一時漢學之焰幾爲之熄。此書中附注甚多，雖亦有確實處，而往往借文攻擊。於惠氏定宇，每譏其阿鄭而愚。又好爲簡古語，而宋人語録措大氣，時時流露。自言於此書用力甚勤，而前後矛盾，不相照覆之處甚多。文字亦多訛誤。其中有云：先生評校文史，訓辭簡古，如漢唐人語，學者習讀宋以後文從字順、輕滑便利之文，或不能句讀，而轉疑其結澀。又屢稱姚江盧氏校書之精，是亦本心未昧者也。

董塢與吾鄉胡氏天游交最厚，然其論沈休文宋書云：「約本無史才，書成永明之世，於沈攸之皆目之爲逆，與魯爽、臧質同類。又索虜傳連篇録拓跋詔文，於義何取？大約其書多仍何、徐之舊，故一年即成，自造者少。如袁顗等傳，直鈔記注，無所翦裁。又書人官階，不遺微末，皆非史法。往時友人胡稚威不喜南史，而云沈約宋書極有意理。今尋之宋書，直無可取。稚威何嘗細心竟讀二史，因宋人稱南、北史，故爲偏袒之論耳」。以上姚氏語。予謂休文書固不能無疵，其立符瑞志，尤可不必，然大致詳密華贍，本末粲然，非蕭子顯以下所可及，較之李氏南史，優絀自分。至目沈攸之等爲逆，則當時立袁粲傳，尚請之齊武帝，本朝忌諱所關，自不得不爾，況其他耶？胡先生博奥能文，並時無對，何至於此二書未曾竟讀？董塢史學，自後漢書以下皆未精究，故所記甚爲簡略，乃復輕詆交舊，殊病失言。

其雜識第二卷，載「嘉靖末山陰諸狀元大綬官翰學，置酒召鄉人徐渭文長，入夜良久乃至。學士問曰：何遲也？文長曰：頃避雨士人家，見壁間懸歸有光文，今之歐陽子也。回翔雒誦，不能舍去，是以遲耳。學士命隸卷其軸具來，張燈快讀，相對嗟賞，至於達旦。四明余翰編分試禮闈，學士爲余言熙甫之文意度波瀾所以然者，熙甫果得售」。方植之謂此未知所出；文長非能深解熙甫之文者，恐好事者爲之，未可信。予謂青藤文固未能成家，然自有才氣，當時頗力欲與七子爲難，固非無識者，植之何以知其未能深解耶？此事自爲鄉邦文獻佳話，惜亦未知出於何書，當詢之博覽者。

徐鍇文 南唐 徐鍇

十八日 閲徐鼎臣文。二徐兄弟爲會稽人，陸氏南唐書載其世系甚詳，而宋史作揚州廣陵人。據陸氏徐鍇傳云：「父延休，唐乾符中進士，仕吴，爲江都少尹，卒官，二子，鉉、鍇，遂家廣陵。」宋史遂因此而誤。今欽定全唐文從陸氏，作會稽人。吾越自宋以前，無卓卓以經術文章冠一時者，二徐實爲崛起，是固鄉邑之榮矣。二徐説文，紹千載之絶學，迄今海内家有其書，而大徐詩文，今四庫尚存騎省集三十卷，小徐則散佚無幾。陸氏書謂鍇著説文通釋、方輿記、古今國典、賦苑、歲時廣記及他文章，凡數百卷。鍇卒逾年，江南見討，比國破，其遺文多散逸者。則楚金詩文，固未嘗一日行於世。今文苑英華尚存十餘首，亦鱗爪僅見者也。

鼎臣文多偶儷，雖不及燕、許之宏麗，而高秀整拔，頗近常、楊，五代宋初，固無其對。所作吴王神道碑，哀感古今。他若岐王墓誌銘、文獻太子哀册文、齊王贈太弟哀册文諸作，均爲淒豔。其作韓熙載墓誌銘，雖極推崇，而中有云「公少而放曠，不拘小節，及年位俱高，彌自縱逸，擁妓女，奏清商，士無賢愚，皆得接待，職務既簡，稱疾不朝，家人之節，頗成寬易，雖名重於世，人亦訝其太過」。又云「向使檢以法度，加以慎重，則古之賢相，無以過也」。皆直言不諱。當時後主於熙載方極力褒崇，鼎臣與文靖亦有知己之感，而其詞如此，亦非後世所能及。二徐兄弟忠於南唐，楚金以國勢日削，憂憤得疾而卒。鼎臣當金陵被圍，奉使入宋乞緩師，臨行時請後主無止上江援兵，勿以使臣爲念，言辭慷慨，至今閲者爲之感動。而宋人小説，乃有歸宋後向太宗述後主悔殺潘佑、李平之言。小人不欲成人之美，類皆如此。所惜者，楚金卒時年已五十五，南唐贈禮部侍郎，謚曰文，可謂身名兩全。而鼎臣隨主俘虜，至太宗時，貶官凍死。猶之人笑褚公「不幸有期頤之壽」耳。

援鶉堂筆記 清 姚範

十九日 再閲援鶉堂筆記，方植之附注最可取者，其論宋槧不盡善及顔監漢書注非其本書，及明南雍刊刻諸史本末共三條，皆極詳盡，讀書者不可不知，録之於此。

盧氏文弨曰：「唐人之爲義疏也，本單行，不與經注合。單行經注，唐以後尚多善本，自宋後附疏於經注，而所附之經注必非孔、賈諸人所據之本也，則兩相鉏鋙矣。南宋後又附釋文於經疏間，而陸氏所據之經注又非孔、賈諸人所據也，則鉏鋙益多矣。淺人必比而同之，則彼此互改多失其真，益滋鉏鋙矣。」樹按，孔氏本曰正義，宋本於「注」下題一「疏」字，其下接「正義曰」云云，又賈氏周、儀二禮，不名正義，今亦題正義，此皆謬也。錢氏大昕曰：「今人皆重宋槧本，實不盡然。」陸放翁曰：「近世士大夫所至喜刻書板而略不讐校，錯本書散滿天下，更誤學者，不如不刻之爲愈也。」又宋吴明可言傳書爲極難，當官事易集，而無暇自校，委之他人，孰肯盡力？轉以誤人，不如其已。吴縝論修書八失，四曰終無審覆，六曰誤因舊文，而不推考，八曰校勘者不舉校勘之職而惟務苟容。顧亭林論十三經脱誤，以爲秦火所未亡，而亡於監刻。何義門云今人不揆義理而惟宋本是信，不可解也。盧抱經曰：

「毛斧季過於信宋本，於其字之沿宋體者亦復規規然從之，此誠可不必也。」阮氏曰：「凡宋本之書絶少大勝今本之處。」姚瑩曰：此筆記中石甫所附注者。按小司馬索隱，武帝本紀「中侵尋於泰山矣」下引小顏説云「師古叔父游秦，亦解漢書，故稱師古爲小顏」，而高帝紀「解楚歌」下、孝文紀「中大夫令勉」下，俱引顏游秦云云。封禪書「五百當復合」下有大顏歷評諸家云云。平準書「級十七萬凡直三十餘萬金」下引大顏云云，又「爵得至樂卿」下有「大顏亦以爲然」語，又張釋之傳解「錮南山」義，「李將軍列傳」解「莫府」，衛將軍驃騎列傳解「剽姚」，司馬相如傳「故删取其要，歸正道而論之」下、又「蓋號以況榮」下，貨殖列傳「適齊爲鴟夷子皮」下，皆引大顏云云。右凡十一條，於義皆優，今師古注不及之者，以當時游秦所著漢書決疑十二卷本别行故也。東樹按，此十一條者，「錮南山」解見楚元王傳，餘高紀、文紀、郊祀志、食貨志、李廣、衛青、霍去病、司馬相如、貨殖傳等，今本皆作「師古曰」，昔人謂顏監漢書注多掩他人之説以爲己説，然按叙例所列二十三家荀悦、服虔、應劭、伏儼、劉德、鄭氏（臣瓚集解以爲鄭德）、李斐、李奇、鄧展、文穎、張揖、蘇林、張晏、如淳、孟康、項昭、韋昭、晋灼、劉寶、臣瓚、郭璞、蔡謨、崔浩。外，臣瓚，梁劉昭續漢志注、劉孝標類苑皆以爲于瓚，酈道元水經注以爲薛瓚，陳姚察以爲傅瓚，而小顏皆不之取。小司馬史記索隱亦以爲傅瓚。近儒王氏鳴盛以索隱爲是，小顏不信爲拘。又引樂産、王楙，姚氏云，高帝紀「女子公主」，師古注引王楙之解，又景帝三年下注臣瓚引王楙云云，今顏氏叙例中無王名氏，是漏之耶？胡公何獨掩取其叔父乎？當由宋以來刻漢書者不學無聞而妄合之，非師古本書如此也。慈按，蕭該漢書音十二卷，陸澄漢書新注一卷，姚察訓纂三十卷，此皆唐以前彰彰在人口者，小顏何以皆未引及，豈無可取耶？

錢氏大昕云，據南雍志嘉靖七年錦衣衛閒住千户沈麟奏準校勘史書，禮部議以祭酒張邦奇、司業江汝璧博學有文，命將監中十七史舊版，使逐一考對修補。邦奇等奏稱史記、前、後漢書殘缺模糊，原板脆薄，剜補隨即脱落，莫若重刊。已而邦奇、汝璧去任，祭酒林文俊、司業張星繼之，乃克表進。案南雍合宋、遼、金、元史成二十一史。萬曆二十四年北雍復刻二十一史，其板較南雍爲優，訛誤差少。按，太祖實録洪武二年，命工部修補國子監經籍板，蓋明南監板即宋元監板，謂之修板，修板至正德時止，嘉靖七年南監刻漢書，用宋慶元劉氏本，歷八年、九年始竣。書口有題識，後萬曆十年、天啓二年、崇禎三年，皆嘗命南京國子監祭酒遞修刊補，於卷末題名每葉上口標記刊補年號，國朝順治十五年、十六年皆然，卷首、次行題大明南京國子監祭酒張邦奇奉敕校刊，則始刻所題。案，以後康熙廿五年、卅九年再有修補，又有萬曆二十六年補刊者，方氏失記。板於嘉慶初年燬於火，今不可多見矣。植之頗讀雜書，其説經亦有佳者，然多傲很之言。

讀書雜志 清 王念孫

閲王氏讀書雜志，此書予於去夏爲張君緯餘係一跋，張君極推重之，謂非深於王氏學者不能，然予殊愧其言。今日粗畢其論漢書者十六卷。

越縵堂必讀書

二十日 今以段氏説文、孫刻仿宋本説文、任氏小學鉤沈爲前列，次以邵氏郝氏爾雅、王氏小爾雅、盧刻經典釋文、翟氏四書考異、王氏經傳釋詞，皆訓詁之法海、讀經之首桄也。又次以漢書儒林傳、藝文志、隋書經籍志、陳氏書録解題、晁氏郡齋讀書志、四庫全書簡明目録，皆讀書之綱領也。又次以顧氏日知録、錢氏養新録、翁注困學紀聞、盧氏鍾山札記、龍城札記，考古之禁臠也。又次以王氏經義述聞、王氏讀書雜誌、臧氏經義雜記、洪氏讀書叢録、梁氏瞥記及人表考、陳氏五經異義疏證，窮經之寶藏也。又次以兩漢書，經史之分源也。又次以凌氏禮經釋例、金氏儀禮正訛、金氏禮箋、胡氏儀禮釋官、程氏通藝録、焦氏群經宫室圖，言禮之淵藪也。然後略以經史子集，比而繼之，羈旅貧宂，無力買書，所得區區，萬未及一，然中多善本，隘而實精。儉歲玉粱，政足一生咀嚼耳。

秋槎雜記　清　劉履恂　甓齋遺稿　清　劉玉麐

閲寶應劉氏履恂秋槎雜記、劉氏玉麐甓齋遺稿。寶應劉氏之學，端臨先生最爲傑出，二劉亦白眉也。二書卷帙雖皆寥寥，然考證經籍，原本古訓，俱精覈可傳。中附凌曉樓、薛子韻、劉孟瞻諸先生之注，尤邃密可貴也。

春秋朔閏表發覆　清　施彦士

二十一日　遊廠閲市，見有崇明施彦士樸齋所著春秋朔閏表發覆四卷，前有與張丹邨太守作楠往復書數通，其書多正陳厚耀之誤，固專門學也。又歷代編年大事表一卷，推春秋日食法一卷，買之不成。因倚櫝觀，逾時而罷。張丹邨，吾浙金華人，嘉慶戊辰進士。樸齋，道光辛巳舉人，出吾鄉湯文端之門。

西夏書事　清　吴廣成

詣文華堂，買王氏廣雅疏證，索價二金餘。又詣酉山堂，見有青浦吴廣成西齋所著西夏書事四十六卷，西夏紀述最稀，洪北江西夏國志，世未得見。此書編年叙次，先標大事爲綱，而詳繫事實於下，後又有按以評論其事，紀述有法，筆亦簡浄，惟斤斤於書法之美惡，殊爲多事。議價不合，别買春融堂集兩函，議價七千，已成。

經世文編　清　賀長齡　魏源輯

夜讀經世文編學術門之原學、儒行、法語、廣論諸文，禮政門之家教、正俗諸文。此書名爲賀制府長齡所輯，實出於邵陽魏默深一人之手。魏君博學有霸才，近宋之陳同甫。此書大旨欲救儒之不適於用，而其時當漢學極盛之後，實欲救漢學之偏，以折衷於宋學，故其去取不免左袒於宋，而又欲合洛閩之性理、東萊之文獻、永嘉之經制、夾漈之考索諸學爲一，其志甚大，用亦甚要。惜其中如程魚門之正學論三篇，姚姬傳之贈錢獻之序、安慶府重修儒學記，閻懷庭之文士詆先儒論，此皆猖狂不學、率天下而爲空疏無實之言者，何以濫登簡牘耶？程氏之言曰：「宋以來七百年之書，浩乎若涉海之靡涯，難以究竟，是以窮居坐論，必玉篇、廣韻、説文、爾雅之書，必康成、服虔、賈逵之末緒，以爲人心之巧。」

嗚呼！程氏以唐以前書存者不多而視爲易讀耶？此真全不知學者矣。夫宋以後書雖繁雜，大率文從字順，汎濫荒謬，其最精者爲諸儒語録，又多糾纏空衍，千篇一旨，最其要語，一編盡之矣。而唐以前書，即以三禮注論，有一生不能究者矣。

姚氏之言曰：「今日學者，專求古人名物、制度、訓詁書數，其甚者欲盡舍程朱而宗漢之士，枝之獵而去其根，細之蒐而遺其鉅。」又曰：「當朱子時，有象山永嘉之學，雜出而爭鳴；至明而陽明之説，本乎象山。近時陽明之焰熄，而異道又興。學者競於考證訓詁之塗，自名漢學，穿鑿瑣屑，駁難猥雜，其行曾不能望見象山、陽明之藩，其識更卑於永嘉，而輒敢上詆程朱。」夫姚氏以爲漢儒之注僅訓詁而無精義耶？毛之詩，董之春秋，鄭之禮，荀、虞之易，皆僅見經之枝而昧其根，得經之細而舍其鉅者耶？象山之學，與新安互爲出入，且不必論。若永嘉則伯恭、正則諸公，又何病於朱子耶？豈以吕氏身任文獻之學，固爲玩物喪志耶？

若閻氏謂人之攻程朱者，以六經之言皆其所不好，刦於勢而不敢議。程朱去今未遠，無聖人之號，於是以其宿怒積忤於六經之意，盡發舒於程朱而不能復忍云云。則尤陰險小人之言矣。嗚呼！漢學固不能無蔽也，而其爲之甚難，其蔽亦非力學不能致也，特未深思而辨之耳。

予亦非能爲漢學者也，惟深知其難，而又喜其密實可貴耳。至段氏玉裁朱子小學跋，有曰：「歸里而後，人事紛糅，所讀之書，又喜言訓故考核，尋其枝葉，略其根本，老大無成，追悔已晚。」而戴敬咸祖啓答其子問經學書，有曰：「今之經學，六經之本文不必上口，諸家之義訓無所動心，所習者爾雅、説文之業，所證者山經地志之書。及其菁華既竭，精力消耗，則茫然與不學之人同。吾家東原，蓋痛悔之。晚嬰末疾，自京師與余書曰：生平所記，都茫如隔世，惟義理可以養心耳。又云：吾向所著書，强半爲人竊取，不如學有心得者，公諸四達之衢而人不能竊也。」段氏之言，蓋其自抑以尊先儒，謙而非悔；戴氏未知果有是言與否，即曰有之，夫讀書未有不求義理者，其養心之言，即平時功力之證。至著書可竊等語，則賢者之失言矣。夫著書固將以明前言，示當世，啓來學也。苟利於人，何必在己？且心得何物，而可公諸衢乎？

翁批戴氏遺書　清　戴震撰　清　翁方綱批

二十四日　閲翁批戴氏遺書，惟文集及毛鄭詩考證、詩經補注兩種。所批皆大字塗乙，盡言痛詆，其中未嘗記姓名及圖章，而觀其所言與其字跡，真覃谿也。覃谿金石之外，絶不知學，凌仲子最爲受知高弟，而校禮堂集中未嘗一引其説。閩人何郊海亦其高足，而跋經義考補正，縷舉其失，謂覃谿譜録之學當推我朝第一，而説經非其所長。陳恭甫左海文集中，有答覃谿書，力詰其所訂阮氏釋文校勘記、段氏周禮漢讀考之謬。今觀此書所評，或詆其文理不通，或詆其好造異説，蓋東原文辭簡質，多非覃谿習於文從字順者所能解。而覃谿又並注疏未嘗細讀，爾雅、説文之義，尤所不知，故遂疑他人爲造作。

如所譏「深則厲」，戴氏引説文及水經注證「厲」爲「橋」，此確不可易者，而以爲無往不造，可以知其妄庸矣。中有云:「考訂是極要之事,何爲蔣心畬忽起而斥考訂之弊,實皆此一種人有以激成之。」又有云:「渠向日罵蘀石,吾欲集同好至翰林公所聲其罪,同人勸解乃已。」夫心餘、蘀石,皆一小家詩人耳,蔣尤不知學,而覃谿暱之以爲助。覃谿佞於佛,此殆得婆羅門是我慢人之教而加厲者歟?

惟評其論性諸篇,謂立意在駁朱子「性即理」也,常聞其口説縷縷矣,其實無所見;又云不過不甘以考訂自居,欲顯其進窺聖道耳,到底一字講不出;又云此等文字,頗與惠定宇易述後幅言性相似,實皆與經義無涉。則東原此等文,固不免支離。蓋戴氏師江氏,而江氏之學由性理以通訓詁,戴氏之學則由訓詁以究性理。江氏語言頗有迂冗之病,戴氏亦覺稍晦,不若後來凌氏、阮氏言性言仁之洞徹本原。而惠氏筆舌亦絀,其所發揮,往往枝梧,不如王、錢諸公。至覃谿譏其如雜劇内裝出一帶眼鏡之塾師,妝作儒者模樣,則覃谿之自爲寫照矣。

其稍可取者,天保詩「群黎百姓」,戴氏引韋昭國語注「百姓即百官,謂凡經傳言百姓皆此義」。覃谿引易「百姓用而不知」、「百姓與能」,孟子「誠有百姓者」、「百姓親睦」等語以駁之,差爲近理。然戴氏説本毛傳,於天保詩本文之義,自從百官解爲長。六經文字無複疊者,此詩「群黎百姓,徧爲爾德」,猶堯典所稱「百姓昭明,黎民於變」也。覃谿評此條云:「有心尋鬧,無怪蘀石駡之。」予按王述庵蒲褐山房詩話有曰朱竹君極推東原經學,而蘀石頗有違言。每聚語及此,蘀石輒面熱,頸發赤,齗齗不休。蓋蘀石於經學,僅勝袁子才輩一等,而與同時程魚門及覃谿輩,固同調也。書中大批横抹,行間幾滿,相其書字,可知其無儒者氣象爾。

乾嘉以後爲漢學者，固多流蔽，無論阮氏詁經精舍及學海堂中諸子，不免依附剽襲；即如常州之臧氏鏞堂、莊氏述祖，徽州之程氏瑶田、汪氏嬰萊、俞氏正燮，雖塗徑各别，皆博而失之瑣，密而失之晦也，亦非吾之所取也。毛氏之易，劉氏之公羊，所謂道其所道者也，尤吾所不知也。而毛氏説雖創，要亦自博考深思而得，終異於鄉壁虚造者；劉氏又不過漢儒家法之偏，此吾前所云爲漢學者其蔽亦非力學不能至也。

嗚呼！漢人傳經，時主所好，專門授受，多致通顯，上爲帝師，次典秘籍。故或賄改夫漆書，或争論於講殿，桓榮以車馬誇稽古，夏侯以青紫誘明經，士風景從，猶非無故。下至宋之談理，宗廟以爲號；明之講學，朝廷畏其黨，習俗之靡，尚緣勢利。若我朝諸儒之爲漢學也，則違忤時好，見棄衆議，學校不以是爲講，科第不以是爲取。其初開國草昧，樸學椎輪，則亭林以遺民終，潛邱以布衣死。西河竹垞，老藉詞賦，暫陪承明，旋即廢退。東樵獻書，仍淪草莽；玉林著述，不出里閈。吴江二長，朱長孺、陳長發。鄞江二萬，青衿飾終，黄馘就木。而淵源宋儒者，二曲布衣，關中講學，親屈萬乘，寵以大儒。潛庵、松陽，互標朱、陸，生爲羽儀，殁邀俎豆。安谿以其政事緣飾儒風，揣摩當宁，宗尚紫陽，位極鼎台，久枋國政。江陰、高安，相爲提挈；榕城繼席，名位並隆。望谿起於俘囚，久居講幄；漳浦擢自閑廢，遂爲帝師。此則漢宋相形，遭遇勝負，已可知矣。高宗盛時，首辟經學，薦書兩上，鶴車四出。然得官者五人：顧、陳、吴、梁，僅拜虚秩；當塗入館，更以年例。而諸公亦皆學參漢宋，未號專家。當時海内宗師，松厓一老，徵輿未上，壇席已除。都講弟子，仲林、艮庭，槁項卒世。婺源江君，學究天人，東南兩星，與惠相望，沈淪胄序，終晦少微。高弟戴、金，最爲首出。檠齋得膺上第，旋復杜門；東原晚際昌時，公車入省。校書恩例，超授翰林，天不憖年，終於吉士。至於開四庫，求遺書，尤國朝儒林之一大際會也。笥河發其議，曉嵐總其功。東原既以玆通籍，南江復由此升庸。然兩君以外，寂無徵焉。竹汀、西莊，清華通貴，而一謫九列，一終少端，皆盛年掛冠，著書林下，淡泊之操，鼎峙抱經。而歙有輔之，岱有衆仲，詞臣五隱，咸暢醇風，盡瘁簡編，何關人事？其繼掇巍科者，淵如、北江，一沈俗吏，一爲戍兵，雖踐金門，終飽蟫橐。吾鄉瑶圃邵氏，左官投劾，聲華尤闇。石渠以名臣之子，早著才稱，而詞曹不終，豸冠終斥。芝田、頤谷，未久西臺；而懋堂、珍藝、十蘭、二谷桂未谷、武虛谷。以俗吏終矣，次仲、端臨、易田、階平以教官終矣，溉亭、小雅、孝臣以進士終矣，雕菰、辰叔以舉人，樸齋、容甫、可廬、鄭堂、璞園且以諸生終矣。笥河於乾、嘉儒術爲首功，而微罪貶秩，一蹶不振。其弟文正公，頗持宋學，遂躋三公。

今人知大興相國，而不知有難兄也。吾鄉三樵茹氏，樸學孤紹，而浮湛冗員，聲域家衖。其子尚書公頗鮮學術，早冠廷對，晚長六卿，今越人知古香大司馬，而不知有賢父也。

其最以儒術顯用於時者，河間、儀徵兩文達耳。而河間畢生書館，勤於其職，及拜協揆，逾旬而殂；儀徵歷官使相，未嘗一日當國，皆不能剡揚素風，汲引同類。稍得志者惟嘉慶己未一科，儀徵主試，大興聽從，幸逢翩翩，多班玉笋，論者謂此科得人逾於乾隆鴻博。然惟龍首姚公、探花王公文僖、文簡皆長春官，其餘則恭甫一列詞垣，告歸不出；蘭皋户部，十年不遷；皋聞始列庶常，幾於廢黜；

周生沈於兵曹；春橋胡氏秉虔没於郡佐；山尊稍以詞章，得躋侍從，終亦不振。嗣是而降，大雅云亡。蘭坡、墨莊，稍爲後出，並躋館職，未結主知，一退老於名山，一積勞於閩海。武進二申李申耆、劉申甫、心壺、竹村，各述所傳，位不稱學。他若匪石、澗蕢、簡莊、拜經、曉樓、碩父之終身席帽，連惓牖下者，更如書中蠹魚，聽其自生自滅而已。即以吾浙言之，仁和諸趙，德清諸徐，臨海諸洪，談經之窟也。鹿泉致位八坐，帖括所傳，或在人口；而谷林、寬夫、心田、筠軒諸先生，今猶有知其姓氏者耶？

嘉興之李、次白氏貽德。仁和之二梁、諫庵氏玉繩、夬庵氏履繩。蕭山之王、穀塍氏宗炎。之徐、北溟氏鯤。之汪、蘇潭氏繼培。上虞之王、汾原氏煦。歸安之嚴、鐵橋氏可均、鷗盟氏傑。仁和之翟、晴川氏灝。之孫、雨人氏同元。臨海之金，誠園氏鶚。此皆著述卓然者，而鄉評校議尚及其人耶？尤可異者，蕭山王氏紹蘭，位望通顯，罷官之後，所作滿家，訓義邃精，幾頡惠戴，而越人僅貴之爲中丞，未嘗尊之爲學者。嗚呼！由斯以觀，則諸君子之抱殘守闕，齗齗縑素，不爲利疚，不爲勢詘，是真先聖之功臣，晚世之志士，夫豈操戈樹幟，挾策踞座，號召門徒，鼓動聲氣，呶呶陸、王之異辭，津津程、朱之棄唾者所可同年語哉？

予質鈍健忘，又處窮阸，馬、鄭之學，棼無端緒；漢唐之訓，浩無津涯。少時所習科舉講章之業，尚於宋儒爲近；諸家語録，其文淺俚，又便記誦。近日朝局，頗興宋學，倭公作相，李公掌憲，以性理導沖人，以道學議密政。又新召山東臬司吳公爲大理卿，皆服膺洛閩，踐履篤實。明詔諄諄，時以格致誠正之旨教迪天下。以予之粗有文筆，使承望風旨，附會儒言，既非難事，且可以徼名公卿，覬幸登薦。而去冬粵東舉人桂君文燦進所著書，專求漢詁，有詔訓厲，以宜爲有用之學，雖留其書而斥其人。前鑒既彰，迷途可復，乃猶質衣買考索之書，傭食讀蟲魚之字，其亦顔尉之違三好，韓子之致五窮者歟？自「漢人傳經時主所好」以下至此，可別存文集中，題爲國朝儒林論。

春秋穀梁傳時月日書法釋例　清　許桂林

二十八日　得問月書，以孔氏微波榭所刻宋元憲國語音，及近人海州許月南孝廉桂林春秋穀梁傳時月日書法釋例見贈。穀梁之學鮮傳者，邵氏、洪氏所輯皆未行。近日鎮江柳賓叔孝廉興恩撰穀梁大義述，儀徵太傅爲之序；閩中陳頌南侍御復撰穀梁傳廣證，而其書都未見於世。許氏與柳氏同出吾鄉湯文端之門。文端典江南試，二君皆以經策得雋。許氏此書，先從穀梁所書時日疏通其大旨，以公羊爲穀梁外傳，左氏爲公、穀衍義，唐陶山作序已譏其武斷，則漢人專門之結習，其能謹守師法在此，其不能擇善而從亦在此。予未暇爲此學，亦未究閱其書，姑識其大端而已。

春融堂集　清　王昶

閱王述庵春融堂詩詞。述庵學詩於歸愚，詞則以竹垞、樊榭爲宗。其詩分蘭泉書屋集、琴德居集、三泖漁莊集、鄭學齋集、履二齋集、述庵集、蒲褐山房集、聞思精舍集、勞歌集、杏花春雨書齋集、存養齋集、卧游軒集共十二集二十四卷，計二千餘首。自蘭泉書屋集至述庵集，雖氣格稍弱，而醇雅清切，律絶尤有風致，蓋皆其未仕以前所作，得於山水之趣者爲多。蒲褐山房集至聞思精舍集，則召試官中書直軍機房後所作，已不免塵滯沓冗。勞歌集三卷，乃罷官後從征緬甸金川時之作，戎馬閱歷，滇蜀煙雲，多入歌詠，詩又較前爲勝。杏花春雨集以後，則凱旋晉秩，自此敭歷中外，致位九卿，老手頹唐，可取者尠矣。總其大要，實勝歸愚，蓋源流雖同，而讀書與不讀書異也。琴畫樓詞四卷，亦多清雅可誦。

春融堂集 清 王昶

二十九日 閲春融堂文集及年譜，文共四十卷。述庵篤嗜鄭學，兼綜四部，其文爾雅，可考證經史及國朝文獻掌故者甚多。吾鄉王穀塍氏稱其文爲一大作家，而謂其碑志大篇，多係失明後口授之文，故有記憶偶誤者。按述庵歸田後病目眚，旋愈，未嘗失明。八十外復病眚，未幾謝世矣。穀翁殆誤記同時王西莊光禄失明事耶？

今按其書中如吾鄉商寶意先生墓誌，言先生爲明文毅公輅九世孫。文毅爲嚴州淳安人，其子孫未嘗遷居紹興，而質園屢稱其高祖等軒冢宰公。冢宰名周祚，與劉忠介公同年成進士，崇禎中官至吏部尚書，明史屢見章格庵名正宸等傳中，即國初貝勒所聘六遺臣之一也。設如此誌所言，則冢宰爲文毅之來孫，明史文毅傳末亦不容不及。予家居時曾見冢宰祖父兩世墓碑，其叙系未嘗及文毅，此殆據其家狀之誤而不能辨正者。

述庵旁通内典，其書楞嚴經後，謂今天下士大夫能深入佛乘者，桐城姚南青範、錢唐張無夜世犖、濟南周書昌永年及余四人。今觀其中如跋龍舒淨土文、跋華嚴楞嚴等經、書佛頂蒙鈔後、心經淺釋跋、大崇仁寺五百羅漢記、遊雞足山記諸篇，固非貫通宗乘者不能爲也。其時究心佛典者，有瑞金羅有高臺山、吴縣汪縉大紳、長洲彭紹升允初，而臺山尤廣通淨業。述庵作臺山墓誌，亦極推其覃精梵乘，過於唐之梁補闕、白香山、宋之晁文元、蘇文忠、明之宋潛谿，而此處獨未數及，豈以臺山僅爲舉人，不得與士大夫耶？年譜二卷，乃其婿金華府知府嚴榮所編，頗繁冗無體例。

春融堂集所考定鄭氏書目極爲詳備，録之於此。

周易注、梁録作十二卷，隋志九卷，舊唐志九卷，新唐志十卷。易緯注、梁九卷，隋八卷，宋藝文志七卷。乾鑿度注、李淑書目二卷，宋藝文志三卷。通卦驗注、李淑二卷，宋志三卷。稽覽圖注、宋志、玉海俱一卷，通考二卷，書録解題三卷。辨終備注、玉海一卷。是類謀注、玉海一卷。乾元序制記注、玉海一卷。坤靈圖注、玉海一卷。自稽覽圖以下五書，宜併在上易緯注下，即宋藝文志所謂七卷。易緯注七卷，玉海云，今三館所藏乾鑿度、通卦驗皆別出爲一書，而易緯鄭氏注七卷，第一稽覽圖，第二第三無標目，第四辨終備，第五是類謀，第六乾元序制記，第七坤靈圖。尚書注、隋九卷，唐同。尚書義問、隋志三卷。尚書大傳注、隋三卷，書録解題、通考並四卷。尚書緯注、梁六卷，隋三卷，唐三卷。刑德放注、見御覽。帝命驗注、見初學記。考靈耀注、見藝文類聚。璇璣鈐注、見文選王融策秀才文李善注。以上書緯散見各書中頗多，今略舉以概其凡。自刑德放以下四書皆即尚書緯也，宜併在尚書緯注下。尚書中候注、梁八卷，隋五卷。毛詩箋、隋二十卷，唐同。毛詩譜、舊唐志二卷，新唐志三卷。詩緯注、唐三卷。儀禮注、隋十七卷，唐同。周官禮注、隋志十二卷，唐十三卷。答臨孝存周禮難、鄭志目録作臨碩，碩，孝存名也。禮記注、隋二十卷，唐同。魯禮禘祫議、本傳。喪服經傳注、隋一卷。喪服變除注、唐志一卷，此戴德所撰而鄭氏注之，唐志脱一注字。喪服譜、隋一卷，唐作喪服紀一卷。三禮目録、隋一卷，唐同，梁有陶弘景注，亡。三禮圖、隋九卷，同侍中阮諶等撰。禮緯注、隋志云三卷，亡，今取其可考者，如斗威儀見文選七啓李善注，含文嘉見御覽。禮記默房注、梁三卷，隋二卷。左傳注、鍼左氏膏肓、唐志十卷。釋穀梁廢疾、隋志三卷，唐同。發公羊墨守、舊志二卷，新唐一卷。駁何氏漢議、隋二卷，唐志云何休春秋漢議十卷，鄭玄駁。春秋左氏分野、梁一卷。春秋十二公名、梁一卷。孝經注、隋一卷，唐一卷。論語注、隋十卷，又九卷，唐十卷。論語釋義注、舊唐十卷，新唐一卷。論語孔子弟子目録、隋一卷，唐志作論語篇目弟子一卷。孟子注、隋七卷，唐同。六藝論、隋一卷，唐同。駁許慎五經異義、唐十卷。答甄守然書、鄭志。乾象曆法、本傳，鄭志。天文七政論、本傳，鄭志。日月交會圖、梁一卷。九宮經、隋三卷。九宮行棊經、隋三卷。九旗飛變、舊唐志一卷，李淳風注。漢律章句、晉書刑法志，魏時下詔，漢律但用鄭氏章句。鄭玄集、梁二卷，録一卷，唐二卷。樂緯動聲儀、見御覽。鄭志、鄭小同撰，隋十一卷，唐九卷。鄭記、鄭氏弟子撰，隋六卷，唐同。尚書音、毛詩音、禮記音、周官音、儀禮音、見隋、唐等志。釋文叙録陸氏云漢人不作音，後人所託。

王氏云，新唐書藝文志有鄭玄注戴聖禮議二十卷，考杜佑通典、劉昫舊志並云禮義二十卷，戴聖等撰，無鄭氏注之文，新志誤。他如周禮大宗伯賈公彦疏引爾雅鄭注「天皇北辰耀魄寶」，鄭未注爾雅，此不足據。又朱子書河圖洛書曰，大戴禮明堂篇有二九四七五三六一〔八〕之法，鄭氏立法龜文也。此誤以盧注爲鄭注。又玉海附載忠經一卷，馬融撰，鄭玄注，崇文總目在小説，此係僞書，不足録。又劉克莊曰玄莊漫録載漢宫香方，鄭康成注，尤謬妄也。

二月

札記

初一日 閲北監本南史，加朱宋武帝、少帝、文帝本紀共二卷。夜手録皇朝經世文編姓名總目，其中名字官爵、籍貫科次，多有舛誤，稍爲訂正之。

揅經室集 清 阮元

初二日 手録揅經室集中所存國史儒林傳已删者毛西河、沈求如、錢飲光、朱愚庵、汪雙池、王西莊、任芝田、孔顨軒、金檠齋、閻懷庭、丁小雅、談階平、桂未谷、臧拜經、張茗柯等十五人；又附傳陳長發、劉端臨、汪容甫等十人及衍聖公世家。各傳皆采輯群書而成，每句下必注出處，然往往未備，並有漏略其籍貫科第者，蓋校刊未審之故也。西河今改入文苑傳，實未足饜其心。茗柯聞爲山陽汪文端所黜，然芝田乃文端之師，又何以遺之？西莊尤儒林魁桀；顨軒之公羊，與西莊之尚書、茗柯之易，皆可列學宫。檠齋、未谷，亦撰述卓然，小雅、拜經，終身訓詁，皆右文之世，亟宜表彰，是後日史官之責矣。

惜抱軒文集、後集、法帖題跋　清　姚鼐

初三日　閲姚姬傳惜抱軒文集十六卷、後集十卷、法帖題跋三卷。姚氏之文，自謂遠承南豐，近淑望谿，而實開桐城迂緩之派。予於丙辰之春曾閲一過，爾時日記中謂其碑表誌傳散漫不足觀，而序記諸作春容大雅，有得於師承，爲乾、嘉間文章之俊。今日閲之，殊覺諸體多冗滯平弱，前言非也。

姬傳人品高潔，故文自無齷齪氣，而性情和厚，語言亦無險怪之習，此其可取者。惟生平學術頗疏，又習於望谿而好議論，意欲持漢宋之平，出入無主，遂致持議頗僻。如與袁簡齋書，謂毛大可、李剛主、程綿莊、戴東原以詆毁程朱，卒皆身滅嗣絶；其爲綿莊文集序，亦深譏其非議程朱，流於蔽陷，而復及東原持論之僻。今綿莊書不可得見，毛氏、李氏固不免矜氣之辭，若東原則惟爲程朱拾遺補闕，未嘗肆言攻擊也。

又如謂左傳非丘明一人之書，其中記魏事尤誇，多出吴起所爲。説文亦非專出於叔重，故中引經文多自相歧異，乃後人所增各經師之説；而許氏原書可取者多賈侍中等説，皆近武斷。王氏宗炎晚聞居士集中與章實齋書，有云：「來諭以儒者學識不廣，囿於許鄭之説，此言深中近日之病。鄙人嘗謂西漢經學深於東漢，董劉無論，即匡衡亦豈易幾？若叔重説文，自是一家之學。而謂違此者即非聖無法，此拘虚之見，非閎通之論。」

孔子曰：信而好古。古人之善學者，於經文及漢世大儒之書，墨守而不敢貳，缺者補之，略者申

之，疑者通之而已。宋以後儒，逞其思力，好爲異論，而經學遂衰。姬傳之論左傳論説文，亦似有理，而前之通儒豈無見及此者？而不言，恐導後人以疑經不信古之漸，故不敢妄作聰明也。姬傳經學雖未能精研注疏，而解經頗有細心，自與宋明一切鹵莽滅裂者有間。

史學則自史漢以外，竟似涉獵未周。如黄徵君傳，爲國初洛陽黄調鼎作者，言南京福世子監國，立蘇州巡撫山陰祁彪佳女爲后，而以彪佳少女妻調鼎，則全是委巷無稽之談。

又禮恭親王家傳，其首叙云：「禮恭親王諱永恩，其始封禮烈親王，諱代善，太祖高皇帝第二子也。推戴太宗，有大功於社稷。子惠順王，未嗣爵先卒。惠順王子諱傑書，嗣爵爲王，是爲康良親王。生康悼親王，諱椿泰。悼王生康修親王，諱崇安，修王之子則恭王也。恭王生而有至性過人，祖母悼太妃嘗病，時修王督師於外，恭王甫五歲而侍湯藥云云。雍正十一年，修王薨，王以年幼始封爲貝勒云云。乾隆十七年襲封康親王云云。」下又云：「初烈王始封曰禮親王，及惠順王嗣爵，於康熙初改號曰康親王。自是傳四世，及高宗念烈王之元功，謂宜復祖號，乃復封號曰禮親王云云。」夫上既云惠順王未嗣爵先卒，而此又云惠順王嗣爵於康熙初改號曰康親王，數行之中，自爲矛盾，前後不相照覆至於如此。且其文叙次無法，盡失體裁。禮烈親王，「禮」封號，「烈」謚也，而曰始封爲禮烈親王，幾似兩字王矣。惠順王既未嗣爵，則「惠順」者謚乎？兩字王號乎？抑後所追贈者乎？何以都不叙明。康熙初改封康親王事，亦宜先叙於「傑書嗣」之下，眉目方清，此胸無史法故也。

他若翰林論，言翰林爲近臣，有言責，重於御史，而今之翰林皆不知職。其持議甚正。五嶽説言虞書第曰東巡之爲岱宗，而南西北未嘗言嶽爲某山，其四嶽定名，必非唐虞之制。說亦辯而覈。論史記老子列傳「姓李氏，名耳，字伯陽，謚曰聃」，引陸氏釋文及後漢書章懷注所引史記皆作字聃，知伯陽謚聃之文，乃玄宗以後俗人所妄改，謚必無取「聃」者，尤確。與許孝廉慶宗書，論其所作世室考引曾子問當七廟五廟無虛主，今欲伸己說，以「當七廟」爲句，此非愚見所安。古今之隔遠矣，議禮者非持漢以後不可合，雖周人之言，亦或舛乖，必難衷於一是。又內載朱子說，不應書名。復袁簡齋書，謂古人以玄爲服采之盛，禮所云冕服皆玄也。衣正色，裳間色，謂之貳采，惟軍禮乃上衣下裳同色，故曰袀服。宿衛之士，當用軍禮，衣裳同色，故趙世家有黑衣之列，其衣兼衣裳而名之也，黑非賤服。古帝王革命，雖有易服色之事，而其大體皆上玄而下纁黃，雖魏晉而降，制猶存焉。隋人以宇文周尚黑，舉矯而變之，遂亦及於章服。自隋唐以後，以紫緋爲品官上服，朝會皆衣之，無復尚玄之禮矣。又祭之有尸，始蓋亦出於上古之俗，而聖人因以爲禮，此亦仁孝之極思。凡祀天神無尸，而配者人鬼有尸。若太公爲尸之說，則不可信。貓虎之尸，亦說之者過耳，不可因此遂譏古人之爲謬。尸蓋廢於秦世，秦俗戎也，然則廢尸乃夷禮，設尸非夷禮也。所論皆謹嚴不失古意。

其朱竹君先生傳、朱傳言先生素爲劉文正公所知，及請開局修輯永樂大典內古書，時文正在軍機處，顧不喜，謂非政之要而徒爲煩，欲議寢之。而金壇于文襄公獨善先生奏，與文正固争，卒用先生說。後先生時持館中事迕，文襄大憾。爲他誌表中所不及。劉海峰先生傳、張逸園家傳、名若瀛，桐城人。兵部尚書秉貞曾孫，左都御史若淮弟，官直隸知縣，爲熱河巡檢時，杖留守內監于文煥方晞原傳、名根矩，歙人。朱石君相國乾隆丙午科主江南試，自決必能取晞原爲第一人，而晞原已不應試，以諸生終。晞原爲婺源江慎修弟子，戴東原嘗言新安三士鄭用牧、金蕊中及晞原也。蕊中即金氏榜。內閣學士張公墓誌銘、名廷瑑，字桓臣，桐城人，文端公子。雍正元年，以兄文和公爲考官迴避，別試成進士，入翰林，歷官工部右侍郎，轉內閣學士，告歸。兄弟六人，貴者四：長廷瓚，官少詹事；次文和公；次禮部侍郎廷璐，卒年八十有四。張公充日講起居注官。起居注素無條例，爲者繁簡任意，漏遺冗贅。公精思爲之，寒暑在館，十餘年，編載詳贍。上以爲善於其職，於是以工部侍郎兼起居注官事。本朝官不爲翰林而仍職記注者，獨公爲然。原任少詹事張君權厝銘、名曾敞，字愷似，廷璐之孫，翰林侍講若需之子。乾隆十六年進士，官檢討十餘年。御試翰林列第五，進侍讀，四遷至少詹兼學士。又值試翰林，列第三，詔特褒美而不遷官。己丑爲會試同考官，所薦中者較他房多且再倍。以磨勘所薦舉人梁泉卷疵纇數十，遂革職提問。未幾事白，而梁泉故鄉舉第一，詔復梁泉舉人，少詹竟廢不用。後復五品頂戴。光禄大夫刑部尚書贈太傅錢文端公墓誌銘。公年八十六再入都祝皇太后八十壽，猶健步，上見公益喜，賜紫禁城騎馬，再與九老之會。公子汝誠，以户部侍郎侍養於家。及是，隨公入朝，父子卿貳，捧杖扶攜，出入宫苑禁闥之中，觀者以爲榮。副都統朱公墓誌銘、名倫瀚，漢軍人，由武進士選三等侍衛。聖祖偉其才，使兼直武英、養心殿。數年，改刑部郎中，出爲寧波、衢州知府，浙江糧儲道。召入爲御史，出爲湖廣道，復爲御史給事中，擢正紅旗漢軍副都統。公在浙時，世宗夜夢道士見而請曰：吾天台山道士也，來就陛下乞所居地。帝寤，異之，使問於浙江，吏言天台故有桐柏觀，今爲人侵廢，且爲墓矣。詔還爲觀，俾公董其事，觀成，而民無疾焉。著詩一編，曰天台遊草，其辭尤奇雋，士多誦之。自聖祖愛公畫，世傳實朱公指畫及書。嚴冬友墓誌銘、君以獻賦賜舉人，官中書，入軍機。辛卯會試，劉文正公爲考官，值軍機，事有當關白，君撾鼓入闈得見，既而出。同考官朱學士筠曰：甚哉！冬友不自就試而屑屑治吏事爲。孔信夫墓誌銘、名繼涑，衍聖公季子，乾隆三十六年與兄子廣森同舉山東鄉試，時姬傳爲主試官。陝西道監察御史興化任君墓誌銘、爲禮部主事時，詔開四庫全書館，是時非翰林而爲纂修官者凡八人，興化與姬傳與焉。後姬傳以病先歸，任以憂歸。及書成議叙，其六人盡改爲翰林，大臣又以任與姚名奏，稱其勞，請俟其補官更奏。姚以母老不出，任獨往，然大臣竟不復議改官事。任以循資得御史。施宗丞朝幹一勺集有任幼植墓表，吾鄉章進士實齋文集有任幼植傳。夏縣知縣新城魯君墓誌銘、名九皋，字絜非。袁隨園君墓誌銘、東閣大學士王文端公神道碑、知足齋集有公誌銘。清河道朱公墓表、名灝，江寧人，子紹曾，安徽布政使，孫即嘉慶己未進士廣東巡撫莊恪公桂楨也。碭山縣教諭瞿君墓表、名塘，字澂川，嘉定人，王氏鳴盛門人。其子中溶，諸生，爲錢氏大昕壻。春融堂集有君誌銘較詳。臧和貴墓表、知足齋集有臧禮堂家傳。博山知縣武君墓表、廣西巡撫謝公墓誌銘、名啓昆，在翰林時爲乾隆庚寅恩科河南鄉試正考官，辛卯會試同考官，得巡撫會稽陳大文、布政使歷城方昂以吏績名，檢討曲阜孔廣森以文學顯。按陳公後歷任總督、尚書，其鄉試寄籍河南杞縣。廣東布政使許公墓誌銘、名祖京，字依之，德清人。祖鎮，翰林院編修，南昌府知府。父家駒，舉人，西安教諭。公中乾隆戊子科浙江鄉試第一人，己丑成進士，歷官至雲南按察使。姚州擬獄誤，部駁承審官、知州應降職。公言：「州本擬如部所論，臣飭改之，咎乃在臣。」奏上，純皇帝愈重之，擢廣東布政使。在雲南時，總督李侍堯怙勢求賄，及敗，屬吏多得罪，公獨不爲所累。及在廣東，仁和相國孫文靖公毅勇、貝勒相國福文襄王相繼爲總督，公皆守正自如。在内閣修官書西域圖志、西域同文志、勝朝殉節諸臣録，皆獨當其勞。著有書經述八卷。子即嘉慶己未進士兵部主事周生先生宗彦也。按公家與予家三世同年，南昌知府與先殿纂公同成康熙壬辰進士，西安教諭與先高叔祖晦庵公同登乾隆丁卯浙江鄉試，公與先曾伯祖銅梁公同登戊子浙江鄉試，故余家族譜，方伯爲之序，歷叙三世年誼，字作章草，甚秀勁。據春融堂集，勝朝殉節諸臣録乃陸耳山副憲奉敕編輯。今殉節録列陸公爲總纂，列許公爲協修。雲南臨安府知府丹徒王君墓誌銘、名文治，字禹卿，以編修御試翰林第一，擢侍讀，旋出守臨安，罷歸。高宗南巡，至錢唐僧寺，見所書碑，大賞愛之，内廷臣有告之招其出者，不應。買僮，教以度曲，行無遠近，必以歌伶一部自隨。客至其家，張樂共聽，窮朝暮不倦。客去樂散，默然禪定，夜坐，脅未嘗至席。持佛戒，日食蔬果而已。海内求書者歲有饋遺，率費於聲伎。人或諫之，不聽。嘗自言吾詩字皆禪理也。年七十三，趺坐室中而逝。封文林郎巫山縣知縣金壇段君墓誌銘，名世續，縣學生，即懋堂先生之父也。

光禄寺卿寧化伊公墓誌銘，名朝棟，字用侯，汀州寧化人，受業於同邑雷副都御史鋐，爲朱子之學。乾隆己丑成進士，歷官至光禄卿。告歸。子秉綬，知惠州府，就養署中。時提督標兵與嶺南奸民通謀，秉綬先事請兵靖亂，觸總督吉慶之怒，劾戍，而亂黨遂起。公以爲子之屈可以不伸，而嶺南官弁縱賊及兵與賊通之患不可不詰，身嘗爲侍臣，不敢隱，草疏將奏之。會後總督倭什布至，秉綬得釋。著有南窗叢書，多發先儒疑義，詩曰賜硯齋集四卷，尤有高韻。秉綬字墨卿，有名。太子少保兵部尚書江南河道總督徐公墓誌銘，名端，字肇之，德清人。由通判歷任東河南河總督，著迴瀾紀要、安瀾紀要二書。諸作皆考文獻者所必需也。

新城陳碩士侍郎爲姬傳弟子，姬傳深重之，謂可盡得其學術及古文法，故集中爲陳氏作文甚夥。有陳母楊太夫人墓誌銘，乾隆戊辰進士凝齋先生陳道之配。子五人，金衢嚴道守誠、陳州府知府守詒、舉人内閣中書守中、江蘇按察使守訓、舉人候選中書守譽。孫十餘人，一即碩士侍郎也。陳約齋六十壽序，即守詒，碩士之父。約齋七十壽序、陳州府知府陳君墓誌銘、新城陳君墓誌銘，名吉冠，守譽之子，舉人。其後碩士侍郎以文學名，而所作字句迂冗，幾不可讀，可謂具體者。金衢嚴道子爲倉場侍郎觀，孫爲給事中希祖、侍郎希曾，希曾子即子鶴尚書也。德甫爲倉場侍郎之曾孫，嘗爲予道其家世甚詳，而有一姓不再興之歎。予閲魯通甫集，有新城陳君墓誌銘，其時尚書一房正盛，而誌言某君以門户衰替，鬱鬱以死，亦可感已。

桐城文派

初六日　桐城劉大櫆詩文皆不能成家，其文尤乏佳處，雖稍有氣魄而粗疏太甚。其生平於古人文法亦甚留心，而所作往往軼於軌度；又或摹仿涉拙，轉多可笑。詩稍勝於文，苦無作意。而程魚門、姚姬傳輩極推之，姬傳稱之尤力。其爲作傳有云：「康熙間方侍郎名聞海外，劉先生一日以布衣走京師，上其文侍郎。侍郎告人曰：苞何足道哉。邑子劉君者乃今之韓歐也。」云云。又爲之作八十壽序，中亦舉此事爲言；且舉周書昌語，謂「昔有方侍郎，今有劉先生，天下文章，其出於桐城乎？」夫望谿雖稍散弱，不及震川，而氣澹神清，粹然有味，自深得於歐曾者，豈海峰所可望耶？姚氏壽序中又云：「黄、舒之間，天下奇山水也，鬱千餘年，一方無數十人名於史傳者。獨浮屠之俊雄，自梁、陳以來，不出二三百里，肩臂交而聲相應和也，其徒徧天下，奉之爲宗。豈山川奇傑之氣，有藴而屬之耶？夫釋氏衰歇則儒士興，今殆其時矣。」云云。其推崇可謂至矣，豈果天下之公言乎？姬傳爲人，不至以鄉曲之故阿好如此，蓋其性習相近，遂致此蔽耳。傳中有云：「方侍郎少時，嘗作詩以視海寧查侍郎慎行，查侍郎曰：君詩不能佳，徒奪爲文力，不如專爲文。侍郎從之，終身未嘗作詩。」初白官止編修，爲侍郎者其弟嗣庭，以作維止録伏法者也，姬傳殆承望谿不看雜書之弊，故道眼前事，往往有錯誤者。此事援鶉堂筆記亦載之，而隨園詩話作劉公勈語。簡齋固多妄説，然其叙此事，謂望谿先謁汪鈍翁，鈍翁斥之。復謁王阮亭，阮亭亦不之譽，乃謁公勈云云。則較有本末，或足爲據。

十三經字數

初七日 下午坐車詣德甫，不值。入其齋，携得謝墉校荀子、趙懷玉校韓詩外傳、盧文弨校方言、畢氏沅釋名疏證四書以歸。

謝校荀子在抱經堂叢書中，予向有之，而中缺十二葉，今擬借此鈔補。盧校方言單本，辛酉春在廠市予已買定，爲德甫攫去。釋名疏證在經訓堂叢書中，亦予所素有，而家藏被燬於賊。趙校韓詩則欲之而未見也。擬以汲古閣刻元遺山集與德甫易韓詩、方言、釋名三書，未知許否。

易、書、詩、春秋、左傳、禮記、周禮、論語、孝經、孟子字數，鄭畊老記之，儀禮、公羊、穀梁字數，閻潛邱記之。其中孟子字數，耕老本之趙邠卿，而明人陳士元所記不同，今日偶數得孝經共一千七百九十五字，古文多閨門一章二十四字。蓋鄭氏連章目字記之也。又數得爾雅一萬二百四十一字，題目字不數。十三經字數始全備矣。

通介堂經説 清 徐灝

十四日 是日在金甫處見有番禺徐灝字子遠所著通介堂經説八册，多補正高郵王氏父子之説，乃近人經學之卓出者，當借得細觀之。

札記

十五日　是日新得吾鄉邵瑶圃先生説文解字羣經正字二十八卷，劉炫規杜持平六卷，可喜也。

晚聞居士遺集　清　王宗炎

十七日　閲王穀人晚聞居士遺集，爲文八卷，詩一卷，共九卷。先生名宗炎，字以除，乾隆四十五年進士，未授官而歸，著書教授，垂五十年。至道光乙酉冬卒，年七十一。越東學者奉爲魁艾，而蕭山人至今猶以小進士呼之，蓋先生登第時年甚少也。先生聚書甚富，於易、詩、書、禮、公羊、春秋、爾雅、孟子皆有論撰，與同郡章進士實齋、同邑汪吏部厚叔交最厚。實齋通史學，攻古文，厚叔精於諸子之學，而先生族弟福建巡撫南陔先生深研經義文字，互相淬厲，所得甚宏。先生受學於其邑人湯溎。溎字紹南，號湘畦，乾隆甲午副榜，官杭州府學訓導。集中有湯夫子家傳，言所著有明謚法考、五代史閏年録、湘畦雜佩、學製編、自怡集、暖姝漫稿諸種，其學爲繼毛氏而起。據集中復實齋書，有「浙東學術首條，今又改定數語」云云，又答南陔弟詩注中有「日課校讀爾雅、孟子簡端記録」之語，其著述之略，固可想見。今此集爲其子庶吉士端履等所輯，字皆本説文體，板亦仿宋刻，雖似精工，而滿牘古文，艱苦駭俗，轉爲文章之累，殊無謂也。集前有相國湯文端公序，後有南陔中丞跋。文端爲先生弟子，其序言先生闇然自修，不欲以著述名，每脱稿輒棄去；跋亦言著書時爲人取去，故僅存此數，蓋皆實録。

其文一意簡古，雖蹊徑太甚，多病局促，而謹嚴可喜，終非不讀書者所能。詩亦大致相似。五古頗有峭潔之作，與南陔所爲文同出一軌。蓋皆承前明張元忭、孫鑛諸鄉老之派者。然南陔究心漢學，自閩歸後，顔其齋曰：「許鄭學廬。」而先生頗出入漢宋。其答實齋書有云：「來諭以儒者學識不廣，囿於許鄭之説，此言深中近日之病。鄙人嘗謂西漢經學深於東漢。董劉無論，即匡衡亦豈易幾？若叔重説文，自是一家之學，而謂違此者即非聖無法，此拘虚之見，非閎通之論。若鄭不及毛，則近人已見及之矣。」語雖持平，然稚圭經説，自其本傳外見者寥寥，何由知説詩解頤者，真無遺議乎？舍康成衆義完具之箋，而欲求匡鼎單文旁見之學，固尊古之盛心，亦好奇之通惑矣。集中所收諸文，大半應酬之作，壽文像贊，時藝序言，一併闌入。又好爲蕭山、諸暨兩邑富人作文字，家傳誌銘，多係賈氓，無關文獻，而叙次簡潔，尚不令人生厭。其爲敦甫相國、南陔中丞之兩封翁墓誌，尤謹嚴不苟。最佳者如孟子趙氏注、孟子音義、楊甲六經圖、盧雲英五經圖、戴震原善、原象、續天文略、任大椿深衣釋例、吴越備史、嘉定鎮江志、至順鎮江志、戴震水地記等叙録十三篇，考證確覈，卓然可傳。

與汪蘇潭校勘潛夫論誤字，亦精覈。餘如陸農師爾雅新義、辛文房唐才子傳、孫同元弟子職注、于士達湘湖考略、桂未谷札樸、汪漢郊東里生燼餘集、合刻嘉興徐秋湄先生遺書等序，及策問廿二條，論書法十三條，俱可備考證。先生工於書法，旁及繪事，故所載題跋時有名論，筆墨亦雅潔，固吾鄉先輩中一巨集耳。

所惜南陔中丞著書至二十六種，其中國朝八十一家三禮集義四十二卷、儀禮圖十七卷、說文集注一百二十四卷、袁宏後漢紀補證三十卷，皆褒然巨集，聞其儀禮、說文兩書，尤一生心力所萃，其子曼壽亦傳家學，著書八九種，俱以家貧未及刻。今經亂後，當已無有存者，可歎也。中丞在閩，以布政使李氏賡芸自縊事，與總督汪稼門同被高郵王文簡所劾罷官。中丞不待言，稼門亦有時望，乃俱不能容李鄦齋，何歟？

說文解字群經正字　清　邵瑛

十九日　閱邵氏說文群經正字，得畢三卷。邵氏考證詳覈，不强爲比附，而於今字之從隸變省者，悉據漢碑以著其所自，字之正俗，相斠判然。後人訾謷說文者，徒見其妄庸矣。惟所列群經，不知古文尚書及孔傳之僞，亦千慮之一失也。

南史　唐　李延壽

二十日　加朱齊高帝、武帝紀一卷。鬱林王、海陵王、明帝、東昏侯、和帝紀一卷。南史疵病百出，不可殫指。齊高帝紀後縷述符瑞凡一千一百三十四字，附會無理，甚爲可厭，此皆蕭子顯本書所無者。又海陵王紀後，言「先是武帝立禪靈寺於都下，當世以爲壯觀，天意若曰：禪者禪也，靈者神明之目，漢文帝晏駕而鼎業傾移也」云云，殊不可解。錢竹汀廿二史考異曰：「『漢』字誤，文帝謂文惠太子。」案，此語終與上文不貫。且文惠未嘗爲天子，不宜稱晏駕，南史他處未有以文帝稱文惠者。況文惠卒於武帝之前，亦不得謂晏駕而鼎業傾移。考南齊書五行志云：「世祖起禪靈寺初成，百姓縱觀。或曰禪者授也，靈非美名，所授必不得其人。後太孫立見廢也。」語甚明晢，延壽殆本此而妄改者。北雍板雖較南雍及汲板爲優，然訛奪尚不少，惜未得官本校之。

南齊書 梁 蕭子顯 南史 唐 李延壽

二十二日 南齊書及南史東昏侯紀，「帝於殿内騎馬，從鳳莊門入徽明門，馬被銀蓮葉，具裝鎧雜羽孔翠，寄生，逐馬左右衛從」云云。「寄生」二字殊不可解。按前有云「教黄門五六十人爲騎客，又選營署無賴小人善走者爲逐馬，左右數百人常以自隨」，南史「逐馬」下有「鷹犬」二字，南齊書無之。案，此乃南史涉下有鷹犬隊主媒翳隊主而誤。疑此處「寄生」爲「騎客」之誤。「具裝鎧雜羽孔翠」七字，指東昏衣飾而言。

偶加墨南史梁武帝紀二卷，架上不全南監本。以梁書參校。南史增删處多不得當，其叙述情事亦皆梁書爲優。

南史 唐 李延壽

二十四日 加朱南史梁武帝紀上卷，復正得宋武帝紀誤三條，别有稿，兹録其一云。宋武九錫文末云「置宋國侍中黄門侍郎尚書左丞相大使奉迎」。九錫文歷代大略相同，惟此數語他處所無。王氏十七史商榷云：「『左丞相大使奉迎』七字不可解。宋書作『左丞郎隨大使奉迎』，亦可疑。」案，上文已有宋國置丞相以下之語，此處不當復言所置官，況霸府不設尚書。若左丞相、左丞郎尤爲不倫。當作「置宋國侍中黄門侍郎句，尚書左丞句，即隨大使奉迎」。蓋是時劉裕方代姚泓入洛陽。故晉帝爲先置侍中、黄門侍郎、尚書左丞三官，令隨大使奉迎。大使者，即所遣持節往授策命之袁湛、范泰二使也。國相任重，必以私人最親者爲之。非朝廷所敢預命，而侍中等三官，皆傳宣近密之職，霸府所必有，而其位不尊。時劉穆之以裕之親信掌太尉留府事，故可先擇人充之，即令隨敕使往迎宋公也。宋書既誤即爲郎，南史又轉訛爲相，又少一「隨」字，遂不可解耳。

南史　唐　李延壽

二十五日　加朱南史王鎮惡、朱齡石弟超石、毛修之孫惠素、傅弘之、朱修之、王玄謨子瞻，從弟玄象、玄載、玄邈傳一卷。毛修之傳末叙在魏與朱修之問答事，全學漢書李陵傳，而筆力衰苶，全無生氣，可謂壽光之步。玄謨雖自宋武霸府入仕，而生平建豎，俱在元嘉以後，與鎮惡等同列，殊爲不倫。

札記

三月初七日　於文華購得武進莊逵吉所刻淮南子注一册，莊氏係據錢十蘭所校道藏本更加訂正，文注完足，最爲淮南善本。於西山閲明刻歸熙甫所評莊子，於寳森閲閩人陳喬樅所著齊詩翼氏傳疏證二卷、毛詩鄭箋改字説四卷，喬樅字樹滋，恭甫先生子也。

春融堂集　清　王昶

初九日　偶閲王述庵詩，略加評點。五古淵源選體，非不清婉，而意平語滯，故鮮出色。律詩殊有佳者，七絶尤多綺麗之作。晚年才情衰謝，又勞於官事，往往率易。惟論詩絶句四十六首，議論平允，詩亦藴籍可傳。其極推歸愚，則師生門户之見耳。嘗怪爾時姚姬傳非絶不知文，而力尊其師劉大櫆，比之昌黎；王述庵非竟不知詩，而極口其師沈德潛，比之老杜。雖情深衣缽，然二君以爲一家之私言，能盡掩衆人之耳目耶？此亦不自量之過矣。

侯鯖録　宋　趙令畤

十四日　午後偶閲趙德麟侯鯖録。是書四庫目録頗稱之。其中劄記零星故實，「侯鯖」之名，故取諸此。然多係習見，或沿誤説，惟論詩頗有可取，時舉東坡語，亦復雋永。内一卷皆辨鶯鶯事，而配綴鼓子詞十二章，僅可入市書小説也。

唐書合鈔　清　沈炳震

二十日　閲沈炳震唐書合鈔，其中如方鎮表添載拜罷姓名、經籍志補訂書目及宰相世系表訂訛十二卷，皆足自成一書。雖尚有訛漏，然創始之功，實爲不易。末附補正六卷，乃嘉興丁子復小鶴所撰，據册府元龜、唐會要等書及影宋本舊唐書校訂脱誤，間亦指正沈氏之失。東甫是書成於乾隆初，全謝山爲作墓誌，極口推許。及武英殿校刊諸史，錢文端取以進呈，有旨交史局採用，故官本新、舊唐書考證中多引其説。而其書至嘉慶末，海寧查世倓始爲刻於吴中。予於丁巳歲以六金購之越中舊家，今亦付一炬。此本爲歸安姚文僖公故物，每卷有印記。

庶齋老學叢談　元　盛如梓　藏海詩話　宋　吴可　禮部詩話　元　吴師道

二十四日　連日閲宋、元、明説部詩話，皆於茶初藥後，聊温舊聞，且資排遣而已。王闢之字聖塗，紹聖時人。澠水燕談録分十七門，紀宋元祐以前事，頗詳盡可觀。盛如梓庶齋老學叢談中一則云「宋自淳化中立糊名之法，祥符中立謄録之制，進士得失，始一切付之幸不幸。雖歐公欲黜劉幾，坡公欲取李廌，不可得矣。士捨科舉之外，他無進取之門。苟有毫隙可乘，則營回以趨之，冒法以爲之，明知其罪而不暇顧」云云，可謂名論。然歐公未嘗取劉幾，謂欲黜不得者，誤也。

吴可南渡初人。藏海詩話，論詩雖亦間有迂拙僻澀處，而時有神會，頗得拈花微笑之悟，亦宋人之可與言詩者。其極贊柳子厚「清風一披拂，林影久參差」二語，及參寥細雨詩「細憐池上見，清愛竹間聞」，又「流水聲中弄扇行」七字。又舉詠柳詩「月明摇淺瀨」語，謂人豈易到，皆非有妙悟者不能。

侯鯖録載東坡云：「僕爲吴興守，有遊飛英寺詩云：『微雨止還作，小窗幽更妍。盆山不見日，草木自蒼然。』非至吴越，不見此景。」尤爲深於領略之言。江南三月之末、四月之初，陰晴餖飣，衆緑悄然，此二十字妙能寫之，令人神往。又載蘇州僧仲殊潤州詩云：「北固樓前一笛風，斷雲飛出建昌宫。江南二月多芳草，春在濛濛細雨中。」下二語亦善寫江南者。

吴可稱老杜詩云：「一夜水高二尺强，數日不可更禁當。南市津頭有船賣，無錢即買繫籬傍。」與竹枝相似，蓋即俗爲雅。又舉陳子高詩云：「江頭柳樹一百尺，二月三月花滿天。裊雨拖風莫無賴，爲我繫著使君船。」乃轉俗爲雅，似竹枝詞。其於詩之體格，具有深識。子高以詞名，厲樊榭撰宋詩紀事，搜輯子高詩一二，而未及此作。又舉明不虧題畫山水扇詩云：「淋漓戲墨墮毫端，雨濕谿山作小寒。家在嚴陵灘上住，風煙不似夢中看。」明不虧未知何人，吴可謂其後二句騷雅，亦是確評。又評歐公稱杜詩「身輕一鳥過」，謂此非杜佳句，當時補「一」字者，又不知是何等人，尤推具眼。四庫目録稱其謂七言律詩極難做，蓋易得俗，所以山谷别爲一體云云，爲深有所見，亦不謬也。

吴正傳禮部詩話賞陳簡齋「微波喜摇人，小立待其定」，亦佳。李西涯麓堂詩話謂柳子厚「回看天際下中流，巖上無心雲相逐」，坡翁欲删此二句，不免矮人觀場之病。若止用前四句，則與晚唐何異？真能辨别於氣格之微者。又自舉其桔槔亭詩「閒行看流水，隨意滿平田」二語，亦中唐以前佳境。以上諸條，皆深得詩家三昧。特標舉之，以諗後人。

四月

詩管見　清　尹繼美

初四日　湜軒來，談甚久，以所著詩管見爲贈，並屬爲勘正未當處。其書博證詳説，不爲漢宋門户之見，發明詩人本旨，多令人解頤。論群詩中多爲樂歌，尤足補先儒所未逮。惟好攻鄭箋，是其病也。

漢中書題名

十七日　飯後偶從予恬處閲漢中書題名，内載嘉慶辛酉進士授中書者至五十一人，大司寇太湖李莊肅公，其一也。上海趙升之文哲，有次子秉沖，由恩賜舉人中書官至户部右侍郎。秉沖於嘉慶初以曹郎入直南書房，尤異數也。予向知升之有子秉淵，以難蔭中書，官至成都府知府，而不知其次子官躋卿貳。二事皆廣所未聞。其書於咸豐十一年輯成，以前無所據依，故官爵籍貫不免訛誤，而脱漏者尤多。予六世祖諱登瀛，由康熙五十年進士官中書，充武英殿纂修，而此録不及，他可知矣。據鮑康序言内閣因道光初失火，檔册盡焚，因致無考。然康熙五十二年御選唐詩卷首開載纂校諸臣職名，有進士候補内閣中書舍人吴玉崙、汪樹、李諱登瀛、徐啓統、遲之金、孫宗緒共六人，而此書止載一吴玉崙，康熙五十一年由進士到閣。御選唐詩爲近年館閣風行之書，而尚未能采及，則其書可知。

春融堂集　清　王昶

二十三日　閲虞伯生詩文。數旬以來，讀書甚忽忽無緒，豈多病所致乎？爲人書便面，偶檢王蘭泉滇南中秋追憶舊事所作望江南詞十二首寫之。蘭泉詞雖未超妙，然音節諧婉，自是南宋當家。此數首尤清艷可思。追昔游之作，最宜以小令寫之，而憶江南尤天然腔調，然必習於富貴歡娱，或久歷湖海者，方能言之生色。予生三十年家居，近五年來復流落都下，昔居貧約，已少歡悰，今見羈囚，益無佳況，加以林下乏倡隨之樂，客中絶徵逐之緣，風月寂寥，山水黯澹。凡詞壇之韻事，悉吾生所未遭，節物歲華，尠乎可述。去年清明，賦望江南六首，以鄉居勝選，清明爲多也。亡友王孟調曾倚此闋十六章，憶山居四時之勝，詞意清絶。汴人周星譽有重陽節此調八首，亦新秀。星譽固險譎無行，其詩詞亦喜爲狎邪輕褻之言，然佳處實不可没。李山甫、康伯可俱有清才，而論世者以爲温八叉、柳三變之罪人，惜哉！

五月

定盦集外文　清　龔自珍

十六日　閲龔定盦集外文一卷，杭人譚獻所傳録者。定盦通經制訓詁之學，以奇士自許。其文學杜牧、孫樵而未成，然自崛强可喜。此卷共五十六篇，雄詭雜出，亦多有關掌故。

六月

驂鸞録　宋　范成大

初二日　閲范石湖驂鸞録及桂海虞衡志，殊神往荔浦桂嶺間。予生好山水，而窘於遇。卅年居會稽，未得營鑑湖一席地。洎入京師，困處五年，足未至西山一步，何論嶺西萬里外乎？然羅帶瑶篸，幼入懷想，近適分曹廣西，或預爲他日驂鸞讖，亦未可知。驂鸞録筆意疏拙，遠不及其吴船録。然自放翁入蜀記、張芸叟郴行録外，亦鮮有匹者。録中言湘江岸小山坡陀，其來無窮，又皆土山，略無峰巒秀麗之意，但荒涼相屬耳。及過衡山後，又言帶江别有小山一重，山民幽居點綴，上桃李花方發，望之如臨臯道中。盧仝詩「湘江兩岸花木深」，至此方有句中意云云。是則湘江之勝亦可概見。予自二月中辭錢湘吟湖南之招，心常悒悒，讀此稍自慰耳。

驂鸞録又云袁州仰山廟有楊氏稱吴時加封司徒竹册，文稱竇大元年。向見吴江村寺石幢所記，亦以竇大紀年，蓋錢氏有浙時，或曾用楊氏正朔，此二證爲甚確也云云。按楊氏無竇大之號，惟南唐元宗號保大，錢氏有竇大、竇正二號，近人已考定爲武肅王私紀之號。然石湖親見竹册，不宜有誤，此甚可疑。

草窗詞 宋 周密

閱周公謹草窗詞。南宋之末，終推草窗、夢窗兩家爲此事眉目，非碧山、竹屋輩所可頡頏。

放翁家訓 宋 陸游

初三日 閱放翁家訓。予嘗愛其語意質實，又篇葉無多，欲手寫之付梓，尚未能也。

懷麓堂詩話 明 李東陽

初五日 閱麓堂詩話。茶陵於詩，自是當家，而有譽兒之癖。詩話中屢稱兒子兆先，尤可異者，自舉所作上陵詩「野行愁夜虎，林卧起秋蠅」之語，而言兆先謂「愁」字與「起」字不對，屢次駁詰，且爲改定曰「回夜虎」。夫此二語本是惡詩，乃荆公「青山捫虱坐，黄鳥挾書眠」之流弊，在西涯集中最爲下乘，而津津標舉，以其子爲一字師，真可噴飯。兆先小慧薄行，所傳其父子譏謔，有「柳巷花街秀才秀才，淫雨疾風相公相公」之語，較之瓜葛争棋，鷹犬改過，家法縱弛，殆爲甚焉。不料文正老牛舐犢之愛，至於如此。兆先之夭，固由神童閣老自賣其兒耶？書以一笑。

玉壺清話　宋　釋文瑩

初九日　閲玉壺清話。道温此書，最足以據證五代宋初之事，然如苗訓一條，有云太祖即位，樞密使王朴建隆二年辛酉歲撰金雞曆以獻。夫朴死於周世宗時，安得至太祖建隆二年乎？朴爲柴氏第一名臣，人所盡知，而道温乃有此誤，亦可謂失於眉睫者矣。

駢雅　明　朱謀㙔

二十二日　閲朱中尉駢雅中釋訓一卷。中尉博極群書，其所著録，淹貫奥僻，固探索難窮，然時失之泛雜。魏氏茂林爲作訓纂，爬羅剔抉，無隱不搜，間亦訂正其誤。卷首讀駢雅識語中，言有可議者四事，分條抉摘，尤足爲中尉功臣，然多有未盡者。駢雅中多重述爾雅語，四庫提要譏其複引冗蕪。魏氏謂此書本採駢字，故經史中重言謰語，皆所必録。然愚謂不特爾雅，即廣雅、説文、玉篇、廣韻等，本專爲小學而設，皆人人必讀之書，中尉既意在掇拾幽隱，如别有同義之字，則説文、篇、韻等，固不妨連綴入之。若僅剿襲單文，則原書各已條貫粲然，無煩采入。駢雅既蒙「雅」爲名，爾雅、廣雅之字尤不宜複舉。此自大端之可議者。

至其舛誤，即以釋訓一門言之。如云㪇殙僌極也。按廣雅釋詁㜲、㪇、殙、殟云云，𢚩極也。蓋謰語多取雙聲疊均之字，廣雅自以㜲㪇爲一事，殙、殟爲一事，故集韻、類篇並引廣雅㜲㪇極也，朱氏誤割[女析]殙爲一事，云邊幅矜持也。按後漢書公孫述、馬援兩傳，所云「坐飾邊幅」、「修飾邊幅」，皆謂其修飾小節，蓋以布帛之邊幅喻人威儀之末文，中尉訓作矜持，誤矣。

云商榷，揚榷大要也。按文選吴都賦「商搉萬俗」，注云：「廣雅曰商度也，搉粗略也，言商度其大略也。」蜀都賦「請爲左右揚搉而陳之」，注云：「揚搉粗略也。」然則榷、搉字通。榷有略義，揚搉可訓大要，商榷不可訓大要也。愚謂吴都賦「商榷」之「榷」，當解如漢書「榷酤」之「榷」。漢書武帝紀云「初榷酒酤」，如淳曰「榷音較」，是也。韋昭説以木渡水曰榷，説文「榷，水上横木所以渡者」，此榷字本義，不得以解榷酤。師古從之，其説尤迂曲不可從。榷，較假借字。吴都賦音搉爲角，角、較古音同。商搉者，謂商度比較也。其上句曰「剖判萬士」，則商榷兩字亦平用。注謂商度其大略者謬，謂商榷爲大要者尤謬矣。

云乾没，射成敗也。此據史記集解服虔説。愚謂乾没者，竭澤入己之義，故史傳多以隱盜爲乾没。張守節正義「乾没，謂無潤及之而取他人也」，其説是而未明顯，服説不可從。

云登來，求得也。此據公羊傳注：「齊人言求得爲得來，作登來者，其言大而急出口授也。」然則求得爲得來者，方言之偶異；作登來者，詞氣之偶殊，不得引以爲訓詁。何氏説本附會，不可信。

云咋唶，俄頃也。按「咋唶」當爲「迮遣」。公羊傳「今若是迮而與季子國」，注云：「迮，起也，倉卒意。」説文迮遣二字相連。」左傳「桓子咋謂林楚」，注云：「咋，暫也。」此亦迮之誤。説文無咋唶字，訓纂引鹽鐵論「鄙夫樂咋唶而怪韶濩」，此其字義並非。桓氏此語，蓋以咋唶爲小聲，安得作俄頃解乎？

云「倚魁，偏妄也」，此據荀子修身篇。然魁，大也，諸書無有訓爲妄者。按楊氏荀子注「倚，奇也。方言云秦晉之間凡物體全而不具謂之倚。魁，大也，倚魁皆謂偏僻狂怪之行。」云云。是則楊氏之訓「倚魁」本不誤，惟「偏僻狂怪」四字尚未當。愚謂荀子云：「倚魁之行，非不難也，然而君子不行，止之也。」蓋以倚魁指逸民之流，倚魁者，猶言奇特魁異也。中尉以爲偏妄，誤矣。

云感槩，狥私恩也。按史傳凡云感槩，皆作「忼慨」用，豈得以「狥私恩」釋之？

云憑陵，依據也。據左傳「介恃楚衆，以憑陵我敝邑」，則憑陵者，謂憑藉以陵轢之也。憑有依據義，陵豈有依據義乎？

云樸屬附著也，據考工記「凡察車之道，欲其樸屬而微至」，注：「樸屬猶附著，堅固貌也。」是樸屬當訓堅固，不當訓附著也。

云家漠，寂寞也。家漠即寂寞之異文，本無彼此之別，無須複舉。

云欸乃，靄迺，襖靄，囉唻旁喻歌聲也，此尤無謂。欸乃等乃方俗歌謡之土音，並非歌聲。且此等字樂府中所載奚啻千百？如必剟入，則吴儂巴渝，累紙難盡，何獨舉此五聲乎？

碧血録　明　黄煜輯

二十九日　閲碧血録所載諸忠被難時詩文，以顧裕愍自叙與李忠毅就逮諸詩爲佳。顧公自叙刑曹事七條，語簡意盡，真漢廷老吏。獄中雜記五條，皆見道語。别同志絶筆首云「雲陽市告了假才十日耳」，辭涉戲笑，尤非常情所能測。覺楊忠烈「刀砍東風，於我何有」之語，尚有客氣。録稱顧公侫佛，於生死之際了無畏怖，不虚也。李公詩氣和律穩，竟似有意爲文，丹陽道中二律尤佳。録中記天啓六年五月六日王恭廠災一事，其變甚鉅，爲古所未有，而明史頗略之，何也？撰是録者自稱燕客，筆墨簡潔，不但其人奇絶可傳。盧氏文弨序言即是書首題彙次諸忠之黄煜者是也。盧序及趙氏懷玉序皆佳。

七月

儒林傳擬稿　清　阮元

初二日　閲儒林傳擬稿。凡專傳肆拾肆人，無錫顧祭酒棟高震滄、容城孫徵君奇逢鍾元、盩厔李徵君顒中孚、餘姚黄徵君宗羲太沖、衡陽王舉人夫之而農、前明崇禎壬午舉人。無錫高布衣愈紫超、南豐謝布衣文洊秋水、崑山顧徵君炎武寧人、德清胡布衣渭朏明、長洲惠知縣周惕元龍、山陽閻徵君若璩百詩、蕭山毛檢討奇齡大可、錢唐應徵君撝謙嗣寅、太倉陸布衣世儀道威、嘉定嚴布衣衍永思、鄞縣萬布衣斯大充宗、溧陽潘布衣天成錫疇、黄岡曹學士本榮欣木、蠡縣李學正塨剛主、宣城梅布衣文鼎定九、淄川薛布衣鳳祚儀甫、泰州陳諭德厚燿泗源、寶應王編修懋竑予中、濟陽張布衣爾岐稷若、桐城錢布衣澄之飲光、吴江沈布衣彤冠雲、吴江朱布衣鶴齡長孺、武進臧布衣琳玉林、安邱劉布衣源渌崑石、洪洞范進士鎬鼎彪西、餘姚邵布衣廷寀允斯、當塗徐檢討文靖位山、安谿李布衣光坡耜卿、鄞縣全庶常祖望紹衣、婺源江布衣永慎修、大興朱學士筠竹君、嘉定錢少詹大昕曉徵、休寧戴庶常震東原、餘姚盧學士文弨召弓、按學士餘姚人，碑録及所著書文集中自稱甚明，特居於杭州耳，傳稿竟作仁和，誤，今改正。偃師武知縣億虛谷、興化任御史大椿幼植、曲阜孔檢討廣森衆仲、武進張編修惠言臯文及聖裔孔衍聖公興燮世家。

附傳五十餘人。常熟陳司業祖范亦韓、金匱吴學士鼎尊彝、吴，乾隆九年舉人，後由學士降侍講。著易例舉要二卷、十家易象集説九十卷。介休梁少詹錫璵確軒、梁，雍正二年舉人，著易經揆一。附顧棟高傳。新安魏布衣一鰲、登封耿少詹介石、附孫奇逢傳。鄠縣王孝廉心敬爾緝、富平李檢討因篤天生、附李顒傳。餘姚黄布衣宗炎晦木、附見宗羲傳。黄岡陳庶常大章仲夔、蘄水劉知縣夢鵬雲翼、附王夫之傳。陳著毛傳名物集覽十二卷，劉著春秋義解十二卷，推本公、穀，以斥左氏。無錫顧舉人樞所止、顧，前明天啓舉人。祁州刁舉人包蒙吉、刁亦天啓舉人，刁包號潛室先生，私謚文孝。孫承祖，康熙乙未進士，歷官河南、浙江、江西、廣東布政使，以能吏名。崑山朱布衣用純致一、歙縣吴布衣慎徽仲、山陰向布衣璿荆山、寶應朱布衣澤澐湘陶、長洲彭侍講定求勤止、附高愈傳。寧都彭布衣任遜仕、附謝文洊傳。山陽張布衣弨力臣、仁和吴檢討任臣志伊、附顧炎武傳。常熟顧舉人祖禹景范、附胡渭傳。傳中並附歸安葉布政佩蓀丹穎。長洲惠學士士奇天牧、徵君棟定宇、附惠周惕傳。元和江孝廉聲叔澐、長洲余布衣蕭客仲林、並附惠周惕傳。山陽李閣學鎧公凱、吴訓導玉搢山夫、附閻若璩傳。平湖陸布衣邦烈又超、附毛奇齡傳。仁和沈布衣昀朗思、桐鄉張布衣履祥考夫、山陰劉布衣汋伯繩、餘姚沈布衣國模求如、史布衣孝咸子虛、勞布衣史麟書、錢唐桑主事調元弢甫、附陸世儀傳。鄞縣萬布衣斯同季野、附兄斯大傳。博野顔布衣元習齋、附潘天成傳。吴江王布衣錫闡寅旭、江寧談訓導泰階平、附梅文鼎傳。鄒平馬知縣驌驄御、順治己亥進士。曲阜桂知縣馥未谷、附張爾岐傳。桐城方布衣中通位伯、附錢澄之傳。無錫蔡司務德晉仁錫、雍正四年舉人，乾隆初薦，授國子監學正，遷工部司務。著禮經本義十七卷、禮傳本義二十卷、通禮五十卷。秀水盛知縣世佐庸三、附沈彤傳。吳江陳布衣啓源長發、附朱鶴齡傳。武進臧明經庸拜經、附高祖琳傳。昌樂閻主事循觀懷庭、附劉源淥傳。餘姚邵學士晉涵與桐、歷城周編修永年書昌、附邵廷采傳。荆谿任宗丞啓運翼聖、附徐文靖傳。安谿李舉人鍾倫世得、附叔父光坡傳。婺源江布衣紱雙池、歙縣金修撰榜檠齋、附江永傳。嘉定錢教授塘溉亭、王閣學鳴盛鳳喈、附錢大昕傳。歙縣凌教授廷堪次仲、附戴震傳。仁和孫御史志祖頤穀、歸安丁教授傑升衢、附盧文弨傳。高郵李進士惇孝臣、寶應劉訓導臺拱端臨、江都汪拔貢中容甫、附任大椿傳。曲阜孔主事繼涵體生、附衍聖公傳。傳後並附曲阜顔運使光猷秩宗、郎中光敏遜甫、檢討光敩學山，皆復聖六十七世孫。

是書係鈔本，有阮常生及汪孟慈太守、郭蘭石大理印記，蘭石並有校籤數條，傳中人爲今國史所已删者，如毛西河、沈求如等，予已據揅經室續集，札記於越縵堂日記壬集中。是書中凡進呈本所無者，亦用墨筆點出，然文達此稿，本未盡善，如邵二雲、王西莊、凌仲子等皆宜立專傳而反入附傳。汪容甫所著述學雖卷帙無多，而精卓出諸儒上，春秋後傳、廣陵通典皆裒然巨册，禮學亦極淹貫，其人又氣節士，工文章，亦自可立專傳。王而農説經不甚醇，高紫超、曹欣木學業不概見，然王氏著述頗多，高氏接派東林，曹氏遭逢聖祖，蔚爲儒臣，爲立專傳猶可也。他若謝秋水、嚴永思、潘錫疇，俱可附孫鍾元傳，李剛主可附毛西河傳，薛儀甫可附梅勿庵傳，錢飲光可附王而農或黄梨洲傳，以三君皆明遺臣，而錢氏學術又不足爲桐城倡，劉崑石可附其鄉人張稷若傳，范彪西可附陸桴亭或高紫超傳，以學術相近也。邵念魯可附黄梨洲傳，武虛谷可附朱竹君傳，李耜卿自應附其兄文貞傳，而文貞在大臣傳中，不能照覆，姑爲立傳以存其人。笥河所著雖不多，然提倡儒林，其功甚鉅，固不得附其弟文正傳，則兩君立傳，固爲有説。而謝、嚴等十人，皆不必專傳。惠氏三世經學，愈後愈勝，松厓先生學絶千古，半農經術固自博大成家，然遠遜其子，研谿更不過若敖、蚡冒也。范史於儒林傳立伏叔齊傳，而附其父伏椎文，立薛公子傳而附其父薛夫子，此史法宜然。自當爲松厓立傳而附其父祖。萬氏亦弟勝於兄，當立季野傳而附充宗。馬宛斯與張蒿庵學術迥殊，桂未谷又與張、馬異，而以同爲東人之故，牽連合傳，任釣臺經學遠過位山，而反以任附徐。其叙次事實，亦往往有採擇未精、輕重失當者。然旁搜遠紹，源流秩然，自爲儒林首功。此本外間絶少傳者，獲讀一過，亦近來眼福也。其以顧、陳、吴、梁四君爲首者，以乾隆三十年九月上諭修國史有曰：「儒林亦史傳之所必及，果其經明學粹，雖韋布亦不遺，又豈可拘於名位，使近日如顧棟高輩終於淹没無聞耶？」故文達録此諭冠傳首，而遂以祭酒居前。然聖諭特偶舉並時人以爲例，作史者自宜按次時代先後，若意爲倒置，亦乖史法。

纂喜堂詩集　清　陳壽祺（珊士）

初四日　爲珊士評點纂喜堂詩集。五言古如：「憂患攻一心，勞苦叢百咎。冥心搜萬象，造化不轉瞚。」題論印圖。「獨坐生古歡，趣得境忽洞。」「花氣遠無住，春山不能扃。」「天風墮孤磬，萬種相忪愜。」「夜趣溢疏燈，茶香散寒菊。」「沙筧明疏花，風崖閉蓁竹。林陰交薄嵐，人鳥影一緑。」「客愁如江水，深淺不可尺。」「筍鞵踏幽徑，苔蘚春剥剥。」「空池寫疏篁，月氣隔煙緑。」「詞章亦小道，性分不可色。」「病鷹縮毛羽，饞眼不能飽。」「長貧寡所營，千失矜一慊。」「習静逃人嘲，居窮謝鬼諂。」「萬物自有餘，造化不能儉。」海中望雷公島云：「萬象沈淵淪，到此忽巔湧。劈雳開渾茫，空濛入孤聳。蛟身及波縮，蠵頸拗天腫。」五言近體如「濕雲扶斷壁，瘦石闖寒流」、「苔迹自今古，松聲變雨晴」、「山光隨鳥轉，花氣接天空」、「春醒和燭曉，花氣隔簾高」、「泉聲依梵静，香意出花高」、「老妻分稯葉，稚子索餻花」。七言近體如「風來藥院亂花影，月過苔階添雨痕」、「煙外帘痕明野店，柳邊燈影畫山城」、「貓頭筍賤連泥賣，雀舌茶新帶雨烘」、「過雨湖光明薺麥，轉谿山影在桃花」、「林窄天光明馬背，雪消山色上鴉翎」、「梅開故國頻添夢，春到他鄉倍近人」、「一湖暖翠東風濕，半照桃花半滴人」、「一晌水風涼不定，紅羅扇底看潮生」、「不教容易春孤却，自典茸衫買杏花」、「青谿孤舫初三月，翠被春寒第一宵」、「枕邊花氣釵邊月，小著相思已五年」。皆可入摘句圖也。

説文逸字　清　鄭珍

初八日　得珊士復，以説文逸字見借，此書爲遵義鄭珍子尹所撰，據經典漢以前訓義明白，及玉篇、切韻、廣韻、釋文、集韻、類篇諸書所引説文形聲悉當之字，而今大徐本所無者，决爲傳寫遺落，共得一百六十五文，分上下二卷。復博考金石、碑版以證之，用力頗勤，持議亦通辨，而仍謹守許氏家法，間附其子知同伯更説。末有附録一卷，亦知同所爲，乃取説文本書誤文以及二徐所增，下至六經正誤、爾雅翼等書所誤引者共三百字，以明逸字中所以不録之故。上有河間劉太守書年、獨山莫孝廉友芝兩序，皆深於是學者。劉序言貴州自子尹始爲許鄭之學，莫序言子尹爲程春海侍郎弟子，其書刻於咸豐八年之冬，世尚罕見也。

躬恥齋文集　清　宗稷辰

十六日　閱宗滌翁躬恥齋文集。滌翁喜言道學，不能爲有韻之文，故哀誄序記之作多可厭，筆苦冗滯，讀書又少，故復時病陋弱。然其文法頗能由望谿、震川以上溯歐曾，中年以後所作碑誌，往往有佳者。如何恪慎公碑，直到廬陵勝處。寧池太廣道王彦和誌，法荆公、晁郎中等誌，以銘叙事，亦其傑出之作。他文亦多關文獻。又每於起結間叙處見之，而唱歎往復，情味油然，是尤得力於望谿者，惜氣力散弱，拙於叙次。蓋滌翁少居楚南，與彭觀察舒萼等結苓社，又與蘅社中人故督師李文恭、今總督勞崇光等相倡和，皆非能文之人。入都後與同邑王太守藩、王太常某爲文字交，而太守時藝以外無所知。太常以文章自任，然所作迂拙無法，遠在滌翁之下。晚年里居，其門下士稱最契者，又爲周白山、趙之謙等，皆誕妄不學之人。一生無良師友以相切劘，所就遂僅至於此。其集中如慟子辭等篇，尤爲謬拙，而王太常亟贊之。所載太常評語無一通者。

予於滌翁有世誼，少時嘗從質舉業，滌翁固未知予，予爾時亦無可爲滌翁知者。要之滌翁文，自可與包孟開、梅伯言驂驔後先，在吾鄉中，正與潘少白分軍角立，此言固天下公論，非有所愛憎者爾。

八月

霽山集　宋　林景熙

十三日　閲林霽山集。南宋人詩，自江湖小集別開幽雋一派，至四靈而佳句益多，月泉吟社尤爲後勁，霽山其領袖也。所作高淡渾秀，前躋石湖，後躡梧谿。略記於此。古松云：「獨占寬閒地，不知搖落天。山林猶古色，風雪自窮年。」雲門云：「僧閒時與雲來往，鶴老不知城是非。」答周以農云：「山空絡緯悲秋雨，水落蒹葭足夜霜。」題陸大參秀夫廣陵牡丹詩卷後云：「南海英魂叫不醒，舊題重展墨香凝。當時京洛花無主，猶有春風寄廣陵。」歸自越避寇海濱寒食不得祭掃云：「持酒無因灑墓松，禽聲花色慘東風。去年此日身爲客，及到鄉山又客中。」曉意云：「僧鐘覺曙鳥，紛飛弄林光。宿雲漸離石，我起開秋房。南山忽入几，相對各老蒼。」歸白石故廬云：「斜陽巷陌語初燕，新水池塘生細魚。」春暮云：「白髮餘春能幾醉，緑陰細雨不多寒。」酬潘景玉云：「歲晏斷鴻羈客影，夜深殘火故人情。」寄陳振先同舍云：「西風戍角催年换，殘夜江樓見日生。」送葛居士住棲碧庵云：「了然道者亦離塵，一龕松下分秋雲。」秋夜云：「片月相隨過竹居，風生荷葉酒醒初。窗扉半掩秋蟲急，猶有殘燈守故書。」宿台州城外云：「霜增孤月白，江截亂峰青。」贈天目吴君實云：「夢回殘月蒼梧曉，家在春風秀麥西。」鄭氏西莊云：「遠峰開宿雨，高樹表初陽。」酬潘景玉云：「寒城日出無窮事，老耳山中獨聽泉。」酬方槐庭山人云：「夜闌深語剔寒釭，別意蕭蕭竹半窗。明日孤帆鴻影外，東風殘雪過曹江。」待應平坡侍郎郊行口占二首云：「春霖卷流芳，霽旭浮遠野。白首貞元人，相期古松下。」「試耕黄犢健，入社白鷗真。柳外呼舟去，水風吹葛巾。」谿行云：「野色延幽步，秋聲入暮年。」仙壇寺西林云：「松氣浮清曉，經聲出白雲。石穿僧屋過，水到寺門分。」夜意云：「老石棲雲定，疏松過雨香。」寄懷云：「青燈少年夢，白髮異鄉春。」餞盛景則云：「離亭酒短秋帆開，雁蕩峰前桂花雨。」元日即事云：「江湖舊夢衣冠在，天地春風鼓角知。」括城云：「落日漁舟吹遠笛，斷煙戍屋帶荒城。」陶山十詠内集仙橋云：「流來一水截人寰，虹背秋寒十二闌。白鶴飛邊人影絶，天風吹佩玉珊珊。」陶宴嶺云：「笑拂青蘿問隱君，千巖秋色此平分。當時宴坐無人識，惟有松風共白雲。」葛仙翁石牀云：「鈞天夢破珊瑚枕，巖壑春供翡翠屏。一卷黄庭雲半席，夜深讀與嶺猿聽。」訪朱月峰不值云：「雲留秋渡泠，月過別峰明。」寄別諸公云：「天地緑陰雨，江湖白髮人。」劍池云：「薜荔帶雲懸古木，轆轤卷月出秋泉。」新豐道中云：「籬落雞欲棲，野水牛半渡。不見抱琴人，斜陽在高樹。」舟中書事云：「午香吹稻海田熟，秋蔓引瓜茅屋深。」練川道中云：「一枕江湖夢，五更風雨舟。」初夏云：「舊篋題詩扇，疏簾讀易香。」訪武伯山居云：「白髮前朝士，青山半屋雲。遲花春後見，遠瀑夜深聞。」元日得家書云：「寒窗琴册燈花曉，衰鬢江湖柏酒春。」立春郊行次唐玉潛云：「五夜雪聲梅角底，一春煙景竹筇初。」王監簿陶山禱雨云：「雙袖攜雲禹穴曉，一瓢分雨舜田秋。」答仙壇寺侃上人云：「竹房分半席，流水白雲間。丹竈餘千載，青鞵第幾山。」初夏病起云：「舊國愁生暮，衰年病過春。」答陳景賢云：「鬢痕朝鏡覺，書味夜燈知。」酬合沙福州郡稱徐君寅云：「鄉心荔子薰風國，客路槐花細雨時。」別王監簿云：「離亭落日馬嘶渡，舊國西風人喚船。湖海已空彈鋏夢，山林猶有著書年。」新晴偶出云：「風動松枝山鵲語，雪消菜甲野蟲飛。」皆清空婉妙，蟬蛻塵埃者也。

其詩本名白石樵唱。予嘗謂南宋中葉後詩，姜堯章最清峭絶俗，德陽集名，適與之同，筆墨町畦，亦出一致，當時取號，蓋非無因。詩有元統中崑山章祖程注解，雖不免村塾弇陋之氣，而同時人物，多藉以考證。其詩中多及越中地名，蓋霽山既與王濳同志相善，而王修竹又爲風雅所歸，遺民故老，多主其家，所謂王監簿者是也。王氏居陶山，霽山白石稿中又有陶山修竹書院記，其起語云：「越爲東浙望，前將作監簿修竹王公爲越望。」可見其壇坫風流，勝遊推重矣。

韓詩外傳 漢 韓嬰

十四日 閲武進趙氏懷玉所校韓詩外傳。予嘗謂外傳辭旨雖雋永可味，然於漢人著作中經術最爲疏淺。所引大事，尤多乖謬；較之劉子政説苑、新序，更不可信。其詮詩亦與内傳往往不符，蓋以意逆志，僅得孟子之一體者也。三家詩本惟魯爲最近，外傳又太傅緒餘，宜於風雅之原不能無舛矣。但以西漢人書存者無幾，此書幸得不亡，古訓法言，在在可述。億孫此校，彌尚謹嚴，故可寶貴耳。

定盦文集　清　龔自珍

二十七日　夜閱定盦文集。璱人承其外王父段氏聲音文字之學；又與吾鄉徐星伯氏遊，通地理學，尤究於西域、蒙古；與邵陽魏默深遊，通經世學；與吳縣江鐵君及海鹽王曇遊，通釋典雜學。而文章瓌詭，本孫樵、杜牧，參之史、漢、莊、列、楞、華之言，近代霸才也。其集共三卷四十六篇；又餘集五篇。若太倉王中堂掞奏疏書後、武進莊公存與神道碑銘、海門先嗇陳君祠堂碑文，名朝玉，經儒奐之曾祖。真奇作也。若平均篇，若農宗，若西域置行省議，大文也。若寫神思銘，佳作也。乙丙之際著議六篇，則飾而淺矣。五經大義終始論，則奇而駁矣。黄山銘、哀忍之華、别辛丈人文、定盦七銘，則拙而露矣。他文皆瑕瑜互見。與人箋四首，簡絜多名言。其第三首論交接夷坦之易受侮，曰：「道無畦者，事有閾也；中無險者，貌有畔也。與之爲無滓，無擇，又不制於外，必受侮矣。言難則聽者重，步難則與遊者重，愛憎難則受者重。重則不予侮，乃全吾愛。」數語真涉世之藥石，於吾生尤刀圭也。又曰：「纖夫佻人當吾前而不有忌憚，君子深恥之，曰我之不足忌，彼窺之矣。」至哉言乎。故昔人謂爲伯夷易，爲柳下惠難；馬文淵有寧爲龍伯高、毋爲杜季良之誡也。予一生受侮，政坐坦夷，不夷不惠，庶免於今之世矣。其餘集水仙花賦，六朝之劣騈耳。明良論四篇，議論亦可取。

九月

松心文集

清　張維屏

初三日　夜閱張維屏松心文集，僅二十七首。文未成家，學術亦未深奥，然筆性明快，如順水放溜，沛然而來，充然而止，亦近來辯才也。其春秋始隱公解、存楚論二篇，尤爲快論。禹盡力溝洫説，謂以周禮遂人、匠人溝洫之制觀之，禹之盡力溝洫，是其治平地之水；盡力河、濟、漯、汝、漢、淮、泗，是其治大川之水。殷人不修溝洫，故河屢爲患，邦至五遷。周禮一書於溝洫特詳，故周世五六百年無河患。至商鞅開阡陌而河患無極，至近時平地水患，且不必因江河矣。謂殷人不事溝洫，論固無據。冥勤其官而水死，豈有成湯、伊尹而不講此者？王制開方，即是殷制，所載山陵林麓、川澤溝瀆、城郭宫室，三分去一，亦與周制無異。特殷禮無徵，不能詳知其事耳。至謂盡力溝洫即禹治平地之水，名論獨發，可爲禹貢補一義。

虞許篇，謂虞舜之虞，許由之許，皆黄帝時封國。以瞽瞍爲有虞之君，舜以見逐而爲庶人。據左氏「自幕至於瞽瞍無違命」語，浪穹王樂山曾言之，松心更據左氏「許太岳之祚」語，謂堯時虞之賢有舜，許之賢有由，四岳皆薦於堯，書爲虞作，故不載許由事。亦爲獨闢之論。

知形篇備舉人身之臟腑經絡，縷晳言之，可以知保生之要。陸大夫祠碑，爲廣州祀漢陸生作，亦佳篇也。

巢經巢經說　清　鄭珍

初七日　閲巢經巢經說。鄭子尹珍所著。子尹之説文逸字，已爲近日卓絶之學，今閲其經說僅一卷，而貫串精密，尤多傑見。其長在善讀經文注文，不爲唐以後正義所惑，有功於經學甚鉅。如補正爾雅釋親宗族一條，謂「父之從祖昆弟之妻爲族祖母，父之從祖姊妹爲族祖姑」，當作「父之從祖昆弟之妻爲族母，父之從祖姊妹爲族姑」，皆誤衍一「祖」字。又「既曰父之世母叔母爲從祖祖母，復曰父之從父昆弟之母爲從祖王母，文義緟複，當是父之從祖昆弟之父爲族祖王父之誤，古本原與下族祖王母句對文也。『父之從祖姊妹爲族姑』下，當又有『父之從祖姑爲族祖姑』一句。『兄之子、弟之子相謂爲從父昆弟』下，疑舊有『其女子子爲從父姊妹，從祖父之子相謂爲從祖昆弟』」。「其女子子爲從祖姊妹」三句，乃於儀禮五服内親無一遺闕。而自開成石經，已同今本，邵氏、郝氏亦未疑及。易疇程氏説禮名家，而其文足徵記中親屬隆殺述，至以昆弟之曾孫與族曾孫爲二人，以從父昆弟之孫爲族昆弟之孫，則此篇關係非淺鮮也。

曾子問「昏禮既納幣有吉日女之父母死節」一條，所云致命，非辭昏，乃致其緩娶之命；所云弗取而後嫁，非別嫁，乃女氏强嫁於壻。鄭注本不誤，而正義誤解之。爾雅「女子同出謂先生爲姒後生爲娣」一條，同出謂同一父所出，姊妹者男子於女子之專稱，姒娣者女子於姊妹之專稱，故妯娌相稱，即據其年之長少以姒娣呼之，親之若娣妹而繫以婦，曰姒婦娣婦，別其非同生也。自孫叔然誤解爲同事一夫，郭氏因之，而姒娣爲女子於姊妹之專稱義遂昧矣。說士昏禮夫婦之名一條，未奠雁之先，稱女而不婦，以未受夫摯也。未入室即席之先，稱壻而不夫，以尚無匹配義也。聖人謹夫婦之名如此。

考定喪服「大功」章「大夫之妾爲君之庶子」與下文「女子子嫁者未嫁者爲世父母叔父母姑姊妹」子尹謂康成所見儀禮，此處「女子子嫁者未嫁者爲世父母叔父母姑姊妹」下，祇有「傳曰何以大功也妾爲女君之黨服得與女君同」十九字，故斷其爲上一條「大夫之妾爲君之庶子」之傳，文爛在下，而鄭氏經注原本一條，明舊讀合兩條爲一之誤，以著康成改讀之由。文多不載。皆足以訂正千載之誤。以「女子子」句，爲女子子成人有出道者降旁親之專例，故注云明當及時。蓋聖人慮女子年已笄醴者，早晚有嫁道，若值喪服，必一概滿其月數，則昏姻愆期。惟正尊之服，是不敢降。故「不杖期」章「祖父母」條內，已兼有未嫁女孫服之矣，而下又言女子子爲祖父母，「齊衰三月」章「曾祖父母」條內，亦兼有未嫁曾孫女服之矣；而下又言女子子未嫁者爲曾祖父母，至於旁親則皆可從降，始無失嘉會之時。朱子云女子子適人者爲世父等之服，獨見此經，當從鄭注無疑；然猶不知此條本非明嫁者爲世父等之常例，特以明未嫁者有降旁親之專例。女子嫁者降其世父等之服，自可由爲衆昆弟大功推之，若未嫁降旁親，不出此條，則此例遂無從見，此經意也。賈疏所謂逆降者是也。逆降之說，已見梁朱異問李業興語，始於六朝儒者，而後人群大訾之，以爲大違服例。余謂此聖人經例，鄭特明之，非臆撰也。今本儀禮傳曰下有「嫁者其嫁於大夫者也，未嫁者成人而未嫁者也」四句，蓋魏晉以後從馬、王之學者，必欲遵舊讀以難康成，因取「齊衰三月」章「嫁者未嫁者」之傳，以爲此經之傳。而「得與女君同」句下，又有「下言爲世父母叔父母姑姊妹者謂妾自服其私親也」二十一字傳文，則賈疏明言是康成注文，謂當屬上節注文「言大夫之妾爲此三人之服也」句下，蓋鄭君欲分别舊讀者如此意趣，然後破之，可知唐以前人並不認此二十一字爲傳文。其直以爲傳者，自開成石經始云云。反覆辯證，凡五千言，極其精確，推明服制之微，以著人道之重，有功於聖經甚大，不止爲鄭學干城也。阮氏元、陳氏壽祺皆知傳文下言「爲世父母」二十一字爲鄭注，而猶未明逆降之義，又不知傳文「嫁者其嫁於大夫」四句亦係後人羼入，非康成所注原本，甚矣讀書之難也。孔氏廣森禮學卮言，則謂此條言逆降者，蓋以貴降，未嫁者謂未嫁於大夫也。斬衰章注：「行於大夫以上曰嫁，行於士庶人曰適人，婦人外成，既許嫁大夫，雖未行，固已貴矣，是以有逆降之法。」云云。蓋欲周旋傳文「嫁者」四語，而頗協於服制尊尊之義，亦足以備一説，要不若子尹此辨之精。至金氏榜禮箋，謂此女子子亦指大夫之女，以尊厭降，非逆降，則姊妹亦是大夫之女，何得厭降？又謂傳曰「嫁者」四語，亦鄭注釋舊讀之文，後人誤加「傳曰」二字，混入大字。李氏淳謂「姑姊妹」三字是衍文。皆不可從。

辨日本古文孝經孔氏傳之僞有十事。其謂孝經漢止分章，至皇侃義疏始標章名，而此本章名皆與今同。惟所多四章，别立新名。孔穎達云：「漢初爲傳訓者，皆與經别行，及馬融爲周禮注，欲省學者兩讀，故具載本文。」則就經爲注始於東漢之末。今此本孔序乃云發憤精思，爲之訓傳，悉載本文，是漢儒訓詁體例，且所未知。陸氏經典釋文序例云：「朱以發經，墨以起傳。」曰發曰起者，猶言標也，蓋陸氏因摘字爲音，經傳相間，欲便覽者分別，故其初本標經文用朱書，標注文用墨書。而此書序亦云朱以發經，墨以起傳，不知經何待發？所起者又何傳？是直不解陸氏所言，徒以其例新而襲用之。孝經孔傳，隋劉炫始主之以駁鄭注。書亡於梁，至隋時復出，即炫所僞作。其駁鄭注「孝始於事親」三句，具載邢疏，而此本孔傳轉同鄭義。邢疏孝治章引孔安國曰：「亦以相統理。」感應章注「禮君燕族人與父兄齒也」，疏云：「此依孔傳。」而今本無此二條，足見作僞者於注疏猶未細檢。此五事尤爲精確，足關僞者之口。

予嘗讀古文孝經孔氏傳，決爲日本陋儒所爲，並非劉光伯所假託之本，其序文全是六朝人筆墨，殆尚是光伯原本。中有云「昔吾逮從伏生，論古文尚書誼，時學士會，云出叔孫氏之門，自道知孝經有師法」，此豈西漢人語？又云：「夫雲集而龍興，虎嘯而風起，物之相感有自然者，不可謂毋也。胡笳吟動，馬蹀而悲，黄老之彈，嬰兒起舞，庶民之愚，愈於胡馬與嬰兒也，何爲不可以樂化之？」其文義句調，皆齊梁以後畦徑，至因漢書藝文志有云「父母生之，續莫大焉，故親生之厀下，諸家説不安處，古文字讀皆異」等語，遂改「故親生之厀下」句爲「是故親生毓之」。試思今文「故親生之厀下，以養父母日嚴」二語，謂厀下至近也，親生之至恩也，而其養日嚴，蓋由恩生義，由近生尊，厀下之地，即大禮所自出，此何等精義。班氏所謂諸家説不安處，未知所指，而改作「親生毓之」，便淺陋迥異矣。

父母生之續莫大焉，此即孟子云「不孝有三，無後爲大」、禮記云「君子念始之者也」之義。鄭注「父母生子，骨肉相連屬，復何加焉」；明皇注：「父母生子，傳體相續，人倫之道，莫大於斯。」皆得聖人精意。班氏所謂不安，未知長孫、江翁何所説，后倉、翼奉何所道，而此本改作「父母生之，績莫大焉」，傳云：「績，功也。父母之生子，撫之育之，顧之復之，攻苦之功莫大焉者也。」父母於子，可以功論？文義俚鄙，一何至此。又以陸氏釋文云父子之道，古文從此已下別爲一章，遂別標章名曰「父母生績章」，尤爲可笑。是則斷非光伯所爲。子尹譏召弓盧氏最號精審，而爲此書作序，極辨爲真孔氏作，蓋好奇之心先入之，即極醜態亦不復見。予觀盧氏序，亦未始不致疑，且言其章首傳中有云「孔子者，男子之通稱也。仲尼之兄伯尼」十五字，必是後人羼入；又云在讀者之善擇，是盧氏未嘗竟信爲真。特以古籍流傳者無幾，即出掇拾，其中亦或存古義，但於文字無所顯背，所謂與其過而廢之，無寧過而存之者歟？至海寧吳氏騫、慈谿鄭氏辰兩序，則推護太過，愈辨愈傎，爲作僞者所中矣。

曝書雜記　清　錢泰吉

十二日　閱錢警石先生泰吉曝書雜記。先生字輔宜，嘉興人，衎石先生逵吉之弟，官海寧州學正。此書共二卷，雜識古今群籍，尤詳於古刻源流及收藏傳寫者之始末，間附考證，於漢宋之學兼有取裁。其書中每及持身保家、藏書讀書之法，親切可味。而嘉慶、道光間吳浙經師多藉以考見姓名行事。末有管庭芬一跋，謂爲説部之創格，著録之變體，其中叙述家訓，感念故人，皆至情至性之所係，真確評也。

巢經巢經説　清　鄭珍

夜再閲巢經巢經説中考定喪服「大功」章鄭注二條，反覆詳繹，爲最其要略，以小字補書於初七日日記眉端，至二更後，燭再盡而罷。鄭君此論，精貫經文，深明禮意，不特見女子未嫁而成人者有降旁親之服例，且以明「不杖期」章所以特言女子子爲祖父母，「齊衰三月」章所以特言女子子已嫁未嫁者爲曾祖父母，蓋以見正尊之服不敢降也。而上文「大夫之妾爲君之庶子」一條，正與「殤小功」章大夫之妾爲庶子之長殤，「小功」章大夫之妾爲庶子適人者，三經一例。蓋妾爲君之子女，例止統言庶子，則「庶子」二字已包女子在内。至妾服私親，祇有「不杖期」章爲其子，爲其父母；而私親大功以下，則記有云「凡妾爲私兄弟如邦人」一語，所以補經之不備。是舉一經而全經之體例俱得要領，益見經文記文之周密無間，而舊讀之憑私牽合，灼然可知其誤。苦心深識，乃成此創獲之解，康成經注，真如日月經天矣。子尹自言六年之久，反復推尋，始得明備其説。經學最不易言，儀禮尤苦難讀。然遇此等疑義，探索之餘，涣然冰釋，其樂自勝於看他書。今夕續燈，細籀此文，如獲異寶。經義悦人，如是如是。

寶綸堂集　清　齊召南

十七日　夜閲齊息園寶綸堂集，共八卷，皆雜文之屬。雖未成家，然頗有氣魄，浩浩落落，隨筆湧出，與並時杭大宗相伯仲，其學術亦相同，道古較稍精密耳。集中輪進經史劄子十篇，無錫秦瀛謂極似真西山大學衍義文字，可爲確評。進呈尚書、左傳、公穀、禮記、漢書考證諸序，篇篇可傳。外藩蒙古五十一旗序，提綱挈領，部居畫然。駁山東巡撫請更孔子誕日議、駁升任副都御史陳請更祀啓聖王元配施氏議、再駁方苞請祀施氏議，皆其官禮部侍郎時所作。

孔子生日，亦從原議據穀梁十月庚子，爲今八月二十一日，襄公二十一年己酉，九月庚戌朔，冬十月庚辰朔，春秋經有明文。則十月庚子爲二十一日之確據。公羊作十一月庚子，齊氏謂傳寫之誤。按陸氏釋文公羊音義，於庚子孔子生下云，傳文上有十月庚辰，則亦十月也，一本作十一月庚子孔子生。是公羊本與穀梁同，今爲誤本也。而以今作八月二十七日爲非。又以史記作襄公二十二年爲誤，特謂舊典遵行已久，未可輕改耳。啓聖王元配駁家語施氏生九女無子之説，謂史記並無其文。家語出王肅僞造，不足據。又斥方望谿據史記索隱及祖庭廣記之非，皆有卓識。

竹汀先生日記鈔　清　錢大昕

二十日　閲竹汀先生日記，嘉慶十年其弟子錢唐何上舍元錫所刻，凡三卷。卷一所見古書，卷二所見金石，卷三策問。所見古書，遇有舊本僻籍，皆隨筆劄記，得之某處，借之某人，並詳述卷數、序跋、印記，間下論斷，或已見於養新録及文集中。如續漢郡國志吴郡安縣即婁縣之訛諸條。其最精確者，如駁潛邱劄記謂湖廣之名起於元，本宋荆湖北路荆湖南路，止當沿其故稱，以「廣」字涉虚也。考元立湖廣行省，實兼宋之荆湖南、北、廣南東、西四路，「廣」字本非無著。明時廣東、西別爲省，則不必更沿「廣」

字，百詩不能別白言之，亦誤。

謂段若膺説文解字讀亦有自信太過者。其第一本艸部，删去芹字，併「莶」與「芹」爲一。删去「蓩」字，蓩訓毒草，務訓卷耳，今卻以毒草屬務而删蓩。示部之禫，艸部之蘦，皆疑爲後人增入。又謂上諱不當有篆文。皆未可信。

謂廣雅釋詁篇「搖」字下「亦咲反」三字，晦之廣雅疏義亦未詳，此三字當是曹憲音，後人羼入正文；「咲」當作「妖」，「亦妖」正切搖字。方言愮，療治也，張稚讓元本亦必是愮字。若「搖」乃常用字，不須下音，去此三字，則搖當作「愮」。療連文矣。釋訓「汎汎」下有「[illegible]」字，亦是以音羼入正文，與此正同。晦之乃先生之弟，名大昭，號可廬，著廣雅疏義二十卷。

謂史記南宋大字本司馬相如傳「相如乃與馳歸成都，家居徒四壁立」，今本無「成都」二字。子虛賦「赤玉玫瑰」注，郭璞曰：「赤玉，赤瑾也。」今本注無「赤玉」二字。謂左傳宋版大字小字二本，昭二十年衛侯賜北宫喜析朱鉏謚一節，注皆「死而賜謚及墓田」傳終言之，兩本皆同，即何屺瞻所見而閻百詩所歎賞者也。

謂宋刻朱文公周易本義，咸淳乙丑九江吴革刊。雜卦傳「遘，遇也」，不作「姤」，與唐石經岳倦翁本同。此亦見養新録。且謂説文無「姤」字，徐鉉新附乃有之。古易卦名本作「遘」，王輔嗣始改爲「姤」，後儒皆遵王本。惟雜卦傳以無王注未及改。宋本猶存此古字。明人撰大全者盡改爲「姤」，自後坊本相承，不復知文公元本矣。可證文公本猶未誤也。

向讀「咸，速也，恒久也」，注惟「咸速恒久」四字，甚疑之，讀此本是「感速常久」，乃悟俗本之誤。諸條訂正之功，俱關係不小，讀經史者所當亟知。

其記所見古槧，多自黄蕘圃。蕘圃名丕烈，吴縣舉人，刻有士禮居叢書，聚宋元古本甲於天下，顧千里爲作百宋一廛賦者。次則袁又愷、吴查客諸君，皆乾隆間三吴藏書之藪。

所見金石卷中，言杭州六如塔四十二章經石刻，出虎邱觀音經石刻之上。此經予家絳跗閣中有拓本數帙，先大夫嘗裝成直幅，以聖因寺石刻羅漢像對懸東西壁間，供奉極嚴。自六如塔毁後，予嘗欲一至塔下訪此經在否，竟匆匆不果。今遭兵火，更不知何如矣。錢氏又言蕭山縣崇化寺西塔基記，文稱吴越王長舅鄭國公吴延福載興塼塔二所，而末題唐下元戊午年，此殊可疑。戊午周顯德五年，何以不稱周而稱唐耶？此已見潛研堂金石文跋尾。曰唐下元者，遁甲三元術，以唐興元元年甲子爲上元，會昌四年甲子爲中元，天祐元年甲子爲下元，戊午乃下元甲子之第五十五年。崇化寺即今祇園寺，乃晉許詢舍宅，塼塔今尚存。予屢至祇園寺，未及訪此記也。

策問乃條繫經史事以爲問目，蓋以課子弟及書院生徒者。

是書爲諸城劉布政喜海所藏，前有「燕庭藏書」印記，眉間多有批字，皆自記其所得之書。言所藏者有百衲史記，即錢氏所言宋乾道蔡夢弼本。又言道光初曾見宋槧咸淳臨安志於都門，有珊瑚閣藏書印，以值昂未得。又言道光庚戌春見宋刊李壁注王詩於琉璃廠書肆，爲邵位西所得。位西，仁和邵懿辰字，今亂後不知消息。又言咸豐元年，得宋淳祐槧本國朝諸臣奏議於書肆，缺卷與愛日精廬藏本同，洵善本也。又言家藏有宋刻玉臺新詠小字本。又言道光戊申在浙時，屢從范氏天一閣借鈔書，則其爲浙藩時也。

又言在蜀時，聞乾隆四十四年制軍福康安修成都城，什邡令任思任得孟蜀石經數十片於土壕中，字尚完好，當時據爲己有，未肯留置學宫，爲可惜也。任令貴州人，罷官後原石輦歸黔中矣，余訪求竟無所見云云。則其川臬時也。

又屢言大興朱氏茮華唫館、杭州汪氏振綺堂兩家藏書。朱氏即笥河先生家，所言少河丈者，笥河子錫庚也；汪氏即小米舍人名遠孫者。

劉君聚碑籍甚富，精於鑒别，尤留心異本。如此書中所記左傳有宋槧本，卷末題「淳熙柔兆涒灘閩山阮氏種德堂刊」，見徐興公紅雨樓題跋；彭文勤公有宋本夢谿筆談，見知聖道齋跋尾；足見其隨處留意。祁參政承㸁澹生堂藏書訓所謂因地因人因代以求之法也。聞劉君罷官後，書卷以外，宦槖蕭然，想其風度，不愧文正、文清家法矣。其爲浙藩，雖以才絀廢，然承平時如此風雅監司，政亦難得者耳。

十月

金石例補　清　郭麐

朔　閱郭頻伽金石例補二卷，共六十四條，有祥伯自序及仁和汪選樓序。其書多與梁諫庵志銘廣例暗合，而不及梁氏之賅備。梁書成於嘉慶丙辰，此書成於嘉慶辛未，蓋尚未見梁氏之書。然梁氏廣采自漢迄元諸家碑集，此書僅及六朝而止，較爲謹嚴。所附考證，亦多不苟。又樗園銷夏録二卷，多論説部詩詞之學，亦有可觀。

述學　清　汪中

初二日　晡後小游廠肆，買得孫頤谷讀書脞録兩本，共七卷，計錢九百文。汪容甫述學一本，其子喜孫所刻，凡内篇三卷、外篇一卷、補遺一卷、别録一卷，較阮儀徵所刻文加倍，而字極工，此本紙印尤精，計錢二千文。兩書皆已購之累年，述學求之尤亟，今始如願，惜尚未得汪氏學行記耳。又以錢一千買得江鄭堂國朝漢學師承記四本，凡八卷，附國朝經師經義目録一卷。

蛾術堂集　清　沈豫

以四千買得沈補堂蛾術堂集四本，凡十四種。皇清經解淵源録、皇清經解提要、群書提要、讀經如面、讀易寡過、周官識小、左官異禮略、群書雜義、讀史雜記、袁浦札記、秋陰雜記、仿今言、芙村文鈔、黄村學吟，内惟缺仿今言一種。自群書提要以下七種，皆寥寥數葉，俱屬未成之書，其門弟子輩爲鈔撮成帙。王庶常端履作序，言其意本欲仿困學紀聞、日知録之例，薈粹群言，勒成一書，以老病而不克竟，蓋不誣也。皇清經解淵源録及提要兩書，亦尚有缺略。補堂蕭山人，名豫，以諸生終，其卒在道光末，予家居時竟未知其人，去年平景蓀始爲予述其所著書，沈寬甫兄弟復稱道之，寬甫兄弟爲其子姓行，曾從受業者也。今日得其書，粗翻閱之，始知其湛深漢學，又工語言，鄉有經儒如此而不知，良可愧矣。

寬甫又言其族兄弟楷，字樸巢，能傳補堂之學，受知於學使萬公青藜，古學入學皆第一，年少力貧，窮經養志，尤專精説文，著有説文述讚一書，每字各係一贊，皆以四字語檃栝音聲衆義，引證經典，惜未寫定。當賊據郡縣時，讀書不輟，或問之，笑曰：「此時不讀書，更何待？」日行百里外，覓食養母，盛寒暑不輟，竟以困死。慎齋、寬甫言俟歸搜其遺書，將以寄予，寬甫並乞予作傳，故先附記於此。

賴古齋集　清　湯修業

又以錢八百文買湯修業賴古齋文集兩本，凡文兩卷、詩六卷，前有包世臣序。修業字狷庵，武進人，其詩不足觀，文亦無法，惟所論辨序紀多關掌故，尤詳於常州文獻。又買陳樹滋喬樅齊詩翼氏傳疏證、毛傳鄭箋改字説、禮堂經説三種不成。

夜閱湯狷庵賴古齋集。其于忠肅爲都城隍辨、陳杲仁非忠臣辨、薛方山掌察抑王龍谿辨、吴復庵與唐凝庵争館選辨、題黄忠端汪文言傳後、書李恕谷集後、書吴次尾奪情論後、書丁自庵先生乾學家傳後、與朱南厓學士珪論明史綱目書、王節愍之栻傳、惲遜庵傳、陸桴亭先生小傳、鄭薑庵郊傳，皆考據精確，持議平允。其爲鄭鄤申雪尤力。言所作有鄭案傳信録四卷，是集所載有鄭峚陽冤獄辨五首、傳信録序一首。又書劉念臺先生年譜後三首，亦爲崈陽而作，因年譜中小注論崈陽事有未確也。反覆詳盡，無疑不決，而亦咎崈陽父子之恃才取禍。又謂念臺年譜中語，殆出劉氏後人之筆，非伯繩原本，論亦近理。自來名士取禍之酷，無過崈陽，且崈陽以擊魏閹削官，而得此禍於思陵時，尤可駭異。予昔觀南雷文定中鄭崈陽墓表，湔雪甚力。又閱北略，所載竹畚跣足及三千八百刀之事，輒爲酸鼻。而北略又言剮後零肉，京師藥肆中競買之，以五十年節義文章之身，一旦盡爲藥料，語涉諧戲，爲此言者殊無人心。今得湯氏諸文，崈陽地下可以無恨矣。狷庵文亦賴此一事便足自傳，其忌祭説、生日之祭説及家祭管窺五則，盡情酌理，亦多先得我心。

漢學師承記　清　江藩

初四日　夜擁衾閲漢學師承記。江氏文少翦裁，又不免門户之見；其述諸君爵里事蹟著作，亦有舛漏。然謹守漢學，不容一字出入，殊有班氏儒林傳、藝文志家法，非陸氏釋文、叙録等書所得比肩。遺文軼事，亦多藉以考見，誠有功於諸儒矣。

宋學淵源記　清　江藩

初五日　從子蒓借漢學師承記及宋學淵源記二卷、隸經文四卷、續隸經文一卷，皆江節甫先生雜著中物也。

夜擁衾閲江節甫國朝宋學淵源記。上卷孫奇逢、刁包、李中孚、李因篤、孫若群、淄川人。張沐、字仲誠，上蔡人。竇克勤、字敏修，柘城人。劉原淥、姜國霖、字雲一，濰縣人。孫景烈十人，爲北方之學者；下卷劉汋、韓孔當、邵曾可、字子唯，餘姚人。張履祥、朱用純、沈昀、謝文游、應撝謙、吴慎、字徽仲，歙人。施璜、字虹玉，休寧人。張夏、字秋紹。彭瓏、高愈、顧培、錢民、字子仁，嘉定人。勞史、朱澤澐、向璿、字荆山，山陰人。先從王文成後人王行九講良知之學，爲輔仁會，後著志學録，謹守程朱之説。弟子黄艮輔字序言、程登泰字魯望，皆邑人。黄商衡字景淑，長洲人。任德成、字象元，吴江人。鄧元昌二十一人，皆南方之學者。俱取躬行實踐，不墮二氏，不攻擊門户。而湯文正、魏果敏、李文貞、熊文端、張清恪、朱文端、楊文定、孫文定、蔡文勤、雷副憲、陸清獻、陳文恭、王文端諸公皆以國史已有傳，故不録。末附記沈國模、史孝咸、王朝式、字金如，山陰人，沈國模弟子。嘗與證人社，卒於順治初。薛起鳳、節甫嘗從受業，故稱薛香聞師。羅有高、汪縉、節甫亦從受業，稱汪愛廬師。彭紹升、程在仁八人，皆以學涉禪理，而深致不滿於臺山，謂其爲宋儒之學不及道原，宋道原，雩都人。歸西方之教不如照月，肄訓詁之學不如戴太史，文則吾不知也。

皇清經解淵源録　皇清經解提要　清　沈豫

初八日　閲沈補堂皇清經解淵源録一卷、皇清經解提要兩卷，俱草創未成，尚多漏略。其所發明，亦似僅據四庫提要爲藍本，於江艮庭尚書集注音疏、程易疇通藝録，皆致不滿之辭。而引論語曰「君子多乎哉？不多也」，亦未諦當。多能之多指藝事，與多學而識之多不同。聖功之要在由博反約，則多學正君子致力之始。江氏之書，程氏之禮，誠亦未免繁碎，然自是專門名家，不可輕議。補堂譏江氏爲博士買驢，論程氏宗法小記、喪服足徵記等以記名集，爲僭經不宜，皆有語病。至誤以沈果堂周官禄田考爲齊次風所作，幾於不辨眉睫矣。

十六日　閲沈補堂皇清經解淵源録、皇清經解提要兩書，爲是正訛誤二十餘條。此二書舛漏殊不勝僂指，即所見者，略用朱筆改抹之，實不足存也。其經解淵源録外編，僅列書十二種，皆全據四庫書簡明目録中鈔出，並無及淵源者，蓋係補堂偶然札記，而其門人編集時妄收之，且妄加以「淵源録外編」之名，尤足發一大噱。

讀書偶識　清　鄒漢勛

借得讀書偶識三册，爲新化鄒漢勳字叔績所著，尚是寫本未刻者，其每葉紙心題「斆埶齋著述」五字，所記皆經典考據之學，多引近儒戴東原、江子屏諸家説，主於名物訓詁。亦多作説文字，其人名字皆所稀見，當是績學著書而世未知者也。

説文補考　説文又考　清　戚學標

又閲戚學標所著説文補考、説文又考各一卷，其書意主形聲，多正二徐之誤，而於大徐尤加詆斥。自序言所著有説文諧聲譜，又言凡段氏已訂正者皆不更述。

讀書偶識　清　鄒漢勛

擁衾閱鄒叔績讀書偶識。其於禮經名物考訂頗詳，而尤深於小學。所詮説文字義及辨正新附字數條，皆精確。言書益稷篇「丹朱」爲「驩朱」之借字，據山海經驩朱即驩兜，非堯之胤子朱，義尤新切。至以敖爲驩兜之子，謂驩兜爲惡謚，敖亦惡謚。據呂氏春秋「莒敖公」，高誘注：「敖，謚也。」周王發生時號武王，死後因號加謚爲寧武，此兩字謚。古人兩言謚、三言謚皆單稱，故寧考、寧王、寧人皆謂武王。又謂周書謚法無「寧」字，而秦有寧公，蓋傳寫周書者佚之。則皆望文武斷，爲漢學之蔽矣。

味經齋遺書　清　莊存與

十七日　閱莊氏味經齋遺書，凡尚書既見三卷、尚書説一卷，刻於乾隆癸丑，無序。毛詩説四卷，刻於道光丁亥，亦無序。周官記五卷，刻於嘉慶癸亥；而末有其孫綬甲跋，則題道光丁亥。又周官説五卷，據綬甲跋，周官記五卷及周官説前二卷皆侍郎手定，其後三卷則綬甲於遺稿中輯録者也。味經遺書尚有彖傳論一卷、彖象論一卷、繫傳辭論一卷、八卦觀象解二卷、卦氣論一卷，此非全帙也，計缺五種。此節子所注，節子專搜目録，其書不知已刻否。春秋正辭十一卷，春秋正辭後尚有樂説二卷、四書説一卷。此兩種豈可附正辭後？附舉例、要旨各一卷，亦刻於道光丁亥，前有朱大興序，題嘉慶辛酉。

侍郎諸書，惟正辭九卷、要旨一卷已刻入學海堂經解中。今讀其尚書既見，皆泛論大義，多主枚書，絶無考證發明之學。據仁和龔瑅人定盦文集中侍郎神道碑，言侍郎亦深知枚書之僞，其時攻者甚衆，其僞已明，侍郎居上書房，深念僞書中如禹謨之「人心惟危，道心惟微」，太甲之「與治同道罔不興，與亂同事罔不亡」，旅獒之「玩物喪志」、「玩人傷德」等語，皆帝王格言，恐僞書遂廢，後世人主無由知此，因作尚書既見三卷。書出而世儒群大訢之，蓋不惜污其身以存道者。然其中如言成王即位時，已非幼年，所云沖人孺子，特家人壽考相與之常言。惟周公之心，成王未能知，即二公亦不知之，故有居東之避；而二公惟教成王以居喪之禮，思慕之忱。當周公貽王以鴟鴞之詩，正二公及王歌「閔予小子」諸詩之時，蓋二公亦以文王、武王之德克享天心，嗣王之典學好問，思哀思難，未有過失，何周公之詩憂患迫切，如不可以終日者，心不然之，故王亦未敢誚公爾。至後二公日在王所，而不能弭風雷之變，其時二公未嘗有一言。王獨深信天道，不待父兄百官，議其儀法，即日具親逆周公之禮，遄行出郊矣。此必非漢以後守文良主之所能然，而豈羈丱成童之事乎？蓋書序爲荀卿、蒙恬所汨亂，於是大、小戴記有成王幼不能莅阼之言，而周公負成王朝諸侯圖先賜霍光矣。其論甚辨，反覆至數千言。又痛斥鄭箋罪人，斯得爲成王誅周公官屬之謬。皆未免輕棄傳記，憑私臆造。

其毛詩説，以日居月諸爲衛人殺州吁後，莊姜念先君兩子皆敗，自傷之詩；葛覃以后妃親葛爲儉而失禮，謂葛之覃爲美后妃之容；黄鳥之鳴爲美后妃之言；皆穿鑿不可信。

侍郎專於春秋公羊，其説經惟主知人論世，而不爲名物訓詁之功，故經學雖無家法，而文辭奥衍，自成一子。其周官記，卷一爲冢宰記，中著五官官屬表；卷二爲司徒記，附載師任地譜，以明均土分民之法；卷三爲司馬記，補周官闕文，文僅五葉；卷四爲冬官司空記，采尚書、國語及以下諸傳記之説，爲冬官補亡，以存周公事典之略；卷五爲司空記，則搜撮周、秦之書可備徵引者，蓋存爲外篇，以當冬官傳疏之屬。周官説五卷，皆雜論五官之文，要旨疑義，多所詮釋。其第三卷、第四卷皆摘舉經文，爲之補注。第五卷中附量地任民譜。

綬甲跋言「先大父之治經最先致力於禮」，又言「先大父治禮本鄭氏學」，蓋侍郎之學，春秋最精，禮次之，具有功於先哲，而實非本於康成。至其從子葆琛氏，始究心於許、鄭，所著如五經小學述、弟子職集解諸書，不可謂非漢學專門也。其尚書今古文考證，亦絶不同其世父之言。卿珊聞亦爲漢學，非專守家傳者。然侍郎雖不足爲醇儒，而無愧於通人，經制之學，亦昭代名家矣。春秋正辭等書，予已先讀之，不具論。

莊氏之尚書既見，向讀龔定盦所撰碑文云云，私揣其書必毛氏古文尚書冤詞之流，而侍郎素稱魁儒，又在毛氏後，既有爲而作，當更援據精慎，不似毛氏之武斷。乃今閲之，既無一字辯證其真僞，亦未嘗闡發其義理，但泛論唐虞三代之事勢，憑私決臆，蔓衍支離，皆於經義毫無關涉。其開首即論舜征苗事，謂此尚是舜攝位而未爲天子時，則枚書述益贊禹之言，明云帝初於歴山，舜但攝位，而皋陶已稱之曰帝，不幾自相矛盾乎？又據孟子帝使九男二女以事舜於畎畝之中語，謂舜徵庸以後，未受堯官，故尚在畎畝，而有舜往於田號泣之事，皆逞辨無理。其書僅三卷，卷不及五千字，而辨成王非幼年即位一節，至七八千字，所引不出孟子。附會糾纏，浮辭妨要，乾隆間諸儒經説，斯最下矣。阮氏學海堂經解中屏之不收，可謂有識。

戴震一字慎修

午後詣平景蓀，談近儒著述。予方閱鄒叔績讀書偶識，其中三引戴吉士震說，而俱以朱筆改「吉士」二字爲「慎修」，心疑未決，檢春融堂集中戴東原墓誌、校禮堂集中戴先生行事略，俱不言其字慎修，因憶湖海文傳中有洪氏榜戴先生行狀，將向景蓀借之。言次，方爲景蓀道讀書偶識中有一事大可疑。景蓀遽曰：「余亦久蓄一疑事，當急白。」乃先言曰：「他書或有稱戴東原爲戴慎修者，何也？」予撫掌曰：「頃所舉一疑事，政爲此也。」相顧愕眙。亟取湖海文傳同閱之，則洪狀正言先生字慎修，一字東原也。江節甫漢學師承記亦同。乃相與悵嘆，謂洪狀既載文傳，又載王鎏皇清文述中，文傳尤數閱之，而忽略至此，可見讀書之難矣。然景蓀此景蓀自塗之，人之學問自有分量，不必過自諱也。博聞强識，實遠勝於予。今日言國朝地理之學，洪氏以後，當推徐星伯氏，而龔定盦專精於西北陲，何願船則傳龔氏之學者也。

嘉道間紹興漢學

吾鄉爲漢學者，三樵以後，當推山陰朱拙民明經元淳、拙民先生與先大父敬齋公同受知於劉金門宫保，補府學生。時先生年十七。宫保稱其經學爲越中第一，先君子嘗言，先生經學本之其父，蓋漢學之魁艾也，惜不能記其名字矣。景蓀言拙民著有經義待訪録數十巨册，曾見其一。搜輯繁富，殆無復遺。然先子稱其父之學遠勝拙民，不知有無著述也。拙民弟子周曰庠，號一峰，山邑諸生，嘗採輯三家詩，得四册，更出近儒陳氏、馮氏書之上。會稽樊莫齋孝廉廷緒，向以顧廷綸、樊並稱，鄭薌實非莫齋匹也。皆爲至論。又言傳吾鄉文獻之學者，黄氏、毛氏、邵氏廷寀以後，其族曾祖瑶海郡丞聖臺、族祖寬夫少農恕實爲繼起，惜其書皆不傳。予謂明代荒經學而喜述國事，爲知今而不知古，然其文獻可徵，昭代窮經學而罕談國事，爲知古而不知今，恐於掌故多闕。景蓀亦嘆爲名言。

雕菰樓集　清　焦循

十九日　閲焦氏左傳補疏。焦氏之學，周易、孟子爲最，禮學次之，算學尤爲專門。生平六經皆有撰述，漢學之外，於魏晋迄宋元諸儒經説，皆所鑽研，誠通儒也。其周易補疏，謂輔嗣之注，雖參以己見，然其學淵源於劉表、王暢六書通借，解經之法，尚未遠於馬鄭。如讀彭爲旁，借雍爲甕，通孚爲浮而訓爲務躁，解斯爲廝而釋爲賤役，皆明乎聲音訓詁者。且天資察慧，時有悟心，於觀則會及全蒙，於損亦通諸剥道，惜秀而不實，識囿於年，局促揣摩，不足言通變神化之用。又貌爲高簡，故疏者概視爲空論耳。

其尚書補疏，謂東晉晚出尚書孔傳，至今日稍能讀書者皆知其僞。然試置其僞作之二十五篇，而專論其不僞之二十八篇，且置其假託之孔安國而論其爲魏晉間人之傳，則同時之何晏、杜預、郭璞、范寧諸傳注可存，此傳亦何不可存？因言其善於鄭注者有七事。如「稽古」，鄭訓「同天」，傳訓「順考古道」，同天可加帝堯，不可施皋陶。「四罪而天下咸服」，鄭以禹治水畢乃流四凶，故王肅斥之，云是舜用人子之功而流放其父；傳以舜徵用之初即誅四凶。盤庚三篇，鄭以上篇乃盤庚爲臣時所作，然則陽甲在上，公然以臣假君令，因而即真，此莽、操、師、昭之事；傳皆以爲盤庚即位後所作。金縢「我之不辟」，鄭讀爲避，謂周公避居於東，又以罪人斯得爲成王收周公之屬官；傳訓辟爲法，居東即東征，罪人即指禄父、管、蔡。明堂位以周公爲天子，漢儒用以説大誥，遂啓王莽之禍，鄭氏不能辨正，且用以爲尚書注，而以周公稱王，自時厥後，歷曹、馬以及陳、隋、唐、宋，無不沿莽之故事；傳特卓然謂周公不自稱王，而稱成王之命，勝鄭氏遠甚。爲此傳者，蓋見當時曹、馬所爲，爲之説者，有如杜預之解春秋，束皙等之僞造竹書，舜可囚堯，啓可殺益，太甲可殺伊尹，君臣易位，邪説亂經，故不憚改益稷，造伊訓、太甲諸篇，陰與竹書相齮齕。又託孔氏傳，以黜鄭氏，明君臣上下之義，因恐觸當時之忌，故自隱其姓名。其訓詁章句之間，誠有未善，然三盤五誥諸奥辭，皆一一疏通，諸家雖或規難而辨正之，終不能不用爲藍本。

其禮記補疏，謂周官、儀禮一代之書，禮記萬世之書。記之言曰「禮以時爲大」，此一言也可蔽千萬世制禮之法。周官、儀禮固作於聖人，乃亦惟周之時用之，必先明乎禮記而後可學周官、儀禮。其言皆獨具深識，雄出古今，絶無經生拘閡之見。

予嘗謂鄭氏之學，三禮注可與聖經並垂天壤，間有小小疏失，不過如日月之食。詩箋精於名物訓詁，亦經之功臣。若易若書，一則僅專家之孤學，一則僅傳經之緒餘也。雖其失皆在過於求密，又確守師傳，不容出入。如金縢諸説，蓋皆周秦以來諸儒相傳之舊義，然春秋戰國時，異説鋒出，漢承秦絶學之後，掇拾叢殘，不無擇焉不精之弊。若近來惠氏、張氏之易，王氏、孫氏、江氏之書，謂爲鄭氏一家之學則可，謂爲易、書獨絶之學，則不可也。雕菰此論，可謂空前絶後者矣。

而其補疏左傳，抉摘杜氏作集解之私心，尤爲快論。其序云：杜預爲司馬懿之壻，其初以父幽州刺史恕與懿不相能，遂以幽死，故預久不得調。及昭嗣立，預尚昭妹，起家拜尚書郎，轉參相府軍事。蓋昭有簒弑之心，收羅才士，遂以妹妻預而使參府事。預出意外，於是忘父怨而竭忠於司馬氏。既目見成濟之事，將有以爲昭飾，且有以爲懿、師飾，即用以爲己飾，此左氏春秋集解所以作也。懿、師、昭，亂臣賊子也；賈充、成濟、鄭莊之祝聃、祭足，而趙盾之趙穿也；王淩、毌丘儉、李豐、王經，則仇牧、孔父之倫也。昭弑高貴鄉公而歸罪於成濟，已儼然託於大義，而思免於反不討賊之譏。師逐君，昭弑君，均假太后之詔，以稱君罪，則師曠所謂其君實甚，史墨所謂君臣無常位者，本有以啓之，預假其説而暢衍之。射王中肩，即抽戈犯蹕也，而預以爲鄭志在苟免，王討之非，顯謂高貴討昭之非，而昭禦之爲，志在苟免矣。師、昭而後，若裕，若道成，若衍，若霸先，若歡、洋，若泰，若堅，他如石虎、冉閔、苻堅，相習成風，而左氏傳、杜氏集解適爲之便，故其説大行於晉、宋、齊、梁、陳之世。唐高祖之於隋，亦踵魏晉餘習，故用預説作正義，而賈、服諸家由是而廢。吾於左氏之説，信其爲六國時人，爲田齊三晉等飾也。左氏爲田齊三晉等飾，與杜預爲司馬氏飾，前後一轍，而孔子作春秋之義乖矣云云。深心卓見，尤爲聖人不易之論。蓋其論枚氏之僞作孔傳，猶屬意必之詞，雖雄辯絶人，而事無確證；若此所論，則論世知人，灼見幽伏，元凱百口不能解矣。左氏一書，自爲聖經羽翼，其中要不無取義未純，此蓋七十子之言，已皆不能無疵；又經戰國、秦、漢，至東京始列學官，尤不免後人羼入。王介甫、鄭漁仲皆因其紀及趙襄子之謚，疑爲六國時人。介甫所疑十一事，其説不傳，惟書録解題載介甫左氏解，專辨書韓、趙、魏殺知伯事，去孔子六七十年，決非丘明所及見。漁仲舉左傳紀韓、趙知伯等事八驗，見通志六經奥論。毛舉數端以概全經，不若近時姚姬傳言左傳蓋有吴起輩竄入以媚時者，如公侯之子孫必復其始語，尤其明驗。他紀魏氏及趙氏、韓氏、齊田氏等事亦多誇，非丘明本文。此論最爲近理。

理堂仍介甫、漁仲、石林諸人之説，概指爲六國時作，亦未免武斷。然其論衛宣公烝於夷姜生急子一條，據洪容齋、毛西河年數不合之説，謂當據史記及列女傳、新序諸書，以夷姜爲宣公夫人。烝，廣雅訓爲淫，烝夷姜猶衛世家所云「愛夫人夷姜」也，杜注誤依服虔「上淫曰烝」之訓。自足爲左氏功臣。竊謂此論與錢竹汀潛研堂答問謂衛戴公文公當依班氏古今人表爲公子黔牟之子，左傳以爲頑與宣姜所生者誤。二事皆足永垂寶書，不然，以上淫君母之人，而衛人立之，石碏等純臣奉之，以鶉奔無良之孽，而衛人依之，齊桓、宋桓等賢諸侯輔之，則春秋之初，已無人心，康叔之澤，亦太衰矣。其關係於人倫世教，豈淺鮮哉。

焦氏此疏，其正杜氏助逆之旨者，如宋督弒其君與夷，桓公二年。鄭伯使祭足勞王，五年。鄭伯突出奔蔡，十五年。焦謂杜注譏突不能倚任祭仲，反與小臣造賊盜之計，故以自奔爲文，罪之。是明喻齊王芳不能倚司馬氏，而與李豐、張緝謀廢師也。衛侯朔出奔齊，十六年。宋萬弒其君捷，莊公十二年。晉里克弒其君卓，僖公十年。宋人弒其君杵臼，文公十六年。晉趙盾弒其君夷皋，宣公二年。鄭公子歸生弒其君夷，君子曰仁而不武。四年。焦謂杜注以例司馬昭本不許將士傷害高貴，故云初稱高老憚殺爲仁。歸生不討子公，而昭能討成濟，是仁而且武矣，故云不討子公爲不武。凡弒君稱君，君無道也；稱臣，臣之罪也。焦謂左氏此二語最爲悖理，而杜氏釋例乃暢發其義，所以解昭之既弒高貴，而必假太后令，以甚言其無道也。民不與郤氏，胥童道君爲亂，故皆書曰晉殺其大夫，成公十八年。焦謂杜注言郤氏失民，胥童道亂，宜爲國戮，此司馬懿之殺曹爽、何晏，而罪爽之驕盈、晏之浮虛也。三郤胥童殺而「欒書」不可制矣，曹爽殺而司馬氏起矣。枕屍股而哭，襄公二十五年。焦謂司馬孚哭高貴，全效晏嬰所爲，蓋當時左氏盛行，故王經諫高貴，亦引魯昭公不忍季氏之事。下車七乘不以兵甲，焦謂杜注齊舊依上公禮九乘，又有甲兵，今皆降損，以比昭弒高貴以王禮葬之。習氏漢晉春秋云，丁卯葬高貴鄉公於洛陽西北三十里，下車數乘，不設旌旐，全襲左氏此傳。凡十三條，皆徵引魏晉間事，以誅杜之隱衷。餘皆考證訓故名物，於地理尤詳，固非如宋人之純尚議論也。

隸經文　清　江藩

夜擁衾閲江子屏隸經文，其明堂議、廟制議、特廟議、昭穆議四篇，皆洋洋大文，説禮名家也。諸侯五廟論、祧廟説，亦皆足明一家之學。他若私謚非禮辨，謂儀禮士冠禮，死而謚今也。展禽謚惠，黔婁謚康，始於春秋時，不可謂不古。列女傳，黔婁先生死，曾子與門人往弔焉，曰：「何以爲謚？」若據張璠、荀爽之説，以私謚爲非，則曾子爲不知禮。居喪不文説，謂言不文者，即禮所云「斬衰之喪，唯而不對；齊衰之喪，對而不言」。喪大記所謂「既葬，君言王事，不言國事；大夫士言公事，不言家事。既練，君謀國政，大夫謀家事」也。蓋謂不文飾其言。近日士大夫居喪不爲詩文，以爲合乎禮經言不文之旨，非也。

答程在仁書，言居喪不當稱棘人。詩檜風素冠正義云：「棘，急也。」情急哀戚，其人必瘦，此棘人之義。自稱棘人，則儼然以孝自居矣。古人居喪本無稱謂，今必欲從俗，則居倚廬之時稱斬衰，或稱在苫；既葬之後稱受服；小祥則稱練；大祥則稱縞；禫則稱禫。

與伊墨卿太守書言檀弓鄭注「拜而後稽顙爲殷禮，稽顙而後拜爲周禮」，此答來弔之賓拜也。若非來弔之賓，但稽顙而已。雜記鄭注「稽顙而後拜曰喪拜」，此有三年之喪者；「拜而後稽顙曰吉拜」，此非三年之喪者。皆謂受問受賜者也，此答問賜之拜也。若訃書門狀，既無弔問之賓，又無賜與之事，丘瓊山創用「泣血」二字固妄，陰静夫改用「稽顙拜」、「拜稽顙」亦非，惟世俗之謝帖可用之。皆深於禮者之言。

至釋由一篇，謂説文無「由」字，自是奪誤。「由」蓋「甲」字之倒文，同倒「子」爲「㐬」之例。甲，孚甲也，字象草木枝條出地之形。由當作[illegible]，上丨象出地之枝條；下[illegible]象根坨之孚皮。草木枝條，皆以自出，故由引申訓從訓自。艮庭先生欲盡改説文從由聲之字爲從甹省聲。段丈懋堂謂若然，則甹從由聲又何説者？其言是也。

六甲五龍説謂説文「戊，中宮也，象六甲五龍相拘絞也」，戊字五畫，有五龍之形，而無六甲之義；且戊字象形何必取五龍？按天數五，地數五，自甲至戊，其數五，居十之中。漢書律曆志「五六者天地之中合」，故曰戊中宮也，以天干加地支，爲六甲：甲子、甲戌、甲申、甲午、甲辰、甲寅也。五龍者，五辰也。皆小學之精義。

讀書偶識 清 鄒漢勛

二十一日 夜裝釘卷葹閣集。擁衾再閱鄒叔績讀書偶識，近人之精漢學者也。是日以三千買卷葹閣集，以一千買此書。五更疾又動，蓋近日作事太拙，讀書太勞之故。

左氏春秋之短

二十二日 先儒稱左氏傳者，劉子駿謂左氏好惡與聖人同，賈景伯謂左氏義深君父，公羊多任權變，以及杜元凱集解序、孔沖遠正義序所言，要皆一家之詞，劉子玄史通申左篇，謂左氏有三長，二傳有五短，則僅泛論時代先後、文辭優劣，不足以服人。近儒汪容甫著左氏春秋釋疑一篇，又僅舉天道、鬼神、災祥、卜筮、夢五事，條繫左氏所言正而不巫者於下，以爲其言此五端，皆本人事，足釋攻者之疑。然其疑實有不能盡釋者。吕伯恭春秋左氏傳續説云：「左氏祇有三病，除此三病便十分好。左氏生於春秋時，視周室如列國，如記周、鄭交質，此一病也。又好以人事傅會災祥，此二病也。記管、晏之事則盡精神，説聖人便無氣象，此三病也。」王厚齋困學紀聞言王貳於虢、王叛王孫蘇，曰貳曰叛，不可以訓。洪景盧容齋三筆亦舉此二事，及晉平戎於王而曰單襄公如晉拜成，劉康公欲伐戎而曰欺大國，劉氏、范氏世爲昏姻，故周與范氏，而曰晉人以爲討，皆於名分不正。叔向數叔魚之惡而尸諸朝，其於兄弟之誼爲薄，而託仲尼之語云殺親益榮，以弟陳尸爲兄榮，尤爲失言。國朝全謝山又摘其「王使王孫蘇訟於晉」語，姚姬傳舉其言陳氏八世之後，莫之與京，又其相胡公大姬已在齊矣。言魏氏爲公侯之子孫必復其始，明是六國人語。顧震滄春秋大事表斥其以荀息爲斯言之玷，以萇宏城周爲有大咎諸條，萬充宗學春秋隨筆斥其以歸生爲權不足及稱君君無道諸條，皆辭嚴義正，自不能強爲之辯。陳葦仁左海文集云：「左氏之失者，以鬻拳爲愛君，以華耦爲敏，此説正義辨之。以荀息爲言玷，以萇宏爲違天，以文公納幣爲周禮，數端而已。」

余謂鄭氏「左氏善於禮」，朱子「左氏是史學」二語可包括一部左傳，近人有謂叛字、貳字乃古人作常用語，未如後世有上下一定之名，曲爲申辯，殊可不必，至若啖助謂左氏以舊言孔父義形於色，遂妄以爲女色之色，而有美而艷之言，則真妄言，此殆助自道其文義不通耳。鄭漁仲所證左傳爲六國時作有八驗，如云不更、庶長之爵起於秦孝公，臘起於秦惠王。不特秦自襄公已臘，「不更」特等爵級，孝公特更定之，非先皆無此號，考據疏舛。且左氏如果爲六國時人，亦不得以後日之官制追紀昔事。又若謂帝王子孫之説承於鄒衍；左師展將以公乘馬而歸，三代時有車戰無騎兵。尤迂繆瑣碎，不足置辨。明人郝敬作春秋非左，摘其紕繆三百三十餘條，未見其書，不具論。

景紫堂全書　清　夏炘

二十四日　閱景紫堂全書，凡十七種，當塗夏炘著。炘字弢甫，一字心伯，道光五年舉人，今官婺源縣教諭。及交安化陶文毅、歸安姚文僖、江都汪孟慈諸公，卷端載其往還論學尺牘。其書先次第授梓，至去年之秋，湘陰左季皋中丞始爲合刻於婺源。

首檀弓辨誣三卷。言檀弓之書，專爲詆訾聖門而作，爲之條舉辨正。

次述朱質疑十六卷，皆辨明朱子一生之學術著述，及其師友出處，考核群書，分類相次。

次三綱制服尊尊述義三卷，謂周公制服，以尊尊爲主，而尊尊以三綱爲重。舉儀禮傳「父至尊也、君至尊也、夫至尊也」三語，發凡起例，包括儀禮喪服一百四十餘條，以類比附。

次學禮管釋十八卷，條舉禮文節目，逐事詮釋，不分門類，體例如惠半農禮説，而學兼漢、宋，好駁近儒，頗多折衷於鄭氏。

次讀詩劄記八卷，謂三家詩以齊詩爲優，謂詩序作於毛公以後，蓋出衛宏，舉有八證。其書申明毛公及朱子之説爲多。

次詩章句考一卷，據左氏傳「在揚之水卒章」語，駁孔沖遠「古詩口以相傳，未有章句」之非。又詮次毛公、鄭氏、朱子章句之異同，兼采諸儒之説，附以己意。

次詩樂存亡譜一卷，謂夫子未嘗删詩，笙詩未嘗無詞。據鄭康成、鍾師「九夏」注「載在樂章，樂崩亦從而亡」語，謂笙管籥及金奏諸詩，俱職於樂師，非學士所肄業，本不在三百篇中。

次朱子詩集傳校勘記一卷，校正俗本經文二十四條，傳文二十九條，更删合以馮嗣宗、陳啓源、史榮三家所校，共得經文三十九條、傳文四十九條。

次詩經廿二部古韻表集説二卷，集顧亭林、江慎修、段茂堂、王懷祖、江晉三五家之説，分東中爲二，定爲二十二部。

次學制統述二卷，上卷考成周立學之制，剌取經注之文，條撰成篇，自爲之注。下卷别爲問答，以發其意，皆主康成之義。

次六書轉注説二卷，謂許氏所謂「建類一首，同意相受」者，即指部分而言，如老爲考首，而耆、耋、耇、耄等字，即取類於老。推之松柏之屬，皆木之别名，故皆受類於木。而駁賈公彦、裴務齊等以考老爲左回右轉，及鄭樵、楊慎、近世戴氏、段氏諸家論轉注之非。

次漢唐諸儒與聞録六卷，論次大毛公、董仲舒、鄭康成、諸葛孔明、文中子、韓昌黎六君子事蹟論著，各爲一卷，仿伊洛淵源録之例，以見斯道所係。

次訏謨成竹一卷，此書命意本無謂，所輯尤荒劣不成書，爲心伯著述中最下之作，其書名亦陋。本朱子言嘗欲寫出蕭何、韓信初見高祖、鄧禹初見光武、武侯初見先主時語及王朴平邊策編爲一卷之意，益以明陶文憲公安初見太祖、我朝范文肅公文程説攝政王語，共爲七篇，以見自漢迄今大臣戡亂氣象。

次息遊詠歌一卷，本朱子愛誦離騷、出師表、歸去來辭之意，録取三君全文，稍加音釋考訂，不載後出師表，以爲僞作。附以朱子齋居感興詩二十首，以見紫陽忠君愛國之旨。以上三種，統名曰養痾三編。爲咸豐己未九月、十月間卧病時作，其年已七十一歲矣，故所作皆淺陋不足觀。

次賈長沙政事疏考補一卷，以長沙疏首言可爲長太息者六，今闕其一，據大戴記保傅後篇補之，因合班書、新書、大戴記録其全文，而注其字句異同於下。汪氏喜孫稱其奄然如析符復合。

次陶主敬年譜一卷，以陶文憲爲守朱子之學而開有明儒術之先，言當塗建縣以來，道德功業文章一人而已。故比次全集，參考元、明二史，輯爲斯譜。陶文毅宫保致書深推重之。

次文集十四卷，多考訂經史之作。如古文孝經考、孔子生年月日考、鄭氏三禮注讀如考、史記仲尼弟子列傳考，引證詳密，尤有功於經學。其未刻者，尚有春秋左傳袪疑、春秋公穀存是、易學旁通、轉音紀始、小窗日記、聞見一隅録等六種。

其著書大旨，以鄭氏、朱子爲本，禮學小學，尤所致力。少師歙汪氏萊衡齋，又嚴事績谿胡氏培翬，故學有本原。文集中記益友胡竹邨先生事，言生平窮經之業，皆自先生啓之，受益不可勝數。蓋其父朗齋官徽州府訓導，名鑾，胡竹邨爲作墓誌銘，見研六室文鈔。衡齋、竹邨時皆爲學宫弟子，而朗齋亦治經學，程氏瑶田爲著琬圭疏證者也。文集中先考行述，載其經説數條。心伯自十九歲時，竹邨氏教以先讀江氏鄉黨圖考，爲讀注疏之地，故於江氏多所推重。易田與其父遊，故亦稱引其説，爲作别傳。其篤守朱子之學，蓋本庭誥，故頗攻戴氏原善、凌氏復禮、阮氏論語論仁論諸篇，殊偏戾不足據。於戴氏孟子字義疏證一書，尤加詆斥，此亦門户私心太過。綜其梗概，自爲近日經學名家，紫陽之學，更推嫡嗣。自紀其道光戊子已官吴江教諭，迄今三十六年，猶秉麥鐸，皋比皓首，窮經不倦，東南師儒，當爲魁艾，不勝碩果之愛矣。

今日先畢讀其檀弓辨誣三卷。檀弓兩篇中所載古禮甚多，雖采擇不純，自不可盡廢。心伯概詆爲非毁聖門而作，亦涉武斷。然其所辨詰者，實有關於世教甚大，引證亦俱詳盡。卷上辨孔門三世出妻之誣，卷中辨孔子不知父墓之誣，防墓崩之誣，既祥彈琴之誣，彈琴食祥肉之誣，説驂賻舊館人之喪之誣，原壤歌而若弗聞之誣，夢奠兩楹之誣。卷下辨曾子、子貢入廄修容之誣，曾子責子夏喪明之誣，曾子易簀之誣，曾子之喪浴於爨室之誣，曾子指子游示人之誣，曾子答有子喪欲速貧死欲速朽之誣，曾子母喪哭子張之誣，曾子居喪七日水漿不入口之誣，曾子論小斂在西方之誣，曾子論祖者且也之誣，有子既祥絲屨組纓之誣，有子欲去喪踊之誣，有子對哀公設撥之誣，曾點倚門而歌之誣，子路醢於衛之誣，冉子攝束帛乘馬之誣，子夏弔喪未小斂絰而往之誣，子游、子夏論異父同母之昆弟有服之誣，子游以禮許人及以叔孫武叔爲知禮之誣，皆足爲聖學干城，禮經羽翼。惟檀弓言伯魚之母死期而猶哭，夫子甚之，自是父在爲母期之禮。子上之母死一節，所謂先君子喪出母者，自謂其所出之母，即今云生母也。檀弓本無孔子及子思出妻之明文，惟云子思之母死於衛，蓋因伯魚早死，故其妻改嫁，是聖門本無出妻事也。康成禮注惟曰「伯魚卒，其妻嫁於衛」，而於伯魚之母、子上之母皆無注，可見其精慎，而穎達正義皆誤以爲被出耳。

又粗讀述朱質疑一過，其鉤校推闡之功，可謂盡致。朱子書向推王氏懋竑用力最深，此殆過之，故於白田雜著時有指駁。其自卷一至卷五，斤斤於學問一日之先後，議論一字之出入，此等事本無關要旨，不足深辨，作者徒費心力，讀者多不耐煩。然稽貫精密，實不容泯，以備朱子一家之學可也。其卷六卷七，皆跋朱子所著書。卷八、卷九，論同時金谿、潭州、金華、四明、永嘉之學。卷十論近儒之稱朱子醇駁不一。卷十一、十二，論朱子封事奏劄，皆表其立朝大節。卷十三、十四，記朱子外任政績。卷十五、十六，論朱子出處雜事。皆足資尚論。又涉閱文集之半，其辨論皆長而拙於叙事。

六書轉注説　清　夏炘

二十五日　閱夏心伯六書轉注説。姚氏文田言，東南小學以戴海陽爲大宗，然以互訓解轉注，實乖祭酒之旨。此書反覆辨證，翳障一空。凡某之屬皆從某，即祭酒解轉注之例，尤直截了當云云，其推許可謂至矣。心伯自序，言此書作於道光丙戌，是其成最早，故文僖猶得見之。其書本小徐之説，以部爲類，以每部之首一字爲建類之首，而同部諸字，即爲同意相受，推之五百四十部，無一不合。上卷備論轉注之義，謂戴氏以互訓爲轉注，引爾雅釋詁之例；段氏守其師説，引初哉首基等字，皆訓始以證之，不知此乃爾雅之例，非六書之例。六書造自倉頡，訓詁至周以後始有，不得以解經之義爲造字之主義。考訓老，老訓考之類，亦説文之注例，出於後人之推闡，若造字之始，建老爲類首，而考者耆耋者耇孝同意之字，皆轉相輸受，歸於一類，是謂轉注；非先有老之訓而制考，先有考之訓而制老也。

又取戴氏「指事、象形、形聲、會意爲體，假借、轉注爲用」二語，謂指事、象形、形聲、會意四者，皆明一字之體，散無統攝，轉注則分別部居而有以貫之，假借則一字數用而有以通之。轉注者，自部首至部末，從而爲經，假借者假一字爲數字，衡而爲緯。同意相受與會意不同。會意者，如武信之類，合二體以成一字，而意僅及於一字也；同意相受者，合一部之字，皆從部首之意，文雖繁而意則一也。考老同部，與江河上下同部不同。江河各有諧聲，故謂之形聲；上下就一字之體可識其意，故謂之指事。若考字在老部，所謂建類一首；考字即訓老，所謂同意相受也。説文解字凡某之屬皆從某者，即取六書轉注之例以爲部分，後人誤以爲分部之訓，而不知皆許氏解轉注之例。

下卷歷辨宋鄭樵、張有、毛晃、元楊桓、劉泰、周伯琦、明趙古則、楊慎、趙宧光、國朝顧炎武、近儒戴震、段玉裁、曹仁虎、戚學標、同時朱駿聲字豐芑，官黟縣教諭。著有説文通訓定聲。咸豐初，經進其書，賜國子監博士銜。諸家論轉注之誤。謂顧氏最通古音，而亦沿張氏、楊氏之誤，以字之有轉音者爲轉注，蓋失之不考。東原知顧氏之誤，而以互訓當轉注，言彌近理而大亂真。習庵知戴氏之誤，而謂字必部同義合音近者始爲轉注，則又混轉注於諧聲。鶴泉以説文中某與某同意諸字爲轉注，是僅解得同意二字，而不解建類一首及相受二字。皆條分縷析，辨證極詳。其言六書次第，當依説文以指事爲第一，象形爲第二。班固、鄭樵、毛晃皆以象形爲首，小徐言六書起於象形；無形可載，有勢可見，則爲指事。不知古人畫字，必從一始，故曰惟初太極，道立於一。一者指事字也，有一而後累百累千之字由之以生，故指事之字最少，而六書必以爲首。有事而後有形，故象形次之。尤爲不易之論。蓋於許氏之學，貫串周浹，所著書中當以此爲最矣。

以偏旁爲轉注，其論發之吾浙許氏宗彥。心伯言此書成後八年，見儀徵相國所刻經解中有許兵部轉注説一篇，其旨適合。又從朱豐芑説文通訓定聲中見引江艮庭先生論轉注一條，謂「説文分部五百四十即建類，始一終亥即一首，凡某之屬皆從某，即同意相受；轉注者，轉其意也，注如挹彼注兹之注」云云，尤見考古之心，後先一轍，因附録兩君之説於叙後。其末題甲午夏月。心伯蓋未見鑑止水齋集，而江氏説文，本無傳書，其説自爲獨悟。然許氏解形聲之旨，謂江河是也，是以水爲形，工可爲聲，故曰以事爲名，取譬相成；從水者以事爲名，從工從可者取譬相成。江河從水，即部分偏旁之義也。推之考耇耋耆等字，則耂者即偏旁也，部分也，以事爲名也，所謂形也。丂句至旨者，即取譬相成也，所謂聲也。是則由江氏、許氏及心伯之説，不幾混形聲於轉注乎？反覆思之，而知戴氏、段氏互訓之説終確不可易也。詁訓雖起於後世，然造字之初，何以既制老，復制考，是必先有訓義在矣。戴氏樸學深思，段氏於許書用力尤篤，豈有此等大義尚思之未至者耶？可見乾、嘉間諸大儒，著述精密，無可復議矣。心伯此書，以存一説可也。若欲以此輕前賢，奚其傎哉？

又閲讀詩劄記之大半，其書雖主集傳，攻小序，然謂序雖出衛宏，其中亦有古説，自不可廢，持論尚爲平允。又謂馬端臨言鄭伯如晉，子展賦將仲子；鄭伯享趙孟，子太叔賦野有蔓草；鄭六卿餞韓宣子，賦野有蔓草及褰裳、風雨、有女同車、籜衣，此六詩皆朱子所斥爲淫奔，而當時施之燕饗，是知六詩當如序説云云。然序以將仲子爲刺莊公，有女同車、籜兮皆爲刺忽，爲人臣子歌本國之刺詩，播其先君之惡，必無是理，序之不足信益明。

又辨葉紹翁四朝聞見録，載陳止齋讖考亭以千七百年女史之彤管，與三代之學校，爲淫奔之具、偷期之所。然毛公彤管之傳，未見成文，所説彤管，亦不過御夕進退之法，千七百年女史之言，不知何指？以彤管爲淫奔之具，集傳中並無此四字。且淫奔之具，果係何具？鄙俚之談，實所未解。鄭釋城闕，以爲國人廢業，但好登高，毛公所謂乘城而見闕是也。朱傳輕儇放恣，亦是往來之貌。毛鄭未嘗以城闕爲學校之地，朱子亦無偷期之所語。論皆近理。其詮釋文義，亦多宗毛傳及説文，於訓詁名物頗詳覈，足資考證。所創新解，亦時有可取。

自序謂道光癸巳著此書，時居京師下斜街，主其師通州白小山總憲家，前有總憲一序。總憲爲嘉慶己未進士，出朱文正、阮文達門，聞亦治經學者也。總憲嘗延心伯課諸子，今日詢之總憲孫子恒孝廉，言心伯館其家時，曾以五色筆五校詩經注疏，其用力之勤可想。子恒又言心伯以教官致富，居積至五萬金，然立品不苟。張文毅帥皖時，極尊禮之，所言必聽，而未嘗一廁軍功、邀議叙，是皆可紀者也。

景紫堂全書　清　夏炘

夜作書致平景蓀，與言夏心伯所著書中八事，其徐位山於乾隆辛未以年老賜檢討，胡竹邨於道光初以假照案罷官，皆見景紫堂文集。位山入館之事，予向據其文集及遺書諸序中，以位山爲由辛未進士入翰林，景蓀以題名碑録、館選録皆無其名，常深疑之，今閱心伯所作徐先生别傳，言乾隆十五年庚午，安徽巡撫衛公以經學保舉，十六年辛未恩科會試，特授翰林院檢討，時年八十六矣。告假歸家，是雖未明言優老恩澤，其年數亦微與定例未符，然不云會試成進士，而云特授檢討，則明是特奏名之制，或朝廷念其經儒，雖年不及格，亦與特恩耳。平景蓀云據位山全集趙序，徐於乙丑賜學正，壬申恩科授檢討，又其禹貢會箋自叙云癸酉年八十九，是位山賜檢討在十七年壬申，年八十八矣，明係優老恩澤，心伯別傳所云告假等語，似非事實，其年數亦參差不合也。

心伯賈誼政事疏考補，以此疏篇首提綱，可爲流涕者二，今僅存其一，桐城姚姬傳謂後人因論匈奴有兩流涕句，遂訛一爲二，其説甚是。至可爲長太息者六，實闕其一。真西山文章正宗因新書等齊篇有長太息句，遂取以補之。不知新書實隋唐間淺人掇拾改竄爲之。銅布篇亦有可爲長太息句，何以置彼而取此，其不足據亦明矣。姬傳又以爲即食貨志之積貯疏。不知積貯疏上於文帝之元二年，志文叙次甚明，非長沙召回時所上，較之真氏所補，尤爲臆斷。因考大戴禮中禮察一篇，即此疏六太息之第四段；而保傅一篇，自「天子不論先聖王之德」至「由此觀之，王左右不可不練也」，凡一千八百九十二字，班書所無，新書俱有之，此自係疏中論三太三少保傅之職，及王后胎教之法，爲六太息之第三段全文。大戴此下又接「昔者，禹以夏王，桀以夏亡」至「其不失可知也」，凡八百二十九字，新書亦有之，當是疏中論「任賢則興，不任賢則亡，爲六太息」之第四段。蓋班氏因其論教太子一段，文太煩冗，遂從「天子不論先聖王之德」句起盡從刪汰，而並誤刪其論「任賢」之一段，於是長沙此疏文義不全。而其論任賢一段中，有成王處繦抱之中語，故班氏誤認爲論教太子而蟬聯删之，大戴又誤認爲論保傅而蟬聯取之云云。可謂苦心別白者。大戴保傅篇文字既同賈疏，又有新書可據，爲之移綴聯合，詞氣貫串，較之真氏、姚氏所言，殊爲近理。然此等究涉勇於自信、輕改古書，似可不必録之，以使子弟知讀書求間之法耳。

至謂大戴禮察篇首有「孔子曰君子之道譬猶防與」至「喪祭之禮廢，則臣子之恩薄，而倍死忘生之徒衆矣」，凡一百三十七字，班書所無，當亦是賈疏本文，爲班氏所削，亦宜補入。按此皆小戴記經解中語，大戴記中本全苞小戴之文，其禮察篇之首，當是別掇先儒遺文，未必全録賈疏，而小戴改輯入經解篇耳。心伯必以爲盡本賈疏，是其固也。其疏中每句下分注漢書、新書異同，亦不如孔氏廣森大戴禮補注中所載之密。

景紫堂文集　清　夏炘

二十七日　閲景紫堂文集。其鄭氏三禮注讀如考，專爲辨阮儀徵論語論仁論主仁字、中庸鄭注讀如「相人偶」之「人」而作。儀徵所言，固仁者人也之精義，心伯深訾之，未爲篤論。然此考於鄭注之例，條貫精密，言鄭注有詁音兼詁義者，但證所詁一字之義，不關全句之義，尤確。

金石史　明　郭宗昌　石墨鐫華　明　趙崡

二十九日　閲郭胤伯宗昌金石史二卷，明人趙子函崡石墨鐫華六卷。二書皆考證精詳，足繼趙德甫金石録而起，雖不及後來顧亭林金石文字記、錢竹汀金石文跋尾、吴山夫金石存之賅密，正可與曾宏父石刻鋪叙、王箬林竹雲題跋諸書驂驔後先。四庫目録謂趙、郭皆隸籍關中，故多見古刻，良不誣也。

石墨鐫華臚列三代迄元諸碑，共二百五十四通，多引史籍以正之，古來名帖巨碑，大略皆備。漢郃陽令曹全碑，至是書始見著録。其辨唐昭仁寺碑爲虞永興書，非歐陽通書。余觀此碑筆法，亦不能確定爲永興，然子函據舊唐書貞觀三年之詔，論自有據；又據歐陽通本傳，校其年齒，不合書碑，尤確。

唐蘭陵公主碑，公主，太宗第十九女，名淑，字麗貞，下嫁慶州刺史竇懷悊，太穆皇后孫，銀青光禄大夫上柱國竇德素子也。史無德素名，而公主傳但言悊爲太穆皇后族子。唐涼國公主碑，公主先封仙源，嫁薛稷子伯陽，再嫁温彦博曾孫曦，而史遺曦不書。郭敬之家廟碑陰，言汾陽兄弟九人，皆列大位，不止史所稱幼明一人。西平忠武王李晟碑，言公子十二人，而史云十五人，皆足以訂史傳之誤。其據郭、李兩碑所載汾陽、西平歷官次第，以校本傳異同之處，亦極詳密。

金石史所收僅五十三碑，四庫書目謂其好持高論，故所録僅此。然嗣伯識見實出子函之上，文筆亦較簡古。其據董氏廣川書跋，定石鼓爲周成王時物；辨夏禹衡嶽碑之爲贋作；又謂涼國公主碑言公主名⿱厶免，字華莊，而子函石墨鐫華謂公主碑名華莊，史作花莊，直以字爲名，殆似未見其碑。今鮑刻石墨鐫華作「公主碑名花莊，史作華莊，殆傳寫之誤」。然唐書公主傳明作字華莊，與碑本同。又論漢司隸校尉魯忠惠峻碑，謂私謚當復古。論漢泰山都尉孔宙碑，謂孔融卒在建安十三年，年五十六，當依范書；宙卒在延熹六年，時融年十一，當依碑。論吴天發碑，謂直是牛腹書。三代彝器其文非不奇古，然皆爾雅典則，何曾爲牛鬼蛇神？又謂所謂彝器者，如彝常之必不可紊，作如是器，必作如是款，絲髮罔踰，此古昔足尚也。尤爲篤論。蓋郭氏論古皆能自出手眼，不似趙氏拘守王元美、都元敬兩家之言。又考嗣伯明季未曾入仕，其卒在國朝順治九年。至康熙二年，其友王無異弘撰始刻是書於金陵，四庫書目稱爲明人，似誤。

漢書地理志補注　清　吴卓信

又至文華堂，閱常熟吴卓信立峰一字頊儒。漢書地理志補注一百零三卷，計二十册。立峰爲常熟老諸生，其稿初歸李申耆。道光二十八年，涇人包慎言孟開刻之。李記言其所著尚有三國志補注、廣説親等書，已佚不傳。包序言李得此稿時，年已七十，篤老不復能手勘，故訛誤甚多。孟開屬其妹壻楊廷臚校正之。廷臚名傳第，常州人，辛酉殉親死汴中，予有詩哭之者也。

紅櫚書屋雜體文稿　詩集　清　孔繼涵

三十日　孔葒谷雜體文稿七卷。葒谷爲衍聖恭慤公毓圻之孫，與從子衆仲檢討同成進士，官户部郎，締交於戴東原氏，爲其子廣根娶東原女。嘗校刻戴氏遺書，又刻微波榭叢書，中如五經文字、九經字樣、宋刻趙注孟子、宋刻國語音等，皆世間希有之本。其學邃於算術，旁及名物音訓，文稿亦多考證之作，而好持高論，又文義僻澀，往往繁徵雜引，不能自明其意。其第七卷爲孝感熊文端公年譜，蓋葒谷之父一品蔭生傳鉦，娶孝感之女，故葒谷爲外家作譜。其自述有云：「涵九齡失怙，母氏嬰疾，而舅家兄弟，間居南北，恐數傳而後，罔識自出，用是編成一帙，期諸永永。」並爲熊氏世系、女系兩表附於後。據沈歸愚集中唐太孺人墓志銘，言繼涵爲傳鉦側室所生子，而亦云熊太宜人有心疾，不省飲食寒暑，是葒谷固因嫡母無子，故恐後人不知所自出也。所纂文端事極詳，足資參考。水經釋地八卷，條舉水經，而專釋其所載地名，辨證古籍，而實指其今爲何地，自爲讀桑經者所不可少。

紅櫚書屋詩集四卷，詩學宋體，而喜用經疏中冷典僻字，斲冰詞三卷，頗愛雕琢，亦有撏撦割綴之病，皆非當家。要之學人之文，雖工拙不侔，自與杜撰淺陋者異矣。

歸樸庵稿　清　彭藴章

閱歸樸庵文稿十二卷，文敬督學閩中時所刻也。予題其首云：「相國之文，局於學識，體格未成，然生長故家，久官禁近，耳目濡染，自有見聞，較之憑兔園一書平進臺閣者，猶爲解事僕射耳。其辨論語稽求篇、書許氏説文後及中庸鍥諸文，則又强作解事之害也。文敬後居政府，識闇而忮，即可於此覘之。」數言可以盡文敬一生政事學業矣。

如不及齋文鈔 清 章完素

擁衾閲章完素如不及齋文鈔。完素一字子卿，由乾隆己亥舉人，宰江西東鄉縣，罷官。及交容甫、懋堂、易疇、鏞堂諸君，故學有指授，文亦簡雅。其朕兆解、跋且字考，尤爲小學精言。釋耬一篇，足補末耜經之闕，而文章古澤，可入雅書。雉度解、膚寸解，亦名物之通詁也。

熊文端公年譜 清 孔繼涵

孔體生熊文端公年譜，雖詳略未當，然有國史所未及者，劄記於此。

賜履字青岳，又字敬修，號素九，别號愚齋，湖廣漢陽府孝感縣人。父祚延，字祁公，主連奇書院講席，著有弘毅齋集。明末獻賊陷武昌，死之，皇清順治十七年，命祠於鄉賢，世廕一子爲博士弟子員，奉祀事。母李氏。賜履以崇禎八年乙亥十一月五日生。順治七年庚寅，十六歲，充博士弟子員。十一年甲午二十歲，貢入成均。十四年丁酉二十三歲，以詩經舉鄉魁。十五年戊戌二十四歲，會試中式，殿試三甲，授國書庶吉士。十六年己亥二十五歲，授翰林院檢討。十七年庚子二十六歲，充順天鄉試副總裁。十八年辛丑二十七歲，冬十月，特改授祕書院檢討。改祕書院檢討時，特論建直房於景運門外，遴翰林入直，以資勸講。未行，而世祖升遐矣。康熙二年癸卯二十九歲，夏四月升國子監司業，冬十一月升祕書院侍讀。三年，請假回籍。四年入都，補弘文院侍讀。六年丁未三十三歲，著閑道録成。時詔求直言，上疏幾萬言，極陳民生之病，請將現在督撫大加甄別。又言政事紛更，國體日傷，乞敕議政王等詳議制度，勒爲會典。又言漢官勿以阿附滿官爲工，堂官勿以偏任司官爲計，宰執不必以唯諾爲依容，臺諫不必以鉗結爲將順。七年，升祕書院侍讀學士，有諫北巡一疏，又有請除積習銷隱憂一疏，奉嚴旨命明白回奏。覆疏謂前疏中已據理據事臚陳之矣。奏上，吏議降二級，詔免議。九年庚戌三十六歲，夏四月升國史院學士，秋八月充世祖實録副總裁，冬十月改翰林院掌院學士，兼禮部侍郎。十年春二月，詔舉經筵大典於保和殿，命爲經筵講官，自是春秋經筵爲故事。三月又命爲日講官，日進講於弘德殿。夏四月充太祖、太宗聖訓副總裁。五月充起居注官。七月充孝經衍義總裁。十二年癸丑，會試總裁，得韓菼等百五十人。有薦舉原任直隸内黄縣知縣張沐、原任江南江都縣知縣軒轅胤一疏。冬以閑道録進呈，上親題其籤曰「熊學士閑道録」，置之御几。十一月，吳三桂反。十四年乙卯四十一歲，春三月三十日，升内閣大學士，疏辭，不許，遂以武英殿大學士兼刑部尚書，理討逆事。十五年，五緯陣圖解成。秋，以票擬事致仕。時楚氛未靖，奉母居金陵青谿，長子志伊生。二十一年壬戌四十八歲，築下學堂，貯藏書，爲下學堂書目一卷，載各書本末。二十三年，下學堂劄記成。二十四年，學統成。二十五年，樸園邇語成。二十六年，些餘集成。二十七年秋，起爲禮部尚書，冬，丁内艱。二十八年，上南巡，賜御題「經義齋」額，賞參十斤。二十九年，起爲禮部尚書，疏請終制，許之。三十年，入都，補禮部尚書。三十一年，調吏部尚書。三十三年甲戌，會試總裁。三十四年春，弟賜瓚以捐納事奏對欺飾下獄，御史龔翔麟劾賜履僞學欺罔，請並治罪。上不問。冬，賜瓚亦獲赦。翔麟，賜履門生也。三十六年丁丑，會試總裁。三十八年己卯六十五歲，春，命入侍皇子進講，疏請解銓務，不允。冬，拜東閣大學士，仍兼吏部尚書。三十九年庚辰，會試總裁。四十一年壬午六十八歲，乞休，不許。御書「澡修堂」額以賜。冬十一月，賜御書「存誠涵物理，守敬積天真」一聯，曰：「卿學本此，道其實也。」十二月，特製咏雁詩賜之，以諭挽留之意焉。四十二年癸未六十九歲，會試總裁，屢疏乞休，乃許解機務，食俸留京師。著澡修堂集成。四十五年丙戌七十二歲，乞歸，十月給傳，遣官護送還金陵。四十六年，上南巡，回鑾之日，解所服貂帽及團龍御服賜之，曰：「卿服之，如見朕矣。」冬，自築壽藏於上元青龍山。四十七年，子志契生。四十八年己丑七十五歲，春，子志夔生，悔園存稿成。秋八月，薨於金陵，加贈太子太保，謚文端。長子志伊以京職用。六十年，復召志契、志夔入見，賜宅一區於京師，令子孫肄業焉。

十一月

如不及齋文鈔　清　章完素

朔　黄昏後風益横，擁衾閲如不及齋集，文共三十六首。除昨日所指出數篇外，其衣絮解，據説文絮，絜緼也，一曰敝絮，引易「需有衣絮」，謂絜訓爲麻之一端，繆訓爲枲之十絜，緼訓爲紼，紼訓爲亂絲，合以玉篇絛絮相著貌，知是搥亂麻綢繆成緼，用以充衣，故謂之衣絮。韓詩外傳「士褐衣緼著」，禮儀士喪禮注「著，充之以絮也，音義同褚」，皆即此也。古無木棉，貧賤之服，難得綿與絮著，率用絮。絮之正用在著衣，而以之彌補舟隙亦最宜，是以廣雅、玉篇又訓絮爲塞，從其功用而名之也。易本義「繻有衣袽」引程子説，繻當作濡，衣袽所以塞舟之罅漏。此依玉篇袾袽之訓作敝衣解。揆之情事，舟之罅漏，微細已甚，非襤褸之所能納。許君所引「需有衣絮」，傳受自屬古本。其説極精覈。懋堂稱其深於説文之學，誠不虛也。

餘若世父釋，以世父但專稱伯父之長，非通稱父之諸兄，則禮經本自明白。後人不知宗法，遂有如顔氏家訓所云世父當以次第稱之者矣。

天下老人傳，爲乾隆四十九年莆田郭鍾岳作，鍾岳以年九十二始隸諸生籍，年九十九，己亥恩科賜舉人，明年賜進士，越五年百有四歲，賜官司業，明年入京預千叟宴，高宗賜詩有「誠云天下老」之句也。其文亦流暢，餘無甚可取，諸銘辭尤拙弱。然有此六七篇卓絶之作，傳後無疑矣。

邵子湘集　清　邵長蘅

初二日　夜風更甚。擁衾閲邵子湘文數首，子湘文極自愛好，能剪裁，叙事有法，惜根柢尚淺，識力未高，其傳誌之作多可觀，寫節烈忠義事尤有神采，論記諸作則不免墮卑弱之趣，乏宏奥之旨矣。在國朝自當數一名家，擬之勺庭、望谿固不及，較之西河、西溟，亦似少遜，正可與堯峰、雪苑驂驔上下耳。

邃雅堂集　清　姚文田

初五日　閱姚文僖邃雅堂集。凡雜文四卷，進御册一卷，進御詩一卷，古今體詩三卷，賦一卷。文僖雖早登阮文達之門，又以己未龍首領袖儒林，然其學出入漢宋，殊少家法。文亦無古意，不識記事體裁。是集第一篇爲宋諸儒論，首云：「三代以上，其道皆本堯舜，得孔孟氏而明；三代以下，其道皆本孔孟，得宋諸儒而明。」又云：「漢孝文時，遺經稍出，惜諸儒抱殘守闕，僅令遺文不至失墜，而不能及乎其大，能知此者，惟董生而已。」又云：「天下一日不昏亂，即宋諸儒之功無一日不在於天壤。至其著述之書，豈得遂無一誤？然文字小差，漢唐先儒亦多有之，未足以爲詬病。今之學者，粗識訓詁，自以爲多，輒毅然非毁之而不顧，此何異井蛙跳梁而不見江海之大也？」其言深攻近儒，似並不爲師門地，而議論自爲醇正。予嘗謂自程朱生後，天下氣象爲之一變，束髪之儒，耻仕兩姓，曳柴之女，羞醮二夫，尤其明效大驗。故雖雅不喜讀宋儒經説，尤厭其語録，而從不敢非毁之。蓋漢儒守經之功大，宋儒守道之功大也。

是集中詩經匡説序沈昆貽著。有云：「漢去古未遠，其説典禮名物，終勝於後世，至深求其意義之所在，則來者難誣。何則？名物者積久而愈晦，義理者推闡而愈明也。」數語尤爲精確。名物兩言，深鍥漢宋之要。

文僖素研説文之學，集中説文論上下篇，其解轉注爲轉相貫注。如木部則義必皆木，水部則義必皆水，所謂建類一首，同意相受，許書五百四十部，其例自明。而詆休寧戴氏以爾雅釋詁爲轉注之謬。其論殊不可通，已於前日讀夏心伯書下詳言之。至云六書惟指事最難明，凡物皆有形可象，而事則託諸無形。故如上下之字，必先列一畫，而施直畫上行，謂之上；又施直畫下行，謂之下。此直畫者，非形非義，但以之表識而已。如尹從又又即手。握事，其爲事不可得名，則中作丿識之。本末言木之上下，其爲地不可得名，則以一上下識之。使人察之而自喻，故曰可以見意，既無形義可言，殆尚近結繩之意，故以爲六書之首。其論甚精。

又謂説文自有遺漏之字，如紂字見康成周禮注，曲字見康成儀禮注，希字見周禮注。徐鉉等新附字固多舛繆，然如「濤，大波」「闤，市門」之屬，見文選注引倉頡篇，塾爲門側之堂，經傳習見之，是「塾」自有字，不得以「埻」字當之。「昇」字見釋文云，易升卦鄭本作「昇」，不得謂古止「升」字。劉鉞當作戉。屬，鎦殺也，不得謂「鎦」即「劉」字。亦足見考訂之密。

惟據後漢書西南夷傳，謂叔重至桓帝時尚存，桓帝名志，説文無「志」字，當以上名而去之。按西南夷傳夜郎下云，郡人尹珍，自以生於荒裔，乃從汝南許慎應奉受經書圖緯。然許冲上其父説文解字，在安帝建光元年，時稱慎已病，至桓帝建和元年，凡歷二十六年，叔重雖或尚存，當亦篤老，不應復能講授，此自可疑者。又云漢人避諱極嚴，故許於上諱，皆不言義，原書如禾、艸、火、戈、示諸部，必於部首但言上諱而不載其字，其有此者，皆後人所加，則金壇段氏已有是説，錢竹汀氏已謂其不可信。要之文信集中，固以此二論爲最可傳也。

他若佛法論、春秋大事表序經序、毗陵惲氏族譜序、與孫雲浦論文書，其識議皆可取。唐虞至三代年譜序，謂竹書紀年古書可貴，不得盡以爲妄，取紀年所述年世，以校史記，多所是正。史記共和考，謂當從竹書作共伯和，索隱引魯連子尤詳。左傳王子朝言居王於彘，諸侯釋位以間王政，若是周、召二公，則本皆王朝卿士，不當言釋位，知史記之言爲不足據；而因魯連子有「共伯使諸侯奉王子靖爲宣王而歸國於衛」語，謂共伯和即衛武公和。衛本古共國，其稱共者，如晉稱唐、楚稱荆耳。共城今衛輝府輝縣，狄人之亂，戴公東徙，共民實從，亦一證也。其論新創，亦足備一説。

金壇十生事略及重建姚公祠記，叙順治己亥袁大受之獄，及文僖之高祖江南按察使姚延著緣坐冤死事。十生者，吏部郎王重、字有三，崇禎四年進士。兩廣監軍道袁大受、字亦文，順治三年解元，四年進士。兵部主事王明試、字雍侯，順治八年進士。大理評事李銘常、字紀公，順治二年進士。布政使王夢錫、字納吾，天啓五年進士。建寧知府段冠、字文殊，號蘧覺，崇禎十年進士。杭州推官江漢、字度生，崇禎十六年進士。臨安知縣史宏謨、順治四年進士。紹興推官史承謨、順治八年進士。封御史馮徵元字善長。也。其事因順治十六年六月，朱成功破鎮江，而金壇知縣任體坤山西貢生。遣諸生虞巽吉等詣府乞緩兵，而潛棄城遁。及成功敗，體坤欲掩其逃城罪，遂嫁禍士民，誣以通款。主謀者大受，發其事者徵元之子御史班，字而聞，順治二年進士。原審者按察使姚延著，覆審者按察使藍閏，推官劉源深，勘獄者侍郎葉成格厄滿，而體坤重賄要津，遂反誣紳士逼之送款。時提督哈哈又力主羅織，王重、大受等遂與縣丞、教官、諸生、書吏、耆民、團保六十餘人，駢斬於市。體坤以非本謀，減等論絞，班以叛孽遺戍死，延著以失出亦論絞。惟進士曹宗璠、號惕咸，崇禎四年進士。宗璠子刑部主事鍾浩、字持遠，順治十二年進士。編修蔣超字虎臣，順治四年探花。三人倖免。重、大受、銘常、明試皆多爲不法，大受尤凶狡，本欲借投誠殺諸生之不便己者，卒以自及。班以素與重有怨，遂草疏盡發重、大受前後奸狀，使兵科孫際昌入告，致移刃其父，而身亦連坐死。班爲諸生時，文尚險怪，督學耿某置末等。後耿巡撫甘肅，班誣以通虜，滅其家。夢錫、冠、潢鼎革後皆杜門不一出，宏謨、承謨皆端静自守；諸生虞巽吉等八人，恐邑遭屠戮，故公給資令間道詣府；蔡默等七人，皆足未嘗出里閈，且有城守功，爲大受所陷，皆以冤死。結案時十八年辛丑八月也，章皇帝已賓天矣，以叛逆故不蒙赦。予向知金壇己亥之獄，見稗史中有金壇紀事。未得其詳，兹文信據金壇公是録及十宦被戮本末二書，參互考訂，最爲可據，並劄記於此焉。

大雲山房集 清 惲敬

初六日 擁衾閲惲子居敬大雲山房集。子居與姚文僖爲婚姻，其學亦出入漢宋，而雜於佛氏。喜爲高古簡奥之文，頗盛自標置，詆訾明以後諸家，無一當意。其文其學，殆與姚姬傳並時驂靳，而碑誌諸作峭潔精嚴，自成一子，乃遠非姬傳所及。其大庾戴文端碑文，尤極用意，固近世之奇作也。

易守 清 葉佩蓀

十四日 閲歸安葉聞沚布政佩蓀所著易守，凡三十二卷。前有張侍郎師誠、潘文恭太傅兩序。

佩蓀字丹穎，聞沚其別號也。乾隆十九年進士，官至湖南布政使，以事降知府，遂告歸。子紹楏，字琴柯，乾隆五十八年進士，官至廣西巡撫；紹本字紉之，號筠潭，嘉慶六年進士，官至山西布政使，左遷鴻臚少卿。葉氏父子三人俱以文學政績致位通顯，聞沚於易，致力畢生，朱文正作墓誌言之極詳，王述庵亦相稱重。至道光壬辰，筠潭始刻以行世。

其書依經詮次，彖、象各繫於卦爻之下，章解句釋。每卦之終，更標舉大義，參互衆說，以爲之證，而不及繫辭、說卦諸傳。卷首又別爲總論一卷，抉全經之要旨，明諸卦之定位。其學兼綜象理，而盡去納甲卦氣、爻辰卦變、太極河洛之說；京、費、鄭、荀、虞、王、程、朱，皆所不滿，而駁詰荀、虞爲尤甚。於此經之學，頗爲樸實簡當，自成一家者矣。然予謂晚世說經，總以有家法者爲貴。蓋名物之學，漢儒已盡之，後人不過掇拾其散佚；義理之學，宋學亦已盡之，後人不過推演其緒餘。易之講象數者，漢家法也；講理蘊者，宋家法也。王弼之易，僅漢之別子小宗，不足成家。後世有述者，或漢或宋，皆所不祧，而與其爲宋，不若爲漢。何則？宋儒說易之書具在，元明更推闡之，其理已明，無取屋下架屋。漢儒之書已盡亡，自王厚齋始拾遺舉墜，畸僻單零，容有未盡，區區汲古之士，從而輯綴之，實爲古學首功，是所謂篤信謹守者也。京、費所傳，豈無詭雜，鄭、虞之義，亦有支離，得失並存，無傷儒術。近儒若惠氏棟，漢之大宗；張氏惠言，其繼大宗者矣。若李文貞，宋之嫡子，朱文端其嗣嫡子者矣。我朝易學有此四家，紹往嬗來，便足以卓立一代。至於毛氏奇齡，則支子挺生；焦氏循，則旁宗遞衍，不守師承，各有所得，取備一說可耳。葉氏此書，與胡氏煦之函書差等，而識力出胡氏之上，故持議較確，舉例較嚴，無其迂蒙之習。而自信過專，棄取太决，故亦不如胡氏之尚有程朱家法。書中精言名論，多深得陰陽消息之理，不能具載。但以爲昭代一家之書，自不可廢，若云獨守孔子之傳，則吾未敢信也。

解春集　清　馮景

十九日　夜擁衾閲解春集。山公文疏雋可喜，而時不免小説家言。其力攻僞古文尚書，與並時閻氏相唱和，乃其生平最所致意之學。文集中第八卷第九卷，皆駁古文，論疏證，與百詩相往復之書，而總題曰淮南子洪保，以與百詩訂交在淮南，而洪保者大安也，蓋猶晚明人著書之餘習。他所考證，亦多確覈可傳。

日知録集釋　清　黄汝成

二十一日　終日閲黄汝成日知録集釋。其卷首叙録，言采輯至九十六家，又得閻氏若璩、楊氏寧、字簡在，江陰人。沈氏彤、錢氏大昕四家校本，互相證覈。書成後，又就正於武進李申耆、吴江吴山子、寶山毛生甫三君，亦可謂致慎致詳矣。然畸零漏略，采擇不當，間下己意，亦鮮所發明，非善本也。顧氏此書，自謂平生之志與業盡在其中，則其意自不在區區考訂。世人謂其經濟勝於經史，蓋非虚言。而阮文達據四庫提要所論，以爲矯枉過中，未可爲腐儒道，則予甘受腐儒之譏矣。嘗謂此三十二卷中，直括得一部文獻通考，而俱能自出於通考之外。後儒考古愈精，遂掎摭之，以爲疏舛，豈知先生者哉。有能如翁氏之注困學紀聞者以注是書，誠儒林之鴻寶也。黄氏此釋，以爲嚆矢可耳。

尚書

二十五日　顧命柩前即位吉服稱王之禮，典據明白，近儒辨之詳矣。惟廟門二字，凌氏曙據伊訓「奉嗣王祗見厥祖」之文，及漢昭、宣、元、成、哀、平六帝皆即位後謁高廟，後漢和、安、順、質、桓、靈六帝皆即位後謁高廟及世祖廟，以證天子即位有謁見祖廟之事，然伊訓僞書既不足據，漢世中葉之事，不得以證成周之禮，且漢諸帝皆速葬，已顯背禮經，而後漢帝紀所載謁廟皆在既葬以後，惟安帝在葬殤帝之前者，以安帝固嗣和帝，非嗣殤帝也。是尤不足以證柩前即位之禮。經傳注義中，又皆絶無可考，不若從江氏聲、江氏藩、惲氏敬之説，以殯所在謂之廟，非祖廟之廟也。艮庭曰：「雜記『至於廟門不毁墻，遂入適所殯』，鄭注云『廟所殯宫也，以殯所在神之，故謂之廟』。『諸侯出廟門』者，出畢門也，畢門即路門也，成王之殯在路寢也。」子居曰：「孔傳云『廟門，路寢之門也，成王之殯在焉，故曰廟』，且古者寢與廟同稱，爾雅『室有東西箱，曰廟』是也。」其説皆精。艮庭據檀弓「殷朝而殯於祖，周朝而遂葬」二語，謂周無殯廟之文。而左傳僖公八年，「凡夫人不殯於廟，則弗致也」，又三十二年，晉文公卒，「殯於曲沃」。曲沃，晉宗廟所在，是皆末世諸侯不遵周制者，不可據以説顧命，妄謂成王之殯在祖廟，遂以廟門爲宗廟之門也。尤見辨覈精細。艮庭爲惠氏弟子，其於禮固專門絶學，故持論慎擇如此。偶見日知録第二卷中舊所附注一條丁巳夏間所書。尚有未盡，故更記之。

學福齋集 清 沈大成

閲學福齋集，華亭諸生沈大成字學子號沃田所著。凡文集二十卷，卷一爲論、説、解及與人書，卷二至卷七皆經史子集序，卷八爲贈人序，卷九爲壽序，卷十、卷十一爲記，卷十二爲辭銘贊偈，卷十三爲書後文，卷十四爲題跋，卷十五爲碑表，卷十六爲誌銘，卷十七、十八、十九爲傳文，卷二十爲祭文哀詞雜著之屬。前有惠氏棟、江鶴亭春詩文合集序兩首，任氏大椿、程氏晉芳、戴氏震、張氏鳳孫文集序四首。凡詩集三十七卷，卷一曰策衛詩鈔，卷二曰修門詩鈔，卷三至卷八曰噉荔詩鈔，卷九曰西泠詩鈔、皖江詩鈔、萩蘭詩鈔，卷十、卷十一曰近遊詩鈔，卷十二至卷十八曰百一詩鈔，卷十九至卷三十七皆曰竹西詩鈔，而卷首冠以花朝、月夕二賦。前有杭氏世駿序一首。乾隆間吳中三布衣名最重，惠棟松崖、李果客山及先生也。惠精於經學而不爲詞章，李工於詞章而不究經學，兼之者先生而已。松崖經學，自非先生所能及，沃田父喬堂，以貢生援例授六合教諭，世宗時引見，奏對稱旨，擢直隸州知州，既改注知縣，選授天津青縣，以争減水河役忤巡道，自縊死。然汪大經作先生行狀言其所校十三經、史、漢、諸子、説文以及梅氏曆算諸書，無不精密。先生集中釋悲文，亦云手校書萬卷，而與松崖、東原兩君交。松崖爲作集序，言生爲古學，「求一殫見洽聞同志相賞者，四十年未睹一人，最後得吾友沈君，大喜過望」。又云：「沈君與余，不啻重規疊矩。其學邃於經史，又旁通九宮、納甲、天文、樂律、九章諸術，故搜擇融洽而無所不貫。」東原之序云：「先生之學，於漢經師授受欲絶未絶之傳，知之獨深。」又云：「先生於古人小學故訓，研究靡遺。」則其學之大略，已可知矣。其文清雅簡秀，意味油然，而論經謹守漢儒，論學必本説文，論算術痛闢西法。釋道岐黄，皆所綜究，雖所傳止是，而宏儒梗概，固悉具也。

其前蘇州府知府童公傳，爲吾鄉心樸太守作，所述政績甚備，可以入郡邑志傳，略最於此云。

公諱華，字心樸，浙之會稽人。年十六爲博士弟子，數試南北闈，不利。素爲高安朱文端公所知。雍正元年，文端爲主司，亦報罷。喟然曰：「吾之不能以科名進，命矣。」遂入貲，輸槖它阿爾泰軍營，以知縣用，年四十九矣。會纂修律例，文端以其名上。令再芟削，原書四十册，芟存十六。保任引見，命往直隸查賑，怡賢親王器之。補平山縣，至即開倉出粟七千石貸民。旋擢真定府，權按察使，户部議以私借倉穀例免官，奉特旨仍居職。丁未，怡賢親王奏理京南局水利營田，先後得田三百五十頃。移知蘇州府，務休養生息，有古循吏風，而發擿奸伏如神。越三年引見，命往陝西。經略鄂公檄辦九家窯屯政，穿直渠，溉屯田四千餘頃，民即屯所起祠。旋署肅州府，治如在蘇時。次年病免，而甘撫某誣劾之。乾隆元年，甘撫罷，起知福州，改漳州。福撫某嗛其抗直，甫越載，即中以事，失官還家。是冬遂卒，年六十五。所著有請田太湖濱議一卷、槖它經一卷、九家窯屯工記一卷、銅政條議一卷、長岐紀聞一卷、忠臣傳六卷、詩文樂府九卷，藏於家。其爲蘇州時，吴人稱之曰「況公再世」云。

學福齋集 清 沈大成

二十七日 閱學福齋集。沃田文既沖夷，詩亦清婉，如「小驛晴山滿，長江春水生。」「雨昏小市欒公社，風滿靈旗聖女祠。」扶溝道中。「晴瀑飛千樹，春禽響一山。」「嶽雲晴入寺，山月夜沈鐘。」「輦道孤花在，離宮落照開。」石谿。「重雲開二室，斜日滿三河。」登中天臺。「樹留殘照白，城納遠山青。」「人行野水平蕪外，秋在寒煙落照中。」「大堤平若水，獨樹遠疑人。」「平沙連積水，遠樹透微陽。」「野田翻水牯，小市上河魚。」「二十五年重汎此，岸沙依約舊時痕。」汎鄉。「寒月無情沈浦暗，暮山作意出雲青。」「江山留過客，風雨送殘年。」「數家臨水孤城下，萬里依人半路中。」弋陽元夜。「秋燈昏客枕，疏雨下江城。」「佛桑花底家家社，併作天南一片秋。」廣南中秋。「月光猶在水，暮色忽移山。」「谿聲時近遠，山氣亂晴陰。」「沙沈高岸失，水載遠村浮。」「廿年湖海常爲客，八口飢寒獨纍君。」示内。「春陰隨客艇，斜日下寒村。」「細雨催征棹，孤雲背暮城。」去家作。「山光青到地，江勢白浮天。」「雨氣平沈野，江聲遠入樓。」「寧王笛色銷沈久，金地山頭第一聲。」石門宴集。「仿佛建州江上過，一絲白雨送新涼。」題畫。「小白莜花連野色，半黃槲葉助秋聲。」「正是江南農事起，小橋搖出罱泥船。」「今日重過三宿地，藕花紅與曲闌平。」詩僧。「幾支新柳不勝鴉，曲檻方疏一帶斜。向晚行春橋上望，深深簾影是誰家。」石湖。「春濃人去長淮戍，月落鶯啼短簿祠。」虎邱別友赴淮上。「睒睒秋燈一粟如，幽人抱膝獨翻書。不知甓社湖心月，已轉墻東老樹無。」題竇應喬梅坡秋夜讀書圖。「江聲楊子驛，帆影寄奴城。」江上。「僧房細雨梅開候，江路輕寒客到天。」「握手僧寮恨見遲，晚鐘乍歇雨絲絲。他年莫忘班荆語，細柳如煙壓帽時。」石門馬約堂邂逅僧舍。「爲遣日長芟舊句，漸因徽近覓生衣。」立夏日。皆高者逼中唐，次亦不失宋人風格。其古詩亦有老成可取者。蓋所爲詩文，皆未嘗刻意求工，故於文之義法，詩之標格，俱有未逮，而紆餘曲暢，棲託清和，自是儒者之言，非專門名家比也。生平最相引重者，浙江布政使前廣東巡撫重慶王樓山恕，福建巡撫常州潘敏惠思榘，常依其幕府。交遊最摯者，惠、戴而外，則程綿莊、陳和叔、許竹素、黄莘田、程魚門，次則吾鄉傅玉笥及杭大宗、程易田、丁龍泓、王穀原、汪康古、王蘭泉諸公，想見一時人材之盛。而資其遊息者，則江橙里、鶴亭兄弟也。沃田少師黄唐堂，與秦樹峰尚書、陳和叔有三俊之目，見其哭和叔詩中。

存悔齋集　清　劉鳳誥

二十九日　閲存悔齋集，詩文共二十八卷，半爲應制之作。最可觀者，其讀杜詩話五卷，考訂頗密，議論亦多可取。宫保一生學問，在五代史注、全唐文兩書。其居官時，值修高宗實録，獨總其成，故以文字受知睿廟最深。擢太常寺卿後，仍兼翰林侍讀學士，近世所無者也。後以任浙江學政，監臨戊辰鄉試，有諸生賄吏，得連鋪坐，宫保知而不問。事發，謫戍新疆，遇赦歸。戊寅，再起爲編修。其著作不自收拾，殁後遺散殆盡，此特奇零偶存者耳，不足見宫保之真矣。書爲其子元齡等所輯，而門人楊文蓀編録者。又附外集四卷，爲應制賦及排律詩。

亦有生齋集 清 趙懷玉

臥閲亦有生齋集，共雜文二十卷、古今體詩三十二卷、樂府二卷、詞五卷。味青晚號收庵，恭毅公之玄孫也，其才雖不及洪北江，而考訂精詳，文章爾雅，亦一代之秀也。

十二月朔 閲亦有生齋文集，味辛筆力散弱，無作家氣，而議論平實，碑誌之文體例多不苟，然其人固繩尺士也。集中題跋頗可觀，尤留心於常郡文獻。其與洪稚存勸速葬書，深以其入都爲非，有云：「是月中正爲足下又期之期，祥禫之祭，既不可不歸；尋問傳之義，大祥後素縞麻衣，倘遊京師，恐無能以禮相處者。讀伐櫻桃之賦，可爲三太息也。」又規其求營葬之豐，有云：「在足下之意，以爲人子篤終，衹此可以自盡，不知瀧岡一表，爲他日顯揚者，正未有艾，固不在目前之觀瞻。古者遲葬皆不幸有大故，然後逾期。今足下徒以豐備之故，遂至停喪，則古不又有歛首足形、還葬無椁之制耶？足下寒士，勢不能與世俗争侈。縱罄其家爲一日之費，亦僅邀賓客交遊之譽，非於先人有裨，況有識者並不以此多足下也。」盡言救正，可謂古道之交矣。其答孫淵如三書，皆淵如署山東臬使時所致，多論爲政之方，亦徵直諒。

他若秋圃翁行狀、名彪詒，恭毅公弟編修申季之子，由諸生爲縣丞，所著有稗俎、毗陵見聞録、邊州見聞録、炙輠録、只可編、緑雪軒雜志、歷朝陵墓考、錢譜。申季於康熙四十三年由廣西知縣特旨入詞館者。進士錢君行狀、名璟，字希宋，侍講名世之孫。父人龍，康熙己丑進士，山西知縣。兄官布政使。内閣中書舍人莊君行狀、名選辰，禮部侍郎存與之子。乾隆戊戌進士，由召試官中書。著有史考，仿朱氏經義考例，爲篇目十二門。先考趙府君事狀、名繩男，入貲爲户部員外，升刑部郎中。曾祖恭毅公。祖熊詔，官翰林侍讀。父侗，敎官，兩浙江南都轉運鹽使。特贈鴻臚寺卿禮科掌印給事中劉君碑文、名漢之，字樸夫，武進人，工部侍郎星煒之子。由舉人官中書，入軍機，歷主事、員外郎中、御史、給事，皆軍機行走如故。卒贈鴻臚卿。妻湯氏從死，特旨旌獎。都察院左都御史周公神道碑銘、名興岱，字東屏，四川涪州人，兵部尚書謚文恭煌之子。由庶吉士歷官户部侍郎，降編修，再起至左都。壻即張問陶也。甘泉縣訓導鄭君墓表、名環。揚州府知府伊君墓表、名秉綬。刑部奉天司主事金君墓誌銘、名德輿，字少權，號雲莊，休寧人。總督淮陽等處地方提督漕運管公墓誌銘名幹貞，成進士時禮部改「貞」爲「珍」，乾隆六十年有旨仍改原名。號松崖，武進人。乾隆三十一年進士，由翰林爲御史，即巡視南漕，遷通政司參議，協理漕運總督事。五十三年，以内閣學士協辦漕運總督。五十四年，由工部侍郎撫漕督，明年賜孔雀翎、黄馬褂。六十年復原名。嘉慶元年革職。廣西荔浦縣知縣楊君墓誌銘、名倫，字敦五，武進人，乾隆四十六年進士。著有杜詩鏡詮、九柏山房詩文集。四川布政使贈太常寺卿楊君墓誌銘名揆，字同叔，號荔裳，無錫人。由召試舉人中書入軍機，從福文襄王征廓爾喀，薦升甘肅布政使，調四川。卒，贈廕有加。翰林院編修洪君墓誌銘、名亮吉。文學汪君墓誌銘、名大經，字書年，秀水人。以諸生充四庫館繕修。户部員外郎前甘肅靈州知州楊君墓誌銘、名芳燦，字才叔，號蓉裳。布政使揆之兄。乾隆丁酉拔貢生，由知州改捐員外郎，在户部廣東司行走。尚書朱珪舉爲會典纂修官。兵部侍郎劉公墓誌銘、名躍雲，字青垣，武進人，文定公綸之子。乾隆丙戌進士第三人。故事，廷試前十本例拆彌封進呈，是科始奉旨鐍名。公名本第七，改第三。上喜曰：「此劉綸子，文理固優，不意朕竟得之。」甲辰以詹事特旨充經筵講官，三品官得此職者，前惟故詹事張鵬翀。（按，乾隆甲午董誥以翰林侍讀學士充經筵講官，以四品官得之，尤爲異數。）歷工部右侍郎，與大學士和珅不合，調禮部。乙卯充會試副總裁，（按，乙卯正總裁左都御史竇光鼐。）以新進士覆試多疵卷，又殿試卷祇八本可進呈，降補奉天府丞。仁宗親政，調大理寺卿，旋授禮部侍郎。甲子，調工部，御門誤班，降補閣學。乙丑，仍授兵部右侍郎。乞病歸。湖北荆宜施道崔君墓誌銘，名龍見，字曼亭，本山西永濟人。父琳，由進士官河南南汝光參議道，僑居常州，遂爲武進人。乾隆辛巳進士，由知縣至巡道。娶錢文敏公維城女。長子景儀，由翰林侍讀學士改知府，升南汝光道。壻户部員外吕子班。河南南汝光道署按察使崔君墓誌銘，名景儀，字雲客，乾隆甲辰進士，由侍讀學士以京察用道府。陝西邠州直隸州知州莊君墓誌銘，名炘，字似撰，武進人。由副貢授州判，以軍功擢知州，賞花翎。子逵吉，由陝西知府擢潼關廳同知。劉贊善哀辭，名種之，字存子，工部侍郎星煒之次子。乾隆丙戌與族兄躍雲同成進士，入翰林。皆足備考證。其中十九爲常産，尤想見一時人物之盛。其叙次頗謹嚴，於故舊之文，情辭哀備。

所爲駢文，如劉謹之碑文、汪大經墓誌、劉種之哀辭及校刻獨孤憲公毗陵集序、阨解等文，雖未警卓，亦自清婉。先兵部特徵御史辨，爲恭毅公父繼鼎辨其入本朝無起用事，而黄叔璥御史題名録，乃以山東德州人有同姓名者，崇禎時官御史，國朝再起用，遂致誤合爲一。此事湯修業賴古堂集亦辨之。味辛自言童時好談桑梓軼事，及長從吾宗秋圃先生遊，又與湯君修業過從，兩人皆邑遺獻，遂復增益所聞，則其文獻之學固有所受矣。

其考據之學，如校刻國語序、論語束脩説序、與洪稚存論妻喪書、几席考，皆足見一斑。皇明修文備史書後云：顧寧人所輯，凡四十帙，無卷數，所列書七十五種，而以史乘考誤終之，賅而且覈。然有援引，無斷制，蓋述而不作，有志於明史而未暇成書者。全紹衣所作亭林神道表，詳載著述，獨無此書。由是觀之，亭林生平撰述，恐尚不止此。康氏武功志書後云：帝王發祥之地，前志間亦載之，然帝王自有本紀，非郡縣之所得專，故近志往往不載。今人物志首載后稷，次載唐高祖、太宗。按高祖本紀云，隴西成紀人，漢書地理志隴與成紀在天水郡，斄與武功在左馮翊，相去甚遠。即云高祖嘗爲岐州刺史，治武功，太宗實生於此，然仕宦所及與生長所在，不能牽合而爲一也。列女首列姜嫄、太姜，直接蘇蕙，又直接有明之丁氏、喬氏、王氏三人，遥遥數千年中，僅此六人，罣漏恐不少矣。藏密齋文集跋云：吾鄉朱二采字立人號復亭所著。復亭爲明季遺老，貧困以終，自律曆、禮樂、學校、貢舉、田賦、兵制，以至救荒、弭盜、河漕之得失，古今之盛衰，靡不貫穿。尤長於議論，雖博大未及亭林、梨洲諸君，而守先待後，亦隱以自任。

姜西溟先生雜著手稿書後謂先生之書在汪退谷之上，識者推爲本朝第一。書陽明釋毁録後謂當湖陸氏宰嘉定，及爲臺諫，蓋醇乎醇者。獨攻姚江不遺餘力，甚以爲明之天下不亡於流賊而亡於陽明，長洲彭氏南畇釋毁録一書，匪特爲王之功臣，抑可爲陸之争友。當湖復生，應亦自悔其失言。書望谿文集後謂其喜删古書，官爵郡縣皆沿舊稱，猶染近代之習，然陳義甚高，時時以立言自任。至於遇國恤而昌言守次之制，居親喪而首嚴復寢之期。其弟卒，逾七月成婚，晚猶自訟其過，可謂心知禮意，非空言聚訟者所可同日語。

王文恪公手書謫解跋謂文恪告歸後，雖朝廷眷禮不薄，特以未能得志行道，耿耿於中，故設爲問答，作此解以明志，而卒歸於大易之見幾而作。夫李茶陵、葉福清，皆有明一代賢相，其初亦欲以挽回自任。然自古君子不能勝小人，無有不被其齮齕者，迨奸黨勢成，悔已無及，求如公之引退幾先、皭然不滓者，豈可得哉？

跋王文成公家書後謂當時禍變叵測，微先生，東南事幾殆，而詆之者，顧謂明之天下不亡於流賊而亡於陽明，噫，是何言歟？先生一屈於嬖倖，再屈於桂萼，迄於今詆訶未熄，道高毀集，何其窮也。此先生與父太宰公書，與父書書姓，當時風尚使然，揭之以語不知者。

跋王文成公與徐曰仁書後謂黄梨洲曰：今之敢於罵象山、陽明者，以晦翁爲之主，如豪奴之慢賓客，猘犬之逐行人，雖未免過當，然戟手怒目以助晦翁，晦翁必不喜也。

王文成詩卷跋謂先生不以書重，而書之遒行自得，機趣盎然，已兼諸家之妙。

唐襄文公手書詩卷跋謂公晚年以趙文華薦，商出處於羅達夫。達夫勸之，遂出。然分宜以達夫同鄉，擬假邊才起用，仍又力辭，則達夫是舉亦似不恕。論者至謂太倉王民應之死實由於公。太倉嘗以張擇端清明上河圖貽嚴氏，公指圖中博者張口喝六證其贋，不知此東坡論李伯時賢己圖事。且公於嘉靖三十九年春汛期至，力疾泛海，至通州卒。是年冬，民應始死西市，此不待知者明之也。總之，民應之禍，其積釁於嚴氏父子者，已非一日，故灤河變聞，遂行其計。而公爲兵部郎中時，嘗覈薊鎮兵籍，還奏缺伍三萬有奇，見兵亦不任戰，民應降俸一級。公又嘗序鈐山堂集，跡與分宜近，世人好爲議論，遂緣此附會。願世之士大夫慎於出處，偶一失足，衆謗集焉，雖賢如公，亦不免也。

董文敏書跋謂董文敏集書之大成，其書約有三種：一則凝重古拙似顏平原，一則紆徐妍溢似李北海，此皆香光上乘。今世所行多非經意筆。題祝希哲臨茶録卷謂希哲真書爲勝國第一，惟王履吉近之，然已不逮。王履吉各種書跋，謂明人多善書，而深於晉者，宋仲温、祝希哲而外，惟推履吉。皆識議甚高，卓然可傳者也。

其跋從曾祖太原公書謂公平日賦性慷慨，勇於爲人，後日虧累半基於此。親禱雨捕蝗，皆愛民實政，故雖被禍，至今頌聲未息。則辨恭毅仲子太原知府鳳詔伏法事，私家之言，恐難據信。至譏康氏武功志，謂其叙事多無關係，載典史張儀死事，直類小説。不知此對山特著之以爲炯戒者。又譏其於校官或稱名，或稱先生，又往往以「滸西子曰」斷之，率意而書。然此亦史家本有之法，況對山意專勸懲，不必以地志通例概之。又謂王貽上以爲文簡事覈，訓詞爾雅，宋牧仲以爲簡潔並馬、班，皆耳食之論，亦似過刻。此志文章自佳，未可輕議。

李夢陽論謂夢陽特一意氣用事、中無執持之人，不足與於君子之列。又謂其爲尚書韓文畫策，遂代屬草劾劉瑾。夢陽誠激於義憤，則當露章劾瑾，乃計其利鈍而爲他人草奏，則言迂刻而無當。獻吉之進説韓忠文，固以時劉、謝二公尚在閣，瑾猶未敢肆行。故言比臺臣劾群奄，閣臣持其奏甚力，誠能率諸大臣伏闕争，閣臣必應之，去若輩易易耳，未可謂非老謀深算。空同文集中自叙此事甚詳。其不效也，徒以諸大臣心力不齊，遷延恇擾，遂爲瑾黨所乘，非主謀之過。使僅責空同以一部郎孤疏擊之，必犯嚴譴，而於事無濟。空同惟氣過矜厲，果於報復，不能知機遠禍，爲可議耳。若謂不足列於君子。

豈非過歟？

零丁爲翁學士作，求唐搨化度寺帖，殊爲無謂。零丁之作，戴文讓爲失父者言，味辛雖由徇覃谿之請，然以金石之好而比於生我之戚，怪僻不經，求者作者，皆失言矣。又作先妣大祥禮斗青詞，齋醮之文，雖亦孝子所不禁，顧以縞冠素紕之祭，而爲妃青儷白之詞，亦似可不必也。

詩集淺弱粗浮，全不足采。樂府俚率，詞尤拙劣。味青自序總集，謂詩多牽率酬應，涉筆凡庸，文限於才，議論波瀾，素非所擅，詩餘一道，尤非性之所近。是固非不自知者矣。

味辛在同輩諸君中最爲老壽。至道光初元，自題收庵小像，作隸字猶秀勁，今並像刻入集中。其生平嘗欲爲韋氏國語解作正義，未果；又欲仿裴世期三國志注例，注五代史，以彭文勤爲之，遂輟作，見所作收庵年譜序及校正國語、徐氏炯五代史補注殘本諸序文中。

亭林皇明脩文備史所采書目：皇明帝系圖、皇明帝后紀略、皇明寶訓、穆皇登極儀、神宗步禱儀、附謁陵儀。獻實上下、儲匱餉增疏、兵制志、簡閱軍器疏、太倉考删、太常紀删、謚紀考、廠庫須知上下、九邊考、北邊世系考、大同板升考、平播日録、平播碑、東三邊速把亥列傳、炒花花大列傳、黑石炭列傳、董狐狸兀魯思罕長委列傳、長昂列傳、宣大鎮史二官及車達雞列傳、寧夏鎮哱拜哱承恩列傳、朝鮮國倭奴情形疏、回夷列傳、播酋楊應龍列傳、巢賊賴元爵藍一清諸酋列傳、黎岐列傳、十寨諸獞傳、礦盜王張住傳、京營叛兵傳、王之佐列傳、坌虔劉堂艮及草坪石纂禄列傳、浙江大營叛兵馬文英及象山昌國營叛兵何中列傳、叛兵陸文緒傳胎子列傳、叛兵王禮董承恩張瑣兒張勝豪列傳、湖盜殷應寀列傳、崇明江陰諸鹽盜傳、貴州安國亨及安智列傳、奢效忠及土婦奢世統奢世續列傳、雲南鐵鎖菁羅思諸夷列傳、緬甸列傳、羅榮者繼榮必六列傳、安南英茂洽列傳、可齋雜記、水東日記、守谿長語、寓圃雜記、損齋備忘録、清谿暇筆、瑯琊漫鈔、謇齋瑣綴録、菽園雜記、野記、後鑒録、西征石城記、撫安東方記、興復哈密記、東征紀行録、雲中紀變、庚戌始末志、防邊紀事、伏戎紀事、撻虜紀事、靖夷紀事、綏廣紀事、平夷賦、平番始末、平蠻録、炎徼紀聞、安南奏議、西南紀事、議處安南事宜、史乘考誤。自議處安南事宜以上共七十五種，而亭林自作考誤以正附會之失，又有海防江防諸論及疆臣部臣各邊防疏另爲一帙。

黔書　清　田雯

初二日　閲田雯蒙齋黔書，凡二卷，八十七則，漁洋集作「七十八則」，誤倒。乃其撫黔時所作。前有徐嘉炎華隱序。此書王阮亭極稱之，謂其篇不一格，有似爾雅、考工記、公、穀、檀弓、越絶書者，讀之如觀偃師化人之戲，推許可謂至矣。然文章雖尚雅飭，而時不免俗氣，蓋猶染明季餘習。間爲駢文，亦近平弱。牡丹、紫薇諸篇，尤散冗。下卷既有人物、名宦，而復有許長史等篇，皆於黔無所關係，殊病繁碎。人通馬語、馬通人語等，幾同小説，即阮亭所舉苗蠻種類、水西馬、烏蒙馬、朱砂、雄黄、蒟醬、邛竹、凱里鉛等篇，雖叙次簡潔，亦未見有警絶者。惟所紀風俗及治黔治苗之方，深悉利弊，極有裨於實政。其土官篇，深致美於高拱，不從撫臣剿安國亨之請，平亂篇以李化龍之討播蠻而克平，王三善之討水西而致亂，備舉其方略得失，兩兩相形，俱爲至論。甲秀樓篇論及經學理學之分，謂言敬言誠言禮言格物致知，莫不本於經學，苟於嬴氏灰燼之餘，非得漢儒諸人，經各有注，傳各有釋，火盡薪傳，以聞於後世，彼宋儒欲直接洙泗之淵源，詎可得乎云云。時當國初宋學極盛之時，而能爲此言，尤爲卓識獨出。白雲山篇，深疑建文行遯之事；詹廣文篇，極言王驥征黔之罪，皆有裨史乘。方言、蠱毒、瘴癘諸篇，尤入黔者所不可不讀。它所紀山水之勝，多警秀，有六朝語，則侍郎本長於詩文故也。書向與其長河志籍考，同附其古懽堂集。此本乃嘉慶時貴州布政使太湖李氏重刻者，頗多烏焉之訛。雯字綸霞，蒙齋其號，山東德州人。

道古堂集　清　杭世駿

初七日　夜閱道古堂集。大宗史學勝於經學，其文頗取藻於班、范，得氣於韓、蘇，而體例未精，純駁不一。碑志諸作多沿俗稱，以徇時好，然古雋爽勁，時有可觀。蓋學人之才製，非作家之峻裁，雖不免詞科習氣，亦一世之傑矣。予嘗品浙人之登大科者，康熙己未，則西河鴻而不博，竹垞博而不鴻。乾隆丙辰，則息園博而不鴻，堇浦鴻而不博。合而斠之，則齊之腹笥已儉於蕭山，杭之才華實遜於秀水。若言毛之天姿，朱之學力，則又二君折軸喘牛所不能騁，先後懸隔，非可强也。

中復堂全集　清　姚瑩

十六日　寶珍堂書肆送中復堂全集兩函來，付直十四千文。其集分十部：曰東溟文集六卷，東溟文外集四卷、東溟文後集十四卷、外集二卷、東溟奏稿四卷、後湘詩集九卷、二集五卷、續集七卷、東槎紀略五卷、康輶紀行十六卷、寸陰叢録四卷、識小録七卷、姚氏先德傳五卷，共十三種，八十八卷。

東溟集　清　姚瑩

十六日　夜閱東溟集。石甫吏材，其治臺灣甚有名，及咸豐初，召起爲廣西臬司，乃無所見，蓋時已老病矣。石甫承其曾祖南青先生、從祖姬傳郎中之學，治經兼漢、宋而不喜考證，文章似本其鄉劉海峰，頗與姬傳異軌，魁磊自喜，苦少剪裁，正如邊塞健兒，襲冠帶，行闕廷間，舉止闊大，而多不中度。惟論事之作，較爲勝耳。其與桐城張阮林書，以時國史方修儒林、文苑傳，有咨取南青著述者，阮林責其僅上援鶉堂詩集而不及校論諸書，於闡揚先人之大，舍本而存末，其言真直諒之友。乃石甫以爲先人之傳與不傳，不在史之立傳；又以爲南青先生之所重在道不在書，是則國史可不作，而先人之著書，皆可任其散失矣。即此一端觀之，其怙過愎諫，議論恣肆，已可概見。至以阮林言南青之學，可差肩於閻、惠，而謂二君於聖人之道未闚藩籬，其與宋人爲難，如欲以寸莛破巨鐘，乃以先曾祖並論爲可駭。豈知援鶉堂筆記中，其推服閻、惠者甚至，於松崖訓詁，尤拳拳服膺，不敢一字出入。今石甫言如此，不特其攻二君正如寸莛破巨鐘，亦可謂自誣其祖者矣。

其覆黄又園書，謂自四庫館開之後，當朝大老，皆以考博爲事，無復有潛心理學者，是以風俗人心日壞，不知禮義廉恥爲何事，至於外夷交侵，輒皆望風而靡，無恥之徒，争以悦媚夷人爲事，而不顧國家之大辱，豈非毁訕宋儒之過云云，尤猖狂無理。道光中年以後，時事日亟，正坐無讀書人耳。夷變時，當國者潘、穆二公，非能爲漢學者也。廣事壞於耆齡、琦善、奕山，江事壞於牛鑑，浙事壞於烏爾恭額、伊里布、奕經，閩事壞於顔伯燾、怡良，皆不識一字者也。而御史陳慶鏞一疏，最足持當時朝局之敝，陳固漢學名家也。石甫非世外人，何竟混沌至此乎？

又謂惜抱先生孤立於世，與世所稱漢學諸賢異趨。夫惜抱以郎中告歸不出，誠爲恬漠，然漢學諸賢中，若西莊以閣學左遷光卿，時仕僅五稔，年力方盛，遽遂杜門。竹汀以少詹，抱經以學士，皆清華首選，畢志名山。蘭皐官户部，十餘年不轉一階，此豈皆出姬傳下者？他若翺軒之死孝，北江之孤忠，皋文之鯁直，虚谷之廉峻，許齋之循良，南江之清介，以論風節，奚愧宋儒？而檠齋、左海，則脱屣詞林；芝田、頤谷，則投簪臺府；小雅、孝臣，終身進士；里堂、辰叔，絶意公車；懋堂、申琦，宰縣而早歸；溉亭、仲子，注令而改教。又豈以鄭、許爲繫援，蟲魚爲釣弋者乎？北江上疏事，以不喜漢學人議之，必將爲狂，爲好名，爲多事。予初目之曰戇直，繼改曰樸忠，又曰忼激，後直定曰孤忠。蓋北江時已乞假將歸，徒以身侍講幄，深悉親政之始，敬肆所由分，誅奸之後，治亂所從出；而府庫已虧，盜賊四起，大臣雍容，憚於整飭，上下弛緩，責難無聞。故冒死上言，直繩聖德，冀以殺身悟主，朝野震悚，得不謂之孤忠乎？厥後赦書下而甘雨降，尤其忠感之應也。

識小録 清 姚瑩

十七日 閲姚石甫識小録、寸陰叢録。其考據之疏謬，議論之迂僻，不勝指駁。至以李許齋之獄而極稱汪稼門，深詆孫文靖。曰紳士與李厚者，指陳恭甫也。曰大臣與李厚者，指王伯申也。謂閩人之請爲李建祠，由文靖陰謀以甚汪之罪。又謂李止一子，有神童稱，李死後二歲亦夭，蓋若幸其有天道焉。是不特顛倒黑白，亦全無人心者矣。平景蓀言爾時平反此獄者，欽差尚書熙昌公、王文簡公，近儒作文簡墓誌，盡歸美文簡，而不知實由於熙公。然以予所聞，熙、王二公實皆持兩端。甫抵閩，督撫逆之郊，已私定計坐罪許齋，閩人知之，相率具狀詣使者行署，訟李公冤，日千百計。二公迫衆議，遂不能爲督撫地云。時爲巡撫者，吾郡王畹馨先生，亦漢學名家，劾於總督，蒙議削官，深可惜也。

惟其紀述時事人物，終有裨於史乘。嘉慶以來，談獻談故之書絶少，此亦有可貴者。其載夷事、叙佛教甚詳，尤足廣見聞。論古今經世之業，亦多可聽，而屢以明道自任，概斥漢唐諸儒及近來漢學諸賢爲不究天人之理，則自是桐城錮習，最令人厭者耳。

康輶紀聞 清 姚瑩

十九日 閲康輶紀聞，乃道光甲辰、乙巳、丙午間，石甫以四川蓬州知州，奉使至察木多，訊乍雅兩呼圖克圖争劫事所作也。凡十六卷，多紀藏屬山川道里、風土人物，而意主於究悉印度各國形勢。

其最詳者剌麻諸教源流，及英俄疆界廣狹，此石甫一日不忘英夷之志也。曰「康」者，以察木多之地本曰康，非新唐書南依葱嶺之康國也。其所紀載多關係中外大局，有心世務者不可不知。末一卷爲輿地諸圖説。惟其書逐日次叙，如日記之例，本不分條目，而撮舉其目於卷首，復各注其目於條下，意以便檢尋，然殊病非體。何不總其使事首尾月日及道里所經次第，别爲一篇，而紀事諸條，各立門目，則較爲簡括。今既輕重雜糅，又載紀行諸詩及泛論古今學術語，其詩已别有集，不宜複收。石甫本不知學，稍有論辨，無不荒謬，自累其書，爲可惜也。

西鳧殘草　清　王星誠

二十二日　夜閲西鳧殘草。伯寅將發刊時，屬珊士校讐，珊士曾以眎予，予時無暇，未爲一勘。今日閲之，頗有應删之作，題目及小注處亦多未妥，深悔日前草草，幽獨之中，負此良友，因重爲校正數處，將寄伯寅更刊削之。又於已印各本一例改定，將以分貽都中知好焉。

外家紀聞　伊犁日記　天山客話　清　洪亮吉

二十六日　閲洪稚存外家紀聞、伊犁日記、天山客話，三書各家志傳中皆云未刻，今此本惟天山客話前有徐星伯小序數行，其末紀年曰道光甲午，蓋稚存幼子詒孫所刻者也。外家紀聞二十一葉，伊犁日記附出塞紀聞共二十葉，天山客話九葉，三書合爲一册，雖寥寥而叙致簡雅，亦多足資考證。徐序謂「余居伊犁八年，曾奉檄回疆，又纂成識略，搜輯粗具梗概。今讀天山客話，尚有數事余未及收録者，先生居伊犁僅百日，而見聞賅洽如此」云云，則其書之不苟作可知矣。外家紀聞皆述其幼時居蔣氏時瑣事，而故家承平之態，毗陵繁盛之觀，第宅清華，子弟藴籍，俱可想見。余嘗欲編家世舊聞，亦此志也。稚存此書，作於戍塞上時，余則作於滄桑之後，寄託雖均，感喟益結矣。

征緬紀聞　征緬紀略　清　王昶

夜閲王蘭泉先生征緬紀聞計二十八葉，征緬紀略計二十一葉。據阮文達所撰述庵墓志，言其著述若天下書院志、征緬紀聞、屬車雜志、朝聞録等書，尚藏於家。又江節甫漢學師承記，稱其未刊行者有滇南日録三卷、征緬紀聞三卷、蜀徼紀聞四卷、屬車雜志二卷、豫章行程記一卷、重遊滇詔紀程一卷、雪鴻再録二卷、使楚叢談一卷、臺懷隨筆一卷、青浦詩傳三十六卷、天下書院志十卷，所載較文達爲詳，而無朝聞録一書。今此本景蓀得之廠肆，紙已破壞，其書面僅存半葉，有籤題云「雜記八種」，下又雙行注云：征緬紀聞、征緬紀略，其餘六種不知何書，亦不知何時所刻，書前後皆無序跋可考。紀聞於進征撤師事，逐日記載。紀略乃總叙緬酋叛款始末，筆意簡潔可觀。征緬之役，論者頗咎諸帥失天時地利，又不知用暹羅夾攻之策，故卒無成功。觀二書所述瘴癘之苦，將帥死亡之多，緬酋守禦之密，則當時文忠、文成兩公及幕府諸才士未能留心蠻徼可知。述庵親在行間，故所記詳密，多足補趙翼武功紀盛、魏源聖武記之遺。

同治三年

正月

劉端臨先生遺書 清 劉台拱 **午風堂叢談** 清 鄒炳泰 **受經堂彙稿** 清 張惠言 **綴文** 清 陳鱣 **荆駝逸史** 清 陳湖逸士

十四日 約景蓀、子莼、蓮舟、德甫、硯孫同遊廠市，自廠甸至火神廟，遊人填溢，百物駢闐。予輩數人，惟婆娑破書鋪席前而已。以錢一千得劉端臨先生遺書四册。卷首載行狀墓表及兩世鄉賢録。先生與其父靖江縣訓導世暮於道光十一年同入祀鄉賢祠也。以下凡八卷，卷各爲一書，曰論語駢枝、經傳小記、國語補校、荀子補注、淮南子補校、方言補校、漢書拾遺及文集也。惟駢枝、小記二書，曾於學海堂經解中見之。國語、荀子、淮南子三種，王氏讀書雜志亦閒采其説，餘俱未見。漢書拾遺自朱武曹撰行狀誤作漢學拾遺，阮文達撰墓表及儒林傳皆因之，向嘗疑其名不可解，謂漢學之遺，胡能盡拾，且必纍卷積帙，方副此名，而載其書目祇一卷，正不知何所措手。今日閲之，乃漢書拾遺也。自高祖紀至儒林傳，隨筆劄正，僅得九葉二十四條，而書首標題亦曰「漢學拾遺」，蓋先生女爲文達長子故清河道常生妻，是書常生所輯而其子恩海刻之，故仍沿其誤。惟前載王氏念孫序，固作「漢書」不誤也。

又以一千得午風堂叢談四册，無錫鄒曉屏相國撰，凡八卷。書爲代州馮遜園侍郎故物，卷面有遜園手記數行，稱相國爲先師。每册側面編三四五六字數，又書板心題曰「午風堂集」，蓋其前尚有二册，爲相國詩文之屬，而侍郎記言得此於廠肆，其時蓋已失前二册矣。

又以二千五百得受經堂彙稿四册，張氏惠言門人楊紹文子掞所編，凡五種。首爲茗柯文，初編一卷，二編二卷，三編一卷，四編一卷，皆臯文所著也。次爲竹隣遺稿，歙金式玉朗甫著。式玉爲輔之先生從子，寄籍浙之仁和，嘉慶壬戌進士，改庶常，旋卒。次爲齊物論齋賦，武進董士錫晉卿著。次爲安甫遺學三卷。歙童子江承之著，皆張氏及門也。次爲雲在文稿，即子掞所自著也。子掞自稱山陰人，而吾鄉無知者。此書前有鮑雙五侍郎序，言雲在爲張之同里，官天津鹽大使，蓋越人而僑居常者歟？受經堂者，張氏在京師講學之堂也。

又以一千得陳簡莊先生綴文六卷、對策六卷。對策去年曾於相國齋中見有魏氏茂林鈔本，意尚以爲未刻者。此與受經堂彙稿，尤世間希有之書，得之可喜。

又以一千六百文得陳氏喬樅禮堂經説二卷、毛氏鄭箋改字説四卷、齊詩翼氏傳疏證二卷。共七千八百文，得書十九册，計二十種、五十五卷，亦可謂便宜矣，斠之長簪高齒輩求珊瑚翡翠以飾冠佩者，所得孰多耶？又向寶珍齋貰得澤存堂張氏重刻宋本玉篇一部，價十二千文，及殘本荆駝逸史五册，凡廿三種。吴應箕兩朝剝復録、熙朝忠節死臣傳、孫慎行恩卹諸公志略、東林本末、賀宿懿安事略、文震孟徐公如珂定蜀記、錢謙益徐公如珂平蜀記事、徐如珂收渝紀事、楊廷樞徐公如珂全吴記略、李清毛文龍始末、蔡鼎孫愷陽殉城論、許德士盧司馬殉忠録、白愚汴圍濕襟録、戴田有孑遺録、榆林城守紀略、保定城守紀略、錢邦芑甲申忠佞紀事、遇變紀略、程正揆滄洲紀事、朱子素東塘日劄、韓菼江陰城守紀、許重熙江陰守城記、南園嘯客平吴事略。

劉端臨先生遺書 清 劉台拱

十六日 閱劉端臨先生諸種。其文集周公居東論，謂公之居東，特以流言故，避謝朝權，出居洛邑，以陰察武庚之變而爲之備，非委孺子以去之也。卓識雄議，深合情事，可謂獨得古人之心。至其疏通經傳，援據詳確，而俱以文從字順之法讀之，則近儒論之詳矣。

簡莊綴文 清 陳鱣

十七日 閱簡莊綴文，卷一史論，卷二自作諸書叙，卷三群書跋，卷四經典考，卷五雜記，卷六雜文。簡莊博究經籍，尤精字學，文章非其所長，固以考據重者。集内埤蒼拾存、聲類拾存兩叙，辨别古今字詁，多段、錢諸君所未及。擬請漢儒許慎從祀議，則不及予友崑山張星鑑所擬之詳晳也。惜所爲論語古訓、説文正義等書，俱未得見耳。其元豐九域志跋云，天文似難而實易，地理似易而實難，以其沿革無定也。亦爲名言。天文二語，焦理堂駁之。

茗柯文　清　張惠言

十八日　閱茗柯文初編至四編，粗涉一過。皋文不特經學奧邃，其文亦力追先秦，字字有法，而不同北地滄溟之膚襲割綴，真古學也。激切高厲，亦如其人。

北江遺書　清　洪亮吉

閱北江遺書。道光壬寅刻於姑蘇者，前有故協揆奕經序。奕經，北江直上書房時受業弟子也。書凡六種：曉讀書齋雜録八卷，伊犁日記一卷，天山客話一卷，外家紀聞一卷，兩晉南北史樂府二卷，唐宋小樂府一卷別標曰附鮚軒外集，而附以其子飴孫孟慈史目表一卷。奕經序言是書爲先生幼子子齡孝廉所手録本，族子子香參軍刊行之。子齡名齮孫，子香不知何名。其前載未刻書目，有北江詩話、四史發伏、左傳故、左傳詁、地理通釋五種。按左傳詁，經飴孫與北江門人旌德吕培開雕金陵，竣工於嘉慶癸酉，印行於道光戊子。培子朝忠有跋極詳，而此尚云未刻，豈版歸吕氏，而洪氏不及知耶？然子香之非此中人，亦可知矣。曉讀書齋雜録，皆北江戍還後讀書隨筆所記，凡分四録，録各二卷。初録、二録，雜考經史諸子；三録上卷爲黔中録，下卷爲塞外録；四録復爲雜考。北江最精地理，次則説文，故此録多言輿圖，辨晰甚細；其言小學，亦深究字原。

此本行世者絶少，去年子莼購得伊犁日記等三種，固未全也。兩晉南北史樂府首行曰洪禮吉著，蓋係北江少作，故仍書原名也。貽孫由舉人官縣令，旋卒。史目表曾於己未廠市購得一部，已久失去。雜録頗有誤字及空白，又往往有已見他人説者，蓋北江隨時劄録，未及别白耳。

尤喜其論説文。如云：「古人剖玉爲珠，故珠字從玉。古人屑米爲粉，故粉字從米。古人範土爲璽，故璽字從土。今説文珠云蚌珠。」「爾雅西方之美者，有霍山之多珠玉焉。霍山豈有蚌珠？」「粉云傅面之粉，璽云王者之印，皆非本訓也。」「又人部『伉』云『人名』，疑當云『伉，高亢也，又人名』。『伊』云『殷聖人阿衡也』，疑當云『伊，水名，又殷聖人阿衡』。蓋伊尹生於伊水，故姓伊，似不當以伊字專屬伊尹。」「又竹部『簾，堂簾也』。堂簾字不當從竹。釋名『簾，廉也，自障蔽爲廉恥也』。玉篇『簾，編竹帷』，廣韻『簾，簾箔』，義並同。疑説文有誤字。」「又人部『俚，聊也』。蒼頡篇『國之下邑曰俚』，是俚亦都鄙之號」。「漢書『質而不俚』，如淳注曰：雖質猶不如閭野之鄙言也。俚、聊同聲，故又通作聊賴之聊。其實下邑爲俚，乃係本訓。俚、郢古通，説文於郢字下云南陽西鄂郢亭，玄應注顯揚聖教論，亦云俚亦作郢。」皆足爲叔重功臣，不似同時孫問字、錢十蘭之墨守。

其論四瀆云：「古稱四瀆，釋名『瀆，獨也。各獨出其所而入海也』。今泲與河合，淮亦與河合，衹有二瀆耳。若古合而今獨者，其河北之漳水乎？」又云：「八音所以宣八風也。今自晉以後無匏音，八音衹存七而天氣不能宣矣。四瀆所以疏四氣也，今四瀆衹有二而地脈不能泄矣。天氣鬱，此八風之所以不暢也；地脈塞，此四氣之所以不調也。州縣少廉平之吏，東南多水旱之災，有以哉。」可謂絶大議論，經生家所罕及者。慈銘案，笙者匏也。白虎通義禮樂篇「匏曰笙」。淮南子天文訓高誘注「條風，艮卦之風，一名融爲笙也」。左傳正義引服虔注:「艮音匏,其風融。」周禮太師注、禮記禮器注,並云「匏,笙也」。是今樂器所歙之笙,正屬匏音,應正月立春艮卦之風,似未嘗缺。而今制皆以竹爲之,未嘗用匏矣。

其詮方俗語,如云:「吴人呼人面四周爲面般,本如淳漢書注『般讀如面般之般』。」「吴俗飲食過飽有逆氣出,呼爲垓,淮南子高誘注『垓讀人飲食太多以思下垓』,即此義。垓、咳古字通,亦作『侅』,莊子釋文『飲食至咽爲侅』。」「吾鄉言人面少瘦寡精采曰面白醾醾,見玉篇。」「俗稱履法曰楥頭,説文『楥,履法也』。」所述皆與吾越方言同。鄉先生茹三樵氏嘗著越諺釋一書,予未及見,不知有此數條否?近日吾友陳珊士輯鑑曲一音證,當舉以告之。

至據王充論衡貴虚篇,浙江、山陰、江上、虞江皆有濤,謂鑑湖本通潮汐,自後漢永和五年,太守馬臻環湖築塘瀦水,潮始淤塞。據會稽典録,孫亮時,山陰朱育少好奇字,凡所特達,依體象類,造作異字千名以上,謂孫休之造𩆚、莔、𩂣、罪等字,蓋因休先自丹陽徙居會稽數歲,見育所製造,故仿而爲之。此二事足以補吾邑志乘之所未及。

思適齋集　清　顧廣圻

二十二日　終日閲顧千里思適齋集。其釋名略例、焦氏易林後序兩文,不但爲讀二書者之津梁,亦通諸經之圭臬也。餘如鹽鐵論考證後序、宋本淮南鴻烈解跋,皆薈萃經學,深有功於古書。重刊宋本名臣言行録序、廣陵通典序,以駢語疏其考據,亦爾雅可觀。此書庚申歲爲千里文孫河之所貽,今河之已亡，重理此編，不勝人琴之感。

南江文集 清 邵晉涵

二十三日 閲南江文集。卷一、卷二皆應制經進文及賦，卷三皆所纂四庫書提要，卷四爲記序雜文，而論説、考辨、碑狀、誌傳之屬，竟無一首，蓋其子秉華輯拾叢殘所成者，失南江之真矣。札記四卷，條舉左傳、穀梁、三禮、孟子、史、漢、三國志、五代史、宋史之文，加以考證，皆其讀書時隨手籤記，故零星奇隻，不盡有關於要旨。惟左傳、孟子爲最詳，各盈一卷。儀禮次之，餘則寥寥備數而已。

天禄閣外史 明 王逢年

二十四日 景蓀以天禄閣外史借我，夜閲之。託名漢黄憲著，凡八卷，分題賓韓文、賓魯文、賓齊文、賓魏文、賓秦文、賓晉文、賓蜀文、賓楚文；卷又各分子目，共一百二篇。前有王鏊序，謂由唐人田弘所傳而宋人韓洎得之。無論所載事蹟乖謬，與叔度時勢出處無一相合，其辭旨卑冗，雖無目人亦不能欺以爲漢人作。世謂楊升庵僞撰，以余觀之，殆出宋元間馬醫夏畦輩所爲，升庵尚不至此也。至卷首載田弘評語，有云「東漢都於大梁，即魏國也」，則又不知東西南北者矣。朱國禎湧幢小品，謂：「明嘉靖之季，崑山王舜華名逢年，著天禄閣外史，託於黄叔度。余猶及見其人。」李詡戒庵漫筆亦曰「天禄閣外史，乃近年崑山王逢年所詭託者」。逢年爲明司業同祖子，其六世孫即西莊也。

晚學集　清　桂馥

二十六日　閱桂冬卉先生晚學集。集凡八卷，説經之文十居其八，而於小學尤邃，惜未得其説文義證讀之。其薛君考，謂「韓詩有薛君章句，蓋魏之薛夏」，引魏略「薛夏字宣聲，天水人，博學有才。黄初中爲祕書丞，帝每呼之不名而謂之薛君」。因謂唐書宰相世系表，稱薛方丘字夫子作章句爲誤。按後漢書儒林傳，「薛漢字公子，淮陽人也。世習韓詩，父子以章句著名，漢少傳父業」云云。予嘗據宰相世系表，謂此傳有脱誤，蓋當作父方丘字夫子，以章句著名。不特薛氏父子名字，世系表中明白可據，而既云「父子以章句著名」，又云「漢少傳父業」，詞氣累贅，范書決不如此。且「父子以章句著名」七字，亦甚不辭。又范書馮衍傳注引薛夫子韓詩章句云云，桂氏失於考覈，而云終漢世稱韓詩者未有道及方丘，又强引薛夏之稱薛君者當之。試思魏略所言，何嘗有涉韓詩者耶？予嘗謂讀經難，讀史尤難。洪北江曉讀書齋雜録中，譏齊東野語以鄧芝射猿爲鄧艾，謂其目未見三國志。予謂周公謹亦南宋人之知學者，何至如此？洪氏録中有「馬周、李泌恩眷終始不衰而殁後無謚」一條，馬周謚忠，唐會要、文獻通考中皆載之，豈得遂譏洪氏未見二書乎？學人好求新異，及輕詆古人，皆是大病。

顧亭林年譜　清　張穆

二十九日　閱顧譜，平定張穆據徐松星伯本重編。其考訂人物事實甚詳，亦一家之學。

二月

廣陵思古編 清 汪廷儒輯

朔 從蓮舟借閱廣陵思古編，凡三十卷，道光間儀徵汪編修廷儒所輯者，皆國朝揚人遺佚之文，多資考證。

廣釋名 清 張金吾

初四日 閱廣釋名，凡二卷，嘉慶間昭文張金吾月霄所撰。補劉成國之遺，專采劉氏以前暨同時諸儒著述，義例謹嚴，援據精覈，卓然漢學也。趙氏懷玉序稱其引逸書至百二十種，有功亡佚，誠爲知言。鮑氏知不足齋叢書中所刻近代著作，若此書者，指不多屈。

鮚埼亭集外編 清 全祖望

初六日 閱鮚埼亭集外編。全氏服膺宋儒，而覃精考據文獻之學，蓋承其鄉厚齋王氏嫡傳，於漢注唐疏，犨穴極深。如漢經師論、前漢經師從祀議、唐經師從祀議、尊經閣祀典議、原緯諸篇，皆極有功於經學，漢經師論尤爲諸儒干城。而荆公周禮新義題詞、陳用之論語解序、王昭禹周禮詳解跋等篇，謂荆公解經，最有孔、鄭諸公家法，因力欲存王氏一家之學。其禮記輯注序、跋衛櫟齋禮記集説，深慨於陳匯澤之陋學，而以衛氏之書不列學官爲惜。跋夏柯山尚書解，極以明代專用蔡傳爲非。讀吴草廬儀禮纂言，謂草廬此書本於朱子，然四十九篇流傳既久，不宜擅爲割裂顛倒。諸所論列，其於古學真能篤信謹守者矣。其左氏謚説一篇，卓識通議，遠出顧震滄春秋謚法考之上。集中餘文辨正名物、創通大義者尚多。至另刻讀易别録一書，剖析精嚴，尤易義之橐籥。余輯國朝儒林小志，惟載漢學名家，雖姚惜抱、程綿莊、程魚門、翁覃谿諸公自名古學者，皆不列入，而獨取先生，固不僅以經史問答一書也。

朱梅崖外集　清　朱仕琇

初七日　閲朱梅崖外集，文氣醇樸，而法散語枝，殊有南宋迂冗之習，然立意不苟，固粹然有道言也。大凡得盛名者，其所作必有獨到處，不可輕議，而張皇幽渺其辭，刻雕藻繪其字，雖所詣極工，所謂可驚四筵，不可適獨坐者，如吾鄉龔定盦、胡石笥是也。乃近有妄人，未通當世聲律之文，而離上析下，顛倒句讀，魆魅爲形，蠅竈爲聲，剿别字以爲博，貤繆文以爲奇，而哆然嚇於衆曰：自有浙江，惟有定盦聖人也，次則雲持也，其自居蓋在龔、胡間矣。字畫獰惡，逼真其文，又曰：是北朝古法，非二王家法也。然捧糞齵笑者，惟睎興化鄭燮以步青藤，而描畫不成，醜怪百出。其論詩曰：宋以後無詩，近之金壽門，非唐人所及也。其狂愚率類此。客有傳其警語者云：「樹吹客去風加意，山爲我來雲掩羞。」是且不足爲壽門輿皂矣。余以其人向師越峴觀察者也，越峴古文得之桐城，固出於梅崖者，因牽連書之。以告鄉之後生，毋污此習。梅崖高弟爲新城魯山木，山木傳陳碩士，而越峴由碩士及宣城梅伯言以私淑桐城者。

九經説　清　姚鼐

閱姬傳經説筆記數葉，其論小學諸條雖未深於説文，頗有獨悟處。

説文通訓定聲　清　朱駿聲

十二日　閱朱豐芑説文通訓定聲，取説文之字，以聲爲經，義爲緯，分十八部，始於豐，訖於壯，引證賅博，條例精密，令讀者覽一字，而古音古義，通假正別，本末瞭如，誠不可少之書也。其卷首敍説、凡例皆極佳。又取説文得聲之字，仿周興嗣體，編爲聲母千文，尤便尋諷。惟以許氏轉注之解爲誤，移假借之「令長」以當轉注，别取「朋來」字以當假借，雖反覆申明，論極詳備，然創違古義，終恐意過其通，未敢遽信耳。

三江考　清　阮元

阮文達三江考，據説文漸、浙二江之别，謂自杭城西至富陽者爲漸江，自杭城東至餘姚入海者爲浙江，即南江，是岷江之委。南江自北魏時，石門、仁和流塞，唐時築海塘捍潮，其流遂絶。而今自吴江至杭州北新關清流一線，猶是南江故道。

案，三江之説，國朝浙儒全氏祖望、趙氏佑等力主郭義，以岷江、松江、浙江爲定；汪容甫、王西莊、錢溉亭、洪稚存、孫淵如等皆從之，餘姚邵氏晉涵遂以南江爲號，其説已備。段氏説文注始力明漸、浙爲兩江，阮氏更得之目驗。此考出而三江岷、松、浙之説益明，後人可無疑於漸江出三天子都，與禹貢三江同源之旨不合矣。

溉亭述古録　清　錢塘

十三日　閲錢氏塘溉亭述古録。其學專於律算，予所不解。録中如爻辰論、三江辨上下篇、與王無言論説文書、丁小疋漢隸字原校正叙，皆名論不刊。三江辨下篇及與王無言書，尤爲傑作。周公攝政稱王考，則專守鄭義，自爲漢人專家之學。春秋論以獨書文姜、哀姜、出姜、穆姜、齊姜五夫人之嘉禮爲懲亂本，雖持論甚通，終近私測，不可據也。

東溟文集　清　姚瑩

閲姚石甫東溟文集。夜月甚寒綺。評點石甫文畢四卷。石甫頗長於議論，而未知古文法，敍事尤拙劣。集中碑傳寥寥，其兵部尚書戴聯奎墓誌銘，疵累百出。惟中記一事云：公少從邵二雲先生受經，風節素峻，在翰林久不遷。大學士和珅掌院，訪時望爲額駙和珅子。師。或薦邵先生及公，邵辭不就，和以爲愧。欲延公，堅辭。邵先生謂公曰：「吾老矣，行移病去，子宜爲後計。」公曰：「吾師行，弟子從之矣。」邵果乞休。和曰：「吾非必相强，邵君何爲此悻悻。」此事極足傳南江風力之高。然謂邵乞休則非。南江卒於官，在嘉慶丙辰，時年僅五十有四，或辭和珅聘後，旋即以病請假耳。錢竹汀撰墓誌、洪稚存撰家傳，皆言其以三月病，六月卒，則南江之寢疾甚久，當亦以避時相之浼故。而各家爲先生傳狀誌表者皆未及，賴此文見之。又來孝女傳，紀孝女投閩中窮洋救其父殿董出水事。孝女名鳳筠，蕭山人，亦可采備郡志。其後集有張亨甫傳、湯海秋傳及馬元伯之妻方宜人家傳，雖文未盡當，而事實可觀。海秋傳下一論，畢叙一時交遊，殊有氣勢。太子少保雲貴總督武陵趙文恪慎畛行狀紀載甚詳，足資史乘。

尸子 周尸佼

十六日 閱平津館尸子集本。尸子名佼，與衛鞅爲友，其書之得失源流，孫氏序之極詳。此本共二卷，上卷自勸學至君治分十六篇，下卷散綴諸書所引文句。孫氏言初因章孝廉宗源輯成之帙，補訂爲二卷。後數年，莊進士述祖以惠氏棟輯本見詒，許民部當作「兵部」。宗彥又寄録群書治要中所載勸學等十三篇，因屬洪明經頤煊重編云云，則其審慎可知。吾鄉汪蘇潭吏部亦有校本，刻入蕭山陳氏湖海樓叢書中，惜未得取以對勘也。

今略摘其要辭僻義，以資采摭。

身者蠒也，舍而不治，則知行腐蠹。

顔涿聚盜也，顓孫師駔也。

崑吾之金，銖父之鐵。

孔子曰：自娱於隱括之中，直己而不直人。

范獻子遊於河，大夫皆存。君顧問曰：「孰知欒氏之子？」大夫莫答。舟人清涓舍檝而答曰：「君若不修晉國之政，内不得大夫而外失百姓，則舟中之人皆欒氏之子也。」君曰：「善哉言。」明日朝，令賜舟人清涓田萬畝。

猶相馬而借伯樂也，相玉而借猗頓也。

燭於玉燭，飲於醴泉，暢於永風。春爲青陽，夏爲朱明，秋爲白藏，冬爲玄英，四時和，正光照，此之謂玉燭。甘雨時降，萬物以嘉，高者不少，下者不多，此之謂醴泉。春爲發生，夏爲長嬴，秋爲方盛，冬爲安靜，四氣和，爲通正，此之謂永風。孫氏曰：此較爾雅「四時和」下多「正光照」三字，「萬物以嘉」下多「高者不少下者不多」八字，於義爲長。蓋玉燭言四時日光，永風言四時祥風，醴泉言甘雨也。

匹夫愛其宅不愛其鄰，諸侯愛其國不愛其敵。

舜曰：南風之薰兮，可以解吾民之愠兮；舜不歌禽獸而歌民。湯曰：「朕身有罪，無及萬方，萬方有罪，朕身受之。」湯不私其身而私萬方。文王曰：「苟有仁人，何必周親？」文王不私其親，而私萬國。案，此解「周親」爲別義。

松柏之鼠不知堂密之有美樅。

君者盂也，民者水也；盂方則水方，盂圓則水圓。

勾踐好勇而民輕死，靈王好細腰而民多餓。

墨子貴兼，孔子貴公，皇子貴衷，田子貴均，列子貴虛，料子貴別，囿其學之相非也數世矣，而已皆弇於私也。

天、帝、后、皇、辟、公、弘、廓、宏、溥、介、純、夏、幠、冢、晊、昄，皆大也，十有餘名而實一也。孫氏曰：此引爾雅。可證叔孫通梁文增補之詁。慈案，孫氏語未明晳，尸子在戰國初，此文明引雅詁，正可證爾雅之爲周公作，何反云可證叔孫通增補耶？

宋所謂雉兔鮒魚者也。

八極之内，有君長之，東西二萬八千里，南北二萬六千里，故曰天左舒而起牽牛，地右闢而起畢昴。

神農理天下，欲雨則雨，五日爲行雨，旬日爲穀雨，旬五日爲時雨。

瑶臺九纍而堯白屋，黻衣九種而堯大布。

舜漁雷澤也，旱則爲耕者鑿瀆，儉則爲獵者表虎。孫氏曰：儉當作險，古字通用。

禹手不爪，脛不毛，生偏枯之疾，步不相過，人曰禹步。

武王已戰之後，三革不累，五刃不砥。

黄帝曰合宫，有虞氏曰總章，殷人曰陽館，周人曰明堂。欲觀黄帝之行於合宫，觀堯、舜之行於總章。

日在井中，不能燭遠；目在足下，不可以視近。

澤行乘舟，山行乘欙，泥行乘蕝。

傅巖在北海之洲。

天神曰靈，地神曰祇，人神曰鬼。

春爲忠，夏爲樂，秋爲禮，冬爲信。

行塗以楯，行險以樶，行沙以軌。

虎豹之駒，未成文而有食牛之氣；鴻鵠之鷇，羽翼未全而有四海之心。

楚狂接輿，耕於方城。

地中有犬，名曰地狼；有人，名曰無傷。

五尺大犬爲猶；大牛爲犉，七尺；大羊爲羬，五尺；大豕爲豟，五尺。

舜葬南巴之中，衣衾三領，款木之棺，葛以緘之。

夫貧窮，大行之貜也；疏賤，義之雕虎也，而吾日遇之。

凡水，其方折者有玉，其圓折者有珠，清水有黄金，龍淵有玉英。玉淵之中，驪龍蟠焉，頷下有珠。

君子漸於饑寒而志不僻，銙於五兵而辭不慴，臨大事不忘昔席之言。

程，中國謂之豹，越人謂之貘。

上下四方曰宇，往古來今曰宙。

鹿馳走無顧，六馬不能望其塵，所以及者顧也。

卑牆來盜。

樹蔥韭者，擇之則蕃；仁義亦不可不擇也。

見驥一毛，不知其狀；見畫一色，不知其美。

堯瘦舜黑。

卵生曰琢，胎生曰乳。

使星司夜，使月司時。

文軒六駃，題無四寸之鍵，則車不行。

馬有騏驎徑駿。孫氏曰：此可證孔融文集言郊天麟皮鼓之，非麐鳳之麐。

周公旦踐東宮履，乘石，假爲天子七年。

未有不因學而鑑道，不假學而光身者也。

商容觀舞，墨子吹笙。

孝子事親，一夕五起。

高室多陽，大室多陰，故皆不居。

鮑叔爲桓公祝曰：「使臣無忘在莒時，管子無忘在魯時，甯戚無忘車下時。」

戰如門雞，勝者先鳴。

雁銜蘆而捍網，牛結陣以卻虎。

皋陶擇羝之裘以御之。

神農氏夫負妻戴，以治天下。堯曰：「朕之比神農，猶旦之與昏也。」

湯復於湯丘，文王幽於羑里，武王羈於王門，紂殺於鄗宮。

養由基射蜻蛉，拂左翼。

龍門，魚之難也；太行，牛之難也。

春華秋英，其名曰桂。

赤縣神洲者，實爲崑崙之墟，玉紅之草生焉。

海水三歲一周，流波相薄，故地動。

造車者，奚仲也；造曆數者，羲和子也；造冶者，蚩尤也；倕爲規矩準繩；昆吾作陶。

黄帝斬蚩尤於中冀。

夷逸者，夷詭諸之裔。或勸其仕，曰：「吾譬則牛，寧服軛以耕於野，不忍被繡入廟而爲犧。」

仲尼志意不立，子路侍，儀服不修。公西華侍，禮不習。子游侍，辭不辨。宰我侍，亡忽古今。顔回侍，節小物。冉伯牛侍，曰：「吾以夫六子自勵也。」

按尸子所言，大抵明王道，尚仁義，甚尊孔子，稱及其門人。尸子生戰國初，獨能私淑洙泗，服膺聖教，蓋孔子之徒也。其書二十篇，已多散亡，今覽其存者，惟論「孔子貴公，囿學弇私」，及言「周公反政，孔子非之，曰周公其不聖乎，以天下讓，不爲兆人」，所論稍盭於道。然聖人以下，著書立教，不能無失，此廑廑小疵耳。且謂孔子貴公，其視荀子之罪子思、孟子，蓋皆出一時之激言，而非於聖賢之道固有所菲薄不屑者。特所發無制，不能語語折衷於至當，故不得爲大儒，而退擠於諸子百家列耳。惜哉！予爲著其要辭，並摘其語之習爲世用者，並記於篇。

燕丹子

十七日 閲燕丹子。此書四庫退入小説存目，以爲僞作。孫淵如與洪筠軒更爲校訂，凡三篇，分爲三卷，以復唐志之舊。其末篇紀荆軻刺秦王事，自「圖窮而匕首出」下云：「軻左手把秦王袖，右手椹其胸，孫氏曰：此借「椹」爲「戡」。説文「戡，刺也」。史記索隱引徐廣云「一作抗」，「抗」又「扰」字之誤。説文「扰，突擊也」，史記作「揕」，誤。數之曰：『足下負燕日久，貪暴海内，不知厭足。於期無罪而夷其族，軻將孫曰：此下疑脱「爲」字。海内報讎。今燕王母病，與軻促期，從吾計則生，不從則死。』秦王曰：『今日之事，從子計耳。乞聽琴聲而死。』召姬人鼓琴，琴聲曰：『羅縠單衣，可掣而絶。八尺屏風，可超而越。鹿盧之劍，可負而拔。』軻不解音，秦王從琴聲，負劍拔之，於是奮袖超屏風而走。軻拔匕首擿之，決秦王耳，入銅柱，火出然。秦王還斷軻兩手，軻因倚柱而笑，箕踞而罵曰：『吾坐輕易，爲豎子所欺，燕國之不報，我事之不立哉。』」所言與國策、史記大異，以情理度之，皆非事實。然文甚古雅，孫氏謂審是先秦古書，誠未必然，要出於宋、齊以前高手所爲，故至隋志始著録。而唐人如虞世南北堂書鈔、張守節史記正義、李善文選注、馬總意林諸書皆得引之，存此以廣異聞可也。

南江札記　清　邵晉涵

夜閲南江札記，皆隨時籤識，匙所論斷，而孟子居十之五。蓋二雲氏嘗欲更作孟子正義，此其草創之一本耳。中如「芒芒然歸」，引方言云：「茫，遽也。吴揚曰茫。」「地醜德齊」，引方言云：「醜，同也。東齊曰醜。」「於予心獨無恔乎」，引方言云：「恔，快也，東齊海岱之間曰恔。」「夏畦」，引説文云：「田五十畝曰畦，文選注稱劉熙注云『今俗以二十五畝爲小畦』，又云『今俗以五十畝爲大畦』。」「沛澤」，引「公羊僖四年傳『大陷於沛澤之中』，何休注：『草棘曰沛，漸洳曰澤。』後漢書注述劉熙注云：『沛水草相半。』」「其麗不億」，引説文云：「醰，數也。」「源泉混混」，引説文云：「混，豐流也。」「西子蒙不潔」，引淮南修務訓云：「毛嬙、西施，天下之美人，若使之銜腐鼠，蒙蝟皮，衣豹裘，帶死蛇，則布衣韋帶之人，過者莫不左右睥睨而掩鼻。」「爲不若是恝」，引説文作「忿」，云：「忿，忽也，呼介切。」「夔夔齊栗」，謂「夔夔，猶躬躬也」，引史記魯世家「躬躬如畏狀」，徐廣曰：「躬躬，謹敬貌。一本作『夔夔』。」「丹朱之不肖」，引史記索隱述鄭玄曰：「肖，似也。不似言不如人也。」「富歲子弟多賴」，引説文曰：

「賴，贏也。」呂氏春秋注云：「賴，利也。一曰善也。」「版築」，引文選注稱郭璞三蒼解詁云：「版，牆上下版；築，杵頭鐵沓也。」「其志嘐嘐然」，引説文云：「嘐，侉語也。」皆古義湛然。

春秋左氏傳集解 晉 杜預

十九日 長晝人靜，取左傳杜氏集解姚培謙本，以惠氏補注、馬氏補注、焦氏補疏、邵氏歸過持平、江氏地理考實、高氏地名考略及邵氏南江札記、王氏經義述聞諸書勘録，自隱公迄閔公，粗有端緒，目昏神敝，遂爾中輟。讀書苦無精力，此皇甫士安至欲叩刀自裁也。

晉宋書故 清 郝懿行

二十三日 以朱筆點勘郝蘭皐氏晉宋書故一過。郝氏於史學不甚專，此書所摘晉、宋書中僻文奥典四十三條，爲之疏證。如云：乃祖乃父，乃，汝也，古曰乃，今曰你，你乃古今音轉。顛沛之沛，讀爲貝，本釋文。依字書爲蹎跟，通借爲顛跟，又從俗作「顛狽」。晉書多用「顛狽」。毦稍者以羽毛飾於槊上，謂之毦稍，鄭風所謂二矛重英，魯頌謂之朱英，後世或用孔鶩。鶩，雉也。策命據韓詩外傳「太宗、太史、太祝素服，北面授天子策三」，以證康王之誥太宗奉同，史、祝奉策，知古者天子登阼有策書。故宋前廢帝即位，蔡興宗告江夏王義恭應須策文，謂累朝故事，莫不皆然也。「塗步神」，引夏官校人「冬祭馬步」鄭注：「馬步神爲災害馬者。」又引族師「春秋祭酺」鄭注：「酺者，爲人物災害之神。」及史記封禪書「諸布之屬」，謂步、酺、布音義相近。又據族師鄭注「蝝螟之酺」，證校人賈疏「玄冥之步」，「玄冥」乃「蝝螟」之誤。宋書徐紹之爲塗步郎所使，塗步郎即塗布神也。于欽齊乘：艾山東厚丘城側有酺神廟。宋書禮志：「殷有山車之瑞，謂桑根車，殷人制爲大路。禮緯曰：『山車垂句。』句，曲也，言不揉治而自曲也。秦曰金根車。」禮運云「山出器車」，器車蓋自然成器，所謂不揉自曲者。文選上林賦注張揖曰：「山出象輿，瑞應車也。」象輿亦謂自然有形象耳。「器車」與「馬圖」爲偶，鄭注以器車爲二物，恐非。此皆疏通經文，古義湛深。

又如以乾没爲行險僥倖之義，服虔注：「乾没，射成敗也。」此説近之。阿堵即今人言者箇，阿，發語詞，堵從者聲，義得通借。説文「者，别事詞也」，故指其物而别之曰者箇。方俗之言，有符詁訓。寧馨即如此之意，晉人又有言「如馨」者，如讀若女，即「寧」之轉也。又有言「爾馨」者，爾讀若你，亦「寧」之轉，又有單言「馨」者，亨、杭二音，此乃語餘聲也。證之漢、晉各書所稱，語意無一不合。可知經儒讀書，少出手眼，便與俗學不同。且文辭雅令，多彷晉、宋間人。

末有王婉佺一跋，言此爲蘭皋病中所作。閨房之間，以經史相倡和，足爲千古佳話，以眎李易安金石録序作於嫠居亂後者，又不侔矣。

潛研堂文集　清　錢大昕

二十五日　閱錢竹汀文集。潛研自爲近世集部中一大家，不特答問十二卷考據邃密，其各體文辭旨和雅，又皆有資於經史掌故，凡所論辨，精確可依。近時南海曾釗謂惜其不能盡删應酬之文，桐城姚瑩謂其輪回論可不作。然集中應酬之文皆非泛爲，輪回論言甚痛切，尤有關於世教，二君所指，皆非知言。惟力詆方望谿，其與友人書，至比之孫鑛、林雲銘、金人瑞輩。又跋望谿文集，舉李穆堂語，譏其作曾祖墓銘，省「桐城」而曰「桐」，謂縣以「桐」名者有五，此之不講，何以言文？又舉金壇王若霖語，謂靈皋以古文爲時文，卻以時文爲古文，深中望谿之病。此皆未免過當。望谿之學，誠不足望竹汀，而古文義法粹密，神味淵深，自爲國朝弁冕，非竹汀所能及也。望谿之爲桐城人，天下知之，後世當亦無不知之，爲其曾祖銘墓而僅稱桐，自不能移之桐鄉、桐廬等處。況此一字出入，或偶爾失檢，豈遂可没其全體耶？

三月

路史發揮　宋　羅泌

朔　閲路史發揮六卷畢。此書先爲前紀九卷，紀初三皇及因提紀、禪通紀，至無懷氏止。後紀十四卷，爲禪通紀、疏仡紀，述太昊至夏桀事，國名紀八卷，分列上古及三代至漢諸國，加以疏證。發揮及餘論十卷，皆其辨論之文。四庫書目謂其無益經術，有裨文章，誠爲篤論。其引證浩博，議論爽勁，雖多用緯書、道書奇詭之説，而要歸於正理，蓋病在喜出新意，而佳處亦即在此。精鋭之識，時足以匡正前賢，惟好用僻辭古語，頗近於蚪户筱驂。又枝説雜出，時失著書之體，謬悠不根之談，亦往往而有，此學無師法之故也。曰「路史」者，取爾雅「路」訓「大」之義。

路史餘論 宋 羅泌

初二日 閲路史餘論十卷畢，略閲其國名紀一過。餘論文章雋快，間附考證，俱不足爲據。國名所繫始末輿地，亦難盡憑，惟取其博奥耳。其前、後紀少時皆粗涉之。予家向有明槧本，字畫疏惡，又多謬誤。先大夫一再丹黄之，多所是正，常以未得善本校勘爲恨。今此本爲乾隆元年長源後人所重刻，而魚豕彌甚，幾不可讀。又於上方添載李贄、孫鑛、陳繼儒、陳仁錫諸人評語，尤爲可厭。篇中亦間附元明諸家之説。

東井文鈔 清 黄定文

初五日 閲東井文鈔，共二卷，四明黄定文著，文皆謹嚴有法度。岳忠武論二首尤佳。禮部侍郎邵公墓表，名洪，字海度，號雙橋，鄞縣人，吏部侍郎基之孫，父鐸，官檢討。侍郎爲故相和珅所扼，由吏部郎改刑部，十餘年始得郡守。睿皇帝親政，一歲中自江西知府擢至布政使。屠晃園先生墓磚銘，名繼序，字淇篁，鄞縣諸生，嘗爲困學紀聞補注。爲考鄞邑文獻者所必需。又有何烈婦傳，則吾鄉志乘亟當采入者，略最於此。何氏，山陰平溥之妻也。溥從其兄春江遊幕揭陽，娶何氏；春江亦娶番禺某氏，同寓家揭陽。未一年，溥病卒，何氏妊八月，方依其兄翁以生。又一月春江亦暴卒，某氏遽挈其資颺去，且諷何氏，何氏唾之，獨殯其夫兄弟於縣西門外，歸依母以居，彌月而子寤生，此用史記難生説。寤者迕也，亦作午，又作遻。寤生者，謂兒胎交迕産門不得出也。宛轉牀蓐不可忍，醫者言母子不並留。何氏疾應曰：「留子。」既而子下，何氏瞑眩中問其母曰：「生矣，男乎？」母曰：「女也，且死矣。」何氏噭然呼曰：「是復何望？」舉首擊牀欞，血濺溢而死，年二十七。烈婦亦山陰人，父賈於豐順，生烈婦云云。讀之感人，增吾越閨閣色矣。

東溟文集 清 姚瑩

黄字仲友，少師其鄉董秉純少鈍及蔣學鏞樗庵，爲謝山全氏再傳弟子，而壻於盧鎬月船，由乾隆丁酉舉人宰粤東，歷七縣一州，擢江南同知，又歷署揚、徐、松、常四郡守。父繩先，乾隆二十二年進士，官知縣，近日浙人罕能道其姓氏，問之鄞人亦不知，故特著之。

夜加墨東溟文集。其土地説、孔廟朔望行香張燈説，俱考據確鑿。與童石塘論撰南北史注書，並與史局劉孟瞻諸君書，識議精覈，皆爲集中之最。

石笥山房集 清 胡天游

初七日 至英光閣，購得胡稚威石笥山房全集一部，付直七千。咸豐二年南河刻本也，前有包慎伯序，甚佳，於石笥文頗有微辭，聞吾鄉杜尺莊徵君搜輯稚威遺文甚備，較所刻本幾增十之三四，稿藏其家，今亂後不知何如矣。

東漢三署郎

初十日　東漢三署郎者，五官中郎、左中郎、右中郎三署也，皆屬光禄勳，皆有中郎將，皆直宿衛殿門，稱執戟郎，若今侍衛之職。皆得詣臺試，初上臺稱守尚書郎中，歲滿稱尚書郎，三年稱尚書侍郎，凡六曹三十六人，屬六曹尚書。此爲今六部郎中之濫觴。秩滿遷縣長。光武時，以太尉鄭弘言，乃遷縣令，後遂遷二千石或刺史，此爲今部郎外授之濫觴。光禄勳中二千石，三郎將比二千石，三署郎比三百石，尚書六百石，尚書郎四百石。尚書郎遇御史中丞，中丞避車執板往揖，郎坐車舉手禮之，中丞俟郎車過遠乃去。東漢無御史大夫，以中丞爲御史臺倅，秩千石，朝會獨坐，多以故二千石爲之，極爲尊顯，而見尚書郎卑抑如此者，以重内臣尊朝廷也。漢時尚書猶今之軍機，郎中猶軍機章京，議郎則猶南書房翰林矣，故秩卑而體崇。

郎之下有令史，秩二百石，每曹三人主書，此爲今六部主事之濫觴。令史皆選蘭臺符節兩署精練有能之吏爲之，功滿補縣丞尉，亦以鄭弘言，補縣長。漢時縣滿萬户以上者置令，千石；其次置長，四百石；小者三百石。故事尚書郎以令史久缺補之，世祖始改用孝廉爲郎，蓋與三署郎參用。而光禄勳之屬又有虎賁中郎、羽林中郎兩署，皆有郎將、郎中，郎中秩亦三百石；不在三署之列，不得詣臺試尚書郎。續漢志，虎賁郎中上有虎賁中郎，比六百石，虎賁侍郎，比四百石；下有節從虎賁，比二百石，爲四郎。自節從虎賁久者，轉遷，才能差高至中郎。荀綽晉百官表注曰：「漢制虎賁中郎皆父死子代。」蔡質漢儀曰：「羽林郎百二十八人，無常員，府次虎賁府。」前漢書曰：「初置爲建章營騎，後更名羽林郎，出補三百石丞尉。」續漢志云，本武帝選隴西等六郡良家補，以便馬從獵，還宿殿陛巖下室中，故號巖郎，此其資品較輕，故不得與三署郎並。漢儀又曰：「三署郎見光禄勳執板拜，見五官左右將執板不拜，於三公諸卿無敬。」可知惟五官左右稱三署，其職入直殿門，出充車騎，蓋猶今之乾清門侍衛矣。自來讀史者，於三署郎尠有考及，故多牽錯，不辨其制，特參考兩漢表志注文，證以紀傳及它書，爲疏明之。

石笥山房集　清　胡天游

夜閲胡稚威文集。稚威文工於刻畫，而紀事之法甚疏。故碑誌諸作體例乖謬，不勝指駁。如贈太僕卿松江府知府周中鋐墓誌銘，竟不言其爲山陰人；句容縣知縣周應宿墓表，言君特以其文，四方士無識不識率皆字謂君，而不著其葆山之字。其他大率類此。

隋書提要　清　邵晉涵

十二日　自來志經籍者，漢書藝文志後，向推隋經籍志。近時吾鄉章逢之、逢之名宗源，山陰人，以兄宗瀛官翰林，乃寄籍大興，中乾隆五十一年順天舉人。生平輯録唐、宋以來亡佚古書，蓋無不備，皆爲之叙録。揚州陳穆堂皆爲作疏證，而姚江邵二雲氏撰隋書提要，譏其叙次無法，述經學源流多所乖舛。如謂尚書由伏生口授，而不知伏生自有書教齊魯間。謂詩序由衛宏所潤益，而不知傳自毛亨。謂禮記月令、明堂位、樂記爲馬融所增，而不知劉向别録已有此三篇，其書在十志中爲最下。唐人重詞章而輕經學，即此已可見。錢竹汀跋大戴禮記云學者惑於隋志之文，謂大戴之書爲小戴所删取，然隋志述經典傳授，多疏舛不可信。鄭康成六藝論但云戴德傳記八十五篇，戴聖傳四十九篇，别無小戴删大戴之説。今大戴與小戴略同者凡六篇，可證其非删取之餘。又漢書儒林傳王式言聞之於師，客歌驪駒，主人歌客毋庸歸，曰在曲禮。服虔注：「驪駒，逸詩篇名，見大戴禮。客欲去歌之。」是大戴亦有曲禮篇也。邵氏所駁誠當，但此志搜遺括紛，源流條目，斠若畫一，其全體多善，總爲考古者所必不可少之書。

近儒議論往往有過當者。謂何晏論語集解出而論語之古注亡，杜預左傳集解出而左傳之古義亡，唐人孔穎達作五經正義而五經之古學亡，陸德明作經典釋文而歷朝之古本亡，賈公彦疏儀禮而禮學晦，郭璞注爾雅而雅訓微。此皆好爲高論之病。近時遂有攻鄭康成之注經失家法，而孫叔然之反切爲變亂古音者，不皆其流弊所至歟？平心論之，平叔之論語，元凱之春秋，功多而過少。陸之釋文，賈之周禮、儀禮，郭之爾雅，則有功無過。惟孔氏之五經正義，易棄鄭注而用王，書棄鄭注而用孔，自爲有過，然其詩、其禮記、其春秋左傳，功亦不在禹下，後儒雖窮精殫力，摭拾補苴，豈能出其範圍哉？

岱南閣集　五松園集　嘉穀堂集　清　孫星衍

十三日　閱孫淵如氏岱南閣、五松園、嘉穀堂三集。岱南閣者，其官山東兵備及攝廉使時所作也，五松園、嘉穀堂者，其居母憂寓江寧時所作也。中皆考辨之文，間附傳誌雜著。岱南閣集中載公移文四首，一咨山東學政曹詹事，請奏立伏、鄭博士，一咨河南吴布政，言伏羲陵在山東魚臺縣，不在河南陳州，其二皆咨山西布政謝蘇潭，言湯陵在山東曹縣，即古亳境。不在山西榮河縣，又附載蘇潭咨覆兩首。蘇潭前咨援據各書，爭執甚力，及淵如駮其十誤，後咨遂亦遊移其詞，意求息兵而已，蓋淵如證繁而辭辨，固足以勝人也。其與朱石君尚書書，言大學格物致知之義，尤爲精闢，高出前賢。此與東原氏之言性、次仲氏之言禮、芸臺氏之言仁，皆識絶千古者。

五松園稿中雜文稍多，其孫忠愍公祠屋藏書記，分十二部，括經籍之要，可爲藏書家津梁。他如欽天監監正楊光先傳，深闢西法之謬。吾鄉章孝廉宗源傳，痛斥佛教之害，而深惜孝廉嗜古力學而惑於異端，爲所牽染擯斥而卒不悟。武氏億、汪氏中兩傳，皆昕諸家所紀爲詳。其爲書賈陶正祥作墓誌，極言其關於學術盛衰，其人足傳，而志河督司馬騊墓，縷述其年勞官閥，乃竟無一事可傳。陶由浙烏程遷蘇州，即所稱五柳居主人也。河督亦浙寧波人，遷江寧，以高文恪公幕友由河工從九品洊歷開府者。

嘉穀堂集中書阿文成公遺事，所記皆小節，內一條云：星衍改官比部，偕同歲生馬履泰謁公，公止星衍等勿行一足跪禮，曰吾爲郎官時無此禮也。先是，中臺官謁長官皆長揖，因親王領部，乃有加禮，俗相沿不能改云云。一足跪者，俗謂之請安，今外官自知府以下皆行之。司官漢員初見曹長，於署則長揖，於宫門則垂手立面而已；滿員則皆一足跪。聞兵部漢員亦有行此者。然予問兵曹諸君，則皆言無有。又予去年到官時，有漢軍一人同見曹長，亦未見行此禮也。蓋嘉慶、道光間，屢降旨申禁，而無恥小人，卑躬獻媚，何所不至。近聞外臺監司漸行之，都中士氣日靡，流品日雜，恐將及我曹矣。道光以前入貲爲郎者，京察升轉一切與科甲同，秀水汪康古太守孟鋗之父上埼，以諸生援例授盛京刑部員外郎，内轉户部，升刑部郎中，出知雲南大理府，桐城馬元伯爲工部主事，以同曹一貲郎不得舉京察，疑元伯沮之，遂訐發工帑耗短事，元伯至遣戍。

國朝毗陵之儒，林立輩出，與廣陵、吴郡、新安並甲天下，而毗陵孫、洪、張三先生，尤諸儒魁桀，其著述皆足立學官，其行誼皆足祀黌序，而淵如之學，微有雜博之蔽。如黄帝五書，乃道藏中下乘，六朝淺妄人所爲者，淵如既刻之平津館叢書，而按察山東時試士策問，亦及黄帝授三子玄女經，殊近迂怪。同時若臨海洪筠軒、元和顧千里皆有此病，洪顧固不能望淵如，要亦以精力過人，故於經史之暇餘事爲之，又意在流傳古書，不覺遂爲賢知之過，適以助不學者之攻，而指考據爲異端者，必將藉此爲口實矣。

淵如闢佛而頗喜道書，予謂道書鄙誕，實更在釋氏之下。道藏中除所援入之老、莊、文、列、淮南諸子外，惟抱朴子以外篇足傳，真誥以文辭自熹，參同悟真，存備丹訣，度人内景，資采藻言，餘直無足觀者，不如釋藏中尚有一二十種可節取耳。自惠氏棟言道藏多儒書古本，錢氏大昕遂記其語，謂於玄妙觀借鈔得二百卷，皆吾儒所當讀之書。孫氏益表章之，然實諸儒好異之過，不可不辨也。

癸巳類稿　清　俞正燮

十四日　閱俞理堂癸巳類稿，雖文義繁碎，不便省覽，要可謂博通古今者矣。其總河近事考、駐劄大臣原始，惜未詳載諸人字號及始末大略耳。俞爲黟縣人，國朝新安之學，可謂盛矣。

平津館集　清　孫星衍

十五日　閱孫淵如平津館集，其再起爲山東督糧道時所作也，考證諸文，精確固不待言，而擬請復孔子王爵表、請立鄭博士議，關係尤巨。江孝廉聲傳、孫御史志祖傳，皆敘次詳雅有法，餘亦多足資考訂。

潛研堂文集　清　錢大昕

十六日　閱錢竹汀集中題跋六卷。予每閱鮚埼亭、潛研堂兩家題跋，深歎其學之無所不賅，令人茫然莫測其涯涘。此六卷中尤精者，如跋汗簡，謂説文所收九千餘字，古文居其大半，其引據經典，皆用古文説。間有標出古文籀文者，乃古籀之別體，非古文祇此數字也。作字必先簡而後繁，有一二三，然後有從弋之弌、弍、弎，而叔重注古文於弌、弍、弎之下，以是知許所言古文者，古文之別字，非弌古於一也。後人妄指説文爲秦篆，別求所爲古文，而古文之亡滋甚矣。此論讀説文者所不可不知。又跋義門讀書記，謂宋書陶潛傳云所著文章，皆題其年月，義熙以前則書晉代年號，自永初以來，惟云甲子而已。休文生於元嘉中，所見聞必不誤。其云所著文章，固不云所著詩也。詩亦文章之一，而其體則殊。文章當題年月，詩不必題年月，夫人而知之。隋志載淵明集九卷，今文之存者不過數首，就此數首考之，桃花源詩序稱太元中，祭程氏妹文稱義熙三年，此書晉氏年號之證也。自祭文則但稱丁卯，此永初以後書甲子之證也。自唐五臣注文選，誤讀宋書，遂謂淵明詩題如是。義門乃援陶詩書甲子者八事，譏休文紀事失實，不知本傳未嘗及詩也。舉此二條，可見其讀書精細，爲前人所未有。

陶山文録 清 唐仲冕

三十日 閲唐仲冕陶山文録，自頌贊賦至雜文共十卷。仲冕字六枳，善化人，乾隆癸丑進士，官至陝西布政使。其牧江蘇海州，尤有惠政。所著尚有儀禮蒙求、家塾蒙求等書，政事文學，著名一時。王述庵湖海文傳中曾録其郊社有尸説、啚人句讀説、世婦説、内人弔臨説等四篇。今録中第二卷爲經説，雖尠有師法，而實事求是，多可取備一義。文亦未成家，然筆力健舉，頗無軟俗之病。其海州學正翁君墓誌，翁名咸封，字子晉，常熟人，乾隆癸卯舉人，即太保大學士文端公之父也，所載世系甚詳。陶山子即太常卿確慎公，父子繼爲布政，其號陶山者，因其父宰山東，卒葬陶山也。陶山之母葬陶山，在肥城縣。

四月

朱梅崖集　清　朱仕琇

初二日　閱梅崖集。其文卑冗，全不識古文義法，而高自標置，甚爲可厭。究其所得，特村學究之稍習古文者耳。余在家時，粗閱一過，意便輕之。迨入都，則士大夫多有稱之者。嗣見其外集，文雖冗曼而頗得淳實之氣，又疑向時閱之不盡。兩日來悉心披誦，則筆弱語陋，疵累百出。惲子居嘗謂「梅崖於望谿有不足之辭，而梅崖所得視望谿益庳隘」。然「庳隘」二字，實未盡梅崖之病，其去望谿，蓋不可道里計也。余雅不喜菲薄前人，而勢有不得不言者。今日舉其集中尤荒謬之文，用筆批勒之，以詔來學，毋使村野驅烏人孟浪言文字。

禮記集説　宋　衛湜

初十日　買得通志堂本衛正叔禮記集説一部，計六函，共一百六十卷，價銀五兩六錢。此書在南宋人經學中爲傑出之本，先儒古義，賴以不墜。惟多載宋人説，爲欠持擇耳。自元代陋儒陳雲莊集説出，村塾中爭行之，明人不學，遂以取士，而禮學幾亡，正叔之書，亦日淹晦。國初萬充宗求其書不得，至憤而自爲之，非徐健庵、納蘭容若爲之傳鈔梓行，則世間幾難復見。然近時錢警石著曝書雜記，尚言未見是書，警石生於嘉興累世藏書之家，又專嗜研經，而所言如是，足見此書之不易得矣。杭堇浦有續禮記集説，尚未刊行。警石言杭人有藏其稿者。蕭山王南陔有皇朝八十一家三禮禮記集説，亦藏其家。今亂後皆不知何如矣。

禮記

二十九日　比日意有所牽，頗荒於學。計匝月中，經史之功甚簡，時方授七兒禮記，至郊特牲、内則二篇，課讀之次，偶得三條，附記於此。庶於章句或有一助云。

「大夫而饗君非禮也，大夫强而君殺之義也，由三桓始也。」此當從黄氏、顔氏説，以「大夫强而君殺之義也」九字連讀，殺讀「降殺」之「殺」，爲是。郊特牲一篇，禮外無旁及者，此節皆言失禮之始，何得憑空插君殺大夫一句？無論其魯無殺三桓事也。且三桓之饗君，經傳中亦有可旁證者。左傳定公八年，陽貨「將享季氏於蒲圃而殺之」。三桓之家臣有饗其主者，則知三桓有饗其君者也。哀公十一年，公至自越，孟武伯、叔孫、武叔逆於五梧，公宴於五梧，二子迎君於此地而遂設宴，其必出於二子可知也。是尤三桓饗君之明文也。近高郵王伯申氏駁顔氏説，謂如所説，當作「大夫强而君殺之故也」，不當下「義」字；而謂此處「由三桓始也」五字，因涉下文而誤衍。予謂禮記無「之故也」三字文法，義即故也，此字蓋釋「非禮」二字。言大夫饗君爲非禮者，乃大夫强而君殺之義也。與其臆删經語，何若讀殺爲去聲乎？

「胥親御授綏，親之也；親之也者，親之也。」下親之也「親」字，當是「敬」字之誤，觀下文直接「敬而親之」可知。若如向來諸儒説，則「敬」字何所承乎？

内則「遂左還授師子，師辯告諸婦、諸母名」，二句諸家屬讀皆誤，當以「授師子」爲句方合文法。「師辯告」句，又與下「宰辯告諸男名」句相應。鄭注：「師子，師也。」知鄭本讀「授師子」爲句，如從今讀，則下明言子師，何煩注乎？

五月

禮記集説 宋 衛湜

初八日 衛氏禮記集説卷首載諸儒名氏，以漢鄭氏、唐孔氏爲首。其下論云，鄭氏注雖間有拘泥，而簡嚴該貫，非後學可及。孔氏正義亦記載翔實，未易輕議。又云，朱文公中庸章句，以「戒謹其所不睹、恐懼其所不聞」，與「莫見乎隱、莫顯乎微」爲兩事，剖析精詣，前所未有。今觀鄭注，已具斯旨。案，正叔是書上於理宗朝，當道學極盛之時，而能推崇康成如此，其卓識冠世，可謂千金一壺。彼陳櫟澤者，豈足爲其輿皂？乃世人知有陳氏集説而不知有衛，可悲也夫。

外家紀聞 清 洪亮吉

初九日 傍晚坐槐陰下，閲洪北江外家紀聞。北江少依蔣氏，敍述中外之雅，想見一時承平風景，雖極細瑣事，亦有王謝家規。北江與其内姊適程氏者幼相親愛，頗有玉鏡臺之慕，而姻事不諧。北江別娶舅黨一人，殆非本願，而程氏所儷非偶。北江附鮚軒詩集中有雲谿雜憶詩，皆言其事。是書北江戍塞外時所作，尚沾沾及之，蓋顧梁汾所謂非才子不能多情，非文人不能善恨者也。惟北江作此時，適程氏者已前卒，其子已與北江長子飴孫同中嘉慶戊午舉人，而北江尚以天壤王郎之語，致誚所天，是近於輕薄者耳。又言其父爲蔣曙齋檢討，所著有周易遵翼訓等書。曙齋名蘅，以副榜年老賜檢討銜者。

史記　漢　司馬遷

二十九日　讀史記封禪書，子長此書意甚輕薄，而多所忌諱，故文氣凌雜，前後支牾，於史記中最爲衰作。德甫謂此篇寫武帝直成一下等愚人，令人失笑。

六月

藝舟雙楫　清　包世臣

初十日　詣德甫，談至晚歸。借得安吴包慎伯藝舟雙楫一册，皆論文論書語也。論文首以文譜，凡三千數百言，通論經子法脈及古今得失。論書首以述書三篇，次論書十二絶句，次歷下筆譚，皆論古人優劣及金石碑版。次國朝書品，分神品、妙品、能品、逸品、佳品五等，而神品僅一人，爲鄧石如隸及真書。妙品上亦祇一人，爲鄧石如分篆及草書。以下至佳品共百七人，而錢唐梁山舟不與焉。慎伯留心古文，此書往往過爲高論，其所軒輊，多未允當，書品亦祇可備一説，不得爲定評也。

藝舟雙楫 清 包世臣

十三日 包慎伯論國朝九賢文，謂侯朝宗隨人俯仰，致近俳優。汪鈍翁簡默瞻顧，僅能自守。魏叔子頗有才力，而學無原本，尤傷拉雜。方望谿視三子爲勝，而氣力寒怯。儲畫山典實可尚，而度涉市井。劉才甫極力修飾，略無菁華。姚姬傳風度秀整，邊幅急促。張皋文規形橅勢，惟説經之文爲善。惲子居力能自振，而破碎已甚，碑志小文，乃有完璧。其所揚抑，頗有鑒裁。且九人中不數梅崖，尤見區品。然才甫陋劣，不減於朱，雖存鄉曲之私，難違公論之實。朝宗、畫山，亦難充數。以僕論之，當去侯、儲、劉三人，而補以姜西溟、毛西河、胡石笥、龔定盦爲十賢。所舉適皆浙産，毛、胡二氏又以博學駢體掩其古文，恐來反脣之譏，無當折衷之恉。古人已往，後世難誣，高下在心，竊所未喻。予嘗謂國朝人有極無學識而妄得虛名者三人，沈歸愚、劉才甫、朱梅崖也。三人於文字直一無所知，而名振當時，諸巨公皆爲所惑，及今且百餘年，氣焰猶未甚熄，可怪也。

聖武記 清 魏源

十六日 閱聖武記。默深自是策士，其文亦雋悍可喜，然其末卷武事餘論所述戰守之法，多拘泥陳言，軍儲篇欲以玉貝濟銀錢之乏，尤不可行。

卷葹閣集　清　洪亮吉

十七日　閱卷葹閣集。稚存長於駢儷，而拙於散文。集首意言二十篇，意淺語庸，最爲拙作，而以冠卷端，自累其書，深可惜也。

漢書　漢　班固

十八日　讀漢書。漢書向號難讀，故馬融伏閣從班昭受之。今世所行者祇小顏注，而疏漏疊出，且亦刊落不全。予讀孔光傳有云：「領宿衛供養，行内署門户，省服御食物。」顏注以「行内」爲句，謂行在所之内中，猶言禁中，其義甚牽强支離。予以意讀作「行内署門户」爲句，謂行者巡行也；内署，尚方宫府也。

朱博傳博謂尚方禁曰：「馮翊欲灑卿恥，抆試用禁。」予謂「用禁」之「禁」當作「卿」，博對禁言，不應上句稱卿，下句呼名也。又初博以御史爲丞相，封陽鄉侯，玄以少府爲御史大夫，並拜於前殿。予謂上已有博代光爲丞相、封陽鄉侯食邑二千户之文，此處記與張玄並拜聞鍾音事，不得復出「封陽鄉侯」四字，此必是後人妄加者。

翟方進傳：「母憐其幼，隨之長安，織屨以給方進讀經博士受春秋。」其文幾不可句讀。予謂「經」

字當是「從」字之誤，此處當讀「織屨以給方進讀」爲一句，「從博士受春秋」爲一句，「經」字蓋涉上文「至京師受經」、下文「經學明習」而誤者也。又綏和二年春，熒惑守心，李尋謂方進曰：「萬歲之期，近慎朝暮。」顔注「萬歲之期」謂死也。予謂下文「有郎賁麗善爲星言大臣宜當之」語，則「萬歲之期」當指宫車晏駕事，故賁麗言可移於大臣，上即召見方進也。

又王莽依周書作大誥，有云：「予惟往求朕所濟度，奔走以傅，近奉承高皇帝所受命。」顔注以「奔走」爲句，謂我當求所以濟度之故，奔走盡力，不憚勤勞。予謂如此則文義不通，且亦不成句，當讀「予惟往求朕所濟度」爲一句，「奔走以傅」爲一句。「予惟往求朕所濟度」，即周書之「予惟往求朕攸濟」也；「奔走以傅」，謂奔走以傅相之也，即周書之「敷賁」也。後日閲王西莊十七史商榷及王石渠讀書雜志，則孔光傳一條、翟方進傳「萬歲」一條，已見西莊説，朱博傳「拉試用禁」一條、方進傳「濟度」一條已見石渠説，皆與予同。

景士堂文集 清 陳運鎮

二十八日　閲陳運鎮景士堂文集。運鎮字其山，孝感人，嘉慶己巳進士，官工部主事，與濰縣劉次白中丞鴻翺齊名。其文拙陋不足觀，論古間有當處。其鞏昌府知府潘時選墓誌，可備吾邑志乘之遺。潘字青巖，會稽人，由進士起家，有能吏名，以甘肅虧帑案讁成者，少白山人諮，其孫也。其山文集，即少白序之。劉次白著有緑野堂文集。

七月

漢書　漢　班固

朔　漢書儒林傳序，載公孫弘等奏有云：「臣謹案，詔書律令下者，明天人分際，通古今之誼，文章爾雅，訓辭深厚，恩施甚美，小吏淺聞，弗能究宣，亡以明布諭下，以治禮掌故，以文學禮義爲官，遷留滯。請選擇其秩比二百石以上，及吏百石通一藝以上，補左右内史、大行卒史；比百石以下，補郡太守卒史；皆各二人，邊郡一人。先用誦多者，不足，擇掌故以補中二千石屬，文學掌故補郡屬，備員，請著功令。」此段文義晦窒難詳。「以治禮掌故以文學禮義爲官遷留滯」十五字，尤不可解。顔注云言治禮掌故之官，本以有文學習禮義而爲之，又所以遷擢留滯之人，亦迂曲不明。今以意揣之，「以治禮掌故」，「以」字上當脱「臣」字。「文學」二字當在「掌故」之下，蓋本作「臣以治禮掌故文學以禮義爲官，句。遷留滯，句。治禮掌故文學。」三官者，諸卿掾屬之名。平當傳，當少爲大行治禮丞，功次補大鴻臚文學。大行鴻臚本一官，百官公卿表，景帝更秦典客爲大行令，武帝更名大鴻臚。又云，典客屬官有行人，武帝更名大行令，是則平當始爲大行令丞屬，後轉爲卿屬也。兒寬傳以射策爲掌故，功次補廷尉文學卒史。晁錯傳，以文學爲太常掌故。蓋諸掾以掌故爲大，文學次之，治禮又次之；而外郡亦有文學。續漢書志注引漢官曰，太守官屬有「百石卒史二百五十人，文學守助掾六十人」，漢書列傳多有言補郡文學者。鼂錯傳應劭注：「掌故六百石吏，主故事。」兒寬傳蘇林注：「卒史秩六百石，舊郡亦有也。」臣瓚注：「漢注卒史百石。」師古曰：「瓚説是也。」予疑掌故之秩，亦不應至六百石，「六」字或亦有誤。至治禮之秩，史注俱無明文，而此下云請選擇其秩比二百石以上，又云比百石以下，所云其秩者，即指治禮等之秩也。

尋公孫弘此奏之意，以爲詔書律令之頒下郡國者，往往具天人古今之誼，其文爾雅，其辭深厚，而郡國小吏淺聞不學，弗能究宣詔旨，以明布曉諭於下，因思諸卿屬有治禮掌故文學，以禮義爲其官職。但其遷徙甚留滯，不若選擇其中，以補左右内史、大行及郡太守之卒史，先用記誦多者，若不足，則更擇掌故以補中二千石屬。又用掌故及文學以補郡屬，中二千石，即指左右内史、大行三官也。左右内史後爲左馮翊、右扶風，時尚未更名，以其治三輔地，與郡太守同，恐小吏不究詔意，故用治禮掌故等以補卒史。大行即大鴻臚，以漢制鴻臚主郡國邸，又掌外夷賓客，故亦更用卒史，俾得宣諭德意也。文學、掌故，自是兩官。上有云請太常博士弟子能通一藝者補文學、掌故缺，亦謂補文學及掌故，古人連文言之也。云備員者，當如錢氏大昕説，蒙上不足之文，謂或有不足，當以文學、掌故充之，毋使缺額。顔注謂示以升擢之，非藉其實用者，非也。平當傳言少爲大行治禮丞，功次補大鴻臚文學者，因其時大行已改爲大鴻臚，而更名大鴻臚之屬官行人爲大行，仍屬鴻臚。當初爲行人之治禮，乃卿屬之曹掾，後以功次轉爲鴻臚之文學，則列卿之曹掾也。大行治禮丞、大行丞治禮，百官公卿表行人署有令丞，治禮之人也。蕭望之傳亦作「大行治禮丞」，東觀記云，大鴻臚屬官有大行丞一人，大行丞有治禮員四十七人，主齋祠儐贊九賓之禮。

司馬彪續漢志大鴻臚下大行令一人六百石，丞一人，治禮郎四十七人，是則治禮者，蓋今鴻臚寺鳴贊序班之職，不得以丞稱。或蕭、平兩傳中「丞」字皆衍。

予嘗謂平津此議關係學術，乃漢世一大制度，而文義茫昧，莫能考正，因參核傳志，爲疏通證明之。惜尚無左證，終不敢自信耳。

樂記

初三日　樂記：「暴民不作，諸侯賓服，兵革不試，五刑不用，百姓無患，天子不怒，如此則樂達矣。合父子之親，明長幼之序，以敬四海之內，天子如此，則禮行矣。」史記樂書亦同。按「天子如此」四字甚不成語。此段上節有云「如此則民治行矣」，下節有云「如此則四海之內合敬同愛矣」，文皆一律，此處不得添出「天子」二字，當是涉上文「天子不怒」而衍。此處是廣論禮樂之功，推極之於天下大順，不得忽接此四字，專就天子立言，與上下文義淩犯。孔疏謂「天子若能使海內如此，則是禮道興行」。又云：「禮云天子如此，樂不云天子者，樂既云天子不怒，故略其文。」皆是曲說。至陸農師謂「天子不怒當曰天下不怒」，似亦有理，然與百姓無患句辭義重複。輔漢卿謂「四海之內」一句恐在「合」字上，是欲讀「以敬天子」爲句，義固甚通，但以「敬四海之內」即所謂「與人敬而無失四海之內猶兄弟也」，其義所包甚廣。高郵李氏惇謂當作「四海之內以敬天子」，亦未可從。既無左證，而欲顛倒經文以就己見，此宋儒之長技，非經學之通裁，故二説皆未敢從也。

漢書　漢　班固

讀漢書五行志，加朱二卷。此志多用劉向五行傳記，而兼采董仲舒、劉歆、京房之説。中壘以易、書、春秋推驗陰陽，歸本人事，雖間有附會支離，而學闡天人，明體達用，直過江都。近儒王禮堂謂劉向不通經，未免高論駭世。

白田雜著　清　王懋竑

初十日　閲王白田雜著。其卷三儒林傳考所疏治禮掌故以下等句，與予説可相發明。

漢書　漢　班固

夜加朱漢書五行志一卷畢。此志頗有乖錯複雜處，然伏生洪範五行傳、京房易傳、劉向五行傳記、劉歆左氏傳説，皆幸於此志存其梗略。歐陽、大小夏侯之尚書説，亦可考見一二，蓋皆西漢經學大師所遺鱗爪，深可寶也。

十六日　加朱漢書趙充國、辛武賢傳。此卷以趙辛同事西羌，故合作一卷，而於充國傳末帶叙武賢始末，結之曰「子慶忌至大官」，更以「辛慶忌字子真」提行獨起，另爲一傳，此不特以慶忌賢過其父，而漢書中若張耳陳餘傳，陳平王陵傳，張蒼周昌趙堯任敖傳，竇嬰田蚡灌夫傳，皆兩傳相連，若斷若續，蓋班氏史法如此也。

十八日　讀漢書，加朱趙尹韓張兩王傳一卷。班氏言漢世父子爲宰相惟韋、平兩家，王厚齋譏其忘周勃、周亞夫父子。予讀王吉傳，吉子駿爲御史大夫，居位六歲病卒。翟方進代駿爲大夫。數月，薛宣免，遂代爲丞相，衆人爲駿恨不得封侯。駿子崇，平帝時代趙宣爲大司空，封扶平侯。于定國傳，定國爲丞相，封西平侯，薨，子永嗣，官至御史大夫。上方欲相之，會永薨。按成帝綏和元年，以何武言，置三公官，改丞相爲大司徒，御史大夫爲大司空，與大司馬各置官屬，禄比丞相，皆封侯。而其先御史大夫位上卿，掌副丞相，雖並號兩府，而次丞相一等，不得封侯。于永爲御史大夫，以成帝陽朔三年，王駿以鴻嘉元年，于永爲大夫二年卒，少府薛宣代之，四月宣爲丞相，駿代之，五年卒。俱在何武奏更之前，故不得與韋、平媲美也。然漢世自三家外，應數于、王父子矣。

十九日　讀漢書，加朱蓋諸葛劉鄭孫毋將何傳一卷。漢書韓延壽傳「御史奏延壽在東郡時試騎士事，有云五騎爲伍，分左右部軍假司馬千人，持幢旁轂」。王氏念孫雜志云，假司馬千人持幢旁轂者，司馬、千人皆官名，見百官表。荀悦漢紀作假司馬十人，非。案，此傳當讀「分左右部軍假司馬」爲一句，「千人持幢旁轂」爲一句。續漢志，大將軍部下有軍假司馬，是「軍假司馬」四字連文爲官名也。本書百官公卿表西域都護下有司馬侯、千人各二人，小顔無注，千人蓋即千夫長，此處言千人持幢旁轂而行也，荀紀作「十人」，蓋亦讀司馬爲句，而言别以十人持幢。千人之名，後漢書屢見，或漢紀「十人」本「千人」之誤，王氏以「軍」字讀句，誤矣。漢印中有「校尉左千人」、「軍假司馬」亦見漢印。

八月

漢書　漢　班固

三十日　夜點注漢書竇嬰田蚡灌夫韓安國王恢傳一卷。司馬子長深惡武安、平津兩侯，然兩侯皆有佳處，漢武之興儒學，實以兩人爲首功。孟堅頗持平情，故史記魏其武安侯傳贊右魏其而極貶武安，云武安之貴在日月之際，又云武安負貴而好權，杯酒責望，陷彼兩賢，遷怒及人，命亦不延，衆庶不載，竟被惡言。而孟堅云「嬰不知時變，夫亡術而不遜，蚡負貴而驕溢，凶德參會，待時而發」，以魏其、灌夫、武安三人並論，無所軒輊。其於平津，亦時致美辭，真不愧良史也。至此傳删改史記處，則皆不如原本，予已於漢書眉間行間細評之，兹不復贅。

十月

帶經堂詩話　清　王士禛

十七日　從德夫處借得帶經堂詩話三十卷，乾隆間海鹽張宗柟所輯。凡取漁洋説部詩話十三種，以及文集、詩選中凡例之論詩者，分爲六十四類，依次排纂，間附識所引原書出處。國朝詩家，漁洋最得正法眼藏，商榷真僞，辨别淄澠，往往徹蜜味之中邊，析芥子之毫髮。至乎論古，或歉讀書，而語必平情，解多特識，雖取嚴生之悟，迥殊歐九之疏，大雅不群，庶幾無媿。張君備爲蒐集，心力頗勤，亦可謂有功藝苑者矣。惟門類太多，或嫌瑣雜，重文並録，又近贅疣，是其病也。宗柟號含广。

唐詩品彙　明　高棅

十九日　高廷禮唐詩品彙，言七古以李太白爲正宗，杜子美爲大家，王摩詰、高達夫、李東川爲名家。王阮亭非之，而以王摩詰、高達夫、李東川爲正宗，李、杜爲大家，岑嘉州以下爲名家。然高以太白爲正宗固非，王以三家當之，亦不然。三家自不過名家耳。此事總當推杜陵爲正宗，太白爲大家。阮亭平生嗜好稍偏，其於七古，才力亦所不逮，故集中無一佳篇也。

謝在杭謂明詩遠勝於宋，又謂宋人尚實學而明人多剽竊，故究竟不及宋，語固矛盾。然予謂明詩實過於宋，季迪惜不永年，倘逞其所至，豈僅及東坡哉？中葉之空同、大復，末季之大樽、松圓，皆宋人所未有。宋人自蘇、黄、陸三家外，絶無能自立者。明人若青田、西涯、子業、君采、昌穀、子安、子循、滄溟、弇州、夢山、茂秦、子相、石倉、牧齋，皆卓然成家。即孟載之風華，亦高於崑體；中郎之雋趣，尚永於江湖。後代平情，無難取斷，貴遠賤近，徒以自欺。至於國朝，實尠作者，漁洋七絶，直掩唐人，此體之餘，僅爲宋役。愚山五律，伽陵歌行，皆足名家，亦專一技。三君而外，則推竹垞、初白、太鴻耳。然竹垞瑜不勝瑕，初白雅不勝俗，太鴻頗多隽語，苦乏名篇，餘子紛紛，概無足數。文章有待，風會相因，方駕古人，或在來哲。昭代文至劉海峰、朱梅崖，詩至沈歸愚、袁子才，可謂惡劣下魔矣。

而近日文更有桐城末派，如陳用光、梅曾亮者，則以歸唐之蓋苴，爲其一唱三歎也。詩更有西江下流，如張際亮、朱琦者，則以王、李之臭腐爲其三牲五鼎也。而大臣之好文、名士之能詩者，震矜以張門庭，依附以竊聲價，於是文人則有某某以爲由桐城溯史、班，而一字不通矣，詩人則有某某以爲由西江溯杜、韓而一語不成矣。書種既絕，名家益多，外此者則又自居非復人類，耳目所及，指決鼻菸，車馬所趨，軍機西老，都人呼山西人爲西老，老者尊稱，以其多金錢也。雖國有顔子，不復知矣。

陳子龍詩集

明　陳子龍

二十四日　夜爲德夫點閲大樽七古。德夫意不可一世，而於予所可否無不心折。固緣嗜好酸鹹各同，亦由識性聲聞不二。予前日自評送人宰天台詩，誇詡殆絶，見者幾以爲猖狂，而德夫欣然賞会。昨致予書，以爲此實奇作，自評已盡之。可知予之非妄言、德夫非妄許矣。大樽七古取藻於六朝四傑，而出入青蓮、昌谷兩家，鋪敘華縟，動出一軌。惟氣魄頗好，又時雜以豪麄，故亦有可節取者。較之同時李舒章蓼齋集，伯仲之間，才力差勝。顧予性不耐煩，雅不喜評點古人詩文集。大樽此體，千篇一律，尤覺可厭。今爲德夫特破例爲之耳。

二十五日　大樽今年行有云：「治安不識絳與灌，天人僅相江都王。經明行修竈下養，秀才異等貲爲郎。天漏奎壁女媧死，腐鼠滿眼飢鳳凰。且憂文武道將盡，百年嫫母長專房。」寄喟深至，字字似爲今日發也。「腐鼠滿眼」、「嫫母專房」八字，尤寫盡一時風會。近有故鄉親舊，以義烈事寓書於予，爲乞公卿題詠。予答書云：「都中此輩，無一識字者。何必丐其唾洟，以爲至寶？」既而自笑曰：「此輩可謂不識一字，豈但無一識字者哉？」然如大樽此詩，予卻不喜爲之。灌夫罵坐，終非儒者面目。作此事者，語其醖藉可也。燕麥、兔葵，奚取劉郎之詠；天街、内庫，徒傳秦婦之吟。落落千秋，付之一笑而已。予擬取「秀才異等貲爲郎」句，鐫一印章。前日已與珊士、德夫言之。再欲取「百年嫫母長專房」句，刻一小玉印，以貽内子，寓頌禱意也。書此以博後人一笑。

大樽與李舒章、宋轅文並起雲間，狎主幾社。觀其送舒章轅文應試金陵、送讓木先赴計偕諸作，跌宕自負，雖意在用世，要不過以中年多故，及時取名相勖而已。厥後舒章一官中書，即遭國變，潦倒夭折。轅文鼎革後始成進士，官至九列，頭面改易，終無設施。予曾於皇明詩選跋中深詆訾之。惟大樽小試中外，政節卓然。司李吾鄉，尚傳遺愛。丹心碧血，炳朗千秋。雖管華狎交，幾淆涇渭，而袁褚生死，終判梟鸞。因思昔年與同郡諸子共結言社，其時予與汝南兄弟兩人，皆以年少才名爲社中眉目。聯觴角藝，抵掌相視，意興凌厲，不可一時。何嘗不以學問相勉名節相期？而轉眼角張，咫尺胡越，鬼蜮之害，中於腹心。予以昧在知人，破家流落，屢試不振，汩没貲郎。而汝南兩生，大者浮沈京輩，身名廢棄，雖官諫院，不齒人倫；小者遠宦閩鄉，夜郎自大，生平名義，掃地無餘。致此披猖，良可浩歎。予壬戌秋夜感懷詩有云：「伯仁死竟由王導，和仲生偏誤大惇。」又云：「誰遣太行當面起，燈前流涕絶交篇。」思之未嘗不深痛也。

明清大小九卿

大小九卿之説，朝野相沿稱之，然終未能分別。王漁洋香祖筆記、阮唐山茶餘客話皆言之不得其詳。余按此稱實始於前明，國朝仍之，然會典、通禮諸書中，實止有大學士九卿之言，無所謂大小九卿也。寒夜無事，爲之參詳官制，驗以故事鈔報，旁考説部諸書，分疏於此。

明七卿：明史有七卿表。六部尚書、都察院左都御史。明大九卿：六部尚書、左都御史、通政使、大理寺卿。明小九卿：太常寺卿、太僕寺卿、光禄寺卿、詹事、翰林學士、鴻臚寺卿、國子監祭酒、苑馬寺卿、尚寶司卿。國朝大九卿：六部尚書、左都御史、通政使、大理寺卿。國朝小九卿：宗人府府丞、詹事、太常寺卿、太僕寺卿、光禄寺卿、鴻臚寺卿、國子監祭酒、順天府府尹、春坊庶子。

至若理藩院、内務府兩衙門，皆以滿人爲之。鑾儀衛則係右職，欽天監、太醫院則係雜流，故皆不與卿列。内務府更有奉宸苑、上駟院、武備院三卿，亦皆爲滿缺，故亦不數也。又思小九卿當數順天府府尹及左春坊左庶子，而不數内閣、翰林講讀學士。按漢書百官公卿表列有京兆尹，則不得以府尹爲非卿曹矣。左右春坊，本與詹事府各爲衙司，故今制授庶子者得謝恩，以其爲春坊長官也。若内閣、翰林講讀學士，内閣已屬大學士，終不得別爲衙門，翰林總歸之翰詹科道而已。此説似較前説爲通。

雕菰樓叢書　清　焦循

二十六日　爲德夫代購焦里堂雕菰樓叢書四帙，直銀三兩五錢。其中孟子正義一書，可立學官。六經補疏、群經宫室圖亦佳。易學四種、算學五種，皆一家之學，北湖小志六卷，則專述其鄉里風土人物，上冠以十圖，繪法極可愛，圖亦里堂所自作者。

其中孫柳庭傳，所載孟子圭田説，據九章方田有圭田求廣縱法，有直田截圭田法，有圭田截小截大法，凡零星不成井之田，一以圭法量之。圭者合二句股之形，井田之外有圭田，明係零星不井者。或以圭訓潔，非也云云。臧在東已采入拜經日記。孫名蘭，字滋九，明季諸生，精九章六書之學。嘗從太常少卿欽天監監正西洋人湯若望授曆法，遂盡通泰西推步之術。

他如志物異云：北湖土中有茆根，其狀長二三寸，有毛，去其浮皮，白嫩甘香，可烹食，故地名白茆湖。詩云「言采其茆」，或即此。又言章雞至春變爲格敦，劉淵林注吴都賦云：鶬鷍似鴨而雞足，郭璞云一名章渠，顔師古云今之水雞也。然則章雞即鶬鷍，格敦或即鶻鵃之轉聲。禮記作「盍旦」。又言突黎即詩之鵜也，大如鶴，頸有肉囊，可盛數斗，口張則囊見，每日須飼魚數斤。突黎正鵜之緩聲，皆可以助博識。又言喬之爲氏，惟北湖有之，傳是明功臣徐馬兒之後。馬兒坐藍黨，其子孫改易姓名，逃匿湖中，今五百年，族甚繁衍，有喬家莊，其先世神主内仍書徐某。此亦可備氏族書之采擇也。

里堂又爲裔烈娥傳，其事甚足傳，與歸震川所書張貞女事、予所爲林烈婦傳，情事相同，文筆亦曲暢盡致。

趙邠卿之注孟子，在漢世經學家爲最少家法，後世注經文從字順之派，實自邠卿開之。每章後綴以四字語曰「章指」，亦多空言。惟東漢去古尚近，故多存訓詁古義，又不務爲聖道空闊之言。其序文及章指，皆簡雅可誦。予向有焦氏正義，亡其末盡心篇三卷，今夕取閲之，大略都徧。趙氏所詮性理，本皆平實，無一奥渺窈繞語，焦氏尤一空理障。然趙注之可笑者，如「形色天性也」，以形謂君子體貌嚴尊，色謂婦人妖麗之容，引詩曰「顔如舜華」，下文但言踐形不言色，謂主名尊陽抑陰之義。試思詩云「不大聲以色」，論語云「有容色」，孟子云「發於聲徵於色而後喻」，又云「其生色也睟然見於面」，何得以色專指婦人？又如其爲人也寡欲，雖有不存焉者寡矣，謂雖有少欲而亡者，如遭横暴，若單豹卧深山而遇飢虎之類也，然亦寡矣。其爲人也多欲，雖有存焉者寡矣，謂貪而不亡，蒙先人德業，若晉欒黶之類也，然亦少矣。則竟以存訓生活，而忘上文之言養心。焦氏之疏「踐形」，謂趙氏以男子生有美形，宜以正道居之；趙氏以居訓踐。女子生有美色，亦宜以正道居之。乃上並稱形色，下單言踐形，不言踐色，是尊陽抑陰，其曰主名者，聖人爲男子踐形者之稱，則居色者之主名，其聖女與，云云，尤可發笑。此實經學之蔽，不可不知者也。

然焦氏亦時有匡正趙注者。如「既入其苙，又從而招之」，趙訓招爲罥，謂入蘭則可，又復從而罥之太甚，以言去楊墨歸儒則可，又復從而罪之亦云太甚。焦氏引趙氏佑四書温故録，謂招之爲罥，僅見此注，絶少佐證。孟子之闢楊墨，方深望能言距之人，而不可得，蓋未必有追咎太甚之事。此節乃孟子自明我今之所以與楊墨辨者，有如追放豚然，惟恐其不歸也。其來歸者，既樂受之，使入其苙，未歸者又從而招之，言望人之棄邪反正，無已時也。又如説大人則藐之，趙訓爲輕藐。焦氏謂「廣雅邈遠也，莊子藐姑射之山，釋文引簡文注即以藐爲遠，邈、藐古通用，説大人則藐之，當釋藐爲遠，謂當時之游説諸侯者，以順爲正，是狎近之也。所以狎近之者，視其富貴而畏之也，不知説大人宜遠之，遠之者即下文皆古之制，我守古先王之法而説以仁義，不曲徇其所好，是遠之也。以爲心當輕藐，恐失孟子之恉」。觀此二條，可以見其大凡矣。

十一月

宋元絶句

朔　燈下戲鈔宋人絶句。宋人此事固多名什。東坡、石翁、放翁、白石四家，尤清遠逼唐人。然僅到劉文房、韓君平止耳。求如龍標、太白、李十郎者，竟不可得。即晚唐許丁卯之雋永，李玉谿之幽鍊，韓冬郎之濃至，亦皆不及。此固時爲之耶？元人此體苦氣格靡耳，其新秀卻勝宋人。予最愛貢師泰一絶，云：「湧金門外柳如金，三日不來成緑陰。我折一枝入城去，教人知道已春深。」空靈超妙，東坡亦當低首矣。

爾雅

初二日 爾雅釋天，星名之下，附祭名、講武、旌旂三章。邵氏正義以爲祭本於四時之祭，以次及於諸大祭，終於禘繹，取象於歲閏之相成，日逡之相繼，故附見釋天。講武必順四時，四時之田，所以共四時之祭，故亦附見釋天。宵田火田，所以廣其義，動衆宜乎社，則爲出師之祭，振旅闐闐，因釋詩文而類叙之。旌旂則又因講武而連類及之。翟氏灝爾雅補郭，則謂漢志言爾雅二十篇，今惟十九篇，疑本有釋禮一篇，與釋樂相次。祭名、講武、旌旂三章，蓋釋禮之殘文，爛在釋天下者耳。孫氏志祖讀書脞録續編以爲廣雅篇第一依爾雅，今廣雅無釋禮篇，則翟氏之説非是，漢志言二十篇者，蓋以釋詁有上下篇耳。郝氏爾雅義疏從孫氏説。予謂此三章附釋天終可疑。張稚讓作廣雅在曹魏之季，或其時爾雅已缺釋禮一篇，張氏亦無由知耶？觀於董卓之亂，齊詩遂亡，則經籍之缺失多矣。

群經補義 清 江永

初三日 袁子才恃小慧而不師古，其議論多荒唐。惟以周祭用尸，爲不窋竄狄後沿用之夷禮，予頗以爲然。而姚姬傳非之，作書與袁辨。頃閱江慎修氏群經補義，有一條云：「周禮雖極文，然猶有俗沿太古，近於夷而不能革者。如祭祀用尸，席地而坐，食飯食肉以手，食醬以指，醬用蟻子，行禮偏袒肉袒，脱屨升堂，跣足而燕，皆今人所不宜者，而古人安之。」予謂「席地而坐」以下，皆歷代相仍古人質樸之風，未爲近夷。惟祭之用尸，則夏商所未見，而事又頗可駭怪，疑是公劉遷豳以先，習於戎翟之俗而不能改也。

禮記

初五日　禮雜記云：「親喪外除，兄弟之喪内除。」鄭注：「親喪日月已竟而哀未忘，兄弟之喪日月未竟而哀已殺。」是以外爲服，内爲心。孔疏云：「兄弟謂期服及小功緦也。」宋儒長樂黄氏曰：「如注説内除，則日月未竟而哀先殺，是不能終其喪也。内除外除，皆言日月已竟，服重者則外雖除而内未除，服輕者則不惟外除，而内亦除也。」慈案，兄弟之喪，謂小功以下兄弟之服。鄭氏注儀禮喪服記云「兄弟猶言族親也」，蓋經傳皆言昆弟。至此記大夫之子於兄弟降一等，乃稱兄弟，故鄭以族親明之。期大功中亦有兄弟服，而昆弟之期則一體至親，不得謂之兄弟服。大功則爲從父昆弟及爲人後者爲其昆弟，一爲旁尊，一爲義降，皆不得謂之兄弟服。喪服傳云：「曾祖父母何以齊衰三月也？小功者兄弟之服也，不敢以兄弟之服服至尊也。」近儒程氏瑶田喪服足徵記云：「小功以下，率皆兄弟服，故得專兄弟之名。」然則言親喪外除者，謂父母三年之喪，本以再期大祥而止。然必二十七月而禫，禫而後除服，父在爲母齊衰期，然必十三月而祥，十五月而禫，所謂親喪外除也。外者，服制日月之外也。兄弟之喪内除者，謂如小功緦麻，兄弟之親已殺，故大功之末，可以冠子，可以嫁子；父小功之末，可以冠子，可以嫁子，可以取婦。己小功，既卒哭，可以冠、取妻，所謂兄弟之喪内除也。内者服制日月之内也。鄭君禮注，皆精當不易，此條或偶有未盡，黄氏則逞臆求通矣。今日課學徒及此，因略識所見云。

新唐書　宋　歐陽修　宋祁

初七日　翻閲新唐書，予於諸史自兩漢、元史外，以唐書致力爲多，次則晉書、五代史、明史矣。又次則三國志、南史、宋史矣。而唐書係二十五歲以後所閲，多病健忘。丁巳歲，嘗以舊、新兩書參覈一過。辛酉歲，又以唐大詔令、太平廣記參覈一過，迄今十不能記二三。復擬取全唐文參考之，尚無此暇日也。

南史　唐　李延壽

十二日　夜讀南史孝義傳。書郭原平傳後云：長恭至行高義，輝映史册，讀之如見三代鼎彝，敬愛撫摩，不能釋手。乃里籍既著吾郡，南史又非僻書，而越士罕道其名，蕭山亦迷所處。迄今譚永興風跡者，許詢捨宅之寺，江郎夢筆之橋，附會侈張，流連歌詠，揭碑表里，常若不遑，而獨楓郭氏孝行之居，無有咨訪者。誇流寓之風華，昧本貫之惇美。問引船之埭，莫辨郭門；溯運瓜之湖，並迷瀆水。豈非文采之浮名易傳，懿實之庸行易没，雖有佳傳，鮮肯究尋乎？至於義行嚴門，山陰先哲，連綴郭傳，並生元嘉，而世期姓名，亦無知者，是可慨已。長恭稟承賢父，孝實因家，然世通瘞兒，事乖倫理，而跡既類巨，姓又同前，不應一族之中，兩見驚人之舉。疑巨之行事，不見漢書。劉向孝子之圖，既爲贋作；干寶搜神之記，尤出無稽。雖今古豔稱，實繇附託。漢人郭巨埋兒事，僅見搜神記及太平御覽所引劉向孝子圖。若長恭者，傭食養親，獨力營墓，皆秉彝典，不越常聞。乃至恐裸耕之慢墓，倍價買田；念家世之蒙旌，大喪慟哭。而三農之月，束帶以向親；五日之臨，麥餅以給食。深達忠孝之禮，有過經儒所爲，出於顓亡，真非恒理。惟因宅上之種竹，懼盜者之墜溝，立橋令通，采筍置外，既鄰矯激，又近專愚。賢者之過，非可垂範者耳。

帶經堂詩話　清　王士禎

十三日　王漁洋論詩悟絶古今，尤善分別。其謂何水部詩「薄雲巖際出，初月波中上」，佳句也。少陵用其語云「薄雲巖際宿，孤月浪中翻」，只改四字而便有傖氣。温飛卿「古戍落黄葉」一首，高格也；其「雞聲茅店月」一聯，便是俗調。又謂陳無己詩終落鈍根。陳簡齋之學杜，亦所未解。劉改之龍洲集叫囂排突，風雅掃地。東坡詩獨七律不可學。南宋人小集中，以姜白石爲第一。明末程孟陽之詩、婁子柔之文、李長蘅之畫，足稱三絶。竟陵鍾退谷史懷，多獨得之見。其評左氏亦多可喜。詩歸議論，尤多造微，正嫌其細碎耳。

又謂劉楨之與陳思王，相去不但斥鷃之於鯤鵬，而自來以曹、劉並稱，殆不可解。晉人阮嗣宗别爲一派，左太冲、劉越石、郭景純三公鼎足；二陸三張，概乏風骨。宋以謝康樂爲冠，鮑明遠高於顔延年。齊代謝玄暉獨步一代，王元長輔之。梁以江淹、何遜爲兩雄，任昉之詩勝沈約遠甚。又謂晉人張陸輩惟景陽差勝。傅玄篇什最多而可録極少。又謂嚴滄浪詩話云：黄初之後，惟阮公詠懷極爲高古，有建安風骨。晉人舍阮嗣宗、陶淵明外，惟左太冲高出一時，陸士衡獨在諸人之下。又云：顏不如鮑，鮑不如謝。與予意同。

唐人孟浩然詩未能免俗。儲光羲詩多龍虎鉛汞之氣，田園、樵牧諸篇，又迂闊不切事情。杜甫八哀詩，鈍滯冗長，絶少剪裁。韓退之詩，可選者多，不可選者少，去其不可者甚難。白樂天詩，可選者少，不可選者多，存其可者亦難。元、白二集，瑕瑜錯陳，持擇須慎，初學人尤不可觀之。萬楚五日觀伎詩，最爲惡劣，滄溟詩選取之，殊不可解。李衛公一代偉人，其憶平泉五言諸詩，較白樂天、劉夢得不啻過之。何大復歌行，如聽琴、獵圖、送徐少參、津市、打魚諸篇，深得少陵之髓，特以秀色掩之耳。錢蒙叟詆滄溟擬古樂府，是也；並空同東山草堂歌而亦疵之，則妄矣。凡此諸條，皆得正法眼藏，推較是非，不失錙黍。惟其極推梅都官詩，則予所未解。又稱元人王逢梧谿集中宋高皇壽成殿汝瓷觶引、孟郡王忠厚佩印歌、制置彭大雅瑪瑙酒椀歌諸篇，有一唱三歎之妙。予讀之亦不知其佳處。

徐禎卿在武昌作云：「洞庭葉未下，瀟湘秋欲生。高齋寒雨夜，獨卧武昌城。重以桑梓感，淒其江漢情。不知天外雁，何事樂南征？」詩格固高而乏真詣。既云洞庭，又云瀟湘，又云江漢，地名錯出，尤爲詩病。此所謂碔砆混玉，似是實非者。而漁洋極賞之，以爲千古絶調，非太白不能作。

又舉曹學佺秦淮送别一篇云：「疏籬豆花雨，遠水荻蘆煙。忽弄月中笛，欲開江上船。」以爲情致殆不減徐。二作蹊徑迴殊，而石倉「忽弄月中笛」十字，自然入妙，實非昌穀所能及，要其妙處，亦止到錢、郎耳。以擬王、孟境詣，尚相懸隔，遽能及太白耶？

「渺渺太湖秋水闊，扁舟摇動碧琉璃。松陵不隔東南望，楓落寒塘露酒旗。」徐迪功題扇絶句也。「夾岸人家映柳條，元暉遺跡草蕭蕭。曾爲一夜青山客，未得無情過板橋。」曹能始新林浦絶句也。漁洋謂二絶可以相敵。予謂曹詩託寄蕭寥，情韻獨勝，徐詩不過吐屬清麗耳。取相比擬，殆似不倫。漁洋謂郭祥正功父青山集詩格不高，惟取其「原武城西看杏花」三絶句，余謂功父「鳥飛不盡暮天碧，漁歌忽斷蘆花風」二語，刻狀清妙，千古佳句也。吴炯五總志載其爲半山一詩僧所訾，殆未必然。

舅姑甥之稱

十四日　古人舅姑甥之稱無一定，凡親屬相當者，可互稱之。姊妹之子曰甥矣，而爾雅云：「姑之子爲甥，舅之子爲甥，妻之舅弟爲甥，姊妹之夫爲甥。」郭注「四人體敵故更相爲甥」，是也。婦稱夫之父母爲舅姑矣，而壻稱婦之父母亦曰舅姑。坊記「昏禮壻親迎，見於舅姑，舅姑承子以授壻」是也。儀禮則惟曰姑之子、舅之子、妻之父母者。蓋此是世俗相稱，故不列於禮經，而傳記則可順俗以爲文也。

愕園消夏録　清　郭麐

二十一日　偶閲郭頻伽愕園消夏録，中載邵二雲學士和童二樹梅花詩并懷羅二嶺南云：「折枝贈別曉江寒，好句長留畫壁看。三載銷魂梅嶺雨，黄椰根苦荔枝酸。」又載桐城姚南青編修題袁樸村春郊攬勝圖一絶云：「九門風雪夜歘歘，擁袖人如抱繭蠶。一笑披圖竟歸去，梅花開日到江南。」南江、蕫塢兩君，經學魁碩，而韻語流傳甚罕。二絶皆風致清遠，不似學人之詩，片羽吉光，彌可珍貴。

又載魏少野者，忠節公大中之孫也，初名允札，字州來，有東齋詩一卷。頻伽録其絶句五首，皆託寄蒼涼，兹最其三首。書燕京春詠後贈沈客子云：「京國繁華數改移，似君不及見當時。可憐四十年前景，猶有貞元朝士知。」答唐青帆見訊云：「密香寫就懊儂歌，爲報清狂老更多。依舊素騾雙鐙上，白衣紗帽醉時馱。」挽周青士云：「短衣長劍去鄉關，三寸桐棺寂寞還。生不埋名死埋骨，可憐猶未負青山。」此亦編國朝詩者所未及也。三詩皆有弦外餘音，挽青士作尤含淒無限，晞髮伐木之吟，足爲忠節、孝節二公增重矣。

新唐書 宋 歐陽修 宋祁

二十五日 夜風益囂怒，小室震撼，几席不安，對燭讀新唐書文藝、隱逸兩傳。子京文筆簡峭，故傳隱逸爲宜。隱逸傳中以王績、陸羽兩篇爲最佳。張志和傳便有傖父氣。孟詵、賀知章皆第進士，詵歷官中外，至春官侍郎、同州刺史；知章亦歷位禮部、工部侍郎、太子賓客、祕書監，官皆三品，皆晚而致仕，不得列之隱逸。孔述睿越州山陰人。官亦至太子左庶子、祕書少監，皆四品，屢銜朝命，以太子賓客致仕，亦不得儕之秦系、吴筠之流。竊謂賀知章宜入文藝傳，而以孟詵、孔述睿附之。詵晚爲道士術，與知章同；述睿與知章同里，又皆以太子賓客致仕，故附傳爲最合也。舊書賀知章政在文苑傳。

帶經堂詩話　清　王士禛

二十八日　夜偶點閲帶經堂詩話，劄記一則。池北偶談謂晚唐人詩「風暖鳥聲碎，日高花影重」、「曉來山鳥鬧，雨過杏花稀」，元人詩「布穀叫殘雨，杏花開半村」，皆佳句也，然總不如右丞「興闌啼鳥緩，坐久落花多」自然入妙，盛唐高不可及如此。予謂「風暖」一聯是閨怨語，「曉來」兩聯是口頭景語，「興闌」一聯是閑適領會語，本自不侔。王語静中有理趣，杜語静中有怨意，「曉來」兩聯則尋常好句耳，「布穀」十字又近俗調矣。境詣懸殊，不煩衡量。

居易録又舉山谷云：「氣蒸雲夢澤，波撼岳陽城」，不如「雲中下蔡邑，林際春申君」，以爲此論最有神解。予謂「雲中」二語是古詩高境，「氣蒸」二語是律詩正格；「雲中」二語以解悟勝，「氣蒸」二語以氣力勝，此亦各有所宜，不須並論者。

全唐詩　清　彭定求等

二十九日　三更後欲就寢，見爐火甚明旺，不忍負之，再剪燈閲全唐詩，至劉若虚詩，遂加墨點識，且評之云：劉挺卿詩所傳只十四首，鍾伯敬、林古度、王貽上皆極賞之，以爲字字可傳。其詩多清空一氣如話，卻有不落色相之妙，然稍近率易。殷璠謂其氣骨不逮，誠哉是言。古詩「天際南郡出，林端西江明。深林度空夜，煙月資清真」，四語最爲高妙。律詩「時有落花至，遠隨流水香」，十字亦有禪諦。寄江滔求孟六遺文一首，清氣直達，卻句句是律體，此境亦不易到。

十二月

壚壹解

初七日　「酒壚」之「壚」，史記作「鑪」，注引韋昭曰「鑪，酒肆也，以土爲墮，邊高似鑪」。漢書作「盧」，注云：「賣酒之處，纍土爲盧，以居酒瓮，四邊隆起，其一面高，形如鍛盧。」予謂晉書作「壚」者是也。周禮「草人埴壚用豕」，注云：「埴壚，黏疏者。」埴壚謂黏合疏土，正所謂以土爲墮，及纍土爲盧也。說文「壚，黑剛土也」，「盧，飯器也」，「鑪，方鑪也」，是則「壚」正字，「盧」假借字，「鑪」通用字。桂氏馥謂「盧」當作「⿸虍甾」，說文「⿸虍甾，⿱甾缶也，籀文作鑪，⿱甾缶小口罌也」，正與漢書臣瓚注「盧酒瓮也」相合。顏氏不從瓚說，而其注急就章「甀、甇、甗、甌、瓨、甖、盧」云：「盧，小甕，今之作盧酒者，取名於此。」則又與瓚同。然則文君所當之盧，自是酒瓮，非纍土爲賣酒之區也。慈謂若是酒甕，何所用當？下文云雜作，云滌器，皆酒家傭保之事，而當盧者，即所謂主肆也，蓋相如令文君主肆居內而自執賤役於外也。故顏氏此注從韋昭說。至急就之盧，非與酒器並列，自當作小瓮解。古人字多通用，故或假盧作⿸虍甾耳。

壹字從壺，壺，篆作壺，壹篆作壹，從壺吉，吉亦聲。其義不可解，疑嫥益之訓，乃其引申之義。易繫辭「天地絪緼」，説文作「壹壺」，許氏説壺云：「從凶從壺。」壺不得渫也，蓋壺有勹義，壹壺者，天地之元氣，混沌未分，在胚胎中，如子之在包、水之在壺也，從吉從凶者，皆聲也。天數一，故壺引申爲嫥壹也。

近儒治古文字者，作字好從篆體，然如壹壺字，及鬻字，依篆當作壹壺鬻，實不便於書。鬻字本從[illegible]，音勃。今從咸，固失其義。然予謂説文從某字省者多矣，鬻字何妨從[illegible]省作鬻乎？李氏賡芸字許齋，必寫「許」作「鄦」，遂令刻齒録者分爲「無」「邑」二字。洪北江笑之。去歲，珊士書予一文字叓蠟鳳作蠟朋，予深致規以爲非宜也。

京師城門訛稱

稱謂有沿俗訛誤不可解者。京師外城西門曰廣寧，自明及國朝因之，而人皆呼彰義，以金時西城有此門也。周青士、朱竹垞皆言之。至内城西門曰宣武，亦始於明，國朝仍之，而今皆呼順治門。按，元時此門本曰順承，而明崇禎時於盧溝橋築小城，設東西兩門，其西門曰順治，不知何以訛移至此。道光間，遂有人上疏以順治年號不宜名門，達天聽矣。

池北偶談　清　王士禛

初八日　施愚山五言詩，漁洋極稱之，池北偶談中，最其佳者八十二聯，爲摘句圖，然中惟

「共看谿上月，正照城頭山」、「翠屏横少室，明月正中峰」、「月照竹林早，露從衣袂生」三聯可以繼武盛唐。次則「到門聞午磬，繞屋過寒泉」、「江路多春雨，山村易夕陽」、「孤村流水在，盡日白雲閑」、「野水合諸磵，桃花成一村」、「村徑半牛跡，山田多水聲」、「微雨洗山月，白雲生客衣」、「松火圍寒坐，谿窗聞夜漁」，亦近自然。「蘆渚起寒燒，楓林明翠微」、「竹色翠連屋，林香清滿山」、「風笛荷花外，漁燈葦葉間」、「春光門外水，夕梵雨中燈」、「暮煙隨野澗，山翠入江明」，亦爲清妙。餘無甚可取者，且多語意相同，尠出新思。至於「明月非霜雪，滿城生夜深」、「翠合江天色，愁連今古情」、「臺回收山郭，江清逸酒杯」，則或嫌淺拙矣。「山廚連馬櫪，官舍奪僧居」、「生猺安鼠穴，猛虎雜人群」，則又嫌直致矣。「泉聞深樹裏，山響亂流間」、「湖影涵官閣，泉聲滿郡樓」，則直病重複矣。

牡丹亭　明　湯顯祖

十六日　病漸愈，能起，看書數行，便苦心目不繼。因檢湯若士牡丹亭閱之。臨川此書，全是楚騷支流餘裔，不得以尋常曲子視之。

述學　清　汪中

取汪容甫述學讀之。容甫學問、文章俱可當堅卓二字，乃儒林之隼鷙也。其憤時鬱遇，殆與德夫相似，故亦四十餘而卒。其厭世深者，固宜出世早耶？德夫所就，固不足望容甫，要其志節剛峻，樂善急難，固當曠代相符。余非阿好者，此言可爲天下告耳。

湛園集　清　姜宸英

十九日　閲姜湛園文，湛園文章簡潔紆餘，多粹然有得之語，此集皆其未第時所作，窮老不遇，他人皆爲扼腕，而湛園和平自處，絶不爲怒罵嘻笑之辭，其加於人固數等矣。七十通籍，一與文衡，非罪牽連，身填牢户，文人之不幸，蓋未有如湛園者。每讀其集，輒爲之悲惋不置也。湛園學養深醇，故文中論古，皆具特識。其楚子玉論、荀氏八龍論等作，尤有裨於世教。蕭望之論，亦爲傑作。往時德夫讀漢書，深不滿於長倩，屢與予議論，皆與湛園暗合，恨爾時偶不記此，未及舉以相證。湛園謂望之量狹而妒前，附魏相則劾趙廣漢；惡韓延壽爲左馮翊聲名出己上，則劾韓延壽；以霍光輕己，則謀霍氏；以丙吉居己右，則短丙吉。又沮馮奉世，排張敞，尤極與予意同。又黄老論、書史記儒林傳、讀孔子世家諸篇，皆正議卓然，足以推明史意。其書史記衛霍傳後云，論者多左霍而右衛，熟觀太史公傳，所謂兩人點次處，則左衛也，其於霍多微辭。傳敘衛戰功，摹寫惟恐不盡，至驃騎戰功三次，皆於天子詔辭見之，此良史言外褒貶法也。其言誠當。然左右字似誤用。自來書傳，皆以右爲助，左爲觭，此當云論者皆右霍而左衛，下當云則右衛也，方合文法。

予尤愛其賀歸娶詩序云：「或謂予曰：古者昏禮不賀，故娶婦之家，三日不舉樂，思嗣親也。今者賀之，禮與？曰：奚爲而非禮耶？禮不云乎，賀娶妻者云，某子使某，聞子有客，使某羞。蓋娶婦之家，不可以是爲樂，而姻戚之情則自有不可廢者。然不曰娶妻而曰有客，若謂佐其鄉黨僚友供具之費而已，是其所以謂不賀也。曰：予聞之鄭氏，進於客者，其禮蓋壺酒束脯若犬而已，不聞其以詩也。以詩賀，亦禮歟？曰：奚爲而非禮？詩『間關車之舝兮』，説者曰，宣王中興，士得親迎，其友賀之而作，非今詩之祖與？文王新得后妃而關雎以詠，亦此物也。」可謂説經解頤，不愧讀書人吐屬。車舝之義，出於宋儒，與傳箋不合，故更以關雎義佐之。

禮學卮言　清　孔廣森

二十九日　閱孔顨軒氏禮學卮言。共六卷，精奥通博，多出名解。其卷二禮服釋名，推明周禮冕服之制，理董衆説，據義必堅。卷六周禮鄭注蒙案，俱摘鄭君所引漢法，以史傳證明之，補賈疏所未及，後有自跋，深以治經者不通史籍爲病，誠通儒之言也。顨軒卒時，年僅三十五，而經學之外，尤明律算，凡所著録，皆由心得。其公羊通義、大戴補注二書，謹嚴簡潔，自成名家，真近世之顔子矣。平生頗惡宋儒，此書中論儒行云：「三代兩漢賢者，多失之過，鮮失之不及；宋以後所稱賢者，多失之不及，鮮失之過。儒行一篇，皆賢者過之之事，宋儒謂非夫子語，豈其然哉？『儒行』云者，固言儒者之行，未嘗目爲時中之至行也。至於道塗不争險易之利，冬夏不争陰陽之和，殆亦和之至者歟？見利不虧其義，雖分國如錙銖，殆亦清之至者歟？東漢士君子，於儒行多有其一節；宋以後人，往往以不肖者之不及，貌爲中庸，而其流弊，志行畏葸，識見淺近，遂至去凡人間不能以寸。」其言痛快，足以起痾砭廢。槩軒内行醇至，薦遭家難，遂以毁歿，賢者之過，可謂不負所言。後嗣貴盛，豈非天之報施善人歟！

同治四年

正月

説文解字 漢 許慎

初二日 錢竹汀氏謂説文所收九千餘字，古文居其大半，間有標出古文、籀文者，乃古籀之别體，如一二三之字，必先有一二三，然後有從弋之弌式弎，而叔重乃注古文於弌式弎之下，可知所言古文者，皆古文之别字矣。予謂此説不可通。叔重此書，固以東漢時俗體日出，至有馬頭人爲長、人持十爲斗之字，乃依據小篆，附存古籀，以便學僮諷誦，故自叙有云「今叙篆文，合以古籀」，是篆文皆從李斯之證，錢氏引其重文，每云篆文或作某爲比，則亦當云古文或作某，不應僅注古文也。蓋所稱古文者，若古文尚書之類。其自叙謂稱易孟氏、書孔氏、詩毛氏、禮周官、春秋左氏、論語、孝經等皆古文，而許氏時又有杜林桼書古文，是其所注古文者，皆謂諸經之古文，或本壁中，或本漆書耳。㣇部𢑚从二㣇，古文𢑚，虞書曰「𢑚類于上帝」。㔾部甹，從㔾由，商書曰「若顛木之有甹枿」，古文言由枿。言部譙，從言焦聲，誚古文譙從肖，周書曰亦未敢誚公，或先稱古文，後引書，或先引書，後稱古文，當有不復引書語而僅出古文二字者，如弌弍弎類也。又有云古文以爲某字者，如㬎下曰古文以爲顯字，旅下曰古文以爲魯衛字，臤下曰古文以爲賢字。此皆言諸經古文之用假借字者也。

家從豭省聲，段氏以爲大疑，珊士謂亥古文作𠀅，豕古文作𧰨，許氏謂亥爲豕，故古文與豕同。亥從上，從二人，一人男，一人女，從乙，象懷子咳咳之形，故家從亥，亥豕古文同，故亦作豕。其說甚新而確，可補段氏所未及。珊士近又據彑部之𢑚讀若瑕豕也，謂家當從𢑚聲，則非也。𢑚既與家字體不類，且玉篇、廣韻皆無此字，小徐繫傳本以此爲彖之古文，予又疑即豭之或體也。彑部彖豕也，從彑從豕，讀若弛。彖，豕走也，從彑從豕省，通貫切，段氏謂蠡字像字皆從彖得聲。然六書之指，從無兩體比合，所從並同，僅省一筆，而聲義頓判者，說文十四篇中亦無此例。阮氏元謂易繫辭傳彖者材也，材即裁，裁分也。玉篇引說文彖豕走挩也。豕挩即分也。彖古音當讀若弛，音近於材，說文彖彖二字之注，後人亂之，今本「彖，豕走也」，當云「彖，豕走挩也，讀若弛。」彖乃通貫切，豕也。近人番禺徐君灝云彖讀若弛，實先儒相傳之古音，劉瓛讀爲通貫切，乃聲之轉。玉藻「士褖衣」，鄭注「褖或作税」，即雜記之税衣，此音轉之明證。至彖彖本爲一字，其一畫之多寡有無，筆跡相承，無關輕重。新安汪氏說文繫傳本尚無「彖」字，其爲後人所增無疑。蓋俗儒習聞易之彖讀通貫切，求之說文而不得，遂妄加增竄，不知通貫切爲弛音之轉，而義無殊、字無別也。至若豕走之義，其性實然，言豕則走義在其中，不必又造一字。如馬怒也，武也，言馬則怒，武之義已存，不必又有馬怒武之字也。

予謂阮氏之辨彖古音，徐氏之辨彖彖非二字，皆確當不可易矣。至彖之訓，自當爲豕走挩也。蓋彖上從𠂈，許氏謂𠂈，豕之頭，象其銳而上見也。下從豕，許氏謂竭其尾，故謂之豕。立部竭，負舉也，然則頭銳而上見、尾竭而下舉，爲走挩之象，比體合誼，無可疑矣。後人既妄增彖字，又移走挩之訓以屬之，而傳寫者又誤奪一挩字，殽舛不可讀矣。徐君言豕已有走義，不必又制豕走字，引馬怒武之義爲證，然馬部駠云「駠駠馬怒貌」，則說文固有馬怒之字也。推之而馬自有迅駃義，不必又制馳驅等字矣。虎自有怒義，不必又制虩字矣。牛自有奔義，不必又制犇字矣。羊自有羶義，不必又制羴字矣。此爲贅說，不可通也。

說文豕下有云：「按今『世』字，誤以豕爲彘，以彘爲豕，何以明之？爲啄、琢從豕，蠡從彘，皆取其聲，以是明之。」大徐以爲此語未詳，或後人所加。近儒錢氏坫改爲「以豖爲豕，以豕爲彖，何以明之？爲啄、琢從豕，蠡從彖」云云。段氏改爲「以豕爲豕，以彖爲彖，何以明之？爲啄琢從豕，蠡從彖」云云。予謂錢氏所改固仍轇轕不明，段氏雖分晰，然不知彖彖本爲一字，亦千慮之失。疑此當作「以豕爲豕，以彘爲豕，何以明之？爲啄、琢從豕，蠡從豕，皆軋其聲，以是明之」。戴侗六書故謂彖即彘字，直例切，蠡從彖，即從彘也。而當時俗書有作蠡者，故云以彘爲豕，啄琢皆從豕聲，而俗或作啄琢，故云皆軋其聲。豕音施是切，彘音直例切，有齒舌輕重之別。軋者，相傾軋也，與亂義近，與「取」字形似而訛。據此益可證彖之本音弛矣。

南史　唐　李延壽

初四日　閱南史，徐勉戒子書曰：「釋氏之教，以財物謂之外命，外典亦稱何以聚人曰財。」六朝崇尚佛教，以旁行書爲内典，以儒書爲外典，故此引易繫辭傳而曰外典也。

六朝忠臣當以袁粲爲首，而粲初爲侍中領射聲校尉時，以納山陰人丁承文貨，舉爲會稽郡孝廉，坐免官。簠簋不飭，賢者不免，所謂小德出入可也。

宗慤傳「宗軍人串噉麤食」，此「串」字最古。串即「毌」之隸變，毛詩「串夷載路」，傳曰「串，習」，是假「串」爲「摜」。説文「摜，習也」，引春秋傳曰「摜瀆鬼神」，今左傳作「貫瀆鬼神」。孟子「我不貫與小人乘」，亦假「貫」作「摜」，是古串、貫、摜通用也。詩鄭箋謂「串夷」即「混夷」，而緜之「混夷駾矣」，毛詩亦正作「混」。混音昆，昆、串一聲之轉也。今俗訓習者作慣，非。

六朝惟散騎常侍、散騎侍郎有員外官，以常侍得珥貂，故置員外官，以寵朝臣之未得爲常侍者。常侍既置員外，故侍郎因之，此皆虚授，不事事也。又有通直散騎常侍，則入直事事矣，而尚非真除，蓋有應得常侍而資淺者，始以授之。侍中珥貂，較常侍更華要，選朝臣高資有文學而兼風貌者爲之。宋孝武選王彧、謝莊、阮韜、何偃，皆以風貌。齊明帝欲用陸慧曉爲侍中，以形短小而止，是也。亦有侍中夾侍，庾杲之爲侍中夾侍，柳世隆謂齊武帝曰：「庾杲之爲蟬冕所映，彌覺華采，陛下故當與其即真。」王儉不可而止。夾侍者，猶常侍之通直，唐所謂裏行，今之學習行走是也。

東晉、宋、齊，揚州刺史皆宰相之兼職，梁代雖多以親王爲之，選授隆重，然非宰相之任矣，故稱曰監州，不徑名刺史。如蕭景、孔休源，皆以將軍監揚州，是也，蓋已與諸州刺史無大異。而寄任甚顯，得預機密，故景以近屬而謂之越授，休源至有兼天子之稱矣。

六朝以尚書僕射爲宰相，稱曰執法。執法者，猶言執政也，非中執法之謂。沈文季問單景儁：「右執法有人否？」齊明帝遂以爲右僕射，王晏戲呼爲吳興僕射。文季曰：「琅邪執法，似不出卿門。」又朱异卒，梁武帝議贈官，或言异平生望得執法，乃贈尚書右僕射，是也。然中書通事舍人之職，内綜機務，實執國柄，殆與唐代翰林學士號内相者同，惟多以雜流居之，又近漢之中書令。

六朝重北人而輕南士，故丘靈鞠欲掘顧榮冢，謂其引諸傖渡江妨塗轍也。王、謝、袁、褚、江、何諸族，子弟出身，便官祕、著，王、謝尤甚。即人材極凡劣者，亦必至大中大夫，而南土高門，如吳郡之陸、之顧、之張，吳興之沈，會稽之孔，舉辟得官，不過軍府州郡行佐書記，及王國侍郎、常侍之屬，他或釋褐奉朝請，或召爲國子生，惟張稷起家著作佐郎，稷子嵊亦起家祕書郎，此南士之僅見者。餘或爲功曹從事史，如賀琛、朱异，雖非望冑，亦是清門，而皆爲此職。其歷官也，中原高冑，至不屑爲臺郎。

王筠傳：「爲尚書殿中郎，王氏過江以來，未有居郎署者。或勸不就，筠曰：陸平原東南之秀，王文度獨步江東，吾得比蹤昔人，何所多恨？」江智深傳：「元嘉末，除尚書庫部郎，時高流官序，不爲臺郎，智深門孤援寡，獨有此選，意甚不悦，固辭不拜。」王弘、王曇首一門，至不屑爲御史中丞。王僧虔傳，言王氏分枝居烏衣者，位望稍減。僧虔爲御史中丞，曰：「此是烏衣諸郎坐處，我亦可試爲耳。」甲族由來多不居憲臺也。按王準之傳，準之除御史中丞，自曾祖彪之至準之，四世居此職。準之嘗作五言詩，范泰嘲之曰：「卿唯解彈事耳。」僧虔所指烏衣諸郎，蓋即準之家也。考南朝王氏，惟導之後最貴，導之後又以出於珣者爲最。弘與曇首皆珣之子，仍世臺司，位望第一。王誕、王惠兩支，皆出於導子恬，宰相國戚，亦相繼於世。而誕從孫奂傳云：奂出繼從祖僕射球，諸兄出身王國常侍，而奂起家著作佐郎。顔延之撫其背曰：「阿奴始免寒士。」按奂曾祖穆，爲晉司徒謐之兄；祖僧朗，宋尚書右僕射；叔父景文，尚書左僕射，揚州刺史；而所繼祖球，即謐之子，球又繼爲宰相，乃已不免寒士之稱，兄弟至爲王國官，不能逮珣後一支矣。若王敬弘、王鎮之、王弘之三支，出於導從弟廙，王準之一支出於導從弟彬，胄望又在誕、惠之下。到撝傳云：「王晏既貴，雅步從容。撝問曰：『王散騎復何故爾？』晏先爲國常侍，轉員外散騎侍郎，此二職清華所不爲，故以此嘲之。」晏即弘之孫也。沈文季亦誚晏曰：「琅邪執法，似不出卿門。」然晏從祖敬弘，爲宋尚書僕射尚書令、開府儀同三司，從父曇生，官亦至吏部尚書、太常卿，家門亦甚盛，而在王氏中已爲乙族矣。

出身之美，祕、著以外，推揚、徐二州迎主簿。徐勉傳：舊揚、徐首迎主簿，盡選國華，中正取勉子崧充南徐選首。梁武帝敕勉曰：「卿寒士，而子與王志子同迎，偃王以來，未之有也。」然甲族已多不肯就，南士則以此爲首選。其官至僕射者，沈文季、沈約、張稷、張充、沈君理、陸繕等不過數人。其聯姻帝室者，惟陳文帝、後主兩沈皇后，皆吴興人。後主沈后父君理，尚武帝女會稽穆公主。然文帝娶沈后，在梁世時，文帝猶未貴達。君理之尚公主，亦在武帝鎮南徐時。其登臺司者，惟沈慶之、章昭達，又皆是武人。章昭達，吴興武康人，與陳文帝有舊，以武功至開府儀同三司，宣帝時進位司空。其幾得僕射而仍失者，孔靖即孔季恭屢授屢固辭，孔奂已草詔，仍不行；張緒爲王儉所沮；餘無聞焉。張率傳梁武帝謂率曰：「祕書丞天下清官，東南望胄，未有爲之者，今以相處。」則南人之難得清職可知。吾越仕宦最顯者，惟孔靖、孔奐、孔休源，然皆不至臺司執法。次則孔靈符、孔琇之、孔琳之、孔覬、孔稚珪、虞琮、孔範，皆至八坐。虞玩之、賀琛、孔登至九卿。其得封爵者，惟戴僧靜，永興人，封建昌縣侯；王琳，山陰人，封建寧縣侯，俱以軍功。戴法興，山陰人，以近倖得封吴昌縣男而已。

六朝稱吏部郎爲通貴，其選授甚重，較他曹郎遠甚。按南史，有以御史中丞遷者，庾杲之、王思遠；有以侍中遷者，張緒；有以中書侍郎、驍衛將軍遷者，江智深；有以郡守行州事遷者，謝脁、陸慧曉；有以少府卿遷者，王僧孺。僧孺由御史中丞遷少府卿。而王思遠且上表固讓，謝脁至於三讓。脁傳言：「中書疑脁官未及讓，以問沈約。約曰：宋元嘉中，范曄讓吏部，朱修之讓黄門，蔡興宗讓中書。黄門、中書皆謂侍郎。並三表詔答。」王藍田、劉安西並貴重，初自不讓。謝吏部今授超階，讓别有意，而王錫以公主子，才名甚盛，年二十四，遷吏部郎，不敢拜，其華要可知矣。

尚書左丞爲糾轄之職，而資秩甚輕。賀琛爲尚書左丞，加員外散騎常侍，舊尚書南坐無貂，貂自琛始。何修之爲尚書左丞，卒。故事，左丞無贈官者，特詔贈黄門侍郎，儒者榮之。此皆在梁武帝時，爲優儒之特典。

六朝人拜官，不特避家諱，父終此官者，亦不肯拜。謝舉爲太子詹事，以父瀹終此官，累表乞改。王儉爲侍中，以父僧綽終此職，固讓。陸繕兩拜御史中丞，皆以父任所終，固辭。此事唐以後無聞矣。

南朝頗重山陰令。傅琰傳云，琰爲山陰令，著異績。後已官尚書左丞，齊高帝以山陰獄訟繁積，復以琰爲山陰令，後遷益州刺史。由令遷州，古所未有。顧覬之傳云：「山陰劇邑三萬户，前後官長，晝夜不得休，覬之御繁以簡。自宋世爲山陰令者，莫能尚也。」江秉之傳云：「爲山陰令，人户三萬，政事繁擾，訟訴殷積，階庭常數百人。秉之御繁以簡，常得無事。宋世惟顧覬之亦以省務著績，其餘雖政刑修理而未能簡事。」蓋其時會稽爲東南列郡之首，嘗立爲東揚州，而山陰等於京縣也。沈憲傳齊高帝以山陰户衆，欲分爲兩縣。

初五日 終日閲南史，方就訂纂，有一客來，久坐不去，破此工夫，甚爲可恨。

孔覬傳初晉安帝時，散騎常侍選望甚重，與侍中不異，其後職任閑散，用人漸輕。宋孝建三年，孝武欲重其選，於是吏部尚書顔竣以黄門侍郎孔覬、司徒右長史王景文應舉，既而常侍之選復卑。是則貂腳之名，不待唐代矣。侍中之選，華要日甚。王峻傳峻性詳雅，無趨競心，嘗與謝覽約，官至侍中，不復謀進仕。陸慧曉傳慧曉已官五兵尚書領右軍將軍，朝議欲以爲侍中，王亮欲以鎮南兖州，王瑩、王志皆曰：「侍中彌須英華，方鎮猶應有選者。」虞悰傳悰已爲散騎常侍、太子右率，齊武帝以悰布衣之舊，從容謂曰：「我當令卿復祖業，轉侍中。」朝廷咸驚其美拜。胡諧之傳諧之爲都官尚書，齊武帝嘗從容謂之曰：「江州有幾侍中？」諧之答曰：「近世惟程道惠一人。」上曰：「當令有二。」以語尚書令王儉，儉意更異，乃止。可知其任貴重，亞於宰相，至唐遂爲宰相之加官，其積漸輕重，皆非一日也。

王、謝子弟，浮華矜躁，服用奢淫，而能仍世貴顯者，蓋其門風孝友，有過他氏，馬糞烏衣，自相師友，家庭之際，雍睦可親。謝密、王微，尤爲眉目，三代兩漢，如兩人者亦不多得，讀其佳傳，爲之歎想。其餘亦多至性足稱，雖改姓易朝，略無忠節，顧不恤國而能恤家，久據膏粱，要非無故。

孔靈符立墅永興，至三十餘里，包帶二山。賀琛築室郊郭間，講授三禮，學侶三千餘人，此皆鄉邦盛事，雖雅俗不同，俱堪黼述，惜遺跡所在，無可想尋。

宋武帝之討桓玄，本欲於山陰起事，孔靖以路遠止之。見孔靖傳。其後宋、齊、梁之世，以會稽起兵者，孔覬、王敬則、張彪凡三人。彪，梁之忠臣，死有餘烈。覬奉尋陽王討宋明帝，檄召諸郡，仗義執言。敬則以高武舊將，其時齊明帝誅高武子孫殆盡，興師伐暴，亦爲堂堂之舉。雖事皆不成，俱足千古，以視據地稱叛者，豈直霄壤相懸，所謂吾越乃報仇雪恥之邦，非藏垢納污之地也。

前代人呼江西人爲雞，高新鄭見嚴介谿，有大雞小雞之謔，常不解所謂。問之江右人士，亦都不知。按南史胡諧之傳，諧之豫章南昌人，齊武帝欲獎以貴族盛姻，以諧之家人語傒音不正，乃遣宮內四五人往諧之家教子女語。二年後，帝問諧之曰：「卿家人語音正未？」答曰：「宮人少，臣家人多，非唯不能得正音，遂使宮人頓成傒語。」帝大笑。又范柏年云：「胡諧是何傒狗？」此事南齊書不載。乃知江西人曰傒，因「傒」誤爲「雞」也。又顧琛傳宋世江東貴達者，會稽孔季恭子靈符、吴興丘深之及琛，吴音不變。知爾時吴越，鄉語本同。

南朝學伍奢父子者兩事而皆效。沈慶之被殺，子文叔謂弟文季曰：「我能死，爾能報。」文叔死，文季揮雙刀馳去。蕭懿爲東昏所害，臨死曰：「家弟在雍，深爲朝廷憂之。」後梁武果起兵。又隋書王頒傳，父僧辯爲陳武帝所殺，及隋伐陳，頒自請行，從韓擒虎先鋒夜濟，滅陳，發武帝陵，剖棺焚骨。此亦學子胥鞭屍者。李延壽入之北史，而南史僧辯傳末但云頒「少有志節，荊州覆滅，入於魏」，梁書亦同。竊謂此雖史家限斷之法，然頒仕隋，除此一事外，都無表見，宜附於僧辯傳，以快讀者之心。

南朝輕武人。晉桓温之貴重，而謝奕猶呼爲老兵，王述亦呼爲兵。沈慶之文季父子，一家忠孝，爲宋、齊間之冠，而褚淵以門第裁之，嘗於齊武帝前言文季有將略，文季諱稱將門，因此發怒。宗慤幼時，言欲乘長風破萬里浪，而其叔少文以爲滅我門户也。

南史 唐 李延壽

初六日 閱南史，又札記十條。

何敬容爲吏部尚書，詮序明審，爲吴郡太守，政爲天下第一，固貴戚中之名臣。及爲僕射，詳悉舊事，勤於簿領，朝旰不休，蓋賢相也。梁書本傳深致褒美，略無貶辭，但云晉、宋以來，宰相皆文義自逸，敬容獨勤庶務，爲世所嗤鄙。傳贊引王敬弘「身居端右，未嘗省牒」，深以爲非。有曰：「望白署空，是稱清貴；恪勤匪懈，終滯鄙俗。」又曰：「何國禮之識治，見譏薄俗，惜哉。」其言最爲平允。南史既添出「拙於草隸，淺於學術，通苞苴餉饋」等語，又於「獨勤庶務」下加「貪恡」二字，又增出「苟既奇大父亦不小」及丙吉、蕭何之對；朱异傳復以敬容與异並論，謂「外朝則敬容，内省則异」，操行各異，而俱見倖。异傳云敬容「質慤無文，以綱維爲己任」，「質慤」十字似非惡語，何得謂之見倖？觀敬容「先天而天不違」之對，非不知文義者。邴吉之問，即曰有之，亦出偶然之誤，不足爲口實。至陸倕「狗父」之戲，直是無賴惡薄語，史家何屑載之。敬容言侯景翻覆叛臣，終當亂國；又以簡文頻講老、莊，謂晉氏祖尚元虚，胡賊遂覆中夏，今東宮復襲此，殆將爲戎。其深識遠見，高出一時，社稷之臣，庶乎無愧。南史謂爲不學，極意譏笑，可謂無識。

山陰賀氏，自晉司空循，至孫道力、曾孫損、玄孫瑒、瑒子革、季及從子梁太府卿琛，六世以三禮名家，爲南土儒宗。而南史瑒傳首載其伯祖道養善卜筮，遇一工歌女人病死，筮之曰「此天帝召使歌」，俄頃而蘇事，極爲不倫。李氏好言神鬼，往往可厭，而此事尤荒唐無謂。梁書瑒傳但言祖道力善三禮而已。春秋正義引賀道養云：「春貴陽之始，秋取陰之初。」是道養亦著經説也。又云「宋太學博士賀道養爲杜氏春秋左氏傳序作注」，又可考見道養官位。

孔珪傳，即孔稚珪，南史避唐高宗嫌名，去「稚」字。父靈産，事道精篤，過錢唐，於舟中遥拜杜子恭墓，自此至都，東向坐，不敢背側。南齊書亦同。按南史此下沈約傳云，錢唐人杜炅字子恭，通靈有道術，東土豪家及都下貴望皆敬事之。靈産此事本不足載，既欲載之，何不移沈約傳中數語入之靈産傳中，便覺分晳。今幾不詳子恭爲何人。

東昏潘妃死節事，見王茂傳，竊謂此宜附見東昏褚皇后傳下，以顯其節。褚后傳本有「帝寵潘妃，后不被遇」之語，附傳甚合。今在茂傳，但云潘玉兒，不云潘貴妃，幾令讀者疑爲兩人。梁書王茂傳不載此事，南齊書東昏本紀但言拜愛姬潘氏爲貴妃及爲市令一事而已。茂傳云：「東昏妃潘玉兒有國色，武帝將留之，以問茂。茂曰：『亡齊者此物，留之恐貽外議。』帝乃出之。軍主田安啓求爲婦，玉兒泣曰：『昔者見遇時主，今豈下四非類。死而後已，義不受辱。』及見縊，潔美如生。輿出，尉吏俱行非禮。乃以余妃賜茂，亦潘之亞也。」

宋前廢帝同産山陰公主淫亂，帝爲置面首三十人。而齊東昏褚后傳云，東昏娶后無寵，謂左右曰：「若得如山陰主，無恨矣。」山陰主，明帝長女也，後遂與爲亂。是宋、齊有兩山陰主，皆淫亂者。東昏紀但云與諸姊妹淫通，不言爲山陰主。

江智深傳云，父僧安，宋太子中庶子，少無名。從兄湛禮敬甚簡，智深常以爲恨。故宋孝武言江僧安癡人，癡人自相惜，此與罵袁粲爲「袁濯兒」，口吻如一。以袁濯爲揚州秀才早卒也。通鑑但言僧安爲智深父，而不載少無名云云，則癡人之語不明。

張緒傳言卒後贈散騎常侍，特進光禄大夫。緒生時已爲散騎常侍、金紫光禄大夫矣，宋、齊以後，贈官與晉以前有別，漢、魏、晉多有贈本官者，蓋贈以本官章服印綬也。宋以後但有加贈，緒乃贈特進耳，而史家牽連書之。

齊高帝餉孔靈産白羽扇、素隱几，曰：「君有古人之風，故贈君古人之服。」明帝賜傅昭漆合燭盤，曰：「卿有古人之風，故賜卿古人之物。」梁昭明太子賜劉杳瓠食器，曰：「卿有古人之風，故遺卿古人之器。」凡三用此語，皆本於魏志太祖以素憑風、素憑几賜毛玠，曰「君有古人之風，故賜君古人之服」，然殊病複沓。梁書傅昭傳語與此同；劉杳傳不載瓠食器事；齊書孔稚珪傳載靈産此事，但云「君性好古，故遺君古物」。

贈書之事，古今美談。蔡邕王粲，豔傳人口。南史中有兩事。王筠傳：「沈約每見筠文咨嗟，嘗謂曰：『昔蔡伯喈見王仲宣，稱曰王公之孫，吾家書籍，悉當相付。僕雖不敏，請附斯言。』」孔奂傳：

「沛國劉顯深相歎美，執其手曰：昔伯喈墳素，悉與仲宣，吾當希彼蔡君，足下無愧王氏。所保書籍，尋以相付。」

六朝愛尚辭華，競相標置，五字之美，襲譽終身。故沈約郊居築宅，風流所歸，齋壁所題，王筠十詠，而劉杳之贊，劉顯之詩，並命善書，列之此上。見王筠、劉杳、劉顯各本傳。他若柳吳興「木葉秋雲」之句，王融寫扇而恐遺；王文海「鳥鳴蟬噪」之聯，劉孺擊節而不已。是以聲華逾溢，浮藻相高，經術少文，廢而不講。遂至古學墜地，師法盡亡，漢儒醇樸之風，於焉盡變。若王仲寶者，少究三禮，尤善春秋，既宅臺司，興厲實學。至於鈔何承天之禮論，存鄭康成之孝經，見陸澄傳。固爲一世表儀、諸儒領袖矣。

竹香齋古文　清　茹敦和

初八日　閱三樵先生竹香齋古文。三樵之學，淵源於毛西河，而依據許、鄭，特爲謹嚴。古文俊逸絜爽，亦出毛氏。文僅二卷，上卷爲考辨序記之屬，下卷傳誌之屬二十六篇，多鄉邦故事。孝靖倪先生傳，叙無功學業極詳，可裨志乘。王蕚庵傳，名燦，康熙甲辰進士，宰陝西甘泉縣，值吳逆之變，以節著，擢延安府同知。王成吾傳、韓先生傳、吳青于傳、柴絜亭模墓誌，皆梓桑文獻所關。書單港獄，極言山陰令楊爲棫之賢，亦傳循吏者所必采，志郡邑名宦者尤不可遺。爲棫，湖南巴陵人，康熙丙戌進士。家傳三首，最爲佳作。其宣教家傳，言洪武中里人有毁黄册事，獄成，坐戍遼東。謂洪武十四年從户部尚書范敏議，詔天下編賦役黄册，册凡四，一上户部，而布政司及府縣各存其一。當明之初，懲元季廢弛，用法嚴，斬刈無虛日。毀黄册何事也，而僅得戍？此其爲罣誤從坐者無疑云云。

予家郭婆溇，始祖員二府君，諱德賢，明初以富授徵仕郎階，管黄册。洪武中，亦以册毁戍遼東，蓋亦茹氏所謂罣誤從坐者。員二府君既戍，長子存一府君，諱惟誠，以諸生從往，遂世居遼東爲戍籍。而員二府君卒後，仍歸葬於越。今山陰郭西四里青田湖側，所謂花園墳者是也。次子存二府君，諱維□，亦諸生，爲予所自出之祖。而遼左一支後遂無考。乾隆中，故河督漢軍李亨特守吾越，亨特祖宏、父奉翰三世爲河督，宏以乾隆三十六年八月卒於南總河任，奉翰以四十四年正月由河庫道署南總河，尋爲真，父子相距七年。至嘉慶二年九月，奉翰由東總河遷兩江總督，九年十二月亨特繼總東河，父子相距亦七年。自言其先本山陰人戍遼者。時高叔祖曙亭中翰公，高資宿望，爲巨家領袖，曾祖兄弟群從二十四人，皆爲牧令秀孝，有名於時。河督求予家譜牒觀之，指員二、存一兩府君名曰：「是我祖也。當走信都中，取其家譜來證之。」而河督移守杭，未幾又遷去，終不得勘合。予聞漢軍李氏俱出自明寧遠伯李成樑。按明史成樑本傳，言其先爲高麗人，似河督之言未足據者。嘗以語平景蓀，景蓀謂史傳亦不可盡信。予亦思河督爾時爲郡太守，何所求而冒附其祖，且欲撰僞譜以求合乎？此事固一大疑也。予同官有豫益者，爲漢軍李氏，常欲詢之，尚未果。因閲茹氏家傳，姑牽連記之於此。

甘泉鄉人稿 清 錢泰吉

十三日 蓮舟處借得嘉興錢警石訓導泰吉甘泉鄉人稿，凡二十四卷。卷一至卷六爲書劄題跋；

卷七至卷九爲曝書雜記；卷十至卷二十爲題跋、序記、銘誌、雜文；卷二十一至二十四爲古今體詩；末附校書年譜。警石一生以校書爲事，其文大半言此事，不立門户，隨其所得，縷縷記之。雖學識有限，而謹慎可法。近時浙人著述，及收藏諸家多藉以考見，古今雜陳，罕所軒輊，一言一字，皆若恐傷人。其他文字，雖多冗拙，而性分真實，樂道人善，蓋有古人醇樸之風，不當以工拙論者也。嚴事其從兄衎石給諫，詩文學業，悉所稟承，於家世見聞，拳拳稱述，惟恐或遺。其門風孝友，家法謙謹，亦足垂型薄俗焉。

漢書　漢　班固

十五日　夜歸後，校讀漢書外戚傳，臆改原文誤字一條，孝成許后傳「妄誇布服糲食」，「誇」字疑是「許」字之誤。辨正顔注三條，孝景王后傳「初皇太后微時，所謂金王孫生女俗，在民間」。俗者，金王孫女之名也。史記徐廣注可證。顔氏誤屬下讀，言「隨流俗而在閭巷」，大謬。又孝成許后傳「毋若未央宫有所發」一條、「太后在彼時不如職」一條。又改正原書訛字二、汲板訛字三。

十八日　以史記校漢書外戚傳。唐人李善之注文選、顔籀之注漢書，古今並傳，以爲絶學。然顔實非李比，兩注相斠，優劣懸絶。蓋李精通訓詁，淹串古義；顔濡染俗學，多昧本文。據唐書文苑傳，言善注文選，釋事而忘義。書成以問子邕，邕謂宜事義並釋，善乃令邕補之，遂兩書並行。按今文選注往往兼釋事義，則已有邕注併入其中，而不復能别。師古之注漢書，本於其叔父游秦，故稱爲小顔注；而師古不標明游秦之説，遂令大顏之注無從分別，故前人譏師古爲攘先善。是則文選注以父掩子，殆出北海之意，不失爲恭；漢書注以後攘先，竟成祕監之私，殊害於義。兩書非特疏密難同，亦且從違迥判。

十九日　夜加朱漢書外戚傳上卷畢，采附錢氏考異、王氏雜志數條，亦間有以私意校正者。如李夫人傳「弟子增欷，洿沬悵兮」，孟康曰：「洿沬，涕洟也。」晉灼曰：「言涕淚洿集，覆面下也。」師古曰：「洿音烏，洿下也。」案，「洿」當是「洟」之誤，「洟」古或寫作「洿」，與「洿」字形似而訛耳。

又「函菱荴以俟風兮」，孟注謂「菱音綏，華中齊也。夫人之色，如春華含菱，敷散以待風也」。案，「菱」字即「葰」字。説文「葰，薑屬，可以香口，從草俊聲，息遺切」，儀禮作綏。既夕云「實綏澤」，注：「綏，廉薑。澤，澤蘭。皆取其香也。」蓋菱從夋聲，爲正字；或從俊作「葰」，説文從俊聲，不若從夋聲之直截，故此「夋」爲或體字也。假借作「綏」，同音相借。俗作「荽」。文選潘岳閑居賦「蓼荽芬芳」，李善注引韻略曰：「荽，香菜也，相惟切，與『葰』同。」荴，説文作「蒪」，華葉布也，從艸傅聲。漢書李奇注：「荴音敷。」是「函菱荴以俟風」者，正謂含香敷布以俟風耳，故下句作「芳雜襲以彌章」，孟以菱爲華中齊者，非也。

霍皇后傳「顯因爲成君衣補，治入宮具」。案，「衣補」二字不可解。據顏注「謂縫作嫁時衣被也」，則「補」字當爲「被」字之誤。太平御覽引此已作「衣補」，則宋時已誤，故各本皆仍之。

又孝宣許皇后傳「女醫淳于衍者，霍氏所愛，嘗入宮侍皇后疾，衍夫賞爲掖庭户衛，謂衍可過辭霍夫人行」，覲可過辭行語，則衍先尚未入宮也。嘗入宮「嘗」字，疑是「當」字之誤，而各本皆作「嘗」。又孝景王皇后傳「王夫人又陰使人趣大臣立栗姬爲皇后，大行奏事文曰」云云。案，「大臣」亦當作「大行」，不然何以大行獨奏事，下又云「遂案誅大行」耶？而史記及各本俱作「臣」。

晚學集　清　桂馥

二十五日　夜閱桂未谷晚學集。桂君小學專門，精於隸篆書，徧究其沿襲訛變。集中如説隸、玉篇跋、集韻跋、書陸氏詩疏後、書爾雅後、書廣韻後、再書廣韻後、答楊書巖論音況書諸篇，皆小學淵藪，治六書者不可不讀。其他文考證，間有可取，而識見庳狹，又多措大氣。

祕辛雜事

二十六日　偶至南園齋中閱祕辛雜事。此書出楊升庵僞撰，同時胡震亨、國朝姚士粦皆按史傳駁其乖違數事，而士粦又謂其中造語似非後人所能假託。予謂描寫吴姁審視一段，自是六朝佳致，唐人小説高者間有及之。升庵深於六朝，故能最其雋永，不足致疑。然導媟宣淫，莫此爲甚，聰俊子弟，尤不宜觀，刻叢書者往往收之，殊害風教。明人若湯玉茗譜牡丹亭、王弇州撰金瓶梅，雖雅俗攸分，蠱溺則一，文人好事，不免泥犁。升庵此書，因隋書經籍志有晉雜事之名，依託而作。「祕辛」者，書部甲乙之目，而今刻者俱作「雜事祕辛」，顛倒不通矣。

急就章

二月朔　急就章「酤酒釀醪稽極程」，「稽極」一本作「稽檠」，王伯厚謂當作積𥞞，説文積𥞞止也，木詘曲不伸之意。本草枳椇樹，江南謂之木蜜，其木近酒，能薄酒味，即積𥞞也。蓋象枳椇之詘曲爲酒經程，寓止酒之義。予謂積𥞞與稽極、稽檠字俱形不甚似，按説文「稽，留止也，從禾」，音古兮切，木之曲頭，止不能上也。玉篇音古溉、古兮二切，云亦作「礙」。又稽部𥡴，𥡴𥞞而止也。從稽省，咎聲，讀若皓。然則「稽極」者，「稽𥡴」之誤，𥡴與極、檠，篆形俱近似，故又譌爲「檠」。稽𥡴程者，言酒須有所節止爲程法也。

説文「𠌶草木華也」，此「華」字皆當作「𠌶」，後人通用耳。蕐，榮也，自來言説文者皆以爲二字音義相同，無所分別。俗作「花」字，而𠌶遂廢。予謂此二字一訓草木華，一訓榮，許氏意自有別。且兩字既同，又非如人儿、儿，古文人字，兀、兒、兄皆從此。大亣，亣籀文「大」字，奕、奚皆從此。有古籀二體，各立偏旁之別，何必畫然分立兩部？蓋𠌶者草木華也，魏、晉間改制「花」字。蕐者榮也，漢隸變爲「華」字。榮本訓桐木及屋翼，而引申爲光潤之義。爾雅釋草云「蕐，荂也」，「蕐、荂，榮也」，此是轉注。凡轉注者必同意相受而有所附益。榮者，荂之裨附義也，是蕐者草木花之光，故引申爲光華義。草木𠌶之有光，猶人之有榮衛也，故曰蕐者榮也。或謂蕐下有曅字，從蕐，故蕐不得不別爲部。予按，曅即皅之或體，亦作蘤，又作葩，皆訓草木白𠌶也，古亦假爲花字。後漢書張衡傳「百卉含蘤」，注引張揖字詁云「蘤，古花字」，廣雅「蘤、葩、菁、蘂、花，華也」，皆同音通借。且其字從白，本當入白部，許氏因華之義本別於𠌶，既立華部，故取𤾢字附入之耳。

周易五書　清　方申

初五日　夜閲廣陵思古編，其中載儀徵方申所作周易五書，自序文五篇，曰周易互體詳述，曰周易卦變舉要，曰虞氏易象彙編，曰諸家易象别録，曰周易卦象集證。皆謹守漢學，專明古法，條分縷析，提要鉤元，其辨證精博，多足裨近儒惠、張之義，時亦正其疏舛，蓋近時易學互象名家也。惜其書未見，不知已刻否。汪氏附傳，言申字端齋，本姓申，爲舅氏後，從方姓。性至孝，年五十始爲諸生，旋卒，時道光二十年也。是經生之最窮者矣。

隋唐宋三史經籍藝文志

初六日　參閲隋、唐、宋三史經籍、藝文志經子部。唐志錯雜紕誤，最爲無法。如云韓詩卜商序韓嬰注二十二卷，又外傳十卷，卜商集序二卷，又翼要十卷。夫三家詩固皆應有序，然韓詩之序，必非出於子夏。漢志言毛公之學自謂子夏所傳，則子夏之序僅毛詩有之。今諸書所載韓詩序皆與毛詩大異。漢志、隋志皆不言韓詩有卜氏序，其誤一也。既有卜商序，又有卜商集序，不知其爲何書。漢、隋志亦並無卜商集序之名，其誤二也。韓詩翼要十卷，乃漢侯苞所作，而不别其名，其誤三也。

又云禮記正義七十卷，孔穎達等奉詔撰，賈公彥禮記正義八十卷。夫「正義」之名，但屬孔穎達等奉敕所撰易、書、詩、禮記、左傳，故號「五經正義」。賈公彥撰三禮疏，並無「正義」之名，其誤一也。賈公彥撰儀禮、周禮疏各五十卷，禮記疏亦五十卷，本傳可據，宋志亦不誤，而云八十卷，其誤二也。此外疏舛，不一而足。如樊恭廣蒼一卷，顏延之詁幼二卷，皆梁七録所有，隋志已亡，而唐志乃載廣蒼一卷，詁幼文三卷。廣倉雖文選注、後漢書注尚有引用者，要非出於本書；詁幼則絶不見徵引，歐公何以知唐代有此二書乎？因慨隋志所載，大半已爲六朝人作，漢時人書，存者寥寥，唐志則唐人之書居什之八，宋志則宋人之書又居什之八矣。卷籍愈多，概可覆瓿。

韓氏之詩，流傳最久，而竟亡於五代。孟氏、京氏、費氏、馬氏、鄭氏、荀氏、虞氏、陸氏之易，馬氏、鄭氏之書，王氏肅、崔氏靈恩之詩，馬氏、王氏、沈氏重之周禮，王氏之儀禮，王氏、孫氏炎、皇氏侃、沈氏、熊氏安生之禮記，賈氏、服氏之左傳，嚴氏彭祖之公羊，唐氏固、麋氏信之穀梁，唐志尚有尹更始注春秋穀梁傳十五卷。案隋志言梁有今亡，此亦唐志不足信之一。至宋而無一存者。於是，易則惟太極，書則惟僞文，詩則惟淫風，禮則惟大中，春秋則惟獄辭矣。

西京雜記　漢　劉歆

十二日　閱西京雜記。此書託名劉歆所撰、葛洪所録，論者謂實出梁吴均之手。其文字固不類西漢人，且序言班固漢書全出於此，洪采班書所未録者，得此六卷。然其中如趙飛燕女弟昭陽殿一段，傳介子一段，又皆班書所已録，稚川之言，固未可信。至謂出於吳均，則未必然。觀所載漢事，如殺趙隱王者爲東郭門外官奴，惠帝後腰斬之而吕后不知；元帝以王昭君故，殺畫工毛延壽、陳敞、劉白、龔寬、陽望、樊育等；高賀誚公孫弘内服貂蟬，外衣麻枲，内廚五鼎，外膳一肴，弘歎曰「寧逢惡賓，不逢故人」；高祖爲太上皇作新豐，匠人吳寬所營；匡衡勤學，穿壁引光，又從邑人大姓文不識家傭作讀書；成帝好蹴鞠，家君歆稱其父向。作彈棋以獻；王鳳以五月五日生；楊王孫名貴，京兆人；司馬相如將聘茂陵人女爲妾，卓文君作白頭吟；平陵曹敞在吳章門下，好斥人過，世稱輕薄，後獨收葬章屍，平陵人生爲立碑於吳章墓側，在龍首山南；郭威、楊子雲及向、歆父子論爾雅實出周公所記；張仲孝友之類，後人所足；霍將軍妻一産二子，疑兄弟先後；廣川王去疾好聚無賴少年漢書作「廣川王去」，「去」字不似名，疑作「去疾」爲是。然他無可證。發掘冢墓。諸條必皆出於兩漢故老所傳，非六朝人所能憑空僞造。

又如記輿駕、飲酎、禳水、家臣諸制，尤足補漢儀之闕。其一二佚事，亦可考證漢書。如云衛青生子，有獻騧馬者，乃命曰騧，字叔馬。後改爲登，字叔昇。登即封發干侯者。公孫弘著公孫子，言刑名事，今漢志有公孫弘十篇。此類皆是。黄俞邵序稱其「乘輿大駕，儀在典章；鮑、董問對，言關理奥」者，誠不誣也。惟所載靡麗神怪之事，乃由後人添入，或出吳均輩所爲耳。

其顯然乖誤者，如云霍光妻遺淳于衍蒲桃錦、散花綾、走珠等，爲起第宅，奴婢不可勝數。按漢書言衍毒許后，出過見顯，相勞問，亦未敢重謝衍。且此時方有人上書告諸醫侍疾無狀，顯恐，急語光，署衔勿論，豈有爲起第宅厚相賂遺之理？又云廣陵王胥有勇力，常學格熊，後爲獸所傷，陷腦而死。按漢書武五子傳，胥以祝詛事發覺，自絞死。又云太史公遷作景帝本紀，極言其短及武帝之過，後坐舉李陵，下遷蠶室，有怨言，下獄死。按遷作史記，在遭李陵禍之後，史記、漢書俱有明文。漢書又言遷被刑之後，爲中書令，尊寵任職，故有報故人任安一書，而云下獄死，紕謬尤甚。若果出叔庠，則史言均好學，將著史以自名。欲撰齊書，從梁武求借齊起居注及群臣行狀，帝不許。使撰通史，起三皇訖齊代，均草本紀、世家已畢，惟列傳未就而卒。又注范曄後漢書九十卷，著齊春秋二十卷，廟記十卷，十二州記十六卷，錢塘先賢傳五卷。是叔庠固深於史學者，豈於史記、漢書轉未照覆，致斯舛誤乎？蓋由漢代稗官記載，傳訛致然，故歷代引用，皆不能廢。其趙飛燕女弟居昭陽殿一條云，砌皆銅沓，黄金塗，正可證今本漢書趙后傳作「切皆銅沓冒黄金塗」，「冒」字爲涉注文而衍者也。

三月

説文解字　漢　許慎

朔　夜治説文，段氏於此書字字剔抉，直已無間可指。而書中從畾聲凡十字，乃獨從大徐説，謂「畾」不成字，皆當作從靁省聲，則許書固無此例。且「靁」下明云畾象回轉形，而下又有作䨻之古文，則「畾」爲古文「靁」字可知也。既有畾中有回之畾，則先有「畾」字又可知也。近時滇人鄭子尹爲補畾、畾二字，皆古文靁者，是也。此金壇千慮之一失耳。

文選樓叢書 清 阮元輯

十四日 寶森堂書賈以揚州阮氏文選樓叢書十二帙共二十六種求售。日來正難顧此事，謝去之。二十六種者，禮經釋例十三卷、孝經義疏補九卷、詁經精舍文集十四卷、疇人傳四十六卷、地球圖說一卷、述學二卷、溉亭學古録二卷、儀鄭堂文集二卷、雕菰樓集二十四卷、附蜜梅花館詩文録二卷，焦里堂子廷琥虎玉著。積古齋鐘鼎款識十卷、呻吟語選二卷、揅經室詩録五卷、淮海英靈集二十四卷、定香亭筆談四卷、小滄浪筆談四卷、廣陵詩事十卷、石渠隨筆八卷、八磚吟館刻燭集三卷、恒言録六卷、愚谿詩稿一卷、無爲張肇瑛景華著，肇瑛乾隆丙午江南解元。安事齋詩録四卷、儀徵貴徵仲符著，徵乾隆己酉進士，官吏部考功司郎中。讀書敏求記四卷、仿宋畫列女傳八卷、歷代帝王年表一卷、小琅嬛叢記一卷、華山碑考四卷。皆文達及其子弟輩積年所刻，而文達之弟亨彙爲此書者也。內惟雕菰樓集焦里堂所著、恒言録錢竹汀所著，皆予所亟欲見而未得者。

恒言録 清 錢大昕

十五日 從書賈借錢氏恒言録、焦氏雕菰樓集閲之。恒言録分吉語、人身、交際、毁譽、常語、單字、疊字、親屬稱謂、仕宦、選舉、法禁、貨財、俗儀、居處器用、飲食衣飾、文翰、方術、成語、俗諺有出等十九類，皆標方俗常語字，而引據子史、説部、詩文、語録各書，證其出處，大氏與翟晴江通俗編相出入。阮文達之子常生及烏程張明經鑑又爲補注所未備，前有常生序，言鄭氏箋詩「願言則嚏」曰：「俗人嚏，云人道我。」注禮「夏后氏以楬豆」曰：「齊人謂無髮爲禿楬。」蓋楬即髻，而嚏則今人猶然。自服子慎通俗之文不傳，此道幾於絶響，非先生孰克成之云云。其言可謂有據。

雕菰樓集　清　焦循

雕菰樓集，凡賦一卷，詩四卷，讚頌銘一卷，雜文十八卷。詩賦俱不足觀，文亦無古人義法，而考辨議論，多具卓識。如四聲陰陽辨，謂平聲有陰陽，猶仄聲有上去入，皆天地自然之音。或言仄亦有陰陽者，妄也。辛孔論，謂春秋得周之良臣一，曰劉伯蚠；得周之佞臣一，曰宰周公孔。蚠始平内難，後合十八國諸侯於召陵以制楚，東遷後二百餘年，以王臣奮發有爲者，蚠一人而已。諸侯不和，霸臣求賂，身死於軍，大業不就，可爲太息。宰孔當齊桓崛起東海以尊周爲己任之時，乃僖五年秋，諸侯盟首止以定太子，孔爲惠王銜命，召鄭從楚，鄭恃王命，遂叛盟，桓於是日服鄭之不暇，而楚之無王益甚。後十數年，鄭始乞盟，爲葵丘之會。是時襄王深德齊桓，非孔之所能間，乃值賜胙而歸，道遇晉君，力詆桓之非，止獻之赴。夫葵丘之會，諸侯方虞天下之不來，晉來矣而孔間之，其不欲桓霸之成，王室之安，明矣。向之爲王召鄭，非孔謀之而誰耶？内有劉岔，外無齊桓；外有齊桓，内有宰孔；此周之所以不競也。

良知論，謂紫陽之學，所以教天下之君子；陽明之學，所以教天下之小人。良知者，良心之謂也，雖愚不肖不能讀書之人，有以感發之，無不動者。讀文成集中檄利頭、諭頑民、札安宣慰及所以與屬官謀、告士卒者，無浮辭，無激言，真能以己之良心，感動人之良心。使當是時告之以窮理盡性之學，語之以許、鄭訓詁之旨，必不可也。

詞説，謂學者多謂詞不可學，以其妨詩、古文，尤非説經所宜者。非也。人稟陰陽之氣以生，性情中必有柔委之氣，有時感發，每不可遏。有詞曲一途分泄之，則使清勁之氣長流存於詩古文。且經學須深思冥會，或至抑塞沈困，詩詞足以移其情而轉豁其樞機，則有益於經學不淺。文武之道，一張一弛，古人一室潛修，不廢弦歌。其旨深微，非得陰陽之理，未可與知也。

書韓文毛穎傳後，謂昌黎作此文，當時多笑之者，柳州辨之，以明夫張弛拘縱之理，誠通儒之論。然人不能學昌黎，而類能學其毛穎傳。人不能服膺柳州他論文之言，而類能服膺其題毛穎傳之言。豈真以蜇吻裂鼻、縮舌澀齒之物可常服哉。縱易而拘難，張苦而弛便也。昌黎之前，未有此文，此昌黎之文所以奇；有昌黎之文，踵而效之，則陋矣。故柳州重其文而未嘗效其作。蘇長公乃有黄甘、陸吉、葉嘉、杜處士、温陶君等傳，不憚再三爲之，其亦好爲俳矣。此皆名論可傳者也。其他考據，尤多可取，不能備録。予别録其周易假借論、説隅、國史儒林文苑傳議三篇，而最其略於此。

四月

蛾術堂集 清 沈豫

十四日 昨日潘芾丈來借沈補堂蛾術堂集，此書予久棄去，今日偶於它處檢得之，因復略閱一過。其於經史之學頗爲留心，文筆亦喜規模選體，而見聞寡陋，識議淺局。所作皇清經解淵源録、皇清經解提要，疏漏紕誤，多可鄙嗤。皇清經解外編則鈔撮四庫簡明目録共十二條，蓋是偶然劄録而門人誤刻之者，尤不必論。

群書提要、周官識小、左官異禮略、群書雜義、袁浦札記五種，稍有心得。群書提要中論孟子外書爲秦、漢人撮拾而成，列有五證，頗可據信。袁浦札記中具列邵氏爾雅正義中所引時賢説若干條，又增減改正監本者若干條，亦讀邵氏書者所當知。讀經如面、讀易寡過、讀史雜記、秋陰雜記四種，不脱學究識見，尠有足取。

要而論之，補堂終老庠序，帖括授徒，乃能有志古學，窺測崖略，吾越近五十年來設館聚講者時文講章以外，毫無知識，間有一二能及律賦帖詩，已爲兼人絶學。補堂名譽或反在諸人之後，而所詣如此，不可謂非豪傑之士，故宗滌甫師爲作墓誌，極推重之。至其疏繆淺狹，終有村塾習氣，予甲集日記中稱之太過，恐後之論者以爲鄉曲阿好，故再論之如此。

爻山筆話　清　蘇時學

二十四日　昨在廠市見有爻山筆話十四卷，粤西藤人蘇時學敩元所著。書賈言此君以會試入都，攜此求售者。前有象州鄭獻甫序。其書先考經史，次及子書，次及文集，後附雜語，皆自抒所見。今日取閲之，雖見聞未廣，議論亦多有學究氣。其駁正新序中一條云「魯宣公，魯文公之弟也」，以「弟」字爲誤，則似未見公羊者。又謂太顛即太公，此吴斗南之妄説，前人已闢之。然其他考核頗有細心。如據博古圖有單疑生盉銘，謂單即春秋所謂單子，單讀如善，音與散近，單疑生蓋即散宜生。按單氏之出，杜氏、孔氏俱無所言。春秋文十四年單伯始見於經。公、穀以爲魯大夫姓單名伯者，固謬；謂成王封幼子臻於單，因有單氏者，其説始於羅氏路史，而鄭氏通志、馬氏繹史因之。然長源所據僻異，多不足信。竊疑周初功臣，散宜生爲周召之亞，不宜其後無聞。散姓，宜生名，此孔、馬以來相傳古説。金石録有散季敦銘，王伯厚據堯妃散宜氏謂「散宜」爲氏者，單文孤證，不足據也。蘇君此説，又合於古書聲音通假之法，殊爲創獲。

辨盤古之訛，謂此説起於三國時徐整曆記，其言怪誕。至梁任昉述異記，乃曰「南海有盤古氏墓，亘三百餘里；桂林有盤古墓，今人祝祀」云云。周、秦古書未有言及盤古者，而任氏言其墓，乃皆在桂林、南海，蓋猺人之先所謂盤瓠者致訛而然。今西粤土音讀「瓠」字音與「古」同。猺峒中往往有盤古廟，猺人族類尤多姓「盤」者，以此徵之可信。予按盤古之説，漢唐諸儒所不道。宋邵康節作皇極經世，始鑿鑿言之。馬宛斯繹史，歷引五運歷年記、述異記、三五曆記諸書言盤古事者，而斷之曰：「盤古氏名，起自雜書，恍惚之論，荒唐之説耳。作史者目爲三才首君，何異説夢。」蘇君證其爲槃瓠之訛，尤足破千古之惑。

辨戰國之宋爲戴氏所篡，據韓非子曰「戴氏奪子氏於宋」，又曰「司城子罕取宋」。韓非每論戴氏，必與齊之田氏並言；而呂氏春秋於宋偃之亡，亦曰此戴氏所以絶也。不言子氏而言戴氏，其事甚明。竹書紀年云「宋易城肝廢其君璧而自立」，璧者宋桓侯也。易城肝殆即司城子罕。予按易城肝，戰國策作剔成，其名義皆不可解。蘇君此證，既發戴氏篡宋之案，而以易城肝爲司城子罕之訛，亦甚近理。案史記李斯傳曰：「司城子罕相宋，身行刑罰，以威行之，期年遂劫其君。」與韓非子二柄篇言宋君失刑而子罕用之故宋君見劫者合。又鄒陽傳言，宋信子罕之計而囚墨翟而國以危。則戰國時宋有子罕之篡，其明證也。

辨蔡三滅於楚，謂楚惠王之滅蔡也，蔡猶復建。更七十八年，至楚宣王時而蔡始亡。據戰國策言子發滅蔡，當蔡聖侯時；子發者，楚宣王之大司馬景舍也。淮南子言子發以宣王時滅蔡，以威王時獲罪出奔，其時世尤爲可據。楚宣王與梁惠王同時，當梁惠王會泗上諸侯，固猶有蔡焉，則蔡不亡於楚惠王時審矣。而陋者每溺於史記之説，反疑國策之文有誤，妄改聖侯爲靈侯，宣王爲靈王。幸楊倞注荀子，引國策此文，尚存其舊耳。此與前一事，皆考戰國時事者所未及留心也。

五月

後漢書　南朝宋　范曄

十六日　後漢書陳寵傳云「弘崇晏晏」，章懷注：「晏晏，温和也。」引尚書考靈曜曰：「堯聰明文塞晏晏。」予按，「聰明文塞晏晏」即今堯典文「欽明文思安安」也。此蓋是今文家語。范書何敞傳曰「明公履晏晏之純德」，又曰「陛下履晏晏之姿」，足見當時習用此語。晏晏即安安，訓温和者非是。

郭躬傳云「父弘，習小杜律」，注云：「小杜者，杜周少子延年也。」按前書，周與延年俱著律令，而弘習小杜者，蓋以周持法刻深，延年稍平恕耳。故弘世傳法律，皆以寬平稱。而躬少傳父業，講授徒衆，常數百人。當時盛習經學，廣集門徒，以法家講授者，惟此一事，而徒衆如是之盛，亦近人競習刀筆者之濫觴也。

國朝畫識　清　馮金伯

十八日　閱國朝畫識，嘉慶初南匯馮金伯冶堂所著，前有錢竹汀、王西莊兩先生序。其書備列國朝人之能繪事者，分十七卷，得九百餘人，採取各書，兼及志乘，略載其生平梗概，始於王時敏，終於慈谿鄭大節。大節號籜垞，寒山先生梁之孫也。是爲第十二卷之末。與錢文敏、錢籜石同卷。第十三卷則寫真諸人，第十四卷沙門，第十五卷道士，第十六、十七卷閨秀，而附以女尼、女冠、女伎。其自序謂前之已入於佩文齋書畫譜，後之已見於墨香居畫識者，皆不復載。墨香，金伯所自號，蓋著此書後，又別成墨香居畫識，尚未得見其書也。

沈欽韓著述

二十日　王樸臣來，談次及近時吴人沈欽韓小宛博雅冠代，著書滿家，今所存者有春秋左傳補注、漢書疏證、水經注疏證、王荆公詩補注、蘇詩補證、范石湖詩注諸書，皆手稿完整，惜都未刻。樸臣借得其漢書、蘇詩兩種，其治蘇詩尚在馮注未出之前也。沈君嘉慶戊辰舉人，官寧國教諭。卒於道光庚子、辛丑間，其名氏見於包慎伯及劉申甫、顧千里諸君集中，予向知爲吴中學者，而不料其撰述繁富如是。乾、嘉以後樸學彌劭，潛心仰屋而名不傳者正不少也。

閏五月

中山集　唐　劉禹錫

初八日　閱劉夢得中山集。中山序記諸文簡潔刻鍊，於韓、柳外自成一子。其祭昌黎文謂「子長於筆，我長於論，以矛禦盾，卒莫能困」。王厚齋笑其不自量，未爲知言。

穆參軍集 宋 穆修

十九日 閲穆參軍集。凡詩一卷，文兩卷，僅二十首，後一卷爲附録遺事。前有祖無擇序及宋史本傳，後有南宋臨江劉清之跋。參軍爲尹師魯兄弟所師事，以古文倡其代，名與柳仲塗埒，而所作平衍疏冗，實尠佳處。上陳觀察、劉侍郎兩書，干乞之辭，過於自卑。史言其任泰州司理時，以直獲罪；又極表其剛介之節，而兩書皆在貶謫之後，蓋亦苦節不貞者與？

其稍可取者，如答喬適問學文書，有曰：「學乎古者所以爲道，學乎今者所以爲名，行道者有以兼乎名，守名者無以兼乎道。有其道而無其名，則窮不失爲君子；有其名而無其道，則達不失爲小人。」上陳觀察書有曰：「古所謂文武之道，蓋一道也，但治亂之用殊。所謂將相之材，皆通材也，由出處之寄異。」送崔伯盈序有曰：「士困窮而篤於學，庶民困窮而篤於利，然學之利久，或泰於身，或數世而弗斬。庶民日羸日陷，若坳坎聚潦，不注則涸，故少息則怠。」皆平實可味之言。蔡州開元寺佛塔記，前半言天下從佛之盛，由於聖人著禮明義以節生民之情，而不及死生禍福之説。佛於聖人之外，因民所惡欲而諭以死生禍福之報，禮義不競，故佛猖盛於時。議論亦甚好。送李秀才歸泉南序，小篇極有文情。

要而論之，參軍才無過人，學亦不競。惟生崑體極盛之世，獨矯割裂排比之習，以文從字順爲文，而説理明確。尹氏、歐陽出而推尊之，故名遂震爍，猶唐人陳伯玉之詩，殊無真詣，而於舉世絺繪之時，獨爲古風，張曲江、李、杜起而崇奉之，名亦遂以千古矣。

參軍詩更無名什，惟過西京絶句云：「西京千古帝王宫，無限名園水竹中。來恨不逢桃李日，滿城紅樹正秋風。」此本載代州馮如京評云不減龍標，固未爲允，然氣格殊不卑也。宋人説部，言其與丁晉公故舊，後以傲失歡，遂以行不逮文，短之真廟，故成怨郤。而集中聞報晉公自崖徙雷詩云：「從來崖貶斷還期，聞徙雷陽衆共疑。卻訝有虞刑政錯，四凶何事不量移。」則怨毒之心亦太甚矣。

六月

讀書偶識 清 鄒漢勛

二十四日　閱新化鄒君漢勛讀書偶識。鄒字叔績，咸豐辛亥湖南舉人，從楚軍積功至同知，殉寇難。其學尤精三禮，所著述頗夥，已刻者有春秋世家考。其家世皆擅經學，楚南言博洽者莫能先焉。予詢之徐介亭云。

七月

佩觿 宋 郭忠恕　**群經音辨** 宋 賈昌朝　**字鑑** 元 李文仲

初四日　蓮士以字學三書爲贈。三書者，宋郭忠恕佩觿、賈昌朝群經音辨、元李文仲字鑑也。

張、唐、二徐以後，宋元之世，推三君爲精小學。然郭氏此書已多沿訛測臆之談。賈氏分别音義，雖非古人義異音同之法，然自陸氏釋文採集衆音，相傳已久，亦後人讀經者不可不知。其末卷辨字訓得失，則持議謹嚴，實勝郭氏也。字鑑分别正俗，皆據説文，亦甚有師法。此本爲道光庚子漢軍楊霈即張氏澤存堂本重雕之蜀中者。郭、李兩書俱有訛字，不及賈書之善。楊字慰農，咸豐初官至兩湖總督。

觚不觚録　明　王世貞

十七日　偶閲王弇州觚不觚録，有論投刺用雙紅、單紅之别。内閣與司禮首璫及六部尚書九卿與内閣、五部尚書九卿與冢宰，皆用雙摺紅刺云云。余在京師，惟見内閣與骨肉親王則用雙紅刺耳，餘皆不爾也。又云百年前翰林京堂諸公，使事還里，及以禮致仕若在告者，謁巡按、按察使、兵道，則入中門，馳甬道；謁巡撫、布政使、府州縣，則由旁門，走東階。蓋以桑梓之重，與持憲者有分别耳。而後來巡按監司，漸不聽馳中門甬道，今遂無此事云云。今則惟部曹見巡撫，由旁門走東階入，馳甬道由中門出，謂之軟進硬出，以督撫皆兼部銜故也。而翰林京堂，至於編檢庶常，雖謁巡撫，亦馳中門甬道矣。甚至七品九項京官，亦如部曹例，近且有進士、舉、貢，以紳士自命，居然謁巡撫兩司，稱治晚生，如京官體矣。

予頃在杭州見中丞，執司官禮，用銜名紅帖，入旁門，止司道官廳。中丞開閣迎，予仍由東階進，而馬公甚傾挹，以爲何過謙乃爾也。

説文字原集注 清 蔣和

二十日 閱説文字原集注，凡十六卷。乾隆中蔣和撰以進御者也。因元周伯温説文字原之舊，取許書五百四十部首之字，集録篆隸各體，以究其正變，而後列正篆、别篆、辨異三條以析其是非，雖未奥博，頗爲謹嚴，亦小學之一助也。末附説文字原表及説，本小徐説文部叙之説，謂説文部居字義皆次第相生，參伍錯綜，務通其説，因編次爲表，自相統貫，固未必盡得叔重之旨，而用心亦良苦矣。此書成於五十二年四庫館告竣之後，故未見收。

樓山堂集 明 吴應箕

二十二日 夜閱吴次尾樓山堂集，粤雅堂叢書本也。凡文十九卷，賦一卷，詩十七卷，前有周仲馭、侯朝宗、陳卧子、陳名夏諸人序。次尾以氣節經濟震動一世，集中史論五十九篇，持議侃侃，多有特識，如宋之陳同甫一流。時務諸策，亦忼慨如其爲人。其國朝紀事本末論一卷，尤有裨於國故。詩則粗率枯梗，非其所長耳。

九月

譚友夏合集　明　譚元春

二十三日　昨夕今晨，稍理清坐，因取譚友夏合集閲之，其集爲嶽歸堂新詩五卷，鵠灣文草九卷，嶽歸並已刻詩選八卷，諸稿自序附諸名家序一卷，共爲二十三卷。詩文皆分體編録，中有評點。每卷首分標徐九一、張天如、楊維斗、錢吉士、顧麟士、楊子常、周勒卣、張受先、周介生、錢彦林、朱子若諸人姓名，而皆副以吴郡張澤草臣，蓋皆出此人手也。

竟陵之派，笑齒已冷，秀水朱氏，至比之泗鼎將沈，魑魃並出，爲明社將屋之徵。予幼時見坊本有選友夏遊記數首者，竊賞其得山水之趣。及閲所評水經注，標新嘬奇，時有解悟。前年在京師，見所選詩歸，雖識墮小慧，而趣絶恒蹊，意想所營，頗多創得。因謂盛名之致，必非無因，纖鉅高卑，視所成造，要亦秉其夙悟，運以苦思，執專門之巨規，樹並時之壁壘。而小道易泥，攲器櫂盈，縱驚流俗之觀，益來識者之訴。根本不實，窪水即乾，吹毛索瘢，遂無全體。衆棄之藪，莫擢其翹；千喙一談，竟從擯絶。今日閲其全集，總其大凡，詩則格囿卑寒，意鄰淺直，故爲不了之語，每涉鬼趣之言。而情性所嫥，時有名理；山水所發，亦見清思。惟才小氣粗，體輕腹陋，俚俗之弊，流爲俳諧。故或片語可稱，全篇尠取，披沙汰石，得不償勞，見斥藝林，蓋非無故。

至其散文之病，差亦同詩，傳誌諸篇，立言無體，幾爲笑柄，多類稗官。而書牘序言，頗有意致；銘辭遊記，尤可取裁。叙泉石之奇，能超形想；寫友朋之樂，足散人懷。銘或具體於東坡，記多得力於酈注。其以蔡清憲爲師，鍾退谷爲友，皆有古人之風，亮節直言，庶乎無愧，潔情遠韻，亦自足多，世人平心觀之，可矣。

今撮其文之佳者，如遊玄嶽記有云：「澗上置橋，高壁成城，相圍如一甕。樹色徹上下，波聲爲石所迫，人不能細語，桃花方自千仞落，亦作水響。」又云：「衆山紛紛委於壑，松柏各隨其山下伏安然，與荇藻不異。」遊南嶽記有云：「入丹霞寺，棟宇飄揺，若欲及客之身。自此以上，雲霧僦居，冬夏一氣，屋往往莫能自堅。」又云：「指隔山上封寺，道有級路，趾斜垂若蟻緣，人與雲遇於途，雲不畏人。趾窮坦然得寺。亭午弄旭，澹若夕照。」又云：「上祝融峰頂，數人各據一石，晴漾其裏，雲縫其外，上如海，下如天，幻冥一色，心目無主，覺萬丈之下漠漠送聲。」又云：「久之雲動，有頃，後雲追前雲不及，遂失隊，萬雲乘其罅，繞山左飛，飛盡日現，天地定位，下界山争以青翠供奉，四峰皆莫能自起，遠湖近江，皆作絲縷白。」又云：「宿上封寺，雲有去者，星月雍然，磬聲不壯。」又云：「善遊嶽者先望，善望嶽者逐步所移而望之，雨望於淥口，月望於山門，皆不見都市，乃得見之深於雲一紙耳。將抵衡，觸望莊栗，空中欲分天，又望於縣之郊菴，雲頂一二片定者，的的見縹碧。又望於道中，萬嶺皆可數，然是前山，非郊庵所望縹碧者也。」

初遊烏龍潭記有云：「有舟自鄰家出，與閣上相望者往來秋色上。」再遊烏龍潭記有云：「電與雷相後先，電光煜煜入水中，深入丈尺，而吸其波光，以上於雨作金銀珠貝影，良久乃已。」三遊烏龍潭記有云：「殘陽接月，晚霞四起，朱光下射，紅在蓮葉下起，已而盡潭皆頳，明霞作底。」此皆寫景之妙者也。

退谷先生墓誌銘有云：「退谷改南時，僦秦淮一水閣，閉門讀史。每遊人午夜棹回，曲倦酒盡，兩岸寂不聞聲，而猶有一燈熒熒，守筆墨不收者，窺窗視之，則嗒然退谷也。」三十四舅氏墓誌銘有云：「農暇或一至予家，問吾母安否。夏月稻登場，必遺以新。仲秋月圓酒熟，必寄予兄弟。每過予家，則教以安分行樂。予兄弟往拜舅室，見其與婦喬孺人、子女四五人、所畜童婢二人，料理鷄塒牛圈，屋茆釣緡，寬然無辱於擔石之中，應酬不煩，王税不逋，貴不知敬，富不知羨，若以今世士大夫稍能知苦樂安危者，聞舅氏事，豈有不竊歎者哉。」

求母氏五十文説有云：「春兄弟六人，百畝之田，三尺之童，母乘其俱出析之，曰：『非兒曹意也，吾見魏氏數世同居，子孫不知世務，卒以此憒懦，落其家聲，徒存義名無補。且吾所爲析者，使諸婦不淩雜耳。』其母妹兄弟同食如故，人直供一日，薄暮取酒相對，談學業世事，母亦喜出聽，自出餅餌蔬醴，佐春兄弟啖。兄弟中有求益者，母喜曰：吾乃見汝曹争食家中，長若此可矣。」此皆寫情之真者也。

其退谷墓誌有云：「但以愛人慧巧，不肖者因而呈身，濫入交遊，詢懟齮齕，皆叢於此，亦可爲士大夫不慎之戒矣。」於已歿之友，直著其失，尤晚近所難。

銘贊之佳者，端石硯銘云：「無旁無足，無口無目。墨易生如蓄，水自出如瀑。大人書之金如玉，野人書之石如木。」連環硯銘云：「石田蒼蒼，一區二唐。」女士程辟支所繡觀音頌云：「騰騰白光，一鍼所始。何以髮之，既結旋委。稽首審聽，瓶搖新水。春閨無怨，絲絲神理。幅帛莫增，捫如其指。送大士行，月出煙止。」宋繡觀世音讚云：「我聞繡佛，慎哉劈絲。離朱晨曦，目午則疲。蓮花瓣瓣，紫竹枝枝。視手中線，觀音在茲。」造語工雋，頗能具體六朝矣。其詩五言亦有可取，後日當再摘鈔之。

十月

鮚埼亭集　清　全祖望

十九日　節子處借許尚質釀川集及鮚埼亭外集卷四十二至卷四十七來，以舊所藏是集闕此六卷也，將覓人鈔補之。

夜閱鮚埼亭集第四十二、四十三兩卷，皆論史帖子。謝山最精史學，於南宋、殘明，尤爲貫串。閥閱之世次，學問之源流，往往於湮没幽翳中，搜尋宗緒，極力表章，真不愧肉譜之目。其論楊陸榮三藩紀事本末及吴農祥嘯臺集、邵念魯思復堂集，頗極詆諆。與紹守杜君札力辨王遂東之非死節，而極稱余尚書，自是鄉里公論。杜守名甲，嘗刻傳芳録，於有明越中忠臣，皆繪象係贊，而有遂東，無武貞，蓋未以謝山之言爲信也。

明季稗史彙編　清　留雲居士輯

二十日　得節子書，以明季稗史彙編借閲。稗史者，文秉烈皇小識、顧炎武聖安本紀、行在陽秋、紀永曆事，或謂劉湘客作。吴江戴笠字笠耔，著行在春秋，與此不同。傅節子嘗見戴書鈔本，有一條云：永曆緬甸之報至，延平王鄭成功率諸遺臣上謚號曰昭宗匡皇帝。此他書所未載者也。朱子素嘉定屠城紀略、亦名東塘日劄。夏允彝幸存録、夏完淳續幸存録、鄧凱求野録、也是録、俱紀永曆十二年以後事。無名氏江南聞見録、紀乙酉五月南京迎降事。瞿共美粵遊見聞、紀隆武始末及永曆繼立事。黄宗羲賜姓始末、紀臺灣鄭氏事，此行朝録中之一種。華復蠡兩廣紀略、亦名粵中偶記。瞿共美東明聞見録、紀永曆二年至四年事，與粵遊見聞相接。應廷吉青燐屑、紀史閣部事。無名氏耿尚孔吴四王傳、王秀楚揚州十日記十六種也。此書壬子癸丑間曾一閲之，聖安本紀及夏氏二録，閲之凡三次，賜姓始末、揚州十日記閲之凡兩次，今皆不能記憶矣。

二十一日　舟中閲江南聞見録至青燐屑共六種畢。稗史中烈皇小識、聖安本紀兩書，固卓然可傳，次則鄧都督之求野録、也是録，事多覈實。都督扈蹕從亡，終始永曆，故聞見最真。其人忠義之士，故議論亦甚平正。惟頗貶李晉王，則全謝山已非之矣。又次則瞿行人之粵遊見聞及東明聞見録，叙次潔淨。雖首尾不具，似非完書，而自隆武之立至永曆入滇，大書分紀，歲月井然。傅稷耔謂兩書實本一書，傳鈔者誤分之，而標名亦遂歧異，其言是也。江南聞見録，直市井之書。兩廣紀略爲無錫華復蠡所作，首叙其罷官居粵所見唐、桂變亂之事，次記督師丁魁楚及洪天擢、歙人，進士，永曆初爲高廉雷瓊巡撫，降於我朝，後又隨李成棟反，明授吏部左侍郎。李綺松江人，進士，永曆初爲御史，降我朝。後亦隨李成棟反，明授以廣東提學道。三人始末大略，皆全無體裁者也。鄧凱，江西吉安人。瞿共美，江南常熟人，瞿忠宣之族弟也。

二十三日　舟中閲行在陽秋、續幸存録、吴耿尚孔四王全傳、揚州十日記。王秀楚揚州十日記，極詆史道鄰；夏忠節、忠愍兩録中亦深不滿之。應渠臣爲忠正幕僚，其著青燐屑，亦有微辭。諸君目擊時事，俱非私言，然忠正人物自足千秋，不因諸書而少損。蓋忠義之性，感人者深，才不勝德，亦復何害？且無論史公，高興平固名賊也，翻山鷂之禍，青燐屑痛言之。而渡河兩疏，睢陽一死，古今感悼。永曆之李晉王，亦翻山鷂比也，而以一身結有明殘局，與元之王保保等。鄧凱身與共事，其著求野録，雖加詆諆，然於永曆戕後，大書晉王李定國薨，又述其聞永曆之耗，擗踴號哭，且言其墓至今春草不生，足見死重泰山，公論不滅者矣。

荆駝逸史　清　陳湖逸士輯

二十四日　得節子復書並荆駝逸史、邵念魯集。荆駝逸史起李遜之膚公三朝野記，至鎖緑山人明亡述略，共五十種，道光中吴中以聚珍板印行。乙卯春，周素人自京口購歸，予借得徧閲之。素人將行，以此寄予架上，後爲節子借去，今遂歸節子矣。思復堂集，丙辰之冬曾於倉橋書肆見之，未及買成，爲蓮士購去，常置懷念。此又別一本也。兩書所紀皆滄海之事，今日睹此，如對故人，而桑田又一變矣。劫火所遺，彌堪珍惜。

朱天麟之謚文靖，劉同升之謚文襄，皆僅見於東明聞見録。劉謚，他野史皆作文忠。柳如是之死，袁簡齋、趙甌北之詩皆謂其聞南都陷，勸牧齋自裁，牧齋不應，遂自縊，不知其何所據。觀錢氏家變録，知其事全無影響也。柳之死，因家難而就縊，不失爲殉夫，較之死國，無甚優劣，東澗愧之多矣。吾鄉俞夢庵筆記所載，與家變録同。夏存古續幸存録，言弘光時柳氏冠插雉尾，貝冑騎馬入城，作昭君出塞狀。全紹衣結埼亭外集，言柳隱歸牧齋後，遇宴客，仍出勸觴。恐皆非實。計六奇南略，至謂牧齋令其侑阮大鋮飲，大鋮贈以珠冠一頂，牧齋命拜謝，遂坐近阮側，幾於滅燭，皆所謂下流之歸也。

夜閲三山何是非卬甫風倒梧桐記，亦荆駝逸史中之一種，所記皆永曆建國時事也。名既纖俗，記亦全是小説體裁，然描畫小朝廷一時沐猴文武，頗爲盡致，於五虎尤不堪。香山何吾騶及吾鄉嚴起恒二相，亦深致詬斥。然於嚴之死，終以完節許之；吾騶降清，則笑罵不已矣。

五虎中尤痛詆虎頭之袁彭年。彭年者，郎中宏道之子，崇禎中歷官部科，爲宜興私人。及宜興敗，遂力攻之。福王時以建言謫外，任浙江按察司照磨，頗負直聲。隆武時，任廣東學道。李成棟破廣東，彭年迎降，仍原官署布政使。復隨成棟降永曆，官左都御史。挾成棟勢，嘗恐喝永曆，有惠國公五千鐵騎之言。又降於平南王尚可喜，求降爲同知自效，固反覆小人也。金道隱雖險躁，終是氣節之士。是書言四虎逮訊時，堡獨大呼二祖列宗，行在陽秋亦言之。金爲仁和人，稱虎爪者也。李成棟反覆盜渠，國朝入逆臣傳，然其一死，堂堂烈烈。是書稱其爲人樸實，不妄言笑。瞿行人東明聞見録，極詆成棟，而亦謂其大節可取，鐵甲立水，正氣凜然。寧夏王封與何忠誠中湘之命，同日並下，不以老、韓同傳爲嫌，是以君子貴晚蓋焉。起恒字震生，隆武時已由衡永副使擢户部侍郎，而是書謂永曆以其儀觀有相狀，遂由道臣拜相，所言亦誤。明季吾越忠臣，全謝山謂余忠節死監國之難，實爲甲申之倪、施、周三君子、乙酉之劉、祁二君子後勁，而嚴忠節與何忠誠繼爲永曆死，遂結明局。忠誠本山陰之峽山人，以成籍貴州者。記中最誤者，如叙沙定洲雲南之亂，林佳鼎三水之戰，皆大謬，野史之不可信，此等是也。

敬齋古今黈　元　李冶

二十五日　閱敬齋古今黈凡八卷，以經史子集爲次，皆考索之學。四庫提要極稱是書，謂宋人自王觀國、洪邁、王楙、王應麟外，莫能抗衡。今觀其書，議論雖多平實，而不脱學究氣；説經亦時墮宋人雲霧，論詩文尤迂拙。惟考訂諸史訛誤處，間有可取耳。以視容齋、厚齋，殆相懸絶。以曝書亭集及古今黈還書賈。

荆駝逸史　清　陳湖逸士輯

二十七日　夜閱荆駝逸史。逸史凡五十種。三朝野紀七卷，江陰李遜之著，遜之字膚公，忠毅公應昇子，自稱江上遺民。是書起太昌庚申八月，迄崇禎甲申三月，紀三朝時事。前有遜之自序，此本經李中耆手校。

啓禎兩朝剥復録三卷，貴池吴應箕著。應箕字次尾，國朝賜謚忠節。是書起天啓四年六月楊忠烈劾魏奄二十四大罪，訖崇禎元年十月倪文焕等五虎提問；用大書分注法。前有忠節子孟堅寄孫蘇門書。

聖安本紀六卷，崑山顧炎武著。聖安者，隆武所上弘光尊號也。用大書分注法，又有發明。前有亭林自序，較明季稗史本爲多，蓋别一本。

所知録三卷，桐城錢澄之著。澄之字飲光，號田間。是書上卷爲隆武紀事，中下卷爲永曆紀年。前有自作凡例。

行朝録六卷，餘姚黄宗羲著。卷一爲隆武紀年、贛州失事、紹武之立；卷二爲魯紀年上、魯紀年下、舟山興廢、日本乞師、四明山寨；卷三爲永曆紀年；卷四爲沙定洲之亂、賜姓始末；卷五爲江右紀變、張元著先生事略，元著張煌言字也；卷六爲鄭成功傳。前有自序。

懿安事略，丹陽賀宿撰。宿字天士。是書辨熹宗張后無陷賊事，以舊奄王永壽之言爲據。書僅三葉。

熙朝忠節死臣列傳，亦吴應箕著，傳趙南星、高攀龍、繆昌期、顧大章、袁化中、周朝瑞、周宗建、周起元六人，前有小序，傳後有論據。序謂有十六傳，而其子孟堅跋謂逸去魏大中、王之寀、周順昌、黄尊素、李應昇、萬燝六傳，楊、左二傳已刻入前集。

恩恤諸公志略二卷，武進孫慎行著，所志爲楊漣、左光斗、繆昌期、李應昇、周順昌、周宗建、趙南星、周朝瑞、高攀龍、魏大中、顧大章、何士普、王之寀、薛敷政、葉茂才、袁化中、萬燝、張汶、劉鐸、吴裕中、周起元二十一人，不作傳體，故云志略，前有自序。

東林本末三卷，亦吴應箕著。上卷爲門户始末，中卷爲東林本末，下卷爲江陵奪情、三王並封、癸巳考察、會推閣員、辛亥京察、要典三案，皆作論體。前有自序，或稱東林事略。吴忠節樓山堂集卷七刻江陵奪情以下六篇，而於江陵奪情篇題下注曰「以下東林本末」，蓋未全之本也。辛亥京察分上下篇，與逸史本同。要典三案，逸史標題但曰「三案」，今據樓山堂集補「要典」二字。

念陽徐公定蜀記，長洲文震孟著，記天啓元年徐如珂以川東兵備副使平樊龍之亂事，僅二葉。

平蜀記事，常熟錢謙益撰，亦記徐如珂事。

攻渝記事，徐如珂自記其事。此與平蜀記事皆僅三葉。

全吴記略，長洲楊廷樞撰，記天啓六年三月周順昌被逮，吴民擊死官旂，徐如珂時爲光禄卿，請顧秉謙保全蘇州事，僅二葉。

袁督師斬毛文龍始末，興化李清撰，體如日記。

孫高陽前後督師略，泉州蔡鼎著，記孫承宗事。蔡鼎隆武中用爲軍師，見行朝録、所知録等書，皆謂其妄言術數，自請督師，一戰而敗，然黄漳浦集有疏薦之甚力。

車營百八叩二卷，高陽孫承宗著，前有自序，孫謚忠定。

孫愷陽先生殉城論，亦蔡鼎撰，愷陽即忠定也，論僅四葉。

荆谿盧司馬殉忠録，宜興許德士著，記忠肅公盧象昇戰死事，稱其弟象觀同訂。

汴圍濕襟録二卷，汴人白愚著，愚字警凡，記闖賊圍開封河決事。其書分初圍二圍三圍，皆以四字標題，而分注其事，前有周亮工、湯開士二序及愚自序。

孑遺録，桐城戴田有著，此即方望谿所稱宋潛虚。記崇禎中桐城禦寇始末，旁及時事，前有王源序及田有自序。

崇禎癸未榆林城守紀略，亦戴田有著。

甲申保定城守紀略，亦戴田有著。

甲申忠佞記事，鎮江錢邦芑撰，記甲申諸臣事，僅四葉。

甲申紀變録，亦錢邦芑著，紀都城之變，僅四葉。

遇變紀略，不著作者姓名，自稱聾道人述，紀甲申都城之變，同御史涂必宏從逆奔逃及歸本朝事。

滄州紀事，尚寶丞程正揆著。正揆字端伯，記其奉使至滄州，遇變南奔，復回滄州，倡議殺僞官反正事。程正揆弘光時以諭德降清，授光禄寺丞，官至工部侍郎，著有讀書偶然録十二卷。四庫提要謂正揆在明官尚寶司卿，而顧亭林聖安本紀大書左右諭德兼翰林院編修等官，程正揆、李景濂、劉正宗、張居迎降。案李映碧南渡録，正揆先官尚寶司卿，後官右諭德，是以京堂改坊局者也。

僞官據城記，泰安王度撰。記甲申四月僞知泰安州史可保據城事，僅二葉。

歷年城守記，亦王度撰，記明末泰安六次被寇事，亦僅二葉。

北使紀略，陳洪範撰，紀其南都時以左都督同侍郎左懋第奉使至北事。洪範私輸款於攝政王，賣左蘿石，得自脱歸，遂爲北朝反間。南都破，入浙，力勸潞王降，及兵至，遂迎降。相傳其死見蘿石爲厲，是固罪不容誅者。此記乃其南還時飾辭自文之作。

弘光朝僞東宫僞后及黨禍紀略，亦桐城戴田有著，力言北來太子及童氏之僞，而謂當時歸怨弘光帝之昏庸，餘姚黄宗羲、桐城錢秉鐙至謂帝非朱氏子。此兩人皆身罹黨禍者，大略謂童氏爲真后，而帝恐事露，故不與相見，此怨懟而失於考矣。又言太子在北，爲周奎所告，召舊臣識之，謂爲真者皆死。太子絞殺於獄，都人皆言其謀出於謝陞，圍其宅而詈之，陞不安，請告去，尋死，自言見錢鳳覽爲厲而殺之。錢鳳覽者，會稽人，大學士象坤之孫，亦言太子爲真被殺者也。又謂順治實録載周奎出告太子事。

乙酉揚州城守紀略，亦戴田有著。

揚州十日記，王秀楚著，與稗史彙編本同。

東塘日劄二卷，嘉定朱子素著，紀侯峒曾、黄淳耀據嘉定拒大兵事，即嘉定屠城紀略也。

江陰城守紀二卷，長洲韓菼著，紀乙酉閏六月江陰陳明遇、閻應元兩典史同士民守城拒大兵事，用大書分注法，所書殺三王事皆不覈。

江陰守城記，許重熙撰，僅五葉。許重熙在崇禎時以撰五陵注略等書爲誠意伯劉孔昭所糾革職。時孔昭以誣劾祭酒倪元璐爲妄冒封，因並及許。論者以爲倪公今之韓愈，許得與之比類同毀，其視許已不輕矣。

平吴事略，不著作者姓名，自稱南園嘯客輯，紀乙酉大兵下江南削平諸郡縣事。

甲行日注八卷，吴江葉紹袁著，自稱流納木拂，記乙酉八月二十五日自吴江避亂出行，至戊子九月二十五日止。紹袁以工部郎行遯爲僧，木拂其釋號也。其行日以甲辰，故曰甲行日注。

仿指南録，安福范康生著。康生字紉軒，紀丙戌三月至十月與萬元吉、楊廷麟等守忠誠府事。忠誠府者，隆武以贛州苦守詔改郡名者也。康生官中書舍人。

閩遊月記二卷，華廷獻撰，記隆武事。

劉公旦先生死義記，不著作者姓名，自稱吴下逸民撰，記長洲劉曙死義事。曙崇禎癸未進士，以吴兆勝株連，爲巡撫土國寶所殺。

航海遺聞，汪光復撰，記魯監國事。

風倒梧桐記二卷，三山何是非著，記永曆事。

江變紀略二卷，新建徐世溥著，世溥字巨源。紀金聲桓、王得仁南昌反正事。

兩粤夢遊記，吴縣馬光著，光字涑庵，崇禎己卯開徵辟特科，由監生試授廣西永寧州知州，永曆時官至全永巡撫。是書自記其己卯試北闈，至壬辰歸家之事。光爲丁魁楚所薦，記中頗於張公同敞有貶辭。又言永明王爲賊所獲，在道州禁中，光時知全州，與楊總鎮突圍救出，護送至粤東，後由嶺西副使入朝端州，永曆召對，極謝當日護救始末，爲五虎所厄，僅升太僕少卿。又言爲清兵所執，後以辛卯二月初一日送全州安置，當時改用建丑正，故是日實爲元旦，皆他書所未見者也。前有許楚、陸世廉、何謙貞、吴迪等七序。他書皆言救永曆道州之囚者，爲廣西總兵征蠻將軍楊國威，遣將焦璉破城出之，無稱及馬光者。

粤中偶記，華復蠡著，即兩廣紀略。

庚寅始安事略，瞿元錫著，紀瞿式耜留守桂林殉難，其孫昌文赴桂改葬事。其書稱忠宣爲先太師，全謝山謂當是留守族人，然觀末段叙昌文事，竟似昌文自撰，不可解也。

入長沙記，丁大任撰。記其於順治癸巳隨偏沅袁巡撫赴湖南事，稱謂猥鄙，所叙皆風景細瑣之語，毫無關係，不足存者。

錢氏家變録，虞山錢孫愛輯。錢謙益死後，其族子錢曾挾其族人故副都御史朝鼎之勢，向孫愛脅取財産，淩虐備至。柳如是自縊，孫愛及其妹鳴之官，常熟令瞿四達亦爲具揭，孫愛因哀集門狀、公案、公約、書揭及柳夫人遺囑爲一書。孫愛字孺飴，牧齋幼子。柳夫人生一女，嫁趙氏，遺囑云示小姐，是年爲康熙甲辰，其女年已十七矣。錢曾字遵王，即著讀書敏求記者也。

平定耿逆記，武定李之芳著。之芳字鄴園，謚文襄，自記其爲浙江總督時討平耿精忠事。

四王合傳，吴三桂、尚可喜、耿仲明、孔有德四王也，與稗史本同。

明亡述略二卷，不著作者姓名，自稱鎖緑山人述，記崇禎及三藩事，前有自序。

實五十一種，而總目稱五十種者，蓋以車營百八叩附於孫高陽前後督師略。然百八叩有二卷，篇葉頗夥，督師略僅寥寥數紙，不得取彼附此。其他所取，亦頗雜糅，且校刻訛脱，編次無法。稱爲陳湖逸士所輯，藝柿山人重校，卷首有陳湖逸士序，言諸書皆得之陳文莊無夢園土中，蓋廋言也。

三朝野紀　清　李遜之

二十九日　閲李膚公三朝野紀。是書見聞質實，議論亦平允。膚公身爲黨人之子，故叙璫禍情事，尤爲詳盡。其言崇禎朝事，多與文秉烈皇小識合，蓋俱得之家世傳聞者。惟叙國變事多誤。如李明睿疏請南遷，乃其自爲文飾，並無其事；李國楨匹馬至闕，言守城狀，亦係南都時諸勳貴爲之影造；而是書皆載之。又崇禎辛巳召舊輔周延儒、張至發、賀逢聖三人，至發獨堅辭不出。而是書謂上意專在周，故張、賀二人到不久即罷去。又楊嗣昌實病死，而是書謂其自縊。皆事之未覈者。又以張獻忠爲病死於蜀，尤當時傳聞之誤。他如稱張捷在逆閹時，强立不倚；稱張縉彦初擢兵科，嚴切任職；又稱捷南都之死，大節皎然。而於張國維頗有微辭，於方岳貢痛加詆毁。又極貶袁崇煥，深以擅殺毛文龍爲非。皆非確論。

至謂周延儒雖與馮銓同年相好，然涿州柄政時，宜興方家居。丙寅之獄，諸賢以忤璫被難者，宜興皆力爲援救，貽書涿州，規以大義，一時同志皆稱之。虞山輩獨絶之已甚，激成一番水火。又謂葉向高初議遼東經撫事，未免以門牆私暱，左袒王化貞，至事敗而悔之晚矣。逆璫用事，福清竭其才智，與之周旋。乃既不能得於内，又無以解於外，惟有一去謝責。身爲元老，委蛇中立，而欲收無咎無譽之功，豈可得乎？又謂韓爌持正有餘，剛斷不足，其定逆案，多有未盡。又謂蒲州忠厚拘謹，不能仰副聖恩。所言俱得好惡之平。

又謂崇禎初年，上崇尚天主教，徐，上海教中人也，既入政府，立進天主之説。是徐光啓之主張邪教，由於迎合上心，此明史及諸書所未及言者也。

十一月

所知録　明　錢澄之

初二日　閲錢田間所知録。田間本名秉鐙，隆武時授推官。永曆三年己丑，由禮部精膳司主事應臨軒特試，改授庶吉士，次年授編修。及永曆自梧州奔南寧，錢不及從，後遂爲僧，改名澄之。是書凡三卷，上卷隆武紀事，中下卷永曆紀年，至庚寅十一月奔南寧而止。自言於辛卯春留梧州時，編輯是書。戊子以前粵事，皆本諸劉客生日記。客生名湘客，陝西人，由諸生薦舉入官。永曆中以詹事兼副都御史，亦「五虎」之一也。田間言是録所紀，較諸野史爲確，洵然，其議論亦多平允。與袁特立彭年字、劉客生、金道隱堡字皆爲交契，而叙「五虎」事，頗無恕辭，可知其持論之公矣。

其力稱嚴忠節，固以師生之誼，而忠節立身本末，要自可觀。至於李成棟、李元胤、高必正皆致褒美，尤贊新興侯焦璉，蓋焦之功固桂林第一，二李及高，力圖晚蓋，皆有過人者。惟稱金道隱上書孔有德，請收瞿、張二公屍，詞氣慷慨，信其非懼死而逃於僧者，則以與金素厚，爲之曲飾，全謝山已笑之。至謝山謂弘光非朱氏子之言，出於是書，戴田有亦謂田間與梨洲皆有此説。今考録中無此語。其自敘謂弘光朝蒙鉤黨之禍，匿周仲馭家複壁中，耳目俱絶，亂後始過白門，於先朝勳戚口中，得三款案，遂作傳疑詩三首紀之。又於同郡覆國之奸謂阮大鋮。本末素悉，今惟紀其里居大略，乞降後死仙霞嶺事，皆得諸同時共事者之口，今是録皆無之。則此本非完書矣。弘光爲僞一條，當在紀阮奸事中。

行朝録 清 黄宗羲

初三日 閲行朝録。梨洲自言著此録至數十種，今此本僅六卷，凡十三種，自非完書。其中魯紀年上下篇，紀監國事最爲詳盡，然止於己亥六月，上遣官祭光禄寺卿陳士京，時爲順治十六年也。其隆武紀事、贛州失事兩篇，多與錢飲光所知録同，梨洲嘗稱所知録爲可信，故是書多取之。江右紀變，於題目下自注云「太倉陸世儀道威述」。道威，世所稱桴亭先生也。足見梨洲此書，自江東外，多得之他人。故全謝山跋謂其桂藩紀年一卷，道遠傳聞，最多訛錯也。惟於魯監國祭陳士京下小注云「後遭風溺於海，或云爲鄭成功所沈，蓋忌者誣之」，此十九字似非出梨洲之筆。梨洲具知鄭氏海外之事，録中有賜姓始末及鄭成功傳兩篇，無容不知監國之令終，且何至踵楊陸榮之謬，以此疑讕加之成功哉？其每篇之下俱有論，以「史臣曰」三字冠之，議論慷慨，音節嗚咽，多可諷誦。梨洲當日推爲古文大家，然予觀其南雷文定，雖氣魄雄大，而蕪冗不翦，又喜用詞藻，不脱明季習氣。是録諸論，獨往復頓挫，有良史之風。全氏跋見鮚埼亭集外編，摘其訛誤八條，援證最確。予謂其尤誤者，如紀永曆元年，以北兵日逼，桂王自梧州西奔，謂瞿式耜妾媵衆多，逗留梧江。按，瞿公方自肇慶疾趨梧州追王，及至，而王已西上，遂馳赴桂林。乃以妾媵逗留誣忠宣，此語爲是書之累不小。

聖安本紀　清　顧炎武

初四日　閲聖安本紀。以崇禎十七年四月史可法等誓師勤王起，至乙酉十一月魯監國上弘光帝謚曰赧皇帝、太子謚曰悼皇帝、潞王常淓謚曰閔王止，其書有附録，有發明。據亭林自序，謂是書作於與崑山葉氏構難避居之時，意在深誅馬劉之奸，故仿紫陽綱目，斤斤以書法爲主。又仿之作發明，不特與本紀之名不相應副，而踵春秋胡傳之陋，拾尹起莘輩之唾，頗近無謂。且動引經傳以譏二奸，亦迂而不切。固由寧人少年所爲，猶不脱明人學究氣也。惟紀事差爲詳備，行文亦爽健可取。其譏史公等勤王之舉太緩，爲不急君父之仇；譏張有譽不力辭中旨計相之擢，皆責備之名言。

歷代名賢年齒考　清　易宗涒

初八日　有書賈攜書兩部來，一爲歷代名賢年齒考，湘鄉易宗涒著，宗涒字公申，乾隆丙辰召試鴻博，其書分類編輯，首爲「祥徵」，次爲「始生」，以下自一歲至數百歲，以二十一史爲主，徧及子集，采取頗博。一爲高似孫剡録，嘉慶中嵊令李某新刻者。

恩卹諸公志略　明　孫慎行

十五日　夜閲孫文介恩卹諸公志略。其論左浮邱頗有微辭，謂其力救熊襄愍，至有書干内，爲之行金，四遠群湊，爲魏逆所持。夫力救襄愍，非無卓見，若爲之干内行金，則似非忠毅所爲矣。又極言方從哲之奸，每以德清與魏逆並論。德清不失爲長者，而文介爲是言者，蓋魏忠賢定三案時，紅丸以文介爲首，文介固嘗以弑逆之罪加德清者也。三案定而文介坐戍，故切齒於德清，自不足爲公論。又深以王之寀不得贈卹，爲思陵初政闕典。然王公爲人，他書皆有貶辭，思陵但爲復官而無加典，蓋亦采公論者。文介亦以三案爰書，坐王爲梃擊奸黨之首，與己之獲罪正同，故深痛之。惟言周忠介締姻速禍，爲可不必，則平情之言也。其文字甚拙劣無體裁，而自序比於韓歐，亦令人失笑。

思復堂集　清　邵廷采

十八日　閲思復堂集。全謝山譏念魯爲學究，頗抉摘是集之謬誤。念魯腹笥儉隘，其學問誠不足望謝山津涯，而文章峻潔，則非謝山所及。

二十日　作片致節子，並還思復堂集。念魯私淑梨洲，自任傳姚江之學，尤勤勤於殘明文獻，眷拾表章，不遺餘力，雖終身授徒鄉塾，聞見有限，讀書不多，其所紀載，不能無誤；要其服膺先賢，專心壹志，行步繩尺，文如其人，前輩典型，儼然可想。鮚埼以「固陋」二字概其一生，其亦過矣。至以王遂東爲不食而死，陳玄倩爲山陰産，鮚埼皆糾其謬。然禮部死節，越人相傳，孤竹名庵，采薇署號，揆其素志，蓋已不誣。或江上之潰，適遘寢疾，固非絶粒，不失全歸。死際其時，無待引決；首邱既正，夫亦何嫌？自不得以生日稱觴曖昧之事，妄疑降辱。太僕里籍，向無定著，明史以爲會稽，齒録以爲仁和，據崇禎丙子同年録。而祖居山陰，亦載於録。正命小赭，始終是鄉，跡其生平居杭，可考者惟與陸鯤庭相訐一事，是則鮚埼杭有後人之説，滄桑遷徙，亦未足憑。舉此二端，正不得謂紀事之疏也。第八卷有史論十數篇，皆言明事，中有予六世祖殿纂公評語，蓋亦相交契者。

書契原指　清　陳致瑛

二十一日　閲書契原指，邑人陳致瑛所撰。其書初集十四卷，題爲歌吟篇，依許氏五百四十部首之字，爲之申釋，而後係以一詩。二集十八卷，題爲演贊篇，以筆畫多寡爲次，自乚字始，龘字終，共一千七百九十一字。每字下首列許氏説解原文，次演説其義，而後係以一贊。曰「歌吟」者，謂效邵堯夫三皇五帝吟而作也。曰「演贊」者，取許氏叙文演贊其志義也。致瑛自謂由丶、主兩字而悟書指以示人明德爲本，遂盡以陰陽大道、天象人事詮釋文字。觀許氏干支數目等字之訓，亦取五行象數、陰陽方位爲言。書契初興，自參造化，後來孳乳日多，諧聲轉注，遂以偏旁爲引申之端。

致瑛所解，如丿謂從丶從𠂆，丶謂陰、𠂆抴也。陰道右行，至未位而捩轉向左，故著其右戾之形也。音夭，書家八法謂之掠。

㇏謂從丨者陽丨也，陽道左行，至巳位而捩轉向右，故著其左戾之形也。許氏說丿曰右戾也，象左引之形，則㇏下曰左戾也，下亦當有象右引之形一句，疑今本奪去。音弗，書家八法謂之磔。

厂謂指七政及恒星皆不及天行之速，其向東抴引之象，明明可覩。故許氏謂抴也明也。音曳。

㇈謂指天行左旋，至巳轉復向右入地周流不息也。音移。

乚謂從反乙，乙音軋，乙爲自奎至軫十四宿之象，於黃昏全見，則天下皆春。故乙爲玄鳥，以玄鳥至春分而見也。全隱則天下皆秋，故反乙爲匿，指此十四宿之全匿也。音隱。

丶謂此與丨同意，言有生之丶也。許氏謂有所絕止丶而識之者，言此丶妙不可識，惟於有所絕止之時丶而識之，乃見其隨識而住也。丨音衮爲上下通也，上下通者大道之性，丶丨兩文，密傳性命之學。

厶謂從丨從口，略斷丶有所絕止，丶以識之也。口象太極，有所斷者，言於識此天理之時，有所間斷，即成厶象而爲奸衺也。

幺謂從二丶，二口相續之形，厶篆作[illegible]，幺篆作[illegible]。

入謂從丨分左右入地形，丨者上下通也，言天地陰陽之性，從上分入於下也。

亼謂從入一者，陰陽從上俱下，從一者，道也。陰陽與道，混而爲一，是謂三合。

内謂從冂入者，冂覆也，象大口上半圈形，言陰陽分左右入於冂内也。

㒳謂陰陽㒳入於門下子位，合成一性，而再造歲功也。其訂正此字之從丨從从，金壇段氏已言之。

干謂從一者地也，從反入者出也，陰陽出於地上，即爲反入而有所犯也。篆作𢆉。

辛謂陰陽到入而干上爲罪也，篆作辛。

幵許氏云，從二干對構上平者，以文從二干而平其上作干，故訓曰平也。徐楚金不得其解，遂謂幵但象物平而無義，誤矣。

乂謂從丿爲右戾，則陰從右旋而左引；從乀爲左戾，則陽從左旋而右引。此指大道陰陽，歲歲南北交錯往來如芟乂衆草不盡也。故乂亦爲治。

无謂從乚入天之西北隅，乚者太乙之氣也，太乙常亡匿於天之西北隅，而天下事物遂莫不因之，從有歸無也。

止謂從丨下行，而匕機分從之之象。丨下行者，即許氏所謂引而下行讀若退者也。天地之性下行，匕機亦相從入地，而爲來歲復生之機，如草木之出必有址。人之行必有足也。匕古化字，到人爲匕。

止謂止爲足者，天行至冬至止足之處，反止爲𣥂，則謂既遇冬至，復反乎止處，向左邊蹈其故跡而出也。音撻。

彳謂從二乙，太乙之氣從寅位小步而上，相連至卯辰兩位而成東方春三月之象。音敕。

亍謂彳爲太乙從寅卯辰小步而上，反彳爲亍，則謂太乙從申酉戌反步而止。

行謂指天行一依乎太乙之氣，一彳一亍，如人之步趨相從，合觀彳亍兩文，而天行可知矣。

廴謂亦從三乙，言太乙之氣，其前往者固已三屬相連，上升至於辰位，而後來者則猶在亥宮，相繼進步，如行路之甚長也。音引。

夊謂從人從乁，乁者流也，指赤道度之流轉，言大道生物之機，常隨赤道度夊夊遲曳而行，往復周流，終古不息也。音吹。

夂謂從夊，略變其體，作人向前而乀微退於後。人向前者，謂天行之速，乀微後，謂赤道之遲。赤道較天行微有不及，積漸相觀，遂如天行在前，而赤道從後至也。音致。

久謂從夂，復變其體，作人愈向前乀愈退後形，言赤道與天行遲疾不及之數，積之既久，遂覺相距甚遠也。故曆有歲差之法。

丂謂從一從乃省，一猶地，乃象氣之出難，言大道至三冬之候伏氣地下也。音考。

亏謂從丂如藏其氣，從一爲二，一舒布其氣，言大道之氣，於一藏之後，復舒亏而出也。

𠀀謂丂爲氣欲舒出，上礙於一，乃冬至天行在地下之氣，然立春以往，則漸出矣。反丂爲𠀀，則謂呵止之，使此氣終不得舒出也。音呵。

屮謂從丨上行，從乁厂分左右到轉而出。丨上行者，即許氏所謂引而上行讀若囟者也，乁到轉而左出，謂陽從寅位出地；厂到轉而右出，謂陰從戌位出地。蓋天地之丨性上行，陰陽即各從左右分出，而萬物皆隨之以出，如草木初生，兩邊即有枝莖也。

ナ左本字，謂從屮，作自寅向午旋轉形。蓋萬物之屮生，各隨大道，自寅位起向午旋轉，此爲東方發育之事，如人之有左手也。篆作ナ。

又，右本字，謂從屮作右轉之形。蓋大道生機，過午以往，即當復歸地下，萬物因各隨之右轉，如人之有右手也。篆作又。

之謂從一丨合爲上象，此直云從丄可矣。從厂乀到轉，分左右錯迭而上，蓋丨性分左陽右陰交錯而上，愈出愈大也。篆作㞢。

也謂從口從匕，口指大圍，即太極之周行者。匕謂變化，言大口最下一處，爲萬物匕生之户，如女陰之能産育男女也。篆作𠯑。

齊謂從二，從三入，從三到入，二謂地，三入謂陰陽入地，三到入謂陰陽出地，言陰陽之出入至齊平也。物類感陰陽之氣而成熟齊平者，莫如禾麥，故許氏以禾麥吐穗上平訓之。篆作亝。

等字，其言左右旋轉之位，陰陽生配之理，皆有微悟。説行止左右等字，謂本於天道，理亦近然。太乙九宮之説，出於乾鑿度，雖或斥爲異端，而許氏説戊己兩字亦言中宫；月令又明載九宮之象，蓋其由來已久，取以説字，未必果符初恉，要亦足備一説。説乙、乚、夊、夂、久等字，以星之進退行度爲譬，雖似新奇而有至理，固非六書之通訓，自成一家之心得。説之説齊，頗爲精確。其尤近理者，如凶，謂從×，×古文五，從凵，凵音坎，×爲五行，凵爲張口，言陰盛如張口吞噬五行之象，而大口毁壞，兩儀不分也。亞謂從二，從兩乙相背，二者地數，爲生萬物之母，兩乙猶陰陽善惡也。言人物各有此陰陽太乙之氣，動而相背，即有善惡之分，次第之等也。二字，說義甚精。

又以句股法說宁，篆作□，謂此即曆算家所祖，於圓內作六等邊切形，以句股求正弦之法，文當從兩丨，從六等畫。兩丨爲南北極起算處，六等畫象各弧六十度之正弦，半之即爲十二弧，各弧三十度之正弦。宁者，謂分周天三百六十之積度而明辨其理與數，故許氏曰辨積物也。實爲發前人所未發，此其可取者也。

至若日月雲雨星氣，及干支數目等字，皆起於最初，明有形象可指，而概謂從某從某，則傎倒矣。謂予字象參七星及觜三星形，乃字象弧九星形，弟字象斗宿牛宿形，尸象北斗七星形，□象箕宿及糠秕一星形，□象女宿形，弋象牛宿六星形，則怪誕矣。於後出之字，强配陰陽，取形聲之文，橫證性理，附會牽合。甚且援引奇門壬遁，推步占驗，以及形家之堪輿，道家之丹法，支離穿鑿，愈失其真。蓋其爲人，頗習天文曆算及醫卜相地之術，而讀書寡陋，又錮於學究之識，動以先天皇極，揣測沮蒼。其歌吟篇名既不經，詩尤無謂，塵鄙之狀，噴溢行間。

卷首有自述賦，蓋效顏黃門觀我生賦而作。通篇以故廣西巡撫周之琦爲主，以其素依巡撫幕下，故細述其宦跡，稱爲大賢。此則措大習氣，不免通人之嗤耳。

致瑛字小雲，邑之花涇人，布衣，嘗館於族人家爲童子師，予與素識，向以「村夫子」視之。今觀是書，雖鄉壁虛造，憑臆自專，所得者尠，而冥搜之功，自不可没。又聞其辛、壬間，曾與鄉人起義殺賊，固亦晚近之孤學、村塾之奇士矣。予深喟夫越中人士素昧小學，近日科第愈盛，識字愈稀，而潛心著述者，樸學弗彰，姓名泯没。致瑛終身韋布，訓蒙自給，考索文字，裒然成書，而村野驅烏之流，未辨偏旁，儼拾青紫，轉以馬醫夏畦之學笑之，是人心風俗之深憂也。蓮舟前日持此相示，屬予記其大凡以傳其人，予甚愧其言，爲窮一日夜之力，徧觀而劄記之於此。

十二月

周易二閭記 清 茹敦和

初二日 以錢二百文於書鋪買得茹三樵先生周易二閭記三卷。吾鄉茹氏之易，范氏之詩，皆不專家法，而説義通博，令人解頤。其源流所自，則近出毛西河，遠接季彭山，蓋越學之可名者也。三樵、蘅洲兩先生，皆乾隆甲戌進士，是科經儒林立，得人最盛。顧多力宗漢學，主張許、鄭，兩先生當時聲華闇然，尟相稱引，而著述卓卓，皆能成一家言。范氏詩瀋及三家拾遺，幸得登四庫；茹氏易學凡六七種，竟以後出見遺，今鄉人亦鮮有知兩先生姓氏者矣。前日從周乙齋舍人乞得范氏書，今復得茹氏此書，不禁狂喜。茹氏之易，舊時予俱有之，又有尚書未定稿及越諺釋諸書。范氏之詩，先得而早失。據府志本傳，范氏自二書外，尚有易説二卷、書義拾遺七卷、四書貫約十卷、夏小正輯注四卷夏小正輯注四卷，已刻，丁卯八月予見之杭州書肆、家語證僞十卷、韻學考原二卷、今韻津五卷、史漢義法十卷、史記蒙拾三卷、廟制問答二卷、刑法表四卷、南中日劄四卷、文集二十卷，皆未刻。今越中亂後，凡昔日盛行之書，皆不可得，無論未出者耳。

三朝要典　明　顧秉謙等輯

初四日　終日閲三朝要典，共二十四卷，始於萬曆乙卯，訖於天啓丙寅，凡梃擊八卷，紅丸八卷，移宫八卷，前有天啓御製序，後有總裁閣臣顧秉謙、黄立極、馮銓三序。其書仿明倫大典，編年纂輯，凡諸臣奏議，朝廷詔諭，俱以次録之，而後加以史臣之論斷。先爲要典原始，以三案由於争國本，故首載册立始末，而終載丙寅三月工部侍郎崔呈秀「三案本末」一疏。總裁三人外，副總裁者施鳳來、楊景辰、孟紹虞、曾楚卿四人；纂修者徐紹言、謝啓光、余煌、朱繼祚、張翀、華琪芳、吴孔嘉、吴士元、楊世芳九人。初擬名曰從信鴻編，又曰三大政記，後定今名。其中議論，顛倒陰陽，喪心狂吠，固不必論。

要而言之，梃擊之獄，謂門禁疏虞，守衛單弱，前星之居，宜申警備，是也。而坐獄戚臣，指爲刺客，則必無之事。巡視御史劉廷元奏稱跡似風癲，貌實黠猾，其亦言之慎矣。而王之寀一揭，多有不可解者。柏木棍、玻璃棍之言，皆一時妄説。且既云有心有膽，嚴刑不招，何得見飯低頭，懼於餓死？是其叙述已極支離，雖未必教導之僞辭，要不過風顛之譫語。乃陸大受直攻鄭國泰，至有「乾坤何等時」之語。何士青至欲與國泰約，責以全家保護東宫，此直非情理所有。而劉廷元始疏言張差情境叵測，宫門何地，守衛何在，竟使奸徒闖入？再疏言張差所供，老公姓名，大宅住址，豈遂不可窮詰？東宫天下大本，乃令亡命匹夫揶揄庭除，將恐叢荆聶於肘腋，環戈戟於袵席，是未嘗不危言聳論。乃後反以疏中有「風癲」二字爲廷元罪案，不亦過歟？

紅丸之獄，方德清之票擬李可灼賞銀養病，誠誤也。而孫文介突以弑逆之罪加之。戎政尚書黄克纘奉詔具疏，據目見之事，爲平情之言，其意甚公，義甚正，而薛文周等醜辭詆之。其初，廷臣交章論劾，猶止及李可灼之不宜賞也，至惠世揚始援趙盾不討賊、許世子不嘗藥之例，以弑君之罪劾德清矣。至文介而直謂可灼之藥爲從哲所進，遂請正德清弑君之法矣。且光宗之殂，其始不過咎文昇之泄藥，可灼之紅鉛也，至曹珍而謂與梃擊同一奸謀矣。至傅宗皋而謂鄭貴妃屢進承奉所致矣，至焦源溥而請奪鄭養性之都督矣，至王之寀而謂用藥即通夷之術，通夷即梃擊之謀，共一線索矣。至張慎言而謂深宫之中，狐媚蠱惑，男戎不勝，再設計於女戎矣。至魏大中而謂梃擊非張差之意，固國泰之意，泄藥非崔文昇之意，固鄭養性之意矣。

夫宫闈之事，人所難言；君父之終，名所當正；而以無端之曖昧，歸獄先朝之貴妃。珍之言曰：「二十年來忠臣義士受杖受謫以争册立，此屬久蓄異志，實不意其猝遽之中，敢爲陰蝕之計，陛下豈謂先帝三十日之崩，真爲哀毁所致乎？」宗皋之言曰：「鄭貴妃以皇祖宫嬪，輒遣往先帝御前，沾沾以承奉爲名。今查浹月以來，所屢遣者何人？所承奉者何物？何以致先皇於寢疾、於崩殂？」源溥之言曰：「封后之命不得而進冶容；張差之棍不靈，則授以麗色之劍；崔文昇之藥不速，則促以李可灼之丸。先帝欲諱言進御之事，遂甘蒙不白之冤。」大中之言曰：「自乙卯之梃不中，而至藏酖毒於女謁，俟元精耗損，憊不可支，而蕩以暴下之劑，爍以純火之鉛，所以彌留而不可起。以數十年忠肝義膽所羽翼之元良，一旦戕於二賊之手。」諸公所言，常人猶不堪之，況君父乎？夫女謁致病，至醜也；諒闇之中，色蠱致死，大逆也。光宗方自飾以哀勞成疾，而諸臣力破之，其亦太不爲帝地矣。

至楊忠烈當泰昌大漸時，疏劾崔文昇誤用泄藥，有「不願與此賊醫俱生」之語。明代奏疏，似此激烈者不一而足。而後日詹事公鼐，則請以此疏紀爲一書，傳之久遠。科臣魏應嘉則稱此疏九廟有靈，且爲震悚，不亦標榜太過耶？次輔蒲州之揭，德清退後之三疏，尚書黄克纘之辨疏，叙述當日情事，覼縷甚明；詔旨亦再三言之。而諸臣必欲以謬悠之言，加人夷滅之罪，蓋三案中最爲苛刻無理者矣。

移宫之獄，似乎防微杜漸，國是攸關。然有明一代，絶無女禍，選侍亦未有垂簾聽政之萌。楊忠烈之請亟避乾清，是也；而大聲疾呼，奮髯擊柱，蓋師韓魏公厲聲徹簾之意。然魏公此舉，本詭中庸；曹后還政英宗，非由挾制。大臣奉詔，正可從容，屏後見衣，毋乃太遽。忠烈效之，益復加厲。乃左忠毅復首疏革其已進貴妃之封號，而云行於先皇，則伉儷之名猶可；行於殿下，則尊卑之稱斷斷有不可者。是何説耶？貴妃之封，泰昌再三面諭廷臣，禮部已進儀，司天已擇日，嗣皇承命而行之，何所妨礙？而忠毅必請收回遺命，令仍守選侍之職，是導子以背父矣。且云「武后之禍，立見今日」，何其言之太甚耶？又云「當年郭春女得幸，外邊猶能傳之，無得多生侈願」，何其詞之輕肆耶？而張潑遂疏言選侍素讐聖母，以泰昌之諭封爲誤命矣。曹應魁遂言選侍進先帝銀五百兩，求討皇上與之看管矣。事益不情，言益非體。黄克纘以先帝爲何如主之言，御史賈應春請保護選侍之揭，皆天理人情之至論也。而周朝瑞遽謂繼春喜樹旌旗，妄生題目，反復揭辨。孫文介復力攻德清爲黨護選侍。楊忠烈疏陳始末，旋疏乞歸。其初疏未免過涉張皇，其繼疏又似跡隣要挾。而一時之附和者，皆侈大其功。周宗建則曰：「二十年不得見天子之臣，而護駕直宿，猶是九卿科道；兩朝逼匹后之妃，而移宮清禁，終因言路諫官。」方震孺則曰：「文武捧護，亦雲龍風虎之一奇。」毋亦誇詡非分歟？移宮可也，而先則逼迫踉蹌，至屏絶其輿從；旋則逮訊奄豎，且拷繫其所生。律以禮記「父有愛妾，没身敬之而不衰」之文，諸君子固將何以自解也？繼春之援孝宗善待萬貴妃，泰昌善待鄭貴妃；黄克纘之援宋仁宗待劉氏益厚，及無以孝和皇太后爲漢之許后，皆不刊之論。

王業誥所疏請四事，尤關於國體君德甚大，此固不能爲東林曲護者也。況彼黨中，請究梃擊者，有亓詩教、牟志夔、朱童蒙；請究紅丸者有傅櫆、安伸、温臯謨；請究移宮者有傅櫆、王紹徽、阮大鋮，皆同東林之議。而王之寀之被謫也，阮大鋮亦薦之；賈繼春之被詰也，周宗建、張慎言、高弘圖皆救之；是兩造亦未甚判涇渭也。

善乎崇禎初倪文貞之論三典曰：「爭梃擊者力護東宮，爭瘋顛者計安神祖；主紅丸者仗義之言，爭紅丸者原心之論；主移宮者弭變於幾先，爭移宮者持平於事後。各有其是，不可偏非。既而楊漣二十四罪之疏發，魏廣微輩門户之説興，於是逆璫殺人則借三案，群小求富貴則借三案，經此二借而三案之面目全非矣。」其言可謂深得是非之平者。

予感魏閹之禍，曠代所無，六君子、五君子詔獄之慘，觀碧血録諸書所述，千載而下，令人酸鼻。嘗細推其故，而知諸君子當日之取禍，亦不爲無因也。明代士夫尚意氣，寡讀書，如孫文介之稱春秋許止例以論德清，誠大謬不然者。事君之義，就養有方，非事親比。曲禮所云君飲藥臣先嘗者，謂左右内豎之臣耳。況許悼公之藥，由止而進，故聖人律以弑君。泰昌之藥，觀李可灼刑部供狀，本末甚明，即欲强坐德清以引進之罪，要不得謂即德清之藥，亦不得責德清以先嘗。而以寢門之侍疾，歸獄綸扉；以道路之傳聞，滅人門户，是誠何心哉。

觀文介所撰恩卹諸公死事略，自謂錫山有二忠臣，蓋以己與高忠憲也，此亦甚非賢者之言。嗚呼！魏閹之惡，莫甚於以封疆羅織諸賢，而封疆之獄，莫冤於楊忠烈、魏忠節兩公，一則首劾經臣，一則力持大辟，而俱坐以重賄。吾又反覆思之，而歎文介此舉，實階之厲也。德清之拒可灼於内閣，出閣揭於懷中，固已衆目共見。及十三臣召見乾清，光宗言及可灼，而德清謂未可輕信，此於形跡之間，豈猶有疑者？文介不疑援不切之經，懸坐以大逆，則亦何責於應元、顯純輩耶？王心一平生行事，不甚可詳，好事要功，蓋非過論。應城鷹鸇之性，嫉惡過嚴，力猛氣矜，失於審度。一時同志，持正有餘，而昧於成功不居之義，矜張過甚，遇事風生，往往自取盛名，不諱國惡。或更逆億以快觝排，雖曰愛君，無辭植黨。嗚呼！攻三案者潰敗決裂，吾不屑言之矣。「五虎」「五彪」等之犬彘，春秋責備，不能無嗛於諸賢耳。故詳論之，爲後之觀者擇焉。

同治五年

正月

世本 清 雷學淇輯

元日 閱問經堂叢書中所輯世本，及雷氏學淇所輯世本。問經堂本云是錢氏大昭原本，孫馮翼更增輯之，孫氏星衍爲之審定付梓，已極詳慎，今以與雷本相較，則雷本遠出其上，不特所增幾兩倍，而證據精核亦復過之。孫氏先以作篇、居篇，次以姓氏篇、王侯大夫譜共四篇。雷氏分爲七，曰帝繫，曰王侯譜，曰卿大夫譜，曰氏姓篇，曰謚法篇，曰居篇，曰作篇，更爲詳晳，而次第亦較得宜。乾嘉間，東南名儒接踵，然北方之學，若雷氏者，孤學深造，絶無依傍，自闢蠶叢，正不得以家法少之也。

詩瀋 明 范家相

初二日 閱范左南太守詩瀋。四庫提要謂其學出毛西河，而持論斟酌於毛傳、朱傳之間，頗爲平允。然其中從毛駁朱者爲多，惟略於考據，多論文義，而時出新意，異於前人。雖涵詠詩辭，往往有得，究不免空談測臆之病，非説經家法也。其首二卷爲總論，較平實可傳。

後漢書　南朝宋　范曄

初八日　後漢書方術傳，昔人譏其載費長房、薊子訓、左慈等事，語涉不經，有乖史法。然范氏於華佗傳末，明言漢世異術之士甚衆，雖云不經，而亦有不可誣，故簡其美者列於傳末，其下列泠壽光、唐虞、魯女生、徐登、趙炳、費長房、薊子訓、劉根、左慈、計子勳、此人傳僅四十五字，所記祇自尅死日一事，前人謂即薊子訓，蔚宗誤仞爲兩人者，是也。上成公、解奴辜、張貂、麴聖卿、編盲意、壽光侯、甘始、東郭延年、封君達、王真、郝孟節、王和平等二十二人，原本蓋皆聯綴佗傳之後，並不提行，故雖事涉怪異者，亦采附之，不足爲蔚宗病也。其以前之王喬，人事杳冥，亦宜附厠費長房、薊子訓之間。

惟傳中所載郭憲、謝夷吾、李郃、樊英、廖扶、公沙穆六人，不宜厠之術士。郭憲風節觥觥，爲時名卿。李郃、樊英、廖扶、公沙穆皆儒者；郃歷位三公，有忠臣節；英以處士負重名，與郭憲皆當入列傳。夷吾所至政績尤異，穆治縣有神明之稱，皆當入循吏傳。扶操履粹然，宜入獨行傳。蔚宗紀郭憲之異，祇噀酒滅火一事；樊英亦僅稱其嗽水滅火，則欒巴亦有此事，何以入之列傳乎？至夷吾之覘人將死，郃之占知使星，扶之豫測歲荒，穆之先備大水，尤不得以術數概之矣。

詩經世本古義　明　何楷

二十一日　得蓮士書，以明何氏楷詩經世本古義借閱。楷字元子，福建清漳人，崇禎中爲御史，負直聲，後仕南都，至户部侍郎。入閩，升尚書，閩亡後卒。此書以時代先後爲主，顛倒次第，始於公劉、行葦諸篇，謂在夏少康之世，此明人割裂古書之妄習，雖多存古義，採取頗富，而支離鹵莽，得不勝失。蓮士來書，謂其頗涉武斷，誠然也。前有范文忠、林蘭友字操聖、曹學佺字尊生三序。予最不喜明人經説，因遂還之，並以三朝要典屬轉還節子。即作復書，言毛詩之學，以注疏及吕氏詩紀、嚴氏詩緝爲之綱，近時有合刻嚴、吕詩説者，於廠市見之，甚佳。以國朝陳氏稽古編、胡氏後箋、李氏紬義、馬氏瑞辰傳箋通釋爲之緯，他書可不讀矣。顧亭林聖安本紀載南都降臣，有户部右侍郎何楷名，而黄梨洲行朝録、錢田間所知録皆言其入閩爲户部尚書，掌都察院，以忤二鄭請告歸，爲盜截其一耳，欽定明史因之，蓋僅於降表簽名，而未嘗迎附者也。

寶甓齋札記　清　趙坦

二十六日　夜閲趙寬夫孝廉寶甓齋札記，其考左傳服注與鄭説不同一條，甚詳覈，據世説新語云，鄭康成盡以所注春秋傳予服虔。餘尠可取，蓋多記誦而乏心得者。寬夫名坦，仁和人，道光辛巳舉孝廉方正。阮文達學海堂經解，凡舉宏博及孝廉方正者，皆謂之徵君，此非也。二者皆唐宋科目之一，非由徵辟，安得以徵君稱之？況孝廉方正，正宜以今時俗之稱舉人者當之，其舉也爲恩例所應有，尤與宏博異，孫淵如稱江叔雲爲孝廉，是也。

世説新語　南朝宋　劉義慶

三十日　購得萬季野氏群書疑辨一部，又世説新語一部，錢六百文。兩書皆紙槧甚惡，世説尚是吴人袁褧刻本，而浦江周某重刊者，此書自劉應登删改原注，孝標本文遂無完本，最爲恨事。至明世，書賈託名王弇州兄弟以語林删補之，而臨川原本亦罕見於世矣。袁氏原刻，都中僅一覩之。

二月

群書疑辨　清　萬斯同

朔　閲萬季野群書疑辨，共十二卷，自一至三皆考論經傳，卷四雜論古今喪禮，卷五論「周正」及春秋、孟子，卷六爲禘説及房室祔廟遷廟考，卷七爲歷代廟制考，卷八辨石鼓石經及古文隸書，卷九雜論字學書學，卷十辨崑崙河原，十一、十二雜論宋、元、明史傳記。

萬氏兄弟之學，頗喜自出新意。充宗所著儀禮商、周官辨非諸書，多立異説，而精悍自不可廢。季野較爲篤實，其經學尤深於禮，其史學尤詳於明，所作歷代史表，已成絶詣。此書得失，山陽汪文端一序已盡之。大抵以第四及十一、十二三卷爲最精，論喪禮一卷。酌古禮以正時俗凶禮之失，皆切實可行，不爲迂論。論史兩卷，具有卓識。惟深譏元之劉因，痛詆明之張居正，則尚考之未審。其論禮好違鄭注，論春秋好闢左傳，皆與充宗相似。至於極言古文尚書之真，而詆盤庚、周誥爲不足存；力駁毛詩小序之謬，而謂二南、國風皆未删定，則近於猖狂無忌憚矣。汪序謂其間有考之未詳者，有勇於自信者，蓋謂是也。

説文解字　漢　許慎

初七日　閲説文。洪氏頤煊言説文字下或有注「闕」字者，蓋是二徐校訂時所闕，非許氏本文。按，其説甚是。即如假借之假，六書之一事也，此其音義不容不詳者，而説文入之又部下，注曰「闕」，可知非叔重舊本如是矣。

許氏於「大」字、「人」字皆分兩部，以偏旁所從有籀文、古文之别也。自、白同字，僅省一筆，亦分兩部，玉篇合「大」字爲一部，段氏譏其致古籀偏旁殽亂不分。予謂玉篇實六朝俗學，即如説文白部之「者」，從白從𣥂聲，𣥂古文旅，而玉篇入之老部，與耇耋等字一例。夫「者」從老，是何義乎？後人以其書時代未晚，尚存古義，故尊奉之，不知希馮爾時不過徇俗之書也。玉篇既爲唐孫强所改竄，而宋人復增益殽亂之，希馮之真，亦不可得見矣。然如「者」入老部，必是原本如此。

東華録　清　蔣良騏

十四日　夜閲東華録，湘源蔣良騏千之撰。凡三十二卷，起天命元年，迄雍正十三年。曰「東華録」者，以國史館在東華門内。乾隆三十年，重開史館，千之充纂修官，故以「東華」名之。其書編年紀録，毫無觸迕，據自序謂惟以實録紅本及各種官書爲主，遇闒分列傳，其事蹟有關朝章國典者，以片紙録之，信手摘鈔，久之遂成卷軸。故其書斷爛錯雜，往往掛一漏十，有首無尾。蓋翰林諸臣，分纂列傳，例以闒拈名氏，隨所得者爲之，今則由提調派分矣。向傳是書語多詆誣，故奉令禁，凡民間所妄談國家草昧隱秘之事，謂皆出於此中，蓋無稽之言，不可得而詳也。家藏舊有兩部，未及詳覈，在都見鈔本，亦無甚增損。

張燕公集　唐　張説

二十八日　閲張燕公集，内有謝賜鍾馗及新曆表，足見小説言明皇晝臥驪山夢稱鍾進士者，固妄説也；與新曆並賜在冬至時，又與今時用之端午者異。表中及鍾馗者，惟「屏祛群厲，繢神像以無邪」二語，蓋莫考其所始矣。燕國文博雅有勁氣，其駁行用魏徵注類禮表云「今之禮記，是前漢戴德、戴聖所編録，歷代傳習，已向千年，著爲經教，不可刊削。至魏孫炎，始改舊本，以類相比，有同鈔書，先儒所非，竟不行用。貞觀中，魏徵因孫炎所修，更加整比，兼爲之注，先朝雖厚加賞錫，其書亦竟不行。今行冲等解徵所注，勒成一家，然與先儒第乖，章句隔絶，若欲行用，竊恐未可。」又改撰禮記議云：「禮記漢朝所編，遂爲歷代不刊之典。今去聖久遠，恐難改易。」云云。皆獨具卓識，有功儒林。後世若俞東老、吴草廬輩，顛倒割裂，蓋未聞此論者也。

其贈别楊盈川箴云：「才勿驕恡，政勿苛煩。明神是福，而小人無冤。畏其不畏，存其不存。作誥於酒，成敗之根。勒銘其口，禍福之門。雖有韶夏，勿棄擊轅。豈無車馬，敢贈一言。」深得古人贈言之義。盈川時輩先於燕公，而其辭如此，尤非晚近所能。「才勿驕恡」四語，深中盈川之病。

三月

春秋繁露　漢　董仲舒

初九日　閲春秋繁露，抱經堂本，凡十七卷八十二篇，最爲足本。近儒趙敬夫、錢溉堂、盧召弓等校之者十三家，然尚有訛錯不可讀者。玉杯、竹林、玉英三篇，名皆與其文不類，俞序篇名尤不可解，自由後人掇拾分裂所致。又全闕者三篇，並其名亦失之。董子之學，由公羊春秋根極理要，旁通五行，可以見之施用。此書所載如求雨、止雨兩篇，蓋三代相傳古法，非同術數，後儒昧於陰陽，遂輕議之。豈知聖人之言天道，多以人事之近者求之。如周禮、月令所稱，皆有至義，固不可爲少見多怪者道也。其説春秋，尤獨得精意，何氏公羊之詁，多出於此。歐陽永叔譏其「王者大一元」之説，惑於改朔；黄東發譏其以「王正月」之「王」爲文王，及宋襄公由其道而敗之語，於理不馴。此皆公羊家語，非董子所創。至程文簡詆其辭意淺薄，則猖狂之言，更不足論矣。

説文解字　漢　許慎

二十五日　説文「襱，絝踦也」。方言「袴，齊魯之間謂之䙪，或謂之襱」。郭注：「今俗呼袴踦爲襱。」是即今婦女之腳襱矣。

緞字見急就章。近人以説文無此字，假「段」字爲之。然「段」字説文自訓椎擊物。緞出史游書，不得謂非古。其義雖與今所謂緞者殊，要是組紃之類，與其假「段」，何如假「緞」乎？

説文一書，古人制字本意藉以考見，其有功來學，固不可勝言。然經典假借，相承已久，從宜從俗，昔訓所昭，但心知其意可矣。吾友陳珊士、孫蓮士兩君皆憙説文，每以隱僻之文，施諸箋札，予屢規之。試思許君手創此書者也，據其書，「象似」之「象」應作「像」，而許君稱象形者皆仍作「象」；「減省」之「省」應作「渻」作「媘」，而許君稱從某省者皆仍作「省」；「重疊」之「重」應作「緟」，多部多緟也，糸部緟增益也。而許君稱重文者皆仍作「重」。可知祭酒惟示人以書契之恉，未常盡强人以反古也。後人讀書，好駭俗目，自是學古之癖。

四月

拙怡堂詩　清　馬賡良

初三日　夜爲馬上舍賡良點閲拙怡堂詩。上舍字幼眉，其詩讀書尚少，未能成家。然才致清新，近體具有作意。如「小樓梅子雨，深隴麥花秋」、「銀蟾一夜滿，秋夢萬家圓」、「暗壁落秋夢，孤燈生旅情」、「雪深春氣斂，風勁夜窗疏」、「霜花團野屋，月氣壓秋燈」、「人行衰草寒煙外，山在斜陽積雪中」、「十里鶯花京國夢，數聲風笛故人情」、「春風都是乍來客，江館喜開新種花」，皆佳句也。

同人集草堂喜賦一律云：「自愛草堂靜，花開好舉杯。爲何春已半，始見酒人來。我欲題新句，還應發舊醅。風光君莫負，猶有未殘梅。」通首一氣如話。絶句如：「名園憶别無多日，又有花開待客看」、「夜半詩情清似水，半簾明月一房燈」、「小樓春雨蕭蕭夜，江北江南正落花」，俱有雅人深致。

説文字原集注　清　蔣和

初七日　閲蔣氏説文字原集注。其書兼收古文奇字，下逮隸楷，先係以字之正義，次以别義，又次以辨正，用力甚勤。元人周伯琦有説文字原一卷，取五百四十部首之字增減迻易，自爲一書，蔣氏則一仍許氏之舊。惟所據説文，尚是誤本；又時惑於周伯琦、楊桓諸人不根之説，故多有舛背耳。

鮚埼亭外集　清　全祖望

十二日　終日閲鮚埼亭外集。予嘗謂國朝人著作，若全氏鮚埼亭集、錢氏潛研堂集，皆兼苞百家，令人探索不盡。次則朱氏曝書亭集、杭氏道古堂集，亦儒林之鉅觀，正不得以鴻詞之學少之。

韓非子　戰國　韓非

十四日　讀韓非子十過、孤憤、説難、説林上、説林下共五篇，是吴山尊學士影刻宋乾道本，後附顧千里氏識誤。宋刻之足重者，以匙誤字，此本奪繆不一，而學士一仍之。顧氏多有是正，乃不以分屬每篇之後，而別爲一書，使其書或失，則何所取正？又何貴乎宋本而汲汲摹之也？乾、嘉以後，儒者好傳古本，每失之愚，此類是矣。

韓非子　戰國　韓非

十六日　讀韓非子内儲説上下、外儲説左上、左下、右上、右下、五蠹共七篇。韓非子中徵引古事，多有「一曰」云云，此是後人附記之語，而儲説内外篇皆先列數義爲綱，而後舉其事以爲之證，疑原本每條下即分係其事，後人傳寫，如朱子所定大學經傳例，遂易其次，遂妄題曰右經右傳，而於每條傳上標一二三四五六字以識别之。内儲説先最舉七術六微之凡，而外儲説無之，蓋亦是傳寫脱去，此當在唐以前，其遂並則似宋人所爲耳。儲説之體，以一義聯綴數事，後人連珠之作，實仿於此。

十七日　跋韓非子一通。此本亥豕重貤，多有顧氏所未正者，蓋影刻時又不無訛失矣。注本漏略尤多，誤文幾不可讀，蓋宋槧之最劣者。暇當借太平御覽等書校之。

明史　清　張廷玉

閲明史郭子興、韓林兒、徐壽輝、陳友諒、張士誠、王保保、陳友定、元梁王諸人傳、后妃、諸王、公主傳。壽輝傳附友諒傳首。

四庫全書總目 清 紀昀等

二十八日 閱四庫總目子部。總目雖紀文達、陸耳山總其成，然經部屬之戴東原，史部屬之邵南江，子部屬之周書倉，皆各集所長。書倉於子，蓋極畢生之力，吾鄉章實齋爲作傳，言之最悉。故是部綜録獨富，雖間有去取失宜，及部叙未當者，要不能以一疵掩也。耳山後入館而先殁，雖及見四部之成，而目録頒行時，已不及待。故今言四庫者，盡歸功文達。然文達名博覽，而於經史之學實疏，集部尤非當家。經、史幸得戴、邵之助，故經則力尊漢學，識詣既真，别裁自易；史則耳山本精於考訂，南江尤爲專門，故所失亦尠。子則文達涉略既徧，又取資貸園，彌爲詳密。惟集部頗漏略乖錯，多滋異議。

五月

明史 清 張廷玉

朔 閱明史申時行、王錫爵、沈一貫、方從哲、沈漼、張四維、馬自强、許國、趙志皋、張位、朱賡傳。時行至漼爲一卷，四維至賡爲一卷，傳贊深貶時行等五人因位取容，掩飾避事，而於四維等六人頗存恕辭。謂其時言路鴟張，賢否混淆，其所抨擊，非爲定論，是其分卷之意，固有等差。然長洲、太倉要爲賢者，宜加四明、德清一等。以建儲一事論之，兩公調護實爲首功，蓋輔臣之責與諫臣異。

明代臺省，狃於積習，以直諫爲名高，而人主骨肉之間，非可輕試。册立大事，英主所諱。以唐宣宗之明察，且有懼爲閒人之言；宋仁宗之賢，而當建儲受賀，泫然泣下。況神宗有貴妃之寵，愛子之私，而一時曹郎科道，不知審度，貿然陳請，罔顧投鼠之忌，助成市虎之訛，指斥宮闈，發揚隱諱。幸而定陵素行姑息，性又寬厚，鄭妃無武惠之讒，司禮無優施之術，否則以小臣之無禮，激君上之怒；以外廷之妄言，釀妃匹之仇；其禍將有不可言者。然非長洲之老成持重，潛移主心；太倉之機警善應，感悟豔妾；則張有德昧昧一疏而展期一年，許文穆亟亟繼請而帝意益變，安見出閣之禮竟行，前星之位遂定哉？夫長洲之叢衆議者，以在告不預之密揭；太倉之負世詬者，以三王並封之擬諭；而不知此正大臣之用心。長洲揭言册立之事，聖意已定，有德不諳大計，惟宸斷親裁，勿因小臣妨大典。太倉之擬諭，則姑順其指，而並援漢馬后、唐明皇王后、宋劉后撫子事以請，皆陽爲將順，而陰爲挽回。蓋神宗庸主也，明主可以理奪，而庸主宜以情感。二公身爲元輔，深被主眷，語言或激，則君將疑其與外臣比而漸疏之，大臣疏則元子不得立矣。觀帝責許文穆，謂大臣不當與小臣比，則其意可見。故長洲自歸於上，太倉請帝自擇，皆不使帝有形跡之嫌，而言巽而易入，事切而可從，不爲矜張，不居寵利，用心如斯，亦可以告無罪矣。

其時士夫皆不學無術，轟然排詆，蟲鳥一喙。且其心亦非必欲樹元良安社稷也，平日欲收直聲而不得，幸有此間，遂爲奇貨，號召儔類，狂走叫呼，此亂朝之大患，言路之極變也。然則申、王二公，又烏可貶哉？吴次尾著東林本末，亦言太倉爲才相，而深譏其並封之擬，蓋未知大臣之用心者也。烏虖！光宗之立，要不得不推文定、文肅之功；而文肅維持匡救，其功尤大。厥後，其曾孫顯庵相國，事我聖祖皇帝，兩疏請建儲，獲嚴譴，皆以御史合疏繼進，上疑其朋黨，遂震怒。夫聖祖之聖，視神宗之庸，相去奚止萬萬。理密親王再立再廢，聖祖心簡世宗，神器有屬，其事亦萬萬與神、光父子異。而顯庵以仍還廢儲請，雖疏戇失指，其心無他，固亦不愧其祖。故聖祖終諒其忠，世宗、高宗皆下詔原之。然其初以臺臣繼請，跡近比周，而心遂無以自明於上，罪且至不測，然則文肅調停匡順之功，不益可思哉。史臣於此，蓋有別白未精者。

若四明、德清，則又有辨。二人始皆有清望，及入閣後，皆以柔濟陰，自固其位，此所同者也。四明之持楚獄，傾歸德，陷郭正域，盡留被察給事御史，亦可謂傲很恣肆，近於分宜、江陵輩所爲矣。此則德清所不敢，蓋才固相去遠甚，而德清所行益齷齪，其所值之時，亦較不幸。然四明當建東宮時，力持改期之旨，至封還詔書，言萬死不敢奉詔。又廷議有欲先冠婚後册立者，獨持不可，曰不正名而苟成事，是降儲君爲諸王也。此皆有大臣之道者。至烏程沈相，則僉人矣，蓋又降德清一等。然其掌南禮部時，西洋人利瑪竇、王豐肅等方倡天主教，士大夫翕然宗之，獨抗疏言陪京都會，不宜令異教處此。烏虖！此其識不高出徐光啓輩萬萬哉？

明史 清 張廷玉

初十日 閱明史嚴清、宋纁、陸光祖、孫鑨、陳有年、孫丕揚、蔡國珍、楊時喬諸公傳，明世七卿，以吏部、兵部、都察院爲尤重，南京官亦惟此三卿有治事之職，委任稍隆，而南察院惟設右都御史一人掌院事，故陳恭介以冢宰致政，而起爲南京右都御史。史雖稱故事吏部尚書未有以他官起者，屠滽掌都察院，楊博、嚴清掌兵部，皆用原銜領之。南京兵部尚書楊成起掌南院，亦領以故銜。有年以右都御史起，蓋帝欲用之，而政府陰抑之。考是時居政府者，蘭谿新建，固素與恭介不平；四明雖鄉人，亦非同志。其不用原銜，誠非無意。然南院之長，要非輕授，故神宗亦不疑也。惟恭介已於正月卒，而南院之起以四月下詔，冢宰大臣，餘姚又非僻地，況恭介以禮予告，恩賚有加，豈有卒已四月，尚未入奏之理？或其月數有誤耳。

又恭介辨廷推閣臣疏，言臣邑前有兩閣臣，弘治時謝遷、嘉靖時吕本，並由廷推，官止四品，而耿裕、聞淵則以吏部尚書居首，是廷推與推及吏部，皆非自今創也。按明自英宗復辟，岳正以修撰入閣後，翰林六七品官無復入者。吕原以通政司參議入閣後，五品官無復入者，至成化二年劉定之以太常少卿入閣後，四品官亦無復入者。惟謝文正、吕文安皆以少詹四品入，又皆與恭介鄉里，其援引最爲切當。惟以吏部尚書入閣者，正德元年有焦芳，十年有楊一清。若耿、聞兩公，則雖推而終不入，芳或不足比數，恭介何不更引楊文襄乎？又吏部入閣者，正德四年有劉宇，嘉靖八年有桂萼，二十三年有許讚，四十四年有嚴訥，四十五年有郭朴，恭介之不數及五人者，或以不由廷推故也。

十一日　閱明史桑喬、謝瑜、上虞人，以御史廢於家，贈太僕少卿。與徐學詩、葉經、陳紹稱上虞四諫。附王曄、伊敏生、童漢臣、陳瑄等，瑄餘姚人，御史。何維柏、徐學詩、字以言，終於通政司參議，贈大理少卿。附葉經字叔明，以御史巡按山東，廷杖死，贈光禄少卿。陳紹字用光，終於韶州知府。厲汝進、王宗茂、周冕、趙錦、字元樸，餘姚人。萬曆時官至左都御史、刑部尚書，贈太子太保，謚端肅。吴時來、字惟修，仙居人，萬曆時官至左都御史，贈太子太保，謚忠恪。張翀、董傳策、鄒應龍、字雲卿，官至兵部侍郎、雲南巡撫。林潤字若雨，官至僉都御史、應天巡撫。傳一卷，皆與嚴氏忤者。

史言鄒應龍、林潤二人之忠，非過於楊繼盛；其言之切直，非過於沈鍊、徐學詩等；而大憝由之授首，蓋惡積滅身，而彈擊適會其時。按謝瑜傳言是時帝雖嚮嵩，猶未深罪言者，嵩亦以初得政，未敢顯擠陷，故瑜得居職如故。未幾，假他事貶其官。徐學詩疏謂前後論嵩者，嵩雖不能顯禍之於正言之時，莫不假事託人陰中之遷除考察之際。如前給事中王曄、陳瑄、御史謝瑜、童漢臣輩，於時亦蒙寬宥，而今皆安在哉。然徐疏當嘉靖二十九年，時分宜惡猶未甚肆也，故徐亦止下獄削籍。至三十一年，吾鄉沈忠愍疏上，謫佃保安。三十二年，容城楊忠愍疏上，竟死西市。自是益恣睢，故王宗茂繼沈上疏，劾其負國之罪八，自謂必死；及謫平陽縣丞，怡然就官。趙端肅繼楊上疏，切直相亞，時方巡按雲南，萬里就逮，瀕死者數，下獄拷訊，榜斥爲民，尚云天幸。嗣惟三十七年，吴忠恪及刑部主事張翀、董傳策同日疏劾，皆拷訊幾死，遠戍煙瘴。而鄒之疏上於四十一年，知主眷已移，華亭方寵，因而傾之；林更乘勢而發，固不得與諸公同年語矣。華亭徐學謨尚書，以上虞徐太僕同名之嫌，自請改名，以媚當路，朱竹垞静志居詩話中深致醜笑。然薰蕕區别，而曾參陽虎，每致混淆，幸其自明，不啓來惑。而當趙端肅擊嵩之時，有山西人趙錦爲兵部尚書，素附嚴氏，明史屢及其人。時代相接，賢否易亂，此又同姓名録中所當亟辨者也。崇禎及福王時有兩何楷，一字玄子，官户部侍郎，後入閣，升尚書，掌都察院，即在崇禎中以直諫著者，明史有傳。一官御史，弘光中嘗請禁四六文章及坊刻社稿，見顧亭林聖安本紀。有兩左光先，一遼東援剿總兵，一浙江巡按。

又閱馬永、梁震、王效、周尚文、馬芳、芳子林。何卿、沈希儀、石邦憲傳一卷。俞大猷、字志輔，附盧鏜、湯克寬。戚繼光、字元敬，弟繼美。劉顯、李錫、張元勳傳一卷。

史言世宗朝老成宿將，以俞大猷爲稱首，而數奇屢躓，内外諸臣掩遏者衆。然俞官至右都督，而終於署都督僉事，乃得贈謚武襄，並時名將，若李成梁官至太傅，戚繼光官至少保，皆不得謚。劉顯、李錫，亦復無聞。蓋中葉以後，立功武臣得易名者，惟梁震謚武壯，周尚文及王效、劉文皆謚武襄，與俞而五，亦云幸矣。尚文傳言終明之世，總兵官加三公者，尚文一人而已。尚文由太子太保加太保。然李成梁於萬曆五年，以遼東總兵官加太保，本傳謂是年十二月又有圜山之捷，封寧遠伯，而功臣世表作萬曆七年五月封，疑表云七年乃六年之誤。及再鎮遼東，又加太傅，是尚文傳所云誤也。

又閱李成梁、字汝契，子如松、如柏、如楨、如樟、如梅。麻貴父禄，兄錦，及從子承恩等。傳一卷。史言沙嶺麻氏多將才，人以方鐵嶺李氏，曰東李西麻，而贊中頗譏兩家子弟恇怯退避，墮其家聲。張臣諸人傳贊，又謂張承廕、杜松以將門子捐軀報國，視世所稱東李西麻者，相去何等。成梁傳中雖著其功，而多有貶辭。蓋以成梁戰功，多與國初興京事相連，又親加害於二祖，史臣爲本朝諱，故有不敢質言者。試思成梁之斬王杲阿台父子，斬速把亥，斬阿海及河溝、劈山、圜山、紅土城、靉陽、襖郎兔、遼河、可可母林、北關等處之捷，安得謂非奇功？如松之破寧夏，滅哱拜，援朝鮮，克平壤，皆不愧名將。後繼其父鎮遼東，搗巢中伏，力戰而死，謚曰忠烈，以視張、杜，勇尤過之，較之劉綎、馬林，亦復何讓？信史所言，固有未盡者耳。

又閲張臣、子承蔭，孫應昌等。董一元、杜桐、弟松，子文焕。蕭如薰傳。又劄記五事。馬芳以參將有功，加右都督，進左，賜蟒袍，偏裨加左都督，自芳始。李如松征哱拜，爲提督陝西討逆軍務總兵官，武臣有提督自如松始。俞大猷少受易於王宣、林福，得蔡清之傳，俞晉江人。家貧屢空，父殁，棄諸生，嗣世職百户。李成梁家貧，不能襲職，年四十猶爲諸生。巡按御史器之，資入京，乃得襲世職鐵嶺衛指揮使。俞大猷舉武會試，爲金門千户，上書監司論海寇事。監司怒曰：小校安得上書？杖之，奪其職。可見明世文臣之横。吾鄉蕭副使名鳴鳳，嘉靖中督廣東學政，以憤撻肇慶知府鄭璋，物論大譁，亦見明史本傳。此二事皆趙氏廿二史劄記中明臣擅撻品官條所未及。

李成梁以隆慶四年代王治道爲遼東總兵官，凡歷二十二年，至萬曆十九年十一月罷，以楊紹勳代，一年罷，以尤繼先代，半歲病去，以董一元代，凡三年罷，以王保代，一年，以李如松代，按，如松傳言二十五年冬遼東總兵董一元罷，廷推者三，中旨特用如松。而董一元傳言一元以病歸，命王保代。其下叙保事，亦云代一元鎮遼東。參差不合，蓋李傳誤。明年四月戰殁，以其弟如梅代，踰年罷，以馬林代，時萬曆二十七年也。至二十九年八月，林獲罪，仍起成梁代之，凡八年。至三十六年夏卒，以杜松代，明年罷，以王威代。明年，以麻貴代，凡二年，罷。以張承蔭代，時萬曆四十年也。至四十六年四月，我太祖高皇帝起兵拔撫順，承膺赴援戰死，以李如柏代。明年二月，楊鎬四路出師，如柏出鴉鶻關遁還。四月以李如楨代，明年罷。是歲神宗崩，李氏父子兄第五人相代鎮遼東，而成梁先後凡三十年，鎮帥之久，古所罕比。成梁傳言再鎮八年，杜松傳亦言三十六年夏代李成梁鎮遼東。而功臣表作三十四年六月卒，四年蓋六年之誤。

蕭如薰傳言自隆慶後，款市既成，烽燧少警，輦下視鎮帥爲外府。山人雜流，乞朝士尺牘往者，無不饜所欲。薊鎮戚繼光有能詩名，尤好延文士，傾貲結納，取足軍府。如薰亦能詩，士趨之若鶩，賓座常滿。妻楊氏、繼妻南氏，皆貴家女，至脱簪珥供客，猶不給，軍中患苦之。一時風會所尚，諸邊物力爲耗，識者歎焉。

馬林傳亦言林雅好文學，能詩工書，交遊多名士，時譽藉甚。想見明季浮華相煽，上下若狂。自唐寅、屠隆創才子之目，康海、李蓘標風流之稱，波靡纖婬，市趨輕狎。「七子」、「五子」，搢紳以署置相矜；心學禪學，師儒以能仁爲尚。於是實學盡棄，庸行莫敦，小品盛傳，清供日出。竊眉公之祕笈，炫耀典墳；誦李贄之初譚，穅秕孔孟。詩人賤於吒隸，名士多於蠅黿。風月數言，即推皋朔；煙霞十字，便笑儲王。以馬班爲不足言，而批抹堯典；以篆籀爲不屑議，而抉摘羲爻。朝盡瞽人，世皆醉夢。遂至聳動軍府，平揖通侯，蠹耗金錢，熒擾中外，可爲永戒者矣。

十三日　閱明史徐階、高拱、附郭朴。張居正曾孫同敞傳一卷，楊博、子俊民。馬森、劉體乾、王廷、附毛愷，江山人，隆慶時刑部尚書，謚端簡。葛守禮、靳學顔傳一卷。

吴山陸樹聲、瞿景淳、子汝稷、汝説，汝説即臨桂伯忠宣公之父。田一儁、附沈懋學及懋學從孫壽民。黄鳳翔、晉江人，謚文簡。余繼登、馮琦，從祖惟訥。王圖，兄國，附劉曰寧。翁正春，侯官人，天啓初禮部尚書，忤魏閹告歸。以嘗爲神宗講官，特加太子少保，賜敕馳傳，異數也。時正春年逾七十，母百歲，率子孫奉觴上壽，鄉閭豔之。崇禎初，謚文簡。正春始以龍谿教諭擢萬曆二十年進士第一，明世職官冠廷對者二人，曹鼐以典史，正春以教諭云。劉應秋，子同升。唐文獻，附楊道賓、陶望齡。李騰芳、蔡毅中公鼐、羅喻義、姚希孟、許士柔、顧錫疇傳一卷。王家屏、陳于陛，南充人，父以勤，相穆宗。于陛相神宗，謚文憲。明世父子爲宰輔者惟南充陳氏。沈鯉、于慎行、李廷機、吴道南傳一卷。張瀚、王國光、梁夢龍、楊巍、李戴、趙煥、鄭繼之傳一卷。七人皆萬曆時冢宰，皆素有聲望，而秉銓後受制政府及言路者。王汝訓、余懋學、張養蒙、孟一脈、何士晉，附陸大受、張庭、李俸。王德完、蔣允儀、鄒維璉傳一卷。李植、江東之、湯兆京、金士衡、王元翰、孫振基，子必顯。丁元薦，字長孺，長興人，附于玉立。李朴、夏嘉遇傳一卷。自汝訓至嘉遇，皆萬曆中以部院官建言者，然大抵挾持忿争，傾軋求勝，蓋鮮可取。士晉以孤童幾死，砥厲進身，其事可感。士晉，宜興人，父其孝，得士晉晚，族子利其貲，結黨致之死。繼母吴氏匿士晉外家，讀書稍懈，母輒示以父血衣，士晉感厲，與人言未嘗有笑容。萬曆二十六年舉進士，持血衣訴之官，罪人皆抵法。而梃擊一疏，辭氣戆激，至竟以逆謀坐鄭氏，何其悖也。其得免罪，不可謂非天幸。李植、江東之窺伺帝意，乘間攻擊，遂恃上知，與當國大臣爲難。王元翰輕躁喜事，徧毁重臣，沈德符萬曆野獲編言元翰貪横之狀甚備。知神宗之不罪言官，遂直攻主過，蓋皆小人。維璉、嘉遇皆以私怨，負氣構鬨，雖辭理皆直，維璉又與嘉遇有間。然齊、楚、浙之黨，實破於嘉遇，而客、魏之黨，即激成於維璉，揚己訐人，君子不取。維璉旋擊魏璫，風節益著。嘉遇見親衆正，同罹黨禍。故世之論者，以二人爲清流。兆京峻潔自持，身任朝局，尤爲東林所推。元薦、李朴，皆以部曹憤發彈劾，直犯衆怒，感奮之概，亦有足多。而元薦風裁尤峻，固此中之矯矯者。若于玉立者，其人本末蓋不可知，吴次尾東林本末謂當時士夫言及中甫玉立字，雖在賢者，亦以爲東林之蠹。至謂其遥執朝權，福清入相，亦由其力。惟鄭太宰三俊嘗曰：「果若人言，何以廢主事終乎？」以此爲持中之論。然史言玉立爲刑部郎中，以妖書事與王士騏同褫官，是其起用固疑，而終以光禄少卿召，則非以廢主事終者也。次尾亦言東林日益衰謝，玉立身被數十疏，猶日出奇，使其門生故人伺釁攻之，不肯遂已，亦可想其氣焰矣。

齊、楚、浙三黨，齊人亓詩敎爲最强，而嘉遇傳言浙爲主兵，齊、楚爲應兵，蓋以浙之沈、朱、方三相爲東林所指目，而三黨起於崑黨、宣黨。宣黨之構，起於韓敬科場事，敬亦浙人，故三黨以浙爲主。觀沈、朱二相之持吕文安謚，及私孫尚書鑛、全侍郎天叙之進官，商冢宰周祚及劉逢元、董元儒、過庭訓等之持韓敬事，鄉誼之重，似非他所能間。然元薦亦浙人也，而元薦傳言浙黨所彈射東林者，李三才之次則元薦與于玉立，是亦惟重門户之私，而不顧鄉里之誼矣。全謝山嘗疑熊襄愍之功著遼左，而賢如魏忠節者，何以必請誅之？豈知襄愍固稱宣黨，東林素攻之者。故鄒忠介、楊忠烈、顧裕愍、魏忠節皆持重議，而忠節詞尤峻。蓋黨論一興，雖封疆所倚任者，亦不暇爲之計。中朝水火，牢不可破，賢者且然，况其他哉？烏虖！是可深惜者矣。

十四日　閲明史譚綸、附徐甫宰，山陰人，字允平，終潮州僉事。王崇古、附李棠。方逢時、吴兑、山陰人，字君澤。鄭洛、張學顔、張佳胤、殷正茂、附李遷。凌雲翼、朱衡、附翁大立，餘姚人。潘季馴、字時良，烏程人。吴桂芳、附傳希摯。王宗沐、子士昌，從子士性。徐貞明、附伍袁萃。海瑞、丘橓、吕坤、郭正域、魏學曾、附葉夢熊、梅國禎。李化龍附江鐸，仁和人。諸傳。王襄毅之款俺答，李襄毅之平楊應龍，皆無赫赫功，而宣大遵平，永享其利。徐貞明之議京東水利，實萬世策，而良圖莫究，深可惜也。元世虞文靖不能創於前，國朝怡賢親王不能成於後，畿輔千里，永爲瘠區，仰食東南，殆將終古。

二十日　閱明史。明史以楊嗣昌、吴甡兩傳同爲一卷，可謂老、韓同傳，武陵雖有才，然實蓋世之姦，而傳多曲筆，以其後人方爲顯仕也。興化入相，事出曖昧，而竟實之，尤不可解。

七月

説文解字　漢　許慎

朔　説文竹部「笠，可以收繩者也，從竹，象形」。又曰「互，笠或省」。而木部「柦，桱柦也，從木互聲」，則「互」不當爲「笠」之或體矣。

二部「恒，從心舟，在二之間」；而木部「柦，竟也，從木恒聲」。又曰「亙，古文柦」，則恒固從舟，不當云心舟在二之間矣。蓋互者丩也，交也；亙者，竟也。互從二從丩，亙從二從舟，皆會意。皆古有之字，本應與亘亟等字同在二部。

而竹部絞繩之器曰笠，木部之桓，皆由互亙孳生。恒字亦從亙孳生，當入心部。今説文如此者，蓋爲後人竄亂。而糸部之緪，亦當從亙，與桓字偏旁，皆轉寫者誤多一心字耳。口部「名，自命也。從口夕，夕者冥也。冥不相見，故以口自名」。案名之從夕，殊不可解。以冥轉訓，亦甚迂晦。疑名本從卪，卪者信也，亦制也。古人顧名思義，故名者人之所以爲信。孔子曰「必也正名」，名之於人，所以制之。禮記「先王謚以尊名，卪以壹惠」，生有名，死有易名曰謚，其義一也。卪之篆體，與夕相似，故誤認爲從夕。今經傳卪皆作節，此假竹節字爲之。名之從卪，與命同意。命從令，令從卪。許氏先曰「自命也」，其義亦可推矣。後曰云云，疑非祭酒本恉。

釋名　漢　劉熙

釋名釋采帛篇云：「白，啓也，如冰啓時色也。黑，晦也，如晦冥時色也。」案釋名一書，皆以聲音爲訓。白之與啓，聲尤不類，當作「白，判也，如冰判時色也」。詩「迨冰未泮」，毛傳「泮，散也」，蓋「泮」爲「判」之假借，「白」與「判」音近，白有明辨誼，萬物至曙而始辨，五色至白而始分。判者辨也，分也，故白之誼引伸爲辨白，爲告白，如史傳所言「事得白」、「以狀白事」之類是也。雪者至白之物也，故曰昭雪，曰洗雪，雪者白誼之引也。「黑，晦也」者，古讀黑如忽，今音呼北切，亦近於忽，故與晦聲近也。

明夷待訪録　清　黄宗羲

十二日　閱黄梨洲先生明夷待訪録，海山仙館本也。爲目曰原君、原臣、原法、置相、學校、取士、建都、方鎮、田制、兵制、財計、胥吏、奄宦。而取士、奄宦各有上下篇，田制、兵制、財計各有三篇，故共爲二十一篇。自序謂據胡翰十二運之説，自周敬王甲子至今，皆在一亂之運，向後二十年交入大壯，始得一治，則三代之盛，猶未絶望，故條具爲治大法，冀如箕子之見訪。

曰「明夷」者，以是録作於康熙癸卯，尚在治運二十年之前，謂如夷之初旦，明而未融也，其自負固不薄矣。然其言多激於明季因循之習，頗泥古法，或高遠難行。惟「取士」、「胥吏」兩事，尚可采擇以施久遠，而「取士」條法，已太繁苛。至學校欲以政事之權歸師儒，是非之議歸諸生，是徒亂法制而無益於國者。乃謂東漢太學三萬人危言高論，宋太學生伏闕留李綱，兩事皆有合於古，則偏駁極矣。全謝山言先生未除黨人習氣，蓋謂是也。

建都必於金陵，則顧亭林已相駁難。方鎮僅設於九邊及雲貴，猶可言也，至欲許以嗣世，則尾大不掉，其患靡已。奄宦以寺人之多，由於嬪御之盛，欲天子僅留三宫，以外一切皆罷，其言已迂可笑。

原君篇乃欲人人皆公天下而不以爲子孫之業，則迂而幾於愚矣。原臣篇謂臣與君分治天下，名異而實同。凡仕者爲天下，非爲君；爲萬民，非爲一姓。置相篇謂據孟子言天子同在五等之位，卿之與君，猶大夫之與卿，相去僅一級。伊尹、周公之攝天子，亦猶大夫之攝卿、士之攝大夫，言皆未醇。田制必欲復井田，亦迂闊之成見。據全氏鮚埼亭集外編跋是書，謂中多嫌諱，故原本不盡出。予於丙辰歲暮，得四明原刻本讀之，今十年矣。先生之學，卓絶古今，是録爲先生王左大略所以自見，乃轉覺意過其通，千慮一失，末學後生，妄加訾議，要何足當南雷輿隸乎。

九國志　宋　路振

十三日　閲路振九國志。九國以吴、南唐、吴越、前蜀、後蜀、東漢、南漢、閩、楚爲次，久已散佚，後人於它書掇拾成之，故吴事獨盈三卷，而南唐僅有周本一傳。太原劉氏，它書皆稱北漢，此獨稱東漢。又稱劉繼元爲英武帝，此出太原故臣之追謚，而歐、薛史皆不載，路氏亦不著所以。朱竹垞跋太原天龍寺千佛樓碑云，「碑稱承鈞爲睿宗皇帝，繼元爲英武皇帝」，皆史所未及。

順宗實録　唐　韓愈

閲韓文公順宗實録。此書世多貶議，其叙次王叔文事，形容醜狀，尤非體裁。伾文之事，自范文正首開昭雪之端，國朝田氏雯、馮氏景、何氏焯、全氏祖望、陳氏祖范、王氏鳴盛，皆力爲湔洗，而王氏辨之尤至，其事已明。文公當日既徇時情，又銜私恨，故雖交契如柳州，亦直著其罪；於夢得亦然。此猶以劉、柳同在謫譴，無可隱也。李景讓、吕温皆時之聞人，未嘗在八司馬之列，而必追原黨始，著其倖免，是亦不可以已乎。蓋文公固端人而急功名，俗儒而能文章者也。

庚申外史　明　權衡

閲權衡庚申外史。文筆俚拙，其稱韓林兒爲小明王、劉福通爲「劉太保」，蓋以明祖初奉林兒之故。

至稱明玉珍爲「明元帥」而亦不名，則不知何故矣。順帝正后宏吉剌氏，此作車必氏，二皇后奇氏，此作祁氏，其餘諸臣姓名，亦多有與史異者。又於察罕、脱脱父子多加貶辭，反以田豐之殺察罕爲義，彌乖正論。

酌中志 明 劉若愚

十四日 閲劉若愚酌中志。若愚天啓時宦官。崇禎初以管李永貞文書房，入逆黨第一等，逮問擬斬。是書作於獄中，得爲莊烈所見，減等免死。書凡二十三卷，皆紀萬曆、天啓兩朝事。首以憂危竑議，訖於自敍略節，而附以黑頭爰立紀略一卷，載馮銓事，共爲二十四卷。若愚頗知書，自叙其家世襲延慶衛指揮僉事，父應祺，官至遼陽副總兵。若愚自宫以進，選隸司禮監陳矩名下。是志力辨己之非魏黨，而於矩極力推美，稱爲「先監」。又言少在内書房受業於顧天竣，稱爲「先師」，天竣即所稱崑黨之魁也。刑餘賤人，其言是非不足深據，惟所紀事蹟本末頗詳，又多載全文。如憂危竑議、續憂危竑議等，與從信録、先撥志始略同。至鄭貴妃刻閨範圖説序及皦生光本末，則它書所無。紀内臣職掌、大内規制、内臣佩服，多史志所未詳。臚列馮銓醜狀，亦甚詳盡。至紀飲食好尚，則絶無新異，而序謂閲此者當興嘗禁臠之思，是則熏腐之識見耳。

三國志 晉 陳壽

十九日 閲魏志、蜀志。陳氏本無「魏書」、「蜀書」、「吴書」之名，概題爲「志」，後人誤以標目，刻十七史、廿一史者遂皆沿之，流俗所當正者也。

漢儒札記

二十日　漢儒之學，至康成而極盛，然由此驟衰。蓋三方鼎峙，戎馬紛紜，精廬不存，學侶四散。蜀限一隅，無可言矣。魏之大儒推王子雍，吴之大儒推虞仲翔，皆著書教授，門徒甚盛。肅之聖證，務難康成；翻之解經，又好違鄭。時惟樂安孫叔然獨宗高密，稱爲大儒，著述群經，與肅楮柱。又魏志王基傳云，散騎常侍王肅著諸經傳解及論定朝儀，改易鄭玄舊説，而基據持玄義，常與抗衡，蓋亦中流中之一壺。其餘則崔季珪傳稱從鄭玄學，姜伯約傳稱好鄭氏學，僅一二見而已。邴原龍腹，夙有高名，與鄭同郡，而孫賓石諷其往學，輒有違言。蜀志李譔傳云，譔著古文易、尚書、毛詩、三禮、左氏傳、太玄指歸，皆依準賈馬，異於鄭玄；與王氏殊隔，初不見其所述，而指歸多同。足見當時風會所趨，大抵如是。蓋日中則昃，月盈則缺，自然之理，無容疑也。後漢書鄭康成傳，言基爲其門人，近儒錢氏大昕謂基卒於魏元帝景元二年，據碑云年七十二，溯其生在漢靈帝初平元年庚午，康成以建安五年庚辰卒，其時基僅十一歲，不得在弟子之列。陳氏景雲謂基傳不云嘗師鄭氏，蓋私淑鄭學，非親受業者也。高貴鄉公臨學講經，獨右鄭氏，黜退王義，遂爲司馬氏所忌，旋致變隕。而侍中小同，先罹酖酷。學術所趨，世變係之，深可悲哉。

三國志 晉 陳壽

二十一日 閱三國志，詳考魏立親廟、蜀封功臣兩事，坿注於王氏十七史商榷中，文多，不更載。

後漢書 南朝宋 范曄

二十二日 讀後漢書。蔚宗自論此書云：「吾雜傳論，皆有精意深旨，既有裁味，故約其詞句。至循吏以下及六夷諸序論，筆勢縱放，實天下之奇作，比方班氏，非但不愧。」愚謂范氏此言，自詡非過。然其最佳者，如鄭康成傳論、左雄周舉黄瓊傳論、陳蕃傳論、李膺傳論、宦者傳序、儒林傳論，興高采烈，辭深理精，以云奇文，實超前古。次則曹褒傳論、丁鴻傳論、鄧彪張禹胡廣諸人傳論、蔡邕傳論、李固傳論、張奂傳論、孔融傳論、樊英傳論、英在方術傳。張儉傳論、盧植傳論、竇武何進傳論，皆抑揚反覆，激烈悲壯，令人百讀不厭。它若李通傳論，則譏其陷父以徼倖；桓榮傳論，則譏其爲學以取榮；臧洪傳論，則惜其徒死之無益；郭林宗傳論，則疑其知人之過聖。凡兹卓識，多出恒裁。至於荀爽、荀彧，實非貞士，而「慈明」之論，既表其圖董之智；「文若」之論，又褒其爲漢之忠。此之立言，猶爲過當，蓋徇乎流俗之譽，未照其隱遁之情，要亦善善從長，義存匡世，忼慨奮發，可見其心。

大抵蔚宗所著論，在崇經學，扶名教，進處士，振清議，聞之者興起，讀之者感慕，以視馬、班，文章高古則勝之，其風勵雅俗，哀感頑豔，固不及也。具斯良史之才，而陷逆臣之辟，事出曖昧，辭尤枝梧，史傳所書，顯由誣構。近儒王西莊氏力爲申辨，載所著十七史商榷中，其事甚明，奇冤始雪。蓋蔚宗此獄，揆之以事以勢，以情以理，皆所必無。宋書、南史，亦皆遊移其辭，本無顯據，實由香方之刺，徧及盈廷，人士共仇，證成其獄。所云犬彘相遇之言，母弟饑寒之狀，妹妾流涕之訣，皆由忌者横加污衊。夫以武子名儒，宣侯名臣，蔚宗承其家學，嘗言恥爲文士，其閨門無禮，豈至是耶？

蔚宗書中稱引其先世之説凡三：黄憲傳論稱曾祖穆侯，鄭康成傳論稱王父豫章君，高鳳傳論稱先大夫宣侯，皆以見其前人學識品概，非泛泛指稱。

蔚宗書本有志，自著於傳中凡三。公主傳云「事在百官志」；東平王蒼傳云「語在禮樂輿服志」；蔡邕傳云「事在五行天文志」。乃知當日志亦俱成，章懷謂託謝儼搜撰之言，恐都未確。

八月

陳書　唐　姚思廉

初五日　閲姚氏陳書。八書中以此及北周書爲最下。蓋思廉頗拙於文，梁書多因其父，經歷兩世，纂耆既詳，論議亦美，陳書則殊草草，且一意主簡，事蹟多缺。北周制度文章，多擬古昔，德棻又志矯浮靡，頗刊綺辭，而綜覈未精，甄審失當，又篇簡殘缺，尤甚它書。然南、北史多以一家合傳，意重譜系，致時代不分，先後失叙，故八書必不可少。而八書中尤要者，宋、隋兩書；次則魏書、南齊書、梁書。蓋五書皆詳贍有體例，符璽刊落較多也。自明季李映碧、近時童石堂，皆以八書注南、北史，雖取便披覽，終未允當。竊謂本紀宜用南、北史，列傳宜用八書而去其緟複，平其限斷，除其内外之辭，正其逆順之跡，更以彼此互相校注。志則用隋書中五代史志，而注以宋、魏、南齊諸志，庶爲盡善矣。

北史　唐　李延壽

初六日　閱北史。予於辛卯年粗校是書一過，今日以三百錢買殘本十四册，舊校本在京師，不可得矣。汲古閣刻十七史，南、北史及八書最爲草草，誤文奪簡，觸處皆然。此既不全，又無它書可校，聊以遣日而已。

十一月

西魏書　清　謝啓昆

朔　閲謝藴山氏西魏書，體例謹嚴，自爲佳作，惜其紀傳，疏略相仍，亦有彼此不相照應者，固由其時記載散亡已盡，别無它書可資掇拾，故其五考，如禮樂刑法等，僅存大略。然細求之册府元龜、太平御覽、通典、通考諸書，當有更可搜耷者。惟封爵、百官兩表，最爲精覈可傳。其曆法考、百官考，亦補綴細密。至謂文帝以柔然告警，賜文后死，其英斷有足難者，則大謬之言。魏之結援蠕蠕，本爲失策，觀其與鄴中高氏交隙之故，利害已明，究之周武滅齊，何嘗藉其犄角之力？文帝始則廢賢后以結狄親，繼則因邊氛以除故劍，忍心害理，冤酷異常。黑獺以操、莽之姿，粉飾周禮，而令武王廢其邑姜，請昏獯鬻，古今可恥，孰甚於斯。文帝逼於强臣，蓋非得已，以此稱之，無識甚矣。

紀載彙編　清　莫釐山人

初二日　作書致節子借書，得紀載彙編兩册，凡十種，皆記鼎革間事，曰燕都日記，題曰莫釐山人增補馮夢龍本。夢龍字猶龍，吴縣人，崇禎時，以貢選壽寧知縣。所記自崇禎甲申三月初一日昌平兵變起，至五月十五日我大清攝政王登武英殿受朝賀出示官民鬀頭易服止。中多誣妄之辭，如言李明睿疏請南遷；懿安后青衣蒙頭徒步走入朱純臣第；吴三桂得父褒招降書，怒欲殺來使，因裨將言而僞示降意，賊令唐通送定王至三桂營，又令張若騏奉太子赴營，及太子在三桂軍中傳諭至京，皆傳聞誤説。

其尤謬者，言三月十四日，崇禎帝密旨收葬魏忠賢遺骸。以曹化淳嘗事忠賢，奏言忠賢若在，時事必不至此，上惻然傳諭收葬。無論當日兵事倉猝，不暇爲此；莊烈於逆閹銜恨次骨，所定逆案，終帝之世，持之甚堅。化淳出王安門下，又爲錢牧齋教習學生，故素附東林，錢、瞿之獄，深藉其力，何得云嘗事忠賢耶？此不特厚誣莊烈，並誣化淳矣。

曰董心葵事記，僅三頁，乃花村看行侍者談往中之一則。心葵名廷獻，周宜興門客也，此記廷獻一生遭遇及宜興納賄事。

曰東塘日劄，即嘉定屠城紀略也。明季稗史彙編、荆駝逸史中皆載之。

曰江上遺聞，江陰沈濤次山撰，記閻、陳兩典史拒守江陰事，較許重熙江陰守城記爲詳，而略於韓文懿之江陰城守記。

曰閩事紀略，無錫華廷獻撰，荆駝逸史中收此書，題作閩遊月記，凡二卷，此僅摘録數條耳。

曰安龍紀事，安龍江之春撰。記永曆居安龍時十八先生獄事，計六奇已采入明季南略。

曰戴重事録，爲吾鄉章實齋進士學誠修和州志時傳稿。重字敬夫，嘗奉明宗室通城王起事者也。節子據黄梨洲行朝録載王期昇在太湖起兵，奉簡州知州宗室朱盛徽，始稱通城王，繼稱皇帝者是也。

曰過墟志，記常熟任陽女子劉三季事。劉初嫁同邑富人黄亮功，生一女，已嫁人，而亮功死，無子。劉爲李成棟標將所虜，旋没入旗，選入貝勒博洛府。博洛後晉端重親王，册劉爲妃，生二子。其女夫錢沈堃亦成進士，官部曹，而黄氏竟絶後，居宅爲李兵所焚，故云「過墟」者，取昌黎圬者王承福傳語，爲黄氏慨也。其書叙次曲折詳盡，情事如見，雖不免纖俗，要是小説家常耳。據卷首蓬池山人跋，謂曾見一别本，上卷載黄、劉事，下卷記直塘錢氏事，以康熙戊子冬，案，當作順治戊戌或庚子，蓋即己亥鄭成功攻江寧先後之時。太倉錢寶聚衆通海，奉永曆年號，錢某與焉。事敗，錢某遁入高麗，而直塘錢氏以叛黨籍没。直塘錢氏，即劉婿沈堃家也。所云錢某者，不知沈堃之何人。是則此本雖分二卷，實非全書也。

曰金壇獄案，無錫計六奇撰。記順治己亥金壇紳士通海之獄，僅寥寥五葉，遠不及姚文僖邃雅堂集中所載之詳。

曰辛丑紀聞，記順治辛丑蘇州諸生抗糧之獄。時吴令任維初自盜常平倉米三千餘石，徵比嚴酷，生員倪用賓、薛爾張等哭於文廟。適章皇帝哀詔至，撫按以下臨於府治，諸生欲因是逐維初，群往投牒，隨之者千餘人。巡撫朱國治大怒，遂以諸生聚衆倡亂入告，朝命侍郎葉尼等會勘，於是斬決没入妻子者，用賓、爾張及金聖歎等八人；斬決者，張韓等十人；蘇州在籍吏部員外郎顧予咸，亦被羅織擬絞決，没入妻子，以特旨免，而維初竟復任，又以特旨落職。國治後撫雲南，爲吴逆所殺。代國治撫蘇者韓心康，亦以别案斬維初於市。是時江南士民，若鎮江、金壇、無爲諸處，羅俗别作「羅」，非。大禍者共十案，凡殺百二十一人，皆國治所爲。此我朝第一酷吏，甚於吉網羅鉗矣。

計六奇明季北略謂明季江南諸生極横，無錫諸生每歲有免糧銀，無田可免者則與之米，謂之叩散米。知縣龐昌胤因米不時發，諸生杜景耀等約同學逐昌胤出城，撫臣止逮五六人黜其籍，調昌胤於嘉定，其姑息如此。不二十年而屢構大獄，衣冠塗炭，勢極而反，蓋天道然也。

字學　明　葉秉敬

十三日　閲明人葉秉敬字學，凡兩卷，其書依據説文，於字體疑似，辨别豪釐，各以類從。四字爲句，協以韻語，取便初學記誦也。在前明中，惟此書最爲有功小學。然過信戴侗六書故之說，又好自出新意，故時有與許氏背者。如謂門從月匊丮，戟象兩手各有所執，不從兩士相對。進從隹辵，隹爲翼飛，辵爲步走，非從藺省。身象人形，非從丿聲。父從又一，又者人也，一者乾也，非從持杖。皆解頤近理，而往往亦病穿鑿。說斅學等字，尤涉支離，此說文一書所以不可輕議也。

說⿰夲丮字從夲從丮，埶字從坴從丮，是矣。而云另有⿱艹⿰幸丸字，從幸從丸，音子習反，茅芽也。按說文草部，⿱艹⿰夲丮，草木不生也，一曰茅根，從艸⿰夲丮聲，正與⿱穴⿰夲丮、⿱⿰夲丮土、⿱⿰夲丮糸、⿱⿰夲丮虫等字從⿰夲丮者一例。若云從幸從丸，是何字乎？從幸從丸，別無意義，又何取三字合體乎？此所謂失於眉睫者矣。所閱爲玲瓏山館本，最稱精審，頗亦不免誤字，暇當用朱筆一校正之。

喪三年不祭論

十四日 禮「喪三年不祭」，自天子達於庶人一也。而左傳有云「卒哭而祔，祔而作主，特祀於主，烝嘗禘於廟」，則諸侯喪不廢祭矣。與儀禮、禮記皆不合，恐非三代之達禮也。然今日因喪廢祭，則何敢乎？聖善之痛，未逾三月，則祭而不敢灌尊，備禮而已。

春秋左傳詁 清 洪亮吉

十五日 閱洪北江春秋左傳詁。其書務爲杜難，搜葺古訓，具見苦心。然杜氏大病，在於貶孔父、仇牧諸人，誤會春秋之旨；又好傅會左氏「稱國以弑，稱人以弑」之言。其它年月小差、地理小失，俱不能以一眚之誤，遂廢全書。賈、服之義，又盡零落，剌取諸義疏中所引單詞片語，或轉不足以勝杜説。洪氏惟述前賢，罕下己意，所詁經傳，僅得十一，蓋亦尚待增訂，非成書也。

十二月

柒字考

十三日　今官私文簿記數之「七」字皆寫作「柒」，錢竹汀氏養新録謂「柒」不成字，宋、元皆用「桼」字，當改「柒」作「桼」。予按唐玄度九經字様開成石刻原本其書「大和漆年」及「凡漆拾陸部」，皆作「漆」，而宋以後碑碣存者多作「柒」，蓋唐人本借用「漆」，宋或去「水」作「桼」，後人遂誤作「柒」。桼者，木汁也。漆，水名也。今人皆用「漆」爲木汁字，而「桼」字無識者矣。

漢三老碑拓本

十八日　節子書來，詒我宋槧媿郯録及漢三老碑拓本。三老碑於咸豐壬子新出餘姚客星山土中，今藏縣人周氏家。其碑九行，凡二百十七字，前五行分四層横隔之。弟一隔云：「三老諱通字小疑，庚午忌日。祖母失諱，字宗君，癸未忌日。」弟二隔云：「掾諱忽，字子儀，建武十七年歲在辛丑四月五日辛卯案，後漢書光武紀建武十七年二月乙亥晦，據此推之，則四月五日非辛卯。如三月是大盡，則此日當是庚戌，十六日始值辛卯。忌日。母諱捐，字言君，建武廿八年歲在壬子五月十日甲戌忌日。」第三隔、第四隔記其九子二女名字。後三行總曰「三老德美喆烈」云云，字多漫漶不可辨。自來以建武紀元者，晉元帝僅二年，齊明帝僅五年，後趙石虎至十四年，然於越無涉。西燕慕容忠、後魏元朗皆僅數月，皆於越無涉，更不必論。惟漢光武至三十二年，其十七、廿八兩年，正值辛丑壬子。

其曰三老者，漢時鄉各有三老，見於前、後書者不一。曰掾者，漢晉自公府至令長，其曹佐皆曰掾。此單言掾，則非公卿州郡可知，蓋縣掾也。禮云内諱不出門，西漢及六朝史家，間書婦人之名，然不悉出。惟范氏後漢書則皇后紀皆書后諱，其餘婦人，亦多書名。獻帝伏皇后紀載廢后詔云皇后壽云云，可知當時詔策，皆書婦人之名，故此碑於婦人皆記諱字。其兩女亦有名，是爲東漢之制無疑。其字法由篆入隸，古拙可愛。所記諸子，有名提餘字曰伯志，名持侯字曰仲雁者，亦可證當時民間固已多用二名。據稱其母之忌日在建武廿八年，則此石當是中元、永平間所立。浙中石刻，向以嘉慶間會稽跳山新出建初元年大吉買山題記爲最古。建初爲漢章帝年號成李特、後秦姚萇、西涼武昭王，皆號建初，皆於越無涉。此石蓋更在其前，其出土乃更後，碑額已斷，無由考其姓氏。其文字體制，非表非志，疑是碑陰所題，故稱之曰三老碑。漢無貴賤碑碣之分。爲兩浙第一石爾。

下午作復節子書，以宋刻媿郯録還之。此書既非甚要，且近有鮑氏知不足齋刻本甚佳，何必購此宋槧？留爲收臧家骨董可耳。予性不耐雜，故非所憙也。

後漢書　南朝宋　范曄

二十五日　校讀後漢書宣秉、張湛、王丹、王良、杜林、郭丹、吴良、承宫、鄭均、趙典傳一卷。蔚宗作傳雖略依時代，而仍以類叙，故往往先後雜糅，自非史法。此卷所區，蓋以清節，然自宣秉至承宫，皆世祖顯宗時人。惟鄭均，肅宗時人，而均一出即歸，立朝日少，與諸人迥異。又其平生以至行稱，故與毛義並蒙旌顯。范氏既於劉平、趙孝諸人傳序附見義事，則均亦宜入之彼卷，以著同風，今厠此中，已爲不類。尤可異者，趙典生當桓世，行事迥殊，且籍在黨人，名列八俊，謝承書中言以閹禍自殺，而范書曰病卒，章懷之注頗致疑詞。然思八俊中如李膺、杜密、王暢、劉祐，皆致位公卿，聲氣蓋世；朱寓、荀昱、魏朗，亦皆位二千石，卓爲名臣。典既麗名，夫豈録録？乃蔚宗於典傳絶不及其被黨錮。於黨錮傳則但云趙典，名見而已，致令讀者疑爲兩人。近儒如錢氏大昕、洪氏頤煊，皆沿斯説。考典傳，言父戒爲太尉，注引謝書亦謂戒之叔子，叔子者，第三子也。其他出處參證皆同。謝書言與竇武王暢謀誅宦官，而范書皇甫規傳，稱規於桓帝末訟言典與劉祐、尹勳等正直多怨，流放家門，證以范書典傳，時方以諫争違旨，免官就國。又傳言典爲大鴻臚時，以恩澤諸侯無勞受封，奏請一切削免爵土。是皆其素忤宦官之明證，何得謂非一人耶？如以其先卒爲疑，則王暢、劉祐亦皆先卒，謝書言暢亦下獄自殺。而范書暢傳以爲病卒，又得謂並時有兩王暢耶？如謂謝書所稱别一趙典，然則趙戒之子有兩名典者耶？蔚宗此事，可謂失之眉睫，羼入此卷，彌爲不倫。

同治六年

正月

有明越人三不朽圖贊　明　張岱

初十日　閱張岱宗子有明越人三不朽圖贊。分立德、立功、立言三門，三門中又各分子目。立德門「理學」八人，餘姚王文成守仁、山陰王龍谿畿、山陰劉忠端宗周、山陰錢緒山德洪、明史及紹興府志皆云緒山餘姚人。緒山本名寬，以字行，此贊獨稱其名，非是。餘姚徐曰仁愛、山陰季彭山本、山陰張文恭元忭、嵊周海門汝登。明史言汝登官止南京尚寶卿，此云至工部侍郎。

「忠烈」三人，餘姚孫忠烈燧、會稽沈忠愍錬、弘光時又謚貞肅。山陰陸忠烈夢龍。贊言陸公手胸，不能戴幘，爲它書所未見，徐氏秉義忠烈紀實及越殉義傳皆稱明謚忠烈，而明史不載。忠烈爲國朝乾隆中賜謚。

「忠節」十人，山陰陳節愍性善、弘光時謚忠節，節愍亦乾隆中賜謚。餘姚毛忠襄吉、山陰郁少卿采、餘姚黄忠端尊素、號白庵。山陰吴節愍從義、節愍亦乾隆中賜謚，越殉義傳言魯王贈謚襄敏。餘姚施忠介邦曜、上虞倪文貞元璐、弘光時謚文正。山陰周文忠鳳翔、弘光時謚文節，號巢軒，文貞、文忠一作文介，皆順治中賜謚。山陰祁忠惠彪佳、魯王賜謚忠毅，唐王贈謚忠敏，忠惠乾隆中賜謚。會稽余忠節煌。忠節，乾隆賜謚。

「忠諫」十人，山陰韓副憲宜可，號五雲。山陰陳侍郎思道，號行父。會稽陶莊敏諧，號南川。山陰汪青湖應軫，汪先生字子宿，官終江西提學僉事，明史及府縣志皆有傳，至旋里後，縣令爲置綽楔名清風里，及其號青湖，皆僅見此書。上虞徐大理學詩，徐公字以言，自刑部郎中削籍後起爲通政司參議，未至官卒，贈大理少卿，明史及府志皆有傳。此書言分宜擅政，徐首疏參之。又言越中四諫自公首難。案，明史言謝瑜、葉經、陳紹與徐稱上虞四諫。謝首疏劾分宜在嘉靖十九年，分宜爲禮部時，次疏在二十一年分宜初入閣時，葉疏在二十年分宜爲禮部時，陳疏在二十一年謝疏之後，而徐疏直至二十九年俺答入犯時。是四諫徐在最後，此書所云皆誤。其稱徐號曰龍川，亦僅見也。會稽沈梅岡束，沈梅岡贊謂其在獄時磨斷釘片鐵，造成一匣，張文恭爲作銘曰：「十九年中郎節，十八年中郎匣，節耶匣耶同一轍。」此它書所未見。餘姚趙端肅錦，明史及府縣志皆云字元樸，此稱麟陽，蓋其號。餘姚孫光禄如法，燧曾孫，贊謂其長不滿五尺，廣顙碧眼，見者駭異。餘姚姜光禄鏡，案，明史萬曆十四年二月户科給事中姜應麟首請建儲，自是繼請者百餘人，獨無姜鏡名。此稱鏡字翼龍，爲禮部郎中首請册立得罪，後光宗踐祚，晉光禄寺卿。考國本之得罪者有禮部郎中于孔兼、員外郎陳泰來、董嗣成，亦無稱及鏡者，蓋可疑也。案，鏡與應麟爲萬曆癸未同年進士，見明進士碑録。又鏡子逢元，崇禎時爲禮部尚書，加太子太保，甚有清望。逢元子天樞，爲明工部郎中，天樞子希轍，爲國朝順天府丞，累世清顯。所稱鏡請建儲得罪事，必由其子孫附會。陶庵與姜氏交好，因而載之，蓋鏡雖籍餘姚，而世居郡城，今後觀巷姜氏，其後人也。前山西冀寧道名校者，由翰林爲御史，頗有聲。上虞徐檀燕如翰。如翰官大同副使時劾方從哲，見明史從哲傳，此書稱其後官陝西參政，而乾隆紹興府志言其巡撫江北，以疾乞歸。

「孝烈」五人，蕭山何孝子競、山陰徐孝子允讓，允讓死於元末胡大海圍越之兵，事見保越録，當繫之元人，不應廟人。保越録作徐本道，蓋允讓之字。山陰陸孝子尚質、山陰孝女諸娥、新昌石孝女。

「義烈」九人，會稽高節愍岱，號白浦，節愍爲乾隆中賜謚。案，明史及府縣志皆言岱當魯王監國時官兵部職方主事，此書亦同，而入之「義烈」不入「忠節」者，蓋因其末爲中朝官，與葉汝恒皆乃以舉人視之，故與王、潘諸君子等列而目之爲義士。又言其爲瀝海所人，號白浦，皆諸書所未見。至岱實殉魯王，而勝朝殉節諸臣録廁之福王殉節之類，則誤。明史附朱大典傳。高義士朗，節愍子。會稽王正義毓蓍、山陰倪舜平文徵、會稽葉節愍汝蘐此依明史及縣志。本書作汝蘐，府志作汝箮，亦作汝蘇，勝朝殉節諸臣録作汝蘅，注一作蘐。節愍亦乾隆中賜謚，明史亦附朱大典傳。諸暨傅義士日烱，明史亦附朱大典傳。山陰姚長子、縣志曰獨山人。山陰周義士卜年、山陰潘義士集。二人明史俱作會稽人，亦附見朱大典傳，府志亦云集會稽人，惟越殉義傳及此書皆云山陰人，又皆云集聞王正義死，袖石自沈渡東橋，是其死在魯王監國之前，而明史謂在魯王敗後，當是史誤。殉義傳言集死時年二十五，此書云十九。

「節烈」四人，山陰徐烈婦潘氏、允讓妻，事亦見保越録，亦當入元。餘姚貞烈姜賓氏、瑞州府通判姜榮之妾，正德六年江西華林盜攻城，死節。事詳沈德符萬曆野獲。諸暨余烈婦吴氏、會稽章烈婦金氏。孫忠襄部將章欽臣之妻，事詳全紹衣鮚埼亭外集大金夫人廟碑。章官都督，結寨南鎮，南疆繹史作章憲，蓋其名。

「清介」六人，餘姚陳恭介有年、餘姚孫清簡鑨、燧之孫，如法父。會稽陶文僖大臨、諧之孫，案，文僖有拒奔女事，可入「盛德」。會稽陶恭惠承學、會稽陳新化治安、山陰朱泰州公節。

「剛正」九人，蕭山魏文靖驥、會稽董文簡玘、會稽韓侍郎邦問、諸暨駱副使問禮、案駱問禮，明史有傳。其在隆慶時官南刑科給事中，甚著風節，以上面陳十事忤旨，貶楚雄知事，是當在「忠諫」之列。此云禮科，與史小異。又言其字纘亭，明史亦失載。蕭山張尚書嵿、山陰蕭副使鳴鳳、會稽羅文懿萬化、會稽胡通政朝臣、會稽周光禄應中。案，府志應中字正甫，官湖廣僉事。萬曆野獲編卷二十言其一字寧宇，會稽人，由順天籍中進士。宰直隸之真定，以强項爲巡撫孫丕揚所劾，江陵知其賢，右之。後歷官山西湖廣僉事，升光禄少卿。

「盛德」十一人，餘姚孫文恪陞、燧之子，鑨之父。會稽陶巡撫大順、大臨兄。餘姚孫参政汝洵、汝法弟。山陰諸文懿大綬、會稽王尚書舜鼎、山陰劉布政毅、山陰金府丞蘭、會稽姚崇明希唐、案，府志官崇明主簿，事母甚孝，孫應嘉，崇禎時官至大理卿，會嘉官御史。會稽王御史以寧、山陰金伯星樞。蘭子。舊本此下有山陰胡幼恒像及贊。

「隱遁」七人，上虞許半圭璋、山陰王蜕巖埜、會稽陶石梁奭齡、會稽章侍郎正宸、格庵當魯監國時官吏部侍郎。會稽余孝節增遠、煌之弟，私謚孝節，府縣志及思復堂集俱作山陰人。山陰何御史宏仁、諸暨余司理綸生。

孝三人，山陰劉孝子謹、會稽夏孝子千、會稽趙孝子萬全。

立功門「勳業」三人，諸暨定西侯蔣武勇貴、山陰吴尚書兑、山陰朱忠定燮元。

「相業」二人，餘姚謝文正遷、山陰朱文懿賡。公節子。

「功業」四人，新昌楊恭惠信民、山陰張副使天復、元忭父。新昌何尚書鑑、新昌吕尚書光洵。

立言門「文學」七人，諸暨楊鐵崖維楨、諸暨王元章冕、山陰陳海樵鶴、山陰徐天池渭、會稽陶文簡望齡、山陰王侍郎思任、山陰張参議汝霖。元忭子。

「博學」五人，餘姚孫尚書鑛、陞少子，鑨季弟。山陰周雲淵述學、會稽董日鑄懋策、玘曾孫。上虞陳府尹絳、蕭山來馬湖斯行。此書不言其何官，明史畢自嚴傳稱其爲兵部主事，趙彥傳稱其爲天津僉事，魯欽傳稱其爲監軍按察使，以疾歸。紹興府志言其官終福建右布政使，南疆繹史稱其爲膠萊兵備道，蓋其所歷官。馬湖，本以戰功著，亦不得以博學目之。

「畫藝」三人，會稽朱太僕南雍、府、縣志作山陰人。山陰張郡丞爾葆、諸暨陳老蓮洪綬。

共一百八人。皆先繪其像，次撮舉其生平大略而係以贊。據自序言，與徐野公沿門祈請得其遺像，則所繪固皆真容。然其中如徐孝子、潘烈婦、諸娥、姚長子、章烈婦等，未必尚有遺像，或不免以意爲之。潘義士死時尚少，何以便有髭須？蔣定西，明史言是江都人，並非越產，其像何由得？此亦皆可疑。其所位置，頗多未妥。陽明理學不能掩其功業，龍谿學術蓋無足言，石簣、石梁與王仿佛，而一列「隱遁」，一列「文學」，其所抑揚，深所未喻。倪、施諸公殉國之烈，豈讓孫、陸，而忠烈、忠節何以區分？餘姚陳、孫兩冢宰，正色立朝，非僅清節，章格庵風力甚著，不得以隱遁概之。金伯星小善沾沾，孫月峰塗抹之學，何足不朽？至於張氏內山之功天復，肅之之文，汝霖，一字雨若。蓋尤不足比數陶庵。欲顯其先，概與斯目，知其它所稱舉，或以媚親之故，不無濫登。而山陰徐甫宰之戰功、會稽錢文貞之相業、章侍郎敞之清節、上虞潘太常府之學行，何以反見遺漏？義興侯鄭遵謙雖行事不甚醇，然糾旗舉族，首倡義師，敧嶇海隅，卒於夷滅，是亦豪傑之士，生氣凜然。陶庵闕之，或有所諱，觀其葉節愍贊，於義興頗有微辭，是殆有意没之者。其不及陳元倩太僕，蓋以爲杭人故。

又考其序題庚申八月,時爲康熙十九年,滇亡已久,而越人之殉永曆者若中湘王何忠誠、大學士嚴忠節,皆功烈甚偉,陶庵或以道遠未得其詳,故皆不見著録。其所叙述,亦頗有誤,如韓宜可官止副都御使,而以爲左都御史。姜鏡事無可考,當時首請正儲者慈谿姜應麟,昭昭在人耳目,而歸之於鏡。趙端肅官左都御史,以憂歸,召拜刑部尚書,未至卒。其先在南京,則歷刑、禮、吏三部尚書,而以爲歷官刑、禮二部尚書。孫汝法贈光禄寺少卿,而以爲贈光禄寺卿。朱南雍於萬曆八年官太僕寺卿,其罷歸當在是時,而謂因太子出閣講學,玩其畫扇,不聽書,爲講官所言,罷官。神宗即位幼冲,時方講學,安得更有出閣之太子?蓋觀扇者即是神宗,而鄉俗誤傳,以爲太子,陶庵因而載之耳。

要之,是書搜羅潛曜,具費苦心,光正衣冠,儼然可接。較之會稽先賢傳、會稽典録諸書,尤爲有功桑梓。

先君子嘗欲續爲之,未果。予十餘年前聞是書版藏南街余氏,已多殘缺,其家貧甚,待售,曾屬孫子九、徐葆意兩君子訪購之,而余氏有無賴子已竊以償博負,遂不得。今亂後,不知何如矣。

解縉謚號

二十二日 得節子書,以沈德符野獲編載張景明爲興府左長史二十年而殁,世宗即位,賜太子太保、禮部尚書兼文淵閣大學士,謚恭僖,足證徐元梅山陰縣志所載非誣。又解縉,明史不言贈謚,而乾隆間其後人刻遺集,稱解文毅公集,其末載傳贊一首,不著誰作,言縉於神宗時追謚文毅。俱屬予審定。即復，以景明之謚，亦見王氏世貞弇山堂别集卷九異典述及卷七十二謚法考，惟「太子太保」作「太子少保」。解大紳謚，據鄒忠介所作祠記，謂萬曆時忠介爲請謚於朝，時于文定長禮部，已有成言，而忠介旋以讒出都，事遂寢。而明史禮志載萬曆、天啓時補謚諸臣中，亦無解縉名。今四庫書目稱縉集爲文毅集，蓋亦據其後人所稱稱之，當再考。

二月

同姓名録　清　陳棻

初六日　晡後步至倉橋書肆閲書，見有會稽陳蜨園同姓名録十册。蜨園名棻，初名鶴林，字士莊，由諸生官天台訓導。其書分韻編次，採取極博，前有齊息園侍郎序及自序各一首，寫本未刊。據其序云，所著尚有名物譜，卷帙浩繁。書賈云咸豐己未、庚申間，曾得其所著古今識小録一巨帙，高至尺餘，亦是寫本，後爲吾族弟開先購去，蓋即名物譜也。時予已入都，未得見。今開先既殁，所藏書經兵亂盡亡，此書亦不可問矣。

士莊先生與予家有戚屬。先本生王父常稱道之，因嘆吾鄉先正樸學潛精著書等身而姓名闇晦者蓋不可勝道。今大亂之後，故家書籍焚掠一空，凡已刻未刻之本，尠有孑遺，深可悲也。書賈又言近得澤存堂本廣韻一部，是柯谿李宏信小李山房物，經段懋堂氏以朱筆細校，真希世之珍，數日前爲蕭山湯太常之子買去。予居近倉橋，而未得一寓目，悵惜於懷，曷能自已。前日節子爲予言蕭山克復時，至濠湖陳氏家，見有盧抱經氏手校殿本十三經、二十二史，及馬氏繹史，已散亂有佚者，近不知何如矣。此皆人間至寶，在在當有神物護持者也。

國語注　三國　韋昭

初七日　節子來，談至日入，復偕過倉橋閲市，以三百錢買得孔傳鐸詩禮堂所刻韋注國語一部。傳鐸字振路，襲封衍聖公，孾軒檢討之祖父也。國語經明代坊刻，訛脱甚多，此本雖無所校訂，較之後日吴中黄蕘圃所刻，相去懸殊，然誤字尚少，亦近刻之佳者。蓋孔氏自振路好爲古學，聚書甚多，至其子户部主事繼汾與其從子户部主事繼涵，皆研精著書，各有師法。至其孫檢討，遂爲漢學大家。繼涵號葒谷，所刻微波榭叢書中有宋庠國語補音，蓋以補是刻之所未及者也。予家舊藏明刻國語，中有宋元憲補音，其誤至不可讀。微波榭所刻單行本，校勘甚精，予都中曾有之。

五藩實録　清　佚名

十四日　閲五藩實録，不著撰人名氏。其首葉有曰「原本藏於元和顧氏，今活字版排於京都琉璃廠」，然序首及書中實題曰「明末五小史」，而首葉及板心，皆稱「五藩實録」，蓋以「實録」之名僭，有所避也。「五藩」者，第一册、第二册爲福藩上下，第三册、第四册爲唐藩上下，第五册爲唐王聿鏄及魯藩，第六册、第七册爲桂藩上下，凡七册。其書蕪穢龐雜，全無體裁，然頗有它書所未見者。於唐藩事尤詳，多載其書詔批答，蓋以出思文手製而特存之。其序極貶有明諸帝。至於五藩，則曰江南實奴隸之質，閩中亦輕薄之子，雖覺過當，而議論殊佳。

表忠録

十八日 閱表忠録，本名東林同難録，崇禎初死閹禍者諸孤輯其先人履歷事略凡十七家，如齒録之式，桐城左氏刻之，前有鹿忠節公序。至國朝雍正中，江陰繆文貞後人名敬持者，又輯列傳二十一篇，附傳六篇，及周忠介五友紀略五人傳合爲一册，道光初，其邑人葉廷甲又冠以南都請謚疏刻之，因易今名。

萬曆野獲編 明 沈德符

二十九日 閱萬曆野獲編，秀水沈德符著。德符字景倩，萬曆戊午舉人，其書成於萬曆丙午，時尚爲諸生也。景倩祖父皆以甲科起家爲監司詞林，故自序謂生長京邸，習聞朝廷事，今所記者，僅得百一。又謂編中强半述近事，故以萬曆冠之。然綜覈有明一代朝章國故及先輩佚事，議論平允，而考證切實，遠出筆塵、國榷、孤樹裒談、雙槐歲鈔諸書之上，考明事者，以此爲淵藪焉。其中如言世宗朝張桂之横肆，霍文敏之險忮，汪榮和鋐之邪諂，徐文貞之獻媚；穆宗朝高文襄之縱恣；萬曆朝言路之囂張，給事中王元翰之貪戾；皆明史所不詳。所載典制，多足以補史闕云。

三十日　閲野獲編。是書本有初編、續編，予在都中，見明刻大字本，每條各有目甚詳。今所閲本爲康熙間桐鄉錢枋所輯，割裂排纂，分四十八門，共爲三十卷，瑣屑猥雜，殊失其真矣。朱竹垞極稱此書，而四庫不著録，未知其故。明史中若張永明傳所載各官之謁吏部，孫鑨傳所載冢宰之避閣臣，陳有年傳所載冢宰之起爲它官，皆出於是書。而萬曆中廢遼府、勘楚獄二事，與明史稍異而尤加詳。其記海忠介之被彈，郭文毅之見扼，皆由自取，亦足徵公論也。

三月

陶承學遺事

初三日　偕羣從詣木客山祭埽高祖考妣墓。墓在山之羊小湖，右爲明大理少卿商燕陽先生墓。燕陽名爲正，會稽人，隆慶五年進士，由吏科都給事中稍遷大理寺少卿，被論罷。野獲編載其罷官之由，謂南禮卿陶四橋承學素負人望，又江陵同榜進士，素相重，及江陵奪情，陶稍非之，時江陵邑人傅作舟爲南給事，方爲江陵爪牙，横行留都，陶又不禮之。適辛巳大計，江陵募人劾陶，無所得，傅密疏陶臯狀譖於江陵，江陵大憙，以授諸給事御史，令入糾劾疏中。商燕陽在臺中資最深，爲陶姻家，又江陵門人也，力救不能得，陶遂爲科道秦燿等所糾致仕去。商後轉廷尉，將大用，亦以言罷。商敏練有能名，本非坿江陵者，以此事被議，謂其畏禍坐視，遂不免。

案，陶公即石簣先生之父，所至有清名，其知徽州，日惟取官米半升作食，人偁爲半升太守，後卒謚恭惠。燕陽則石簣婦翁也，爲太宰周祚之祖父，今其墓前石人羊虎之屬規制甚偉，而無碑表，土人皆呼爲商天官墳。其山下有一祠，石簣題曰「商公祠」，自署曰「子壻」，可考知其爲廷尉墓耳。太宰後於萬曆季年亦爲吏科都給事中，有浙黨之目，頗與東林爲難。至崇禎時爲太宰，以會推事去官，由此負清望，末路不振，至今鄉里婦孺猶訕笑之，轉不如乃祖之終保令名矣。石簣萬曆時爲南祭酒，駸駸有相望，時東林中人方盛，攻浙東沈、朱二相，因集矢李晉江，以並及於石簣，不特絶其揆路，且不容一日立朝。石簣未幾亦謝世，而雅望迄今不衰云。吾越鄉誼之惡，王仲寶已言之，明世如王文成之勳業冠世，歿後議褒贈，而董文簡疏尼之，文簡亦賢者，且猶如此，它可知矣。商、陶之事雖扼於權相，春秋責備，燕陽其能免乎？

養一齋文集　清　李兆洛

夜閱李養一先生文集。養一名兆洛，字申耆，亦號紳琦，陽湖人。其先本王姓，冒李氏。嘉慶十年進士，由庶吉士改知安徽鳳臺縣，丁父憂歸，遂不出，主講江陰暨陽書院者二十年。其人粹然儒者，宰縣有惠政，歿祀安徽名宦祠，所著有鳳臺縣志十二卷，地理韻編二十一卷；所輯有皇朝文典七十卷，大清一統輿地全圖、駢體文鈔三十一卷，舊言集三編，江干香草若干卷，所見帖石刻六卷。所鑄有天球銅儀一，日月行度銅儀一。又嘗刊定顧祖禹讀史方輿紀要，又著有海國紀聞、史略、研坑記、遊記、日記諸書。其門弟子蔣彤，又述平日所聞爲暨陽問答一卷。是集凡二十四卷，亦其及門所編輯。卷一至卷四爲詩及詩餘，而冠以賦二首。卷五至卷二十三爲雜文。卷二十四爲雜考，而末附以石經考一卷。

申耆之學，本出於抱經盧氏，頗研精於考據訓詁。後交魏默深、劉申甫、莊卿珊諸人，則薄東漢而尊西京。再後交陳碩士、姚石甫、方植之諸人，則又薄漢學而尊宋學。自謂兼綜虛實，不分門户，而究之出主入奴，汎濫無歸。其與方植之書，謂曩時讀書甚不喜康成，而於朱子亦時時腹誹，今當痛改前失云云。植之誕妄不學，其文章蕪鄙，蓋無足言，而剿竊語録餘唾，自謂聖學復興，詆毁漢儒，恣肆無忌。申耆性素拘謹，故雖好其學，而尚不敢昌言攻擊，同其倡狂。其文亦頗欲溯原兩漢，氣格自矜，而才弱辭枝，又不知義法。

其持論謂古文當宗兩漢，不當僅宗唐、宋；而欲宗兩漢，非自駢體入不可，其旨趣盡見所選駢體文鈔兩序中。莊卿珊謂太史公報任安書、諸葛武侯出師表不當入選，而申耆復書盛言其不然，謂秦、漢子書無不駢體也，推而至老子、管、韓等，皆駢也，何獨爲司馬、諸葛諱駢之名？然文章自有體裁，既名駢體，則此二篇皆單行之辭，自不得廁之儷偶。且由老、韓推之，則尚書、周易亦有近駢體者，申耆何不竟取堯典、禹貢等篇，以冠卷首乎？

近世言古文者，僅取裁於村塾之所謂唐、宋八大家，固爲固陋，然學者但能菑畲經訓，沈浸史漢，則所作自高古深厚，不落腔調小技，亦非必自駢體入手也。惟文之有偶與有韻，同皆文章本質，事由天造，東晉以後，從而靡之，遂以月露紫白爲世所輕，而後人至薄駢體不屑爲，則不知眉睫之論耳。集中者頗服膺桐城姚氏，而其譏古文家謂一挑一剔，一含一詠，乃正中姬傳之失，則又何也？集中誌傳文頗夥，如東湖縣知縣洪飴孫孟慈墓誌、江西巡撫吴光悦星一墓誌、明經葉廷甲保堂墓誌、湖南巡撫左輔仲甫墓誌、顧澗薲墓誌、禮部左侍郎江蘇學政辛從益謙受行述、光禄寺卿前安徽廣東廣西湖南等省巡撫康紹鏞鑄南行狀、泰州知州葉維庚兩垞行狀、附監生考取州吏目莊綬甲卿珊行狀、桐城姚氏薑塢惜抱兩先生傳、莊珍藝先生傳、河北兵備道莊振龍見家傳、舉人董祐誠方立傳、禮部主事劉逢禄申受傳、館陶縣知縣張琦翰風傳、吏部文選司郎中薛淇應霖家傳、訓導黄汝成潛夫家傳，皆足徵一時文獻。惟牽於酬應，不能别擇，叙次蕪冗，苦少剪裁。其壽人之文，至盈二卷，大率馬醫夏畦之流，尤令人厭。

其卷首凡例，言生平所作散失甚多，殁後多方蒐輯，或有率爾應酬，宜從簡汰，以待選者，則概可見矣。集前有小像，有趙振祚序，有包世臣所作傳及薛子衡所作行狀，文皆不佳。安吴自負其古文，而所作率拉雜，與申耆相似。嘗譏惲子敬文太破碎，然實不足爲子敬作輿儓也。

書故提督張忠愍事　清　孫廷璋

十七日　蓮士集中有書故提督張忠愍事二則，蓋忠愍爲肇慶之高要人，蓮士客肇慶時從其里人得之者也。予在都時曾見有常州蔣某所作忠愍行狀，文蕪冗而事多不覈。平景蓀諸君嘗勸予更爲之，以未得其詳，未敢遽下筆也。今蔣狀已不能記其略，蓮士所述又僅其逸事，然殊可憙。其夫人事尤奇，因稍改定之，而易其題目曰「太子太保故提督張忠愍公逸事狀」，且録其第二則於此：

江寧之師未潰時，忠愍遣其孥歸里，屬鄉人李參將送之。里中故無家，以五千金付其夫人置宅給衣食，臨行拔一齒授夫人爲别，曰予必死賊中，恐骨不能歸，它日可以是葬。其語洵烈丈夫哉！未幾竟驗，今以所拔齒葬里中。其夫人桂林人也，忠愍未貴時，一日爲郕堡人所擒，夫人亟馳至，刼之以歸，人無敢動者。既自江南還，築室羚羊峽故里，與妾四五人居。會當受一品夫人，封詔將至，謂李參將曰：「諸妾與予同事軍門，今予受封極品，彼悉不得沾，恐怏怏多不懽。若讀詔，可口增某氏，某氏也。」新興、高明等縣有嘉應客民，屢與土人鬨，避難者多入羚羊峽，道殣相望，夫人急貸千金於人，立散之。

觀此數事，夫人亦婦人之傑也，益可以見忠愍矣。

筠廊偶筆　二筆　清　宋犖

十九日　子宜來，以予舊臧筠廊偶筆、二筆見還。蓋猶是丙辰年爲蓮士借去者也，竟脱刼火，亦異矣。

宋犖牧仲筠廊偶筆二卷，二筆二卷，皆僅百許則。牧仲故不讀書，所記無足觀者。其關侯祖墓碑一條，以杜撰荒唐之事，而深信爲真。壽亭侯印一條，乃不知侯所封者爲漢壽亭，尤爲可笑。又云「壯繆」非佳謚，不知古繆、穆字通，此又沿楊升庵秦繆公論之妄説也。弇陋如是，它可知矣。其體例亦甚蕪雜，在説部中最爲下乘。惟所載雪堂墨品及徐巨源友評兩則，可資談柄，萬曆補謚諸臣一條，足備掌故耳。

四月

野史無文 淝水奈村農夫輯

初三日 閲野史無文，自題淝水奈村農夫輯，不知其姓名。此册僅第十三卷至第十六卷，共四卷，而首尾又不全。第十三卷爲鄭成功鄭經鄭克塽鄭鴻逵傳、寧靜王朱術桂傳、陳永華傳、陳夫人傳、克臧妻，永華女。閩中四隱君子王忠孝辜朝薦沈佺期李茂春傳。而末總計云，前後通計大傳四十八，小傳紀名六十四，則其傳甚夥矣。所載鄭氏事，多有它書所不詳者。而朱術桂爲遼王支屬，初授輔國將軍，莊烈帝崩，偕長陽王術雅赴南京，進鎮國將軍，居浙之寧海。唐王立於閩，時術雅已逾嶺，不知所往，乃命術桂嗣封長陽王。頃之，術雅至，唐王紹封爲遼王，而術桂疏請以長陽王封還術雅次子，而己仍守故將軍禄，乃更封爲寧靜王，使監方國安軍。浙閩破，至浯嶼依鄭鴻逵。聞桂王立於肇慶，浮海至粤上謁，桂王命還居閩。及鴻逵卒，成功取臺灣，乃依成功。成功以王爲宗室之冠，有大事坐王於左，宣而行之。每大清使至，王西向坐，宗人從王坐；成功西坐東向，其敬禮多如此。及鄭經嗣立，禮待遂衰，衣食無所資，乃墾種竹港田數頃自給，經徵其賦，輸之無怨言。及克塽降，王衣冠佩綬自縊死，時癸亥八月癸丑也。王妃羅氏先卒，有姬五人，皆先王一日死。王無子，以益王諸孫儼鈐嗣爲子，時方七歲，隨鄭氏降於大清。此諸書皆所不載者也。大節凜然，足爲明季天潢生色。儼鈐降後，徙於河南許州，予以玉女店荒田給墾種。時魯世子朱桓，亦徙於山西，皆僅見是書。每傳下皆有奈邨論一首，謂其事皆本於望江進士龍光二韋所言，而寧靜王事，又林芝嵋所次者，惜不得盡讀其諸傳耳。

第十四卷爲張煌言北征録、答總督郎廷佐書及放歌絶命詞等共六首。第十五、十六卷爲余瑞紫友聖流賊陷廬州紀。瑞紫即州人爲賊虜者，其事皆所目擊，故較明史及明季北略諸書爲詳。明史言廬州守道蔡如蘅城陷時縋城走，而此書言其城陷時，與妾王月同避井中，賊以繩引上，遂被執，見張獻忠，詰問不屈，被殺。王月大罵，亦被刺死，屍立不仆，移時方倒。皆其所親見。蔡字香君，四川舉人，善詩詞；王月者，南京舊院妓也。是事關係甚鉅，可補史闕。其記賊陷舒城事，亦與諸書言參將孔庭訓迎賊而里居編修胡守恒固守者情事稍異。明史載守恒死事甚略，而全謝山特爲守恒作傳，極稱其烈。此書則謂其奔出城三里被殺者也。又言破賊襄陽時，襄王翊銘年已七十餘，鬚髮盡白，向賊跪呼千歲，斂首乞命，皆它書所未見。

明季北略　明季南略　清　計六奇

初五日　明季北略二十四卷，南略十八卷，無錫計六奇用賓所輯。北略自萬曆遼事起至崇禎帝殉難、闖賊敗亡止，而結以門户、黨禍諸論。南略自福王監國起至永曆被害止，而終以洪承疇行狀節略。予向嫌其所載多憑傳聞之詞，是非失實，然採取頗廣。當時鼎革紛紜，滄桑百變，讀此則已得其梗略。今兩日來重閲一過。北略之最舛者，如言袁崇焕之通敵、毛文龍之冤死、李明睿之主南遷、李國禎之忼慨殉節、懿安后之得旨不肯死。又謂張獻忠後禪位於孫可望，被酖而死；李自成幼能作詩，有詠蟹七律。皆極謬妄。

其可笑者，如謂萬曆間有道士至天門，見神將俱不在，云已降輔新朝，惟關壯繆以受明朝恩不去。又有道士至天門，見包拯奏帝命殺星降凡，遂生闖、獻諸賊。此皆村巷委談，不足致辨。它若陳繼儒陋士也，而大書其卒；程源，僉人也，而屢載其言。其餘歲月互訛，死生倒置，尚難悉指。如謂賊陷廬州，知府鄭履祥死難、提學御史被殺之類。而大致詳覈，可取者多。南略則以聞見較親，故大端無誤。惟其書依年叙次，而標目紛雜，全無體例，又掇拾既多，不免自相矛盾耳。

清儒解經之不可通者

初六日　近儒解經日精日密，然有一見似可信，而實不可通者，略舉一二言之。梁曜北據白虎通引禮有「八十曰薹，俗作耄，借作旄。説文薹從老蒿省聲。若如俗作耄，則老既從毛，耄復從老加毛，不成字矣。老篆作[illegible]。九十曰悼」語，因極稱姜氏湛園劄記之説，謂曲禮此節文皆舉十年爲成數，不容獨將八十、九十併言，又忽出「七年曰悼」四字。人方童幼，而目以悼，亦爲不祥，二句明有誤文。不知白虎通引此二語在考黜篇，其文曰：「君幼稚唯考不黜者何？君子不備責童子也。禮『八十曰耋，九十曰悼，悼與耋雖有辠，不加刑焉』。」其意欲明幼稚者之不黜，而引禮乃僅言老者之不加刑，成何文義？是明是版刻傳寫之誤，非其本文。況謚法「年中早夭曰悼，享國不永曰悼」，從無以悼字加老人者。耆、耋、耄等字皆從老，悼字則何取乎？抱經盧氏刻白虎通，據曲禮改正其文，爲得之矣。

姚姬傳據儀禮解左傳「及旅而召公鉏使與之齒」二句，謂飲酒之禮，旅酬以前，有賓主介僎升降揖獻之節。臧孫光命北面重席，絜尊降逆悼子，已儼以主人待之。及旅則獻酬已畢，通行旅酬，始以長幼齒序而坐飲。臧孫至是始召公鉏，令與悼子依長幼之齒而坐，故曰「使與之齒」。説似確矣。然如是，則悼子仍列公鉏之下，下文何以云季孫失色乎？若謂季孫恐公鉏怒其及旅始召，則「使與之齒」四字又爲贅文矣。故知杜注使從庶子之禮列在悼子之下者爲不可易也。

朱武曹解尚書「文王受命惟中身，厥享國五十年」二句，謂中與終同，中身即終身，言文王自受命至終身享國五十年也。然古無以中、終通用者，亦未有訓惟爲至者，是不若從舊解爲得矣。

武虚谷解論語「傷人乎，不問馬」二句，引揚子雲太僕箴「廄焚問人，仲尼深醜」爲證，謂當從釋文，一本讀至「不」字爲句，言以問人爲醜，則不徒問人可知。漢人授讀，必有所自，尤見聖人仁民愛物，義得兩盡。不知釋文此讀，唐李涪刊誤已駁之，謂先問人而後問馬，常情所同，亦何足爲夫子異？若以揚子箴辭言之，則正謂仲尼之問人者，深以廄焚傷人爲醜耳。武氏誤解，以問人爲醜，失之遠矣。況論語文最平正，如謂讀「不」作普默切，則無此句法也。即依李濟翁資暇録讀作否，謂「不」者人對夫子之辭，則「不」上宜添一「曰」字，而「問」上亦宜加一「又」字。翟晴江四書考異引鹽鐵論證古本讀「乎」字爲句，是也。

五月

小腆紀年附考　清　徐鼒

初二日　閱小腆紀年附考，共二十卷。六合徐鼒撰。鼒字彝舟，道光丁未進士，以翰林檢討家居辦理團練，加贊善銜，後授福建福寧府知府，卒官。此書專紀明末福、唐、桂、魯四王及臺灣鄭氏事，自甲申正月起，至癸亥八月王師取臺灣止。每年大書國朝年號，而附注弘光、隆武、永曆諸號，遵純廟欽定通鑑輯覽例也。其體例全仿朱子綱目，有事蹟錯出者，爲附考以折衷之；有須發明者，則係以論斷。詳贍簡質，有條不紊，足稱佳史。

所載如謂魯王自辛卯順治八年。九月舟山失守後，次年正月次廈門，依朱成功。癸巳三月去「監國」號，鄭芝龍遣其私人招降成功，令先獻魯王，成功乃送王至粵中行在避之。王不欲行，成功强之出海，遇風回居南澳，凡七年。至己亥秋，永曆帝手敕命仍監國，成功迎居金門。壬寅，聞永曆雲南之訃，諸遺臣謀復奉王監國，會延平王新薨，島上多事，未果行。是年十一月二十三日辛卯，王殂於臺灣，諸舊臣禮葬之。足證明史諸書言王以鄭氏禮懈，將往南澳，成功沈之海中者，其誣有因。

魯王前妃張氏，會稽人，監國時册爲妃，生世子。丙戌，江東師潰，毛有倫護宫眷出海，被劫北行，張妃自殺，世子或言爲義士申毅潛挾以去。王更立鄞縣張嬪爲妃，號元妃，辛卯殉節於舟山，無子。及王薨後二月，陳妃生子，名桓，育於臺灣，後隨鄭氏降，命居山西。而温氏南疆繹史於己丑王次健跳時，大書八月壬辰世子生，徐氏遂以申毅挾世子去一事，係於辛卯九月舟山失守之時，而不知其非也。又，永曆帝之二年戊子閏三月壬午皇子慈煊生，皇后王氏出，即後於康熙元年壬寅四月與永曆同被害於雲南者。而南疆繹史於順治四年丁亥爲永曆元年，大兵九月下武岡時，時永曆駐武岡，改曰奉天府。言大學士吴炳扈世子以行，中道被執。明史吴炳傳亦言桂王奔靖州，令炳從王太子走城步，遇大兵被執。而蔣良騏東華録亦載順治四年十二月孔有德等奏師抵武岡，僞永曆僅以身遁，獲永曆太子朱爾珠。是則永曆亦先已有子矣。至隆武帝二年五月在建寧，皇后曾氏生元子琳源，未幾薨，餘無聞也。琳源名見瞿共美東明聞見録。

黄道周死於江寧，諸書皆言隆武帝聞之大哭，贈文明伯，謚忠烈。時又贈官太師，惟見黄漳浦集首所載文明夫人行狀，而諸書皆失載。而李世熊寒支集有請褒恤孤忠疏，則謂輔臣死已閲月，通政司鄭鳳來猶駁云未有確報，士大夫無有頌輔臣之烈以祈帷蓋之恩，將來必有構輔臣之短以熒日月之照。一則曰輔臣懵不知兵，迂愚自用；一則曰輔臣失律輕生，無補於國，原草初膏，身名遂盡。俗作「燼」。其詞甚激烈，可以見當日之國是紛呶，朝無定論。且其時權歸鄭氏，漳浦素爲鄭氏所惡，帝亦有不能自主者。隆武時，以道周及世熊字元仲，號寒支子，福建寧化人。黄梨洲明文授讀載有李世熊所作畫網巾先生傳。

何楷、曹學佺等薦，由諸生召爲翰林院博士，疏辭不赴。嘗上道周書論出師之非，亦僅見是書。鄭成功於隆武時封忠孝伯。至戊子十月，永曆帝晉封爲威遠侯，成功以是年八月始通表粵中。己丑七月進廣平公，此當從黄氏行朝録作延平公，成功無封廣平之理。癸巳六月更封漳國公，戊戌正月册封延平王，亦較它書所紀爲詳。

弘光時工部右侍郎劉士楨，江西龍泉人，於乙酉七月在籍起兵，復太和、盧陵。及贛州破，匿南田，金王之變，復出募兵援南昌，敗績，匿龍泉，絶粒死。其子稚升戰死南雄之長橋鋪。士楨，崇禎末爲應天府尹。弘光即位，改通政使。時北都陷賊諸臣，如侍郎吴履中、巡撫郭景昌、御史汪承詔等，皆相率南歸，紛紛自理，行宫前章奏雜投。少詹項煜於弘光登極時，溷入朝班。士楨請嚴封駁參治之令，凡北歸諸臣，靜聽朝臣處分，不得紛然奏辨。後朱統鑕劾大學士姜曰廣，並及士楨。士楨疏言曰廣勁直不阿，統鑕何人，飛章越奏，不由職司。此真奸險之尤，豈可容於聖世？不聽。旋改士楨工部右侍郎。

隆武時贛南巡撫劉同升子季鑛，從其父起義，此見瞿共美粵遊見聞。閩中授翰林院待詔。閩亡，入廣西，官至兵部右侍郎。戊子五月率兵復鄜縣，八月至樂昌，爲盜所殺。二人事俱明史及勝朝殉節諸臣録諸書所不載。

誠意伯劉孔昭自南都破時，掠糧艘出海。至順治十年永曆七年。三月，張名振入長江，孔昭偕其子永錫率衆依之，偕破京口，尋同回廈門。次年正月，復偕名振入京口，登金山。此事它書多紀之，名振有留題詩，末亦及孔昭，而前一年事則諸書皆未見。丙申八月，爲順治十三年。大兵再下舟山，永錫偕英義伯阮駿迎戰死，永錫世所稱郁離公子也，其事史亦不著。孔昭於丙戌駐兵處州，隆武嘗命其偕楊文驄同援衢州，敗回。而南疆繹史謂甲午正月朱成功兵敗於崇明，永錫戰歿者，亦誤。張名振部將蕩湖伯阮進，於辛卯九月王師下舟山時，獨當定關，其姪阮美、阮驥扼南師，阮駿、阮騂斷北洋，此皆據汪光復航海遺聞，阮進先加爵太子少傅，美、騂、驥俱以英義將軍爲左都督，惟駿不言其何官，當亦與美等同也。進旋於橫水洋逆戰敗，投水死。同死者有岐陽王裔孫李錫祚。至乙未冬，駿以英義伯與陳六御圍舟山，大清守將巴成功降。明年八月，王師復至，駿亦於橫洋拒戰敗死，同死者有誠意伯子劉永錫。而諸書所紀多「進」、「駿」互訛，此等皆關係甚鉅。

它所辨正者，若南都亡時以死節聞者，爲工部尚書何應瑞，而南略誤作何瑞徵，瑞徵乃從賊六等罪中人也，無由爲尚書。瑞徵，河南信陽人，甲申之變，以少詹降賊，授弘文院掌院學士，其從逆之跡甚著。應瑞先爲南太常卿，福王監國，升工部右侍郎，與徐石麒同日拜尚書。南都之變，自縊不殊，爲其子所持而止。案，明史高倬傳所紀南都殉節者，亦不及應瑞。而勝朝殉節諸臣録載工部尚書何應瑞，曹州人，甲申聞京師陷，不食死，乃據山東通志之言，應瑞遂得賜通謚忠節。應瑞死固未確，而謂聞甲申之變而死，尤謬。

總兵降賊之左光先，當從馮夢龍燕都日記及某人四王合傳作祖光先。明季武臣多祖姓，若祖大壽、祖寬之類，左光先乃左光斗之弟，爲浙江巡按者。

激許都變之東陽知縣，當從南略作姚孫棐，諸書皆作姚孫榘。朱氏明詩綜，姚孫榘在崇禎時，已由知縣擢御史，謫上林典簿，遷主事，歷郎中、尚寶卿，自別是一人。朱氏稱孫榘桐城人，而諸書紀許都事者，亦謂左光先與姚同鄉，是皆爲桐城人，蓋其兄弟行也。案，李清南渡録，甲申九月己丑，革東陽知縣姚孫棐職爲民，仍命追贓。戊戌，升行人司副姚孫棐尚寶司丞。其爲兩人甚明。惟孫棐歷官與明詩綜所言小異，蓋朱氏有誤。

隆武時死節之新城知縣爲李翺，字飆舉，邵武人。明史諸書皆誤作李翔。贛州死節者，有在籍河南同知盧觀象，明史諸書皆作兵部員外郎。或誤作「象觀」，遂與象昇之弟以中書舍人死太湖者相溷。明史及勝朝殉節録已作「觀象」，而諸野史多作「象觀」。此等亦足徵其審訂之功。

其舛誤者，如謂李明睿建議南遷，而不知出吴偉業、鄒漪之飾説。謂因起復曹化淳而詔收葬魏忠賢，不知化淳非忠賢黨，此出燕都日記之誣辭。辨已見前閱燕都日記下。謂倪元璐於甲申二月罷户部尚書任，還講筵，後記殉難諸臣，遂僅稱爲翰林院學士。不知文貞先以尚書兼學士，充日講官，後以陳演等言其不習錢穀，乃命以原官專直日講，明史所載甚明。蓋當日僅命吴履中以侍郎管部事，而文貞之爲尚書如故。所謂原官者，即其尚書之官。文貞但解部務，非解部任，故明史七卿表中不列吴履中名，諸書皆仍稱文貞爲户部尚書，南都故有太保之贈。若翰林院學士，明世雖爲極清要之職，稱曰「光學」，然其秩止五品，自中葉以後，皆以尚書侍郎兼之，無單授是職者。明史本傳又謂十六年十月，元璐兼攝吏部，則誤，當從七卿表作禮部。時禮部尚書林欲楫致仕，故須兼攝。若吏部，則尚書李遇知故在，未嘗缺人也。明自天順以後，不特光學爲兼官，即侍讀、侍講學士，亦爲禮部侍郎之兼官，蓋皆以詞林宿老充之。故明史諸臣傳中，凡官翰林坊局者，庶子即擢少詹士，無擢講學讀學者，而正詹事亦多以禮部尚書或侍郎領之。

謂吴麟徵甲申正月尚爲吏科都給事中，旋升太常寺卿。不知麟徵殉難時尚爲太常少卿。明史諸書皆同。明制掌科優擢者始爲常少，不得遽爲卿也。此沿錢䎘甲申傳信録之誤。

謂御史趙譔殉北京之難，而南都無贈謚，不知譔已得謚恭節。

謂攝政王入京時，謚崇禎周皇后爲烈皇后，不知烈皇后乃南都所上謚。我朝先謚崇禎爲端皇帝，后亦謚端皇后。謂弘光元妃黄氏後更謚孝哀哲皇后，不知此乃懿安皇后之謚，故從熹宗之哲皇爲稱；黄妃謚曰孝哲皇后，未嘗改也。此沿李瑶繹史摭遺之誤，是書於乙酉三月，亦書上懿安后謚爲孝哀哲皇后。謂乙酉二月弘光二年。改崇禎帝廟謚思宗烈皇帝爲毅宗正皇帝，從禮部余煌請據江東旭臺灣外紀載有余煌疏。然隆武後又改毅宗爲威宗，而烈皇帝之謚如故，諸書亦未有稱正皇帝之謚者。蓋煌建此議，而當時僅改廟號，未嘗並改其謚。

謂甲申十一月，弘光命遼王居台州，而缺其名。按野史無文朱術桂傳，言弘光命長陽王術雅居寧海，至隆武立於閩，始紹封術雅爲遼王，則此時未有遼王也，當是「長陽王」之誤。

謂乙酉四月，弘光命周王恭枵移駐江西，不知恭枵已卒於甲申之春，此乃其世孫。明史及北略諸書所載甚明，非恭枵也。謂南都亡時，潞王常淓在杭州，弘光太后及諸臣皆請監國，終不受，與巡撫張秉貞決計迎降。不知王曾監國三日，以秉貞爲兵部尚書，議發羅木營兵拒守，不決而降。黄梨洲弘光實録、顧亭林聖安本紀諸書所載甚明，此蓋仍明史馬士英傳之誤。案，明史之誤，蓋由於南渡録。

謂永曆初尊端王繼妃王氏爲慈寧皇太后，生母馬氏爲皇太妃。及王太后崩於田州，始尊馬太妃爲昭聖皇太后，而謚王太后爲孝正皇太后。又駁黄氏行朝録謂尊太妃王氏爲孝正皇太后、生母馬氏爲慈寧皇太后之誤。不知瞿忠宣集有謝寧聖昭聖兩皇太后御奠疏，則當日固兩宫並尊，而王太后之號是寧聖，非慈聖。

謂隆武所命留守福京之唐王聿釗，當是「聿鐭」之訛。不知聿釗後朝隆武於建寧，遂留行在。大兵至，遂代帝死，與立於廣州者别是一人。謂永曆於戊戌歲授魯監國兵部右侍郎張煌言爲兵部左侍郎。己亥八月，順治十六年，永曆十三年。煌言自江南敗回，遣使告於緬甸行在，專敕慰問，晉兵部尚書。不知煌言自撰北征録，言戊戌年以兵部尚書奉命同延平王朱成功北伐，則煌言於戊戌已由侍郎拜尚書甚明。案，時滇中晉朱成功王爵，其部將皆封伯。監國諸遺臣如徐孚遠，亦以左僉都升左副都，則煌言自宜以侍郎晉尚書矣。永曆自入緬後，滇中諸臣，皆文報不通，海南萬里，何由往返？此蓋沿全祖望結埼亭集之誤。

謂孫嘉績以江上師潰後蹈海死。不知嘉績實以病卒海上。

謂王鳴謙武寧侯王之仁子。爲黄斌卿所誘殺。不知鳴謙亂後嘗爲僧，未嘗死也。鳴謙釋名宣在，字友聞，見結埼亭集外編，徐君蓋僅見結埼亭集而未見外編。

謂梧州「五虎」之獄，劉湘客時爲侍讀，不知湘客已先由少詹事兼侍讀學士擢副都御史，改禮部侍郎掌詹事，仍兼副都御史，非尚爲侍讀矣。

其自相矛盾者，如張獻忠以陳演女爲皇后，既謂其未幾失寵誅死，又謂獻忠死後，孫可望等陷重慶，奉僞后陳演女爲主，居桃花洞，後焚殺之。桂端王薨在弘光時，已書於甲申之十一月，而記丁魁楚等奉永曆帝監國事，又謂南都之亡，陳子壯將奉端王監國，聞隆武帝立而止。不知南都亡時，議監國者乃端王長子由榔，永曆之兄，初封安仁王，弘光時襲封桂王者也。永曆即位時，已書追上端王尊號曰興宗端皇帝，而於丁酉夏四月順治十四年，永曆十一年。永曆在滇都，即雲南府。又書上弘光帝廟謚曰安宗簡皇帝，隆武帝曰紹宗襄皇帝，王考桂端王曰禮宗端皇帝。端王號禮宗，諸野史所記皆同。惟劉湘客行在陽秋誤以爲興宗，興宗乃懿文太子廟號，必無相犯之理。此書先曰興宗，亦自相乖誤者。

此皆謬錯未正，其餘小小違失，尚難悉指。要於大體無疵耳。如謂爲桂王將兵戰三水之林佳鼎，諸書皆言其敗死，據臺灣外紀，則佳鼎後依成功，實未死。不知依成功者乃爲廣州將兵禦佳鼎之總兵林察，成功因察來歸，始知肇慶有君，乃請淮王去「監國」號，而通表於粤，非佳鼎也。謂商丘伯侯性遠，以南寧迎駕功晉封祥符侯。不知性遠此時僅爲古坭口總兵，未有封爵，桂王感其功，口授祥符伯，見鮚埼亭外集引萬季野語，此蓋沿行朝録之誤。

其前有自序，述所采野史共六十二種，而各省府縣志及諸家詩文集不悉數。又言别著小腆紀傳。鎮寧宋光伯跋，謂紀傳卷數倍於是書。其它所著，尚有周易舊注、四書廣義、讀書雜釋、度支輯略諸書，亦近來詞林中僅見之士矣。

瞿忠宣公集　明　瞿式耜

十九日　瞿忠宣公集十卷，道光乙未歲刻於常熟，武進李兆洛申耆所編。卷一、卷二爲掖垣疏草，卷三至卷六爲留守封事，卷七爲耕石齋詩，皆其贖徒家居時所作也。卷八爲桂林詩，其留守時所作也。卷九爲浩氣吟及家書五首。浩氣吟者，其被執臨難時與江陵張忠烈所唱和，故附以別山遺稿也。卷十爲雜文。

忠宣身任危疆，百折不悔，明詔褒謚，無容贅辭。其文侃直周詳，悉由忠愛，固不當以優劣論。詩頗淺率，未爲當家，而亦時有清新之作。嘗見魯可藻嶺表紀年，頗譏稼軒標榜「五虎」，不免勳鎮習氣。今觀是集，亦有不可解者。如任人宜責實效疏中力薦王永光之秉銓，吕純如之任中樞；直糾貪昧閣臣疏，痛劾來宗道、楊景辰，而謂施鳳來、張瑞圖各有本末；黔事速賜處分疏，痛劾張鶴鳴，而以楊鶴與傅宗龍、朱燮元並薦。夫永光乃力護逆案之人，純如則逆黨矣。今明史本傳但載其薦永光而不及其薦純如，蓋爲之諱。瑞圖之附會逆閹，豈與宗道輩有殊？而乃謂其各有本末，原不相掩，其不相掩者何在耶？鶴貽誤疆事，禍烈於張，乃與朱、傅並稱，奚止老、韓同傳乎？

至其在桂林時，屢疏稱鄂國公馬進忠之功。而進忠終壞楚事，此則當日優崇悍鎮，無可奈何也。薦兵部左侍郎程源經理黔、蜀，此蓋恐其濁亂朝政，欲假事權以出之，非得已也。而當「五虎」下獄時，連上三疏申救，全謝山謂嘗上七疏。且謂「臣與五臣夙稱莫逆，殺五臣即所以殺臣」。至後專上一疏，引咎乞罷。此則可藻之所謂勳鎮習氣，不止於標榜矣。

當南都之亡，忠宣本欲奉桂端王長子安仁王監國，以隆武既立而止，故其家書中屢津津言之。至云「余之不服靖江王而甘受逼辱者，非爲唐王，爲安仁王也。以是安仁母子兄弟直視余爲患難交」。計其時爲丁亥正月，永曆已正位數月，此亦似非臣子所宜言。其丙戌九月所寄書，則云「今隆武三年曆已頒，太子慶詔已發，只要復得江、浙南直，見得孝陵，便成得個天子」。是時隆武帝已於汀州被難，而粤西尚未知也。其後則於隆武之變，言之甚若漠然，反以己之不入閩爲幸，至云「此是天佑善人，巧留我於粤地，擁立桂王，真是時會適逢，機緣巧湊」。夫此何事也？國家巨變，三年之中，連喪三君，一線海隅，苟延殘喘，尚何時會機緣之足云？且其時漏舟覆巢，危亡俄刻，凡爲太祖子孫者，苟可以利社稷、資號召，即爲明朔之所係，亦何論莊烈之昭穆，神宗之子孫？斯時即無桂王，豈別無可立者？而又何功何巧之足言耶？

其述紹武擁立事，乃直稱蘇觀生曰「蘇賊」，陳際泰此別一陳際泰，三水人，登崇禎庚辰特用榜，非臨川陳大士也。三水之兵曰「賊兵」。其於同事諸臣，無不致斥，丁光三魁楚、何象岡吾騶無論矣，如述靖藩之變，曰「裏邊見東方聲張，逆王聲勢太很，竟認西撫已無生路。曾二雲櫻急急舉薦其鄉同年晏日曙代吾。日曙時在家中，突然一開府從天而降，豈能按捺得住？隨星馳從間道至永州，牌來，擇十二月廿五到任矣。吾作一書，告以不能即日交代之故，彼初意炰烋，已而勉强延過一月，至正月廿六則已到任矣」。此指隆武初召忠宣爲兵部右侍郎時也。爾時事勢，真所謂是何天子、是何節度使，而尚爲一廣西巡撫如此張皇乎？

述永曆初枚卜之事，曰「李孝源永茂儘有相才，今已加閣銜，但以守制爲辭，堅不赴召。其人蓋絶頂乖巧，當時事艱難之會，落得借守制推辭，儻將來真見清寧，做相公豈無日子？況今業已宣麻，又落得做一山中宰相，此所謂討盡便宜者也。李映碧南渡録，載甲申十一月升工科右給事中李永茂右僉都御史，巡撫南贛、汀、潮等處，時永茂忿忿，謂先巡京營，與諸弁争庭謁禮，故阱使外。然因阱得擢，殆非也，皆謂閣臣王鐸以同鄉私之云云。此亦見其乖巧之一耑。呂東川大器每事決斷，不肯模棱，第其性氣太剛，度量太窄，若識其性而與之同心共事，還勝光三多多，以其本體乾淨，不似光三之齷齪耳。楚中有姚崑斗明恭、滇中有王崑華錫袞、蜀中有王非熊應熊、粤中有何象岡吾騶、黄玉崙士俊、陳秋濤子壯，皆舊相也。何逃難而歸，即陳亦身家念殷，未必肯離故土。黄已老，非熊人多畏其愎，第其人實有才學，老詞林中所罕匹者，將來擬起姚崑斗，用文鐵庵安之，然亦非濟變之才」云云。

其論呂文肅、王巴縣二人優絀固當，陳忠簡初之不赴閩召者，以崇禎時駁議换授之嫌，繼之不朝永曆者，以丁魁楚獵捧首輔之嫌，卒之皷嘔起師，屢敗不恤，子先戰歿，身罹極刑。夫豈身家念殷者？即其逆億孝源，亦似過刻，若蘄水瑣瑣，蓋不足譏，與文夷陵涇渭素判，亦不得以一概論。

其報中興機會疏中，載錢謙益所寄書，力陳進兵之策，謂「中興之基業事功，惟我皇上今日爲最易。今日之要著，宜以重兵徑由遵義入川，皇上則駐沅州或常德，爲居重馭輕之勢。今日之急著，宜先招降辰常鎮將馬蛟麟，王師則亟北下洞庭，以圖入長江，爲處處響集之計」。案，其時在永曆三年九月，爲我朝順治之六年，時江左久平，謙益已以祕書院學士告病回籍，而猶潛通書牘，以示不忘故朝，此真反覆之尤。忠宣乃極稱其忠驅義感，言不及私，是全謝山所謂爲其師太過者也。語見鮚埼亭集外編浩氣吟跋。

其永曆元年三月十二日飛報首功疏，自謂心堅似鐵，又謂可以告無罪於皇上。六月初一日破□大獲奇功疏、十一月十六日飛報大捷疏，有謂「督率諸鎮，成此大功，皆督輔臣何騰蛟一人之力，而輔臣嚴起恒、憲臣劉湘客、科臣萬六吉、督臣于元煜、按臣魯可藻與臣式耜調停措置，備極苦心，左右贊襄，不遺餘力，殆未可謂因人成事者也」。皆似未免矜張太過。

其報其孫昌文入粵疏，謂昌文少聰穎，長有血性，其出門之日，不告父母，不謀師友，至誠感神，終遂其志。又謂爲忠臣難，爲忠臣之子若孫抑又難。亦似失對君之體。其詩中又屢稱其孫爲「文孫」，尤古今所僅見。忠宣一代偉人，其文字所存，當與日星不晦，末學小生，何敢吹索。然是非自在，要不得謂非君子之過耳。

其集中可證史事者，如崇禎元年六月爲原任刑部尚書王紀請謚，得旨：「王紀忠節可嘉，準與他謚。」乃知天啓朝名臣如吏部尚書周嘉謨、張問達、户部尚書汪應蛟、工部尚書鍾羽正，皆不得謚，而紀獨得易名莊毅者，以忠宣爲之奏請也。

永曆三年十一月，爲楚宗通山王蘊釪請晉爵承襲大宗，其疏謂楚恭王子定王四子：世子、監利、鍾祥、興國。世子生三子，俱死獻賊之難，今之應繼大宗者，止興國、監利、鍾祥之親枝。所云定王，蓋即華奎，爲張獻忠沈於江者。故疏謂其新謚定王，疏中備載昭王以下傳授世次，云愍王被殺，次子襲封，是爲恭王。恭王新謚定王，定王四子，云云。文不可通，蓋恭王下有脱文，當云恭王二子，長子襲封，與德化俱死賊難，新謚定王。案，李氏南渡録載弘光元年二月辛酉，謚楚王華奎曰貞，與此又異。此謂新謚定王，豈由永曆改贈耶？而定王支子又有監利、鍾祥、興國三郡王之封。今明史表、傳既不著定王之謚，而表所載華奎支下有一漢陽郡王蘊鑨，爲華奎庶一子，萬曆二十四年所封，又與此不合。

疏又云昭王生十子，莊王嗣封而外，巴陵、壽昌、岳陽、景陵無後，崇陽以罪除，其傳國永安、通山、通城、江夏四郡。案，明史諸王世表，楚昭王子自莊王外，止巴陵、永安、壽昌、崇陽、表作滎陽，蓋誤，楚封不得涉河南。通山、景陵、岳陽、江夏八王，無通城。惟明末在江南起事者，有通城王盛澂，計其名之世次，爲華奎之孫行、蘊釪之子行，不知楚藩中果有此一支否？蓋無可考。若通山一支，則世表所載，已傳十世至容枘，太祖命名楚宗，下曰「孟季均榮顯，英華蘊盛容。」而蘊釪則爲容枘之祖行矣。疏中力訟蘊釪之功，謂其當郝摇旗來奔，力請督師彈壓，今夏楚師入粵，親冒鋒鏑，調停主客。又謂自元年十一月十四日督輔何騰蛟以齒序昭明題請，奉旨，蘊釪且嗣封通山郡爵，其大宗稍俟平定舉行。是則蘊釪以永曆元年紹封通山王，而何、瞿二公以其有功，爲之請紹楚封，故瞿疏云「時平則先嫡長，世亂則先有功」也。後有詔謂「藩封大典，譜系攸關，著宗人府同禮部會議，妥確具奏」。其年三月，又爲靖江王亨歅更封靖王，其疏謂「亨歅自前王肆虐，備極荼苦，檻車既邁，幸襲舊封。當皇上正位端州也，即欲虛舊府，以備行宫。迨皇上移蹕當作移蹕。桂林也，又復捐私橐，以充御餉，可謂乃心天室，克盡宗子之誼。伏察藩封體統，一字與二字迥殊，而獨靖江與親王無異。蓋因開國功高，假此以明優異；而嶺嶠絶徼，尊之以示彈壓也。今乞皇上亟因舊寵，特降新封，易兩字而爲一字，錫名靖王，在亨歅不過安其崇顯之常，而在朝廷已式廣其時庸之誼」。蓋隆武初亨嘉謀反被擒後，即紹封亨歅爲靖江王，忠宣更爲之請進一字，王亦有詔令禮部會同宗人府九卿科道確議具覆。此二事後俱不知得請與否，皆可以裨明史之闕。

吾鄉何中湘之謚，明史諸書，或作忠烈，或作文烈。中湘雖以乙科起家，而致位督輔，歿晉王爵。明世自嘉靖以後，宰輔雖或不由翰林，其謚無不用「文」字者。然至末造，輔臣殉國者則以「忠烈」之謚爲重。如黄石齋固以詞臣起者，而隆武帝謚之曰忠烈，不用「文」字。永曆帝之於中湘，政不異隆武之於漳浦，其謚忠烈，蓋無可疑。至文烈之謚，永曆朝得此者三人：張尚書家玉、張侍郎同敞、楊閣部畏知，其尊崇皆下中湘數等。今閱瞿忠宣集，有哭何中湘文節王詩。文節之謚，當時所輕，中湘不應得之，此蓋誤也。魯王謚史道鄰亦曰忠烈，可知二字之重。亞此者爲文忠，明季得此者，弘光時謚孫閣部承宗、賀閣部逢聖、孔閣部貞運、馬庶子世奇，隆武時謚劉侍郎同升、夏考功允彝，魯王時謚高閣部弘圖，永曆時謚陳閣部子壯、瞿閣部式耜、吴閣部貞毓。

浩氣吟末附張忠烈別山遺稿，其和忠宣詩，自署銜名曰「兵部侍郎兼翰林院學士門生張同敞」，則別山固未晉尚書也。今野史中有稱柱國、少師、兵部尚書者，蓋其歿後追贈之官。詩中有自注一條云：「先曾祖居正，謚文忠，先祖敬修，謚孝烈；先叔祖允修，謚忠烈。」案，敬修爲太岳長子，官禮部主事，以籍没時自縊死。允修爲太岳第五子，崇禎時蔭尚寶司丞，死張獻忠之難，二人皆不應得謚，蓋永曆時以別山故追贈者。

堵文忠公集　明　堵胤錫

二十日　閲堵文忠公集，凡十卷。一至三爲奏議，四爲書啓，五爲論著，六爲傳誌，七爲序文，八、九爲辭章，十爲附録。牧遊之謚，明史本傳及王氏史稿皆作文忠。今按其集附録墓表及家傳，皆云贈鎮國公，明史作潯國公。謚文襄。後上蹕雲南，念公忠勤，改謚忠肅。表乃其同年進士永曆時兵部尚書孫順所撰，順，綿州人，後降清。傳乃其幕客胡某所作，當必不誤，豈後又改謚文忠耶？然表傳皆作於其歿後十餘年歸葬之後；順之降我朝，亦已在大兵下滇、永曆入緬之時，設有改謚，不容不知。卷中又附滆湖外史所作傳，亦云謚文襄，改忠肅。是蓋正史之誤矣。

詩文皆直抒胸臆，工拙可不必言。忠肅負才略而不甚醇，頗近權譎，然其最被世詬者，以常德之役，疑馬進忠而召忠貞營，激變棄地，致何中湘執而楚事遂不可爲。今據孫表、胡傳所言，則忠肅未嘗疑進忠，亦未嘗召李赤心等；而赤心等之請並取長沙，假道常德，忠肅且力阻之。嗣以高必正輕騎突至，有奸人鄭可愛構於進忠，遂焚城而走。是則諸書言忠肅欲令進忠以常德讓赤心輩者非也。且諸書皆言何中湘以諸營悉去，自衡州擕三十人追赤心等，至湘潭，僅存空城，遂被執。據表及傳，則中湘已與忠肅會師長沙城下，馬進忠之兵亦復至，同次湘潭。何公以楚事自任，議令進忠攻長沙，忠肅率忠貞營援江右，赤心等乃擁忠肅東行。不旬日而清師襲湘潭，進忠走，何公死之。是則諸書言中湘駐衡州未與忠肅遇者非也。以情事度之，進忠方燒船走武岡，豈能遽返？中湘方期大舉攻長沙，豈便欲分兵東救？此蓋孫、胡曲筆，爲忠肅諱者。然謂忠肅必欲用忠貞營以分十三鎮之功因而撓敗者，恐不然矣。胡傳又言，忠肅卒於潯州時，有妾葉氏，遺娠生男，匿南寧山中。孫可望將常榮入南寧，以兵脅葉，葉大罵曰：「吾宰相妾，豈污若手？」遂抱兒投邕江死。此足爲忠肅增色，而諸書皆失載也。

寒支初集　清　李世熊

二十七日　閱李世熊寒支初集，共八卷，先詩，後雜文，前有釋本嶢序、彭士望序、葉穎序，道光間寧化知縣餘姚陳塏以活字版印行者也。寒支以一諸生，固守其志，不應徵命。自言受學於黄漳浦最晚，而終身服膺，觀其與漳浦辭薦書，及止其出師書，讜議侃侃，不啻諍友，故漳浦復書，亦未敢以門人視之。其詩文皆幽折奇奥，與並時彭躬庵、傅青主相似。蓋滄海横流，商聲孤唱，鬱伊善變，其勢然也。

其文如閩社采風録序、贈林君若序、紡授堂集序、曾弗人堂名。畸人傳序、妖祥志序、藝文志序、反恨賦、明光禄寺署丞李公墓志銘、鄧秀才顯卿墓志銘、雷孝廉墓表、答葉慧生書，皆思溢物表，俶詭萬狀，讀之令人心怖，雖非正宗，固天地間不可朽之文也。

它若黄槐開傳、羅宣明傳、傅相公冠傳略、畫網巾先生傳、乞免廷試疏、上隆武帝。明淅川知縣愚山揭公春高墓志銘、寧化縣知縣徐公日隆墓志銘、貴州鎮遠府知府李公世輔墓志銘、即元仲之從兄。雲南永昌府通判劉公廷標墓表、監紀推官吴公世安墓表，俱可以考見桑海間事，而文亦忼壯可傳。其餘佳篇尚夥，惟有擬閩督院與海上一書，則似可不作耳。

旅館淒辰，寒雨如晦，百憂坌集，無可晤言，幸得讀此異書，差堪自遣。而驚喜悲惋，交迭相乘，正如濁酒楚騷，祇益淒結。惜不得並其二集讀之。

六月

寒支初集　寒支二集　清　李世熊

朔　從同局嘉興張拔貢嗚珂借閲杭大宗詞科掌録一過，即還之。張君又爲從比鄰薛慰農太守處借得李元仲寒支初集元刻本及其二集，杭人汪士瑮家故物也。初集較新本僅多狗馬史記序上中下三篇，然有目而去其文。狗馬史記不知所謂，或以喻明季誤國降賊諸臣，有所觸諱去之耳。寒支以丙戌祝髮僧服，名曰寒知，見歲紀。後改寒支，蓋取東坡詞「揀盡寒支不肯棲」意也。見釋本嶢所作集序。二集凡六卷，前有寒支歲紀。寒支生於萬曆三十年壬寅，卒於康熙二十五年丙寅，年八十五歲。據其子權跋，言歲紀自丙戌以前，寒支所自書；丙戌以後，權所續録。中載試文之甲乙，交遊之廣遠，想見明季士不務學，標榜聲氣，以社稿爲釣弋，以奔走爲耕畬，雖賢如寒支，亦不免也。集凡詩一卷，文五卷，其晚年所作多平易，無警拔者矣。所載張煌言、郭之奇、楊畏知諸傳，亦頗疏舛。郭傳言其任福建提學副使時，鄭成功方應歲試，求食餼不得，僅置二等。又言巡撫張肯堂欲庇其私人莫遠，遂誣劾郭。巡按陸清源不平，亦疏糾張。此則它書所未見。鯢淵賢者，何至於是？寒支蓋感郭試擢第一之恩，故甚其言耳。案，顧亭林聖安本紀，載甲申九月升福建提學副使郭之奇爲詹事府詹事，謂之奇由庶吉士改禮部郎，出爲副使。自來庶常既散館，無再入翰詹者，亦無有以監司升爲翰詹者。之奇以副使四品入爲詹事三品，尤事所未有，此著其亂制也。又案李映碧南渡録，言之奇以庶吉士散館爲禮部，轉提學，至是因按臣陸清源薦，忽批轉詹事，閣臣王鐸所擬也。乙酉二月丁卯，停福建巡撫張肯堂俸，命剿賊自贖。巡按陸清源候考核調。新升正詹郭之奇外任，用明旨責其玩視地方，專構小隙也。之奇忽内忽外，有同兒戲。觀此可知其事本無分曲直者矣。

春秋闕如編　清　焦袁熹

二十六日　閲焦袁熹春秋闕如編，猶困學樓舊藏物也，寇亂時弟輩偶攜出，遂以得存。是書凡七卷，止於成公八年，而後附以讀春秋十一則，共爲八卷。四庫書目極稱之，謂近代説春秋者以此爲最。然春秋舍左氏傳，則無從下手。袁熹意欲一空附會穿鑿之説，而不信左傳，謂其多誣，概以聖人修春秋，不過仍舊史之文直書而義自見，無所褒貶。則當日亦何所容其筆削？又何以游、夏莫贊一辭乎？子曰「吾猶及史之闕文」者，謂於事本闕者則闕之耳，非謂史必以闕爲美也。故曰於其所不知，蓋闕如也。袁熹以此命名，便爲不知春秋之義。其中議論，多景俗作「影」。附遷就，自相鑿枘。於三傳之説，忽信忽疑，進退無據，蓋憑私自用，而又濟以學究迂腐之識。觀其孫鍾璜之跋，謂袁熹嘗言春秋以啖助、趙匡、陸質三家爲最優，則其識趣可知矣。袁熹本以時文小題名家，其書固無足取。四庫書目雖紀河間總其事，然爲之者非一人。河間於經學本疏，今提要所論三禮極精，皆出於戴東原氏之手，餘經館臣分纂。如此書提要，蓋由不學之人所爲，不足爲定論也。

左傳詁　清　洪亮吉

七月朔　閲洪氏左傳詁。其書頗多誤字，爲隨筆校正數條。稚存好攻惠松崖氏，屢舉其左傳補注之失，然惠氏湛深古學，實非稚存所能及。此如虞刺鄭違，劉規杜過，雖可各存其説，終難遽掩前賢。

樊川集　唐　杜牧

初二日　再校樊川集。樊川集中上池州李使君書有曰：「今之言者，必曰使聖人微旨不傳，乃鄭玄輩爲注解之罪。僕觀其所解釋明白完具，雖聖人復出，必挈置數子，坐於游、夏之位。若使玄輩解釋，不足爲師，要得聖人復生，如周公、夫子，親授微旨，然後爲學，是則聖人不出，終不爲學。假使聖人復生，即亦隨而猾全唐文作「汩」。之矣。」此等議論，唐中葉以後，人所罕知。樊川文章風概，卓絶一代，其學問識力，亦復如是。予向推爲晚唐第一人，非虚誣也。宋子京深憙樊川之文，新唐書中傳論多取其語，其自作文字亦力仿之。故於啖助等傳論末學之弊，其識議亦與樊川同，非韓、歐文章家所知也。

暑熱解

初四日　「暑」與「熱」，渾言則一，析言則二。釋名云暑「如水煮物」也，熱「如火爇物」也。段氏玉裁曰「暑主溼，熱主燥，故詩毛傳曰『温温而暑』、『蟲蟲而熱』也」。予案書言「暑雨」，禮言「溽暑」，是暑有溼義也。凡盛夏時水土蒸鬱，其氣毒煩，則謂之暑。風日暴烈，其氣槁竭，則謂之熱。若今日者曛而弗閟，歊而弗滯，是熱非暑也。

述學　清　汪中

初十日　閱汪氏述學。近儒中文章精卓，蓋無出其上者，惟意不僅以文傳，亦不屑屑於家數文法，而所據必經義，所澤必古辭，簡栗謹嚴，故能自成一子。其餘力所及，若狐父之盜頌、弔黃祖文，出於憤盈，語諧而益痛，亦太史公傳貨殖、游俠意也。至若老子考異，以孔子問禮者爲老聃，乃周守藏史，其言行見於曾子問者是一人。著道德經授尹喜者，爲周太史儋，秦獻公時人，據史記本傳，有「或曰儋即老子」語。其子宗，爲魏將，封於段干者是一人。與孔子同時者，又有老萊子，亦稱老子，乃楚之苦縣厲鄉曲仁里人，嘗師殷之商容，爲隱君子者，又是一人。史記誤合三人爲一。瞽瞍説，謂瞽乃世官，非盲者之謂，史記易「瞽子」爲「盲者子」，失之。此皆可備一説，不足以爲深據。其先考靈表，通篇皆稱其父曰君，雖古有之，然未免意過其通矣。

八月

四録堂類集 清 嚴可均

朔 從仲修借得烏程嚴鐵橋氏可均四録堂類集三種：一説文聲類上下篇，一説文校議三十篇，一唐石經校文十卷。聲類以聲爲經，以形爲緯，借廣韻二百六部爲之標題，分爲十六類。校義首題「歸安姚文田、烏程嚴可均同撰，陽湖孫星衍商訂」。其書成於嘉慶丙寅，自序謂先爲説文類考四十五册，又輯鐘鼎拓本爲説文翼十五篇。將撰爲説文疏議，先就汲古閣初印本别爲校議，專正徐鉉之失。又謂同時錢氏坫、桂氏馥、段氏玉裁亦爲此學，僅得段氏説文訂一卷，它皆未見。是其致力專精可知。雖引證未博，尚多惑於俗本，不及段氏所見之精；而依據謹嚴，時有獨得，亦不似段氏之武斷。石經校文前有歸安丁溶序，謂其大指有三：一以存石經之真，一以正版本之誤，一以糾顧氏炎武之非。其自作序例，亦謂顧氏始略校石經，然其所作金石文字記，剌取寥寥，是非寡當；又誤信王堯惠之補字以誣石經，顧氏且然，況其它乎？今隨讀隨校，凡石經之磨改者、旁增者、與今本互異者，皆録出，輒據注疏釋文，旁稽史傳及漢、唐人所徵引者，爲之左證。又謂石經以嘉靖乙卯前搴本爲勝，今絶不可得。而士大夫家所藏舊搴本都補綴可疑，今所據則新搴本之未裝册者，不至受王堯惠等所欺。其書每條標舉正文，或損闕，或避諱改字闕筆，皆仿原本。其中改刻者分爲五事，有未刻之前曠格擠格以改者，太和時鄭覃所校定也。有隨刻隨改者，開成時唐玄度所覆定也。有文義兩通而改者，韓泉所詳定也。有磨改繆戾及未磨而遽改者，乾符時張自牧所戡俗作「勘」。定也。有「城」字「信」字缺筆者，朱梁時所補刻也。又舉萬曆國子監注疏本、汲古閣注疏本及宋、元舊本之與石經異者以折衷之，後附以石臺孝經，共爲三千二百廿六條，校訂精密，寫刻亦甚工致。世之考唐石經者，固莫善於此書矣。惟於字體頗參以漢隸，不純主説文。如謂「燥溼」之「溼」可作「濕」，「本末」之「本」可借「夲」，「誠敕」之「敕」可作「勑」，謂勑從來聲，古音在之類。「修飾」之「修」可借「脩」，「僝功」之「僝」當作「孱」，「皋陶」之「皋」可作「皐」，「鐘鼓」之「鐘」可作「鍾」，「垣牆」之「牆」可作「廧」；「柰何」之「柰」可作「奈」，「極至」之「極」可作「極」。此下校五經文字。「桑梓」之「桑」可作「桒」，「衡量」之「衡」可作「衡」，「閒暇」之「閒」本作「閑」，或輕信漢碑，或拘泥古本，而於監本、毛本之字又多繩以許書，進退無據，是其失也。

儆季雜著 清 黄以周

初六日 王子莊出眎定海黄元同秀才以周儆季雜著兩册，稿本未成，多所塗改，中皆考據之作，實事求是，多前賢所未及。據其自敍，所著有周易十翼後録、輯歷朝諸儒十翼舊注，並及各經注疏史文史注諸子文選，以發明聖傳。經義通詁、采經典中詁訓性理之語，分類纂之，凡二十四目，曰命，曰性，曰才，曰情，曰心，曰欲，曰意，曰道，曰理，曰仁，曰禮，曰智，曰義，曰信，曰忠，曰恕，曰靜，曰敬，曰剛，曰中，曰權，曰誠，曰聖，曰鬼神。經禮通詁、取經傳所載典禮之類，仿五經異義例，廣采諸説，以析其同異。讀書小記分九類：曰易説，曰書説，曰詩説，曰禮説，曰春秋傳説，曰論語説，曰孟子説，曰國語説，曰雜説。經句釋輯群經古注，考其句讀之異同而釋之。經詞釋取王氏經傳釋詞所列諸訓，爲之推廣補正。聞其書皆已成，洵一時之樸學矣。又聞其父薇香先生名式三，號儆居子，亦諸生。所著有易釋、春秋釋、尚書啓蒙、論語後案、周季編略、儆居集經外緒言，卒時年七十餘，尚著書不輟。儆季禀承家學，自己酉落解後，窮經十年，不應試。近寓湖上，肄業詁經精舍中，聞今年可得優貢。浙東經生，蓋無與比。以並世二百里内之人，而姓名泯然，無人樂道，可謂不求聞達者矣。此韓昌黎見殷侑公羊注而自謂非復人類者也。

説文解字注匡繆　清　徐承慶

初七日　仲修持示説文解字注匡繆，元和徐承慶謝山著，匡金壇段氏注之繆者也。書四册，凡分十五科。一曰「便辭巧説，破壞形體」。如改皇作皇而謂從臼；改朒作朒而謂從月；以火爲即兆字，删「八，别也，亦聲」之訓，而謂卜部之𠧞兆，皆後人所增；以鎦爲即劉字，改其篆作鎦，而謂當從小徐因勺謁田之説。以及改觳爲毄，改德爲德，改莢爲茦，改楝爲欄，改本爲夲，改末爲末，改[illegible]爲[illegible]，改刅爲刃，改鍚爲錫，改餧爲餒，改暉爲暈，改卒爲卒，改魂爲䰟，改詞爲䛐，改恬爲恬，改懦爲愞，改愧爲忕，改繼爲繼之類。

二曰「臆決專輒，詭更正文」。如上之古文丄改作二，而以丄爲篆文。下之古文丅，改爲二，而以丅爲篆文。以及改牛之説解爲事也理也，改鶯之説解爲鳥有文章貌案段氏此據毛傳，其説甚辨。徐謂古有鶯無鷽，鷽爲後出字，毛傳隨文釋義。鶯爲鳥名，又爲鳥羽文，故鳥有文者，亦謂之鶯。説文引書，有稱其辭而非即上文説解之義者，此例甚多。如芼哼嘈誂等字下引詩皆與上解義不貫是也。其説較段爲通。改讀之解爲籀書也，改鞕之解爲歐也，改帬之解爲繞領也，改臥之解爲伏也，改髮之解爲頭上毛也，徐謂原作根也，意恉甚深。改縊之解爲絞也之類。又如隹部增雔，以大徐增入鬼部爲非，而訓爲如小熊。肉部增腎，以大徐增髾爲非，而訓爲膏肥皃。免部增免案段訓免爲逸，又云從兔不見足，其説穿鑿。徐引錢氏大昕説，謂兔有免音。廣雅免脱也，論衡免去皮膚，免與脱同義。説文無免字，免即兔也。兔善逃失，借爲脱免字，有兩音而非兩字。漢隸偶闕一筆，世人遂區而二之。其説明通。若如段解，與逸下之訓何異？此足訂正段失。之類。

三曰「依它書改本書」。凡它書引説文與本書不同者，不加審察，必以本書爲誤，改從它書。四曰「以它書亂本書」。據它書異義改原解，又黄公紹韻會所增易者，概指爲小徐原本而深主之。五曰「以意説爲得理」。如蘇桂荏也，莧菜也之類。謂許氏原本篆文下又複寫隸字，後人皆删之而或未盡。又如蘧蘧麥也之類，謂説文有三字一句之例。六曰「擅改古書以成曲説」。如改齵下齒不正也爲齱齵也。輧下輜車也爲輜輧也之類。謂凡字之聯綿者，許氏皆當連文爲訓，因一律改之。七曰「創爲異説，誣罔視聽」。如羿下謂伏羲、文王作羿，孔子作巽，羿爲卦名，巽爲卦德之類。八曰「敢爲高論，輕侮道術」。如謂參下商星也，當作曑星也之類。九曰「似是而非」。如謂昏字本不從民，姡字本不從户。文章之文當作彣，芰薩之薩當作雉，以及岵山有草木也當依毛傳作無，岵之言瓠落也，岵有陽道，故以言父，屺山無草木也當依毛傳作有，屺之言荄滋也，屺有陰道，故以言母之類。十曰「不知闕疑」。如謂鎮博壓也，博當作簙，簙壓者，如今賭錢者之有樁也。十一曰「信所不當信」。十二曰「疑所不必疑」。十三曰「自相矛盾」。十四曰「檢閲粗疏」。

十五曰「乖於體例」。如以所作音均表十七部之音，載入説文注中，每字下用大徐切音之後係以某部。分條抉摘，段氏之書幾無完膚，而亦稱其訂正可依據者。篆文如藍趨趚謚臬碬柴寣頪堯璣中叜爝弇曆鼓鼏濊闞羿蟦堀䴙等二十四字，删謚肈踞三字，增鼏字。説解如嘵趍遣訩暑對莫雇盬篝簿中蓋薊邁逢徫善釜犛虆叒蘄羑邮郌郇鄛邵鄒樌林廦緁鍊舒叏䑦讖矦榦夤秳穀檕鬎炷泲契愃溱涿顐韇蹴乾線蜎颮暵舁等六十一條，謂其考索訂定之功，卓爾可稱。又詆其説轉注用其師東原戴氏説之謬，且並詆其所作古文尚書撰異爲僞書訟冤，而頗稱其六書音韻表，謂此書作於中年，極爲精覈，不似注説文時老將至而耄及之也。

段氏之學，博綜深思，本休寧之精而廣之，或恃其獨到，往往失之堅僻。其説文之注，宏通博奥，兼苞衆經，縱横不窮，爲考名物訓詁者之淵藪，非僅爲功於許書也。其專輒自用，動事更易，誠亦乖訓注之體，當時竹汀錢氏已屢規其失。自後鈕匪石等著書詆之者不一，然皆未甚其辭。徐氏篤守許君家法，不薄視南唐二徐，義據確然，特爲嚴謹。凡所攻擊，皆中其疵。書中屢稱錢少詹事云云，蓋是竹汀弟子，故説經皆有師法。惟必分立名目，類求其短，且多加以惡謔毒譏，一若訐訟切齒之辭，此則吴縝糾謬、陳耀文正楊之餘習，著書者所宜深戒也。

初九日 閲段注匡謬。其中亦有過爲吹索而實不能勝段者。如玉部改珛作玉，而解爲朽玉；衣部袗上增袀而訓爲玄服；改「而」下「頰毛也」之訓爲「須也」；改「竣」下「偓竣也」之訓爲「居也」；改

「馽」篆作「騙」，謂從馬縶其足；改「聊」篆作「聊」，謂從丣得聲；謂「侮」之訓當作「傷也」，傷者慢易字，而傷也乃字誤；謂「患」之訓當作「從心毌即今貫字。聲」，串即毌字，而心上貫吅之説非，謂「苞」下解云「麤履」，即喪服「藨履之藨」；謂「駫」下引詩「駫駫」，即魯頌「駉駉牡馬」之「駉」；以及「磺」下删「卝」，「箇」下增「个」，此皆義據精深，非由臆測。而徐氏概斥爲謬，然恐其説終不可易也。

儆季雜著　清　黄以周

閲黄秀才儆季雜著，其説禮之作依據鄭義，尤爲明通。

琴鶴山房文稿　清　趙銘

十一日　閲趙君琴鶴山房文，其駢體新秀尉帖，一時能手，舜妹嫘始作畫賦及夏論、衛出公論、祭馬頭孃文諸篇，皆才情横溢，夏論尤推奇作，衛出公論讀書得間，亦發前人所未發。後附讀漢書、三國志各數則，考證亦俱詳明。

南渡録　明　李清

二十四日　閲李清映碧南渡録，共五卷。鈔本失去序目，其書起於崇禎十七年四月丁亥福王至自淮安府，訖於乙酉七月唐王即位於福州，改元隆武，遥上帝尊號曰聖安皇帝，二年五月帝遇害於燕京。每條皆先大書爲綱而後繫以事。映碧服官南都，事多參決，故所記較它書爲詳。其追謚建文太子諸王，及革除殉節諸臣、開國名臣、正德死諫諸臣、天啓死獄諸臣，皆爲所建白，故所載尤明備。如李善長之謚襄愍，諸野史皆不載，惟明史稿載之，實采於是書。解縉之謚文毅，程通之謚貞直，宋瑄之謚果節，樊士信之謚莊愍，顔伯瑋子有爲之謚孝節，亦皆僅見於此。當日南都追謚之舉，人頗譏之，以爲非急，然有功世教，終非淺尠。全謝山謂赧王立國，事事憒憒，惟補謚一節，足快人心，誠篤論也。優卹北都殉難諸臣之請，始於御史陳良弼，追補靖難諸臣謚廕之請，始於太僕少卿萬元吉。是録亦備載之。它如沈子木、沈儆炌父子之得謚，以儆炌子胤培官禮科都給事中所請；張邦紀之得謚，以爲高宏圖房師，孔貞運之謚文忠，初擬爲文恭、文恪，皆它書所不詳。又言貞運卒於甲申七月，足證明史言貞運因哭臨致疾而卒者，其事未審。李標卒於乙酉三月，足證明史言標於崇禎三年予告歸，六年病卒者蓋誤。又言上命予謚，以國亡不果，則史言標謚文節者，蓋唐、桂諸王所贈。魏國公徐弘基卒於甲申十二月，謚莊武，足訂李瑶南疆繹史據魏國公傳，言弘基於南都亡後避居吴江，謀起兵被殺者，其事蓋出於門客妄言，絶無依據。此録又於乙酉二月書兵部尚書練國事卒，下云「國事與魏國公徐弘基先後卒，幸也」。可知宏基之卒在國亡前甚明。明史諸書，未嘗有誤。甲申十二月再贈侍讀學士丁乾學禮部右侍郎，仍命與謚，廕一子，謚竟寢，足證紹興府志、山陰縣志等書言乾學贈禮部尚書謚文忠者，事出有因。此或是魯王時所贈，由禮侍加贈，故得禮尚。文忠之謚，蓋亦申請所得。

映碧拳拳故君，爲弘光辨釋甚至。如謂倫序則潞王不當立，而深斥主立潞議者之非。論北來太子一案，則力言王之明之僞，高夢箕爲所欺，而外間歸罪馬士英之非。論童氏一案，則言始由劉良佐妻之誤信，而不知其自供實爲周王妃。案此説蓋誤。童氏爲周府宫人，遇福世子於曹州，遂留侍寢，載在南略甚明，必非周王妃也。又謂閣臣士英聞童氏至，曾擬疏欲上言，皇上元良未建，奸黨宗藩，尚懷覬覦，若事果真，當迎童氏歸宫，密令河南撫按，設法迎致皇子，以消奸宄。若謂童氏流離失散，不便母儀天下，則當置之别宫，撫育皇子。昔漢高祖開基英主也，吕后爲項羽所獲，置軍中者數年。唐德宗母爲亂兵所掠，終身訪求不得。宋高宗母韋氏、后邢氏，皆爲金虜，韋氏終迎歸，邢氏亦遥加后號，古帝王遭時不造，如此等事多矣。況童氏寄居民家，何嫌也？疏成，以從龍諸臣皆云詐僞，且潛邸宫人無生子者，遂止。襄衛伯常應俊隨上藩邸一疏，謂童氏皇嗣，絶無影響，然外疑愈甚。士英復刊其疏欲自明，人終不信也。上慈仁寡斷，内外群小日横，致流言喧民間。故一聞太子至皆喜，而二三民望，言足徵信，如高弘圖、徐石麒、劉宗周輩，又無立朝者，故愈疑愈辨，愈辨愈疑。上不得已，發士英初聞太子至議保全留中一疏，昭示臣民，然亦無信者。此所紀較諸書爲得實。

又力辨其變童季女之非實事，宫中捕蝦蟇之爲舊例，且屢稱其寬仁慈愛。初謁孝陵，即問懿文太子陵而往拜，語及大行輒哭失聲。會審王之明時，召對群臣，言出涙落，連不成語，有曰：朕今日側耳宫中，惟望卿等奏至，若果真，即迎入大内，仍爲皇太子，誰知又不是，慨傷久之。於異議立潞諸臣從不追咎。僧大悲之獄，張孫振疏語挑激，欲興大獄，阮大鋮又欲借三朝要典興黨人之獄，上皆不允。於姜曰廣之廷推，則仍點用；於徐石麟之乞休，則予温旨。此謝山所謂當時不忘故主者無幾人耳。映碧雖主東林而不傍門户，其祖思誠，亦以禮部尚書麗名逆案，照不謹例閑住。映碧疏辨復官，故此書雖痛斥阮大鋮，有云士英富貴已極，惟包攬交結，思永固福禄而已。貪庸誤國不殺人者，士英也。貪奸誤國又思殺人者，阮大鋮也。其言最確。而謂其先在天啓初以科俸補吏部，同邑左光斗等疑惡之，迫使去，用魏大中代，罪大鋮者亦偏也。若陰行贊導，亦無實據。又謂傅櫆連糾左光斗、魏大中等雖謬，然糾狎邪汪文言，自快人意。況以糾逆璫故，致服闋後終璫世不出，何云逆案？又謂薛國觀性執，復與門户相仇，故爲吴昌時所阱，然無黷聲，追贓爲過。其於東林諸人，則言周鑣榷税蕪湖時之不飭，章正宸嘗告劉念臺謂鑣言有餘而行不足，念臺默然。念臺所上糾馬士英及四鎮一疏，實鑣所激。又屢言吕大器之横，顧錫疇之短，蓋皆平心參決，不爲過甚之言。惟以楊維垣、張捷之殉節爲真，以潞王杭州之降爲未嘗監國，以僞太子爲北朝所使，則皆傳聞之誤耳。

九月

詩毛氏傳疏　清　陳奐

初四日　閲長洲陳氏奐詩毛氏傳疏。奐字碩甫，金壇段若膺氏弟子也，故所疏一以段注説文爲宗，於名物訓詁獨詳。近儒之爲毛詩學者，汪氏龍有毛詩申成，胡氏承珙有毛詩後箋，段氏有毛詩小箋，皆竟申毛説，不主鄭箋。陳氏亦屢引後箋、小箋之説，而略不及申成，蓋汪氏此書行世絶少，予亦未嘗見也。陳氏書分爲三十卷，總爲十册，前有自序及凡例各一篇。

越中金石志　清　杜春生

初六日　閱越中金石志。杜氏兄弟，尺莊徵君以詞翰名，禾子孝廉聲譽闇寂，而學問淹洽，實過其兄。此志考覈精嚴，尤爲傑作。世多耳食，樸學難知，僅以膏粱舉人目之，爲可歎也。

至堂經解四種　清　艾暢

十五日　下午步詣倉橋書肆，買得上海彭氏刻惠半農氏禮説一部，後坿大學説一卷，蕭山陳氏湖海樓刻汪校列子八卷，坿釋文二卷。汪輯尸子二卷，尹文子一卷，胡鳴玉廷佩訂譌雜録十卷、全氏經史問答兩殘册，付以番錢一圓。又賒得王壑國朝文述一部、殘本湖海文傳十一册。又借得艾至堂經解四種而歸。閱大學古本注一卷，中庸古本拾注一卷，論語別注四卷，孟子補注二卷，東鄉艾暢撰。暢字至堂，道光庚子進士，官臨江府教授。所注兼采衆説，多出新意，不主漢、宋，而於宋儒駁難爲多。

其詮大學格物，謂物乃性德之實有者，格者體也。古人於無可名而爲之名，則曰物。「格物致知」，乃靜中體認，無可言説，其機緘皆於意見之，故直揭誠意，而不復明格物致知之義，固非缺簡。反復辨論，盡翻舊説，至數千言。然曰靜中體認，則仍涉於杳冥荒忽之談，不出語録窠臼。而自謂聖賢奥義，微言陻晦數千年者，至是昭然無所復蔽，則亦言大而誇矣。

其它詮解，亦多孤證臆造，不足據依。惟謂康誥之「康」，乃周圻内國名，故康城在許州陽翟縣西北三十五里，爲今禹州。當時周、召、虞、虢、管、蔡、霍，皆以地名，無稱謚者案郕叔、郇季、郇侯、唐叔、魯公、禽父、晉侯燮、宋公稽皆然。且康叔之子稱康伯，不合父子同謚。

謂宗廟之禮所以序昭穆者，指大饗時凡同姓之無爵者，分昭穆序立於阼階下。序爵則謂同姓大夫以上，所謂三命不齒者也。

謂「女爲君子儒，無爲小人儒」，小人儒者，如「言必信，行必果，硜硜然小人哉」之類。「不有祝鮀之佞，而有宋朝之美」，謂「佞者，才也」。佞訓口才，亦可專訓才，如自謙不佞謂不才也。有者以之爲有也，此感衛靈公事，以見世當用賢。言爲國者若不知有祝鮀之才，而但知有宋朝之色，難乎免於今之世矣。難乎免，即「奚而不喪」之意。班固人物表列鮀於中上，而列朝於下下，明鮀非朝比也。

謂「謂之吴孟子」者，乃時人謂之；昭公既諱姬爲子，必不冠子以吴。坊記「春秋猶去夫人之姓曰吴，其死曰孟子卒」，可證。

謂「啓予手」之「啓」，當作「䁈」。説文「䁈，省視也」，言省視予手足。

謂「割不正不食」者，古人禮食、常食割皆有正法，不正者不合法也。割有宜縱横平割者，非取必於方正。

謂「去兵」「去食」，去者非已有而去之。蓋勢不暇勵戎講武，姑置足兵之政；勢不及務農積粟，姑置足食之政。

謂「必也正名乎」，當從舊説正百事之名。祭法黄帝以正名百物，而倉頡制字，即在其時，名即文字，物即事也。韓詩外傳季孫之宰告季孫曰：「君使人假馬。」孔子曰：「君取臣，但謂之取，不謂之假。」季孫悟，謂宰「自後君有取，但曰取，毋曰假」。孔子於冉有退朝，答以「有政」而正其爲「事」，皆正名之謂也。春秋所書，於字名尤嚴。如書「侵」、書「伐」、書「圍」、書「克」、書「取」、書「竊」、書「弑」、書「殺」之類，字名各當其物，而大義自見。春秋即正名字之書也。

謂夷逸當據尸子爲夷詭諸之後，此據廣博物志卷四十七引尸子「夷逸者夷詭諸之裔。或勸之仕，曰吾譬則牛」云云。

謂「方命虐民」之「方」，古方、放字通用。堯典「方命圮族」，漢書王商、史丹、傅喜、薛宣、朱博等傳，俱引作「放命」。是「方命」者，放棄先王之命也。

謂「蹶者、趨者」，説文「蹶，跳也」，「跳，躍也」。廣雅釋詁「蹶，跳也」。曲禮「足毋蹶」，鄭注：「蹶，行遽貌」。越語「蹶而趨之，惟恐弗及」。吕氏春秋「狐援聞而蹶往過之」。是趨爲疾行，蹶爲行且躍，皆作氣使然，故曰是氣也而反動其心。

謂「決汝漢排淮泗而注之江」者，當洪水汎濫時，南條諸水，混合不分。禹以江在南，地勢處下，故決排諸冒地之水注江以入海。迨水落地出，惟漢入江，汝泗由淮入海，始各自爲瀆而不相通。後儒紛紛，謂汝泗不通淮，淮不通江，此據禹既治後水由地中行言之也。若本如是，又何須禹治之？孟子文自不誤。案此與何氏義門説略同而更明顯。錢氏竹汀謂朐山以南、餘姚以北之海皆江之委，淮口距江口僅五百里，實爲江之下流，是淮乃先入江後入海者，其説似迂曲。

謂「頑夫廉」，頑同忨，貪也。凡此諸條，皆考證確鑿，具有精義。至解「五畝之宅」，謂趙注以宅二畝半在田，二畝半在城，故爲五畝，雖與穀梁傳、漢食貨志合，然皆不足信。五畝宅蓋俱在井邑中，田間祇有憩息草廬，無宅，所謂「中田有廬」也。詩言「十畝之間，桑者閑閑」，正以宅各五畝，兩宅相比爲十畝，中間以牆，各樹以桑，故爲「十畝之間」，無所謂二畝半之宅也。其説詩甚解頤。然愚案説文「廬，寄也，秋冬去，春夏居」。「廛，二畝半也，一家之居」。公羊傳注云：「一夫受田百畝，公田十畝，廬舍二畝半，凡爲田一頃十二畝半，八家而九頃，共爲一井」，「在田曰廬，在邑曰里」，「春夏出田，秋冬入保城郭」。許、何之義，並同趙氏，此蓋古説相承，恐終不可易耳。

訂訛雜録　清　胡鳴玉

十六日　閲訂訛雜録，青浦胡鳴玉著，前有沈歸愚序。共十卷，凡三百七十四條。其書隨事考證，多限於聞見，尚沿誤説。惟持論平慎，無憑私逞辨之談。一知半解，亦時有可取。其後有自跋，謂「是編之成，僅五閲月，即付棗梨，未暇點戡。其中有襲前人成説而不必存者，有事近於俗而不足辨者；字音字畫，亦多疵纇。訂訛而仍蹈於訛，每一展卷，内愧於懷」，則固虚心自知之士也。鳴玉字廷佩，號亭培，乾隆時諸生。蕭山陳春以此書與宋人王觀國學林並刻入湖海樓叢書中，其學識亦正相亞。

唐本説文木部箋異　清　莫友芝

二十七日　譚仲修贈獨山莫子偲所著唐本説文木部箋異一册，湘鄉相國爲刊行者。木部自梠至楬，凡一百八十八字，連重文。傳是唐人寫本，篆楷俱工，間有殘缺。末有宋米友仁題「右唐人書篆法説文六紙，臣米友仁鑒定恭跋」行楷十八字，莫氏跋言原紙合縫有紹興小璽。後又有「寶慶初年四月三日妝池松題記」行楷十三字，莫氏題跋言原紙題記左有「俞松心畫」及「壽翁」二印。俞嘉禾人，官承議郎。淳祐甲辰著蘭亭續考者。

子偲名友芝，道光辛卯舉人，以薦特詔以知縣發江南，不赴。此本得之黟縣知縣陝西張仁法，因爲之摹寫重刻，而别撰箋異一卷。其中與二徐篆體不同者五，説解不同者百三十有奇，而時有與段氏注暗合者，足見金壇之學不可妄議矣。莫氏鉤校細密，據其中栝、桓、恒字缺筆，柳、卬不缺筆，以開成石經不避御名例，定爲穆宗以後人書。儀徵劉毓崧跋，謂「古無不避御名者，此當是元和十五年穆宗登極之歲所書」。又辨其不避「虎」「世」二字之由，其説甚辯。後又有南滙張文虎、桐城方宗誠及友芝之子彝孫共三跋，皆有所考訂。前有曾相國題簽篆書及題辭七古一章，皆佳。此書刻於同治甲子之夏，而是年冬予在都中已見之，未及買歸。今日燈下始得略讀一過。

十月

曹壽銘詩　清　曹壽銘

十八日　閲曹文孺詩，爲之評識。其詩秀健，工設色。時有雋句。五言如「露氣入深竹，池光上緑荷」「櫓聲隨雁遠，花氣帶霜寒」，七言如「十里炊煙團野色，滿山寒葉擁潮聲」、「細雨兼旬燈事了，梅花如雪酒人來」、「夢回南浦聞雞唱，潮落西陵有雁聲」、「日落門寒湘浦雪，客來帆帶浙江潮」、「春衫驛路雙柑酒，孤枕潮聲七里灘」，絶句如「夕陽柳色南塘路，一櫂春波過短橋。枇杷花下重簾雨，想對沈薰寫楚騷。」題馬湘蘭畫蘭。「春色兩家分占處，緑楊簾幙雨中燈」、「忽憶去年殘雪裏，疏燈寒月寶珠橋」，皆可入摘句圖。其尤佳者，得子九閩中書喜賦一律云：「雲樹隔江關，霜高夢百蠻。朝聞南雁下，忽報一書還。會發甌寧道，言尋邵武山。因依誠得地，所惜鬢毛斑。」起結旋折，純乎大家，可稱四十賢人矣。

十一月

金梁夢月詞　懷夢詞　清　周之琦

初八日　歸寓，閲祥符周稚圭中丞之琦金梁夢月詞兩卷，又懷夢詞一卷，纏綿諧婉，深入南宋大家之室。金粱夢月詞自題自嘉慶壬申至道光辛巳十年中所作，皆其官京師時與屠琴隖倬、錢衎石儀吉、劉芙初嗣綰及吾鄉布衣陳小雲致瑛等相唱和，共百五十四首。懷夢詞皆其爲浙臬時悼亡之作，共四十五首，時爲道光己丑，其詞悽麗妍約，情不自勝，令人誦之回腸結氣，幾欲掩過納蘭容若。昔人謂飲水詞過於哀抑，決其不壽，若中丞者，富貴壽考，又將何説耶？是集刻於杭州，寫槧精絶，惜今不多覯耳。

振綺堂亂後所刻書

初十日 松谿介汪小米先生之孫子用秀才來局，言其家所刻書若國語三種、咸淳臨安志、漢書地理志校注、湖船録、清尊集等板葉皆已補完，列女傳注、左傳通釋、道古堂集、詞綜等皆殘缺待修，餘多不可問矣。因買得國語三君注輯存四卷、國語發正二十一卷、國語明道本考異四卷、漢書地理志校注二卷，四種皆小米所自撰者也。又閻氏古文尚書疏證一部，其板今亦在汪氏，蓋自淮上購得者。

梅谿山房禪餘雜録 明 孫肩

十一日 玉珊出眎所藏梅谿山房禪餘雜録寫本一卷。明遺民禾中孫梅谿先生肩所著也。首題「甲乙雜著」四字，中皆雜文而尺牘爲多。據其告大參勳卿兩府君文及生棺銘云，「勳卿孤子，僧勝名肩」，則其祖父嘗爲參政光禄卿。又自言爲銅臭貲郎，則明末嘗官中書舍人者，鼎革後削髮爲僧。其文幽怨蕭逸，是霽山、皋羽之流。

胡文忠公遺集　清　胡林翼

作片致李子長，借得胡文忠公遺集閲之。集凡十卷，皆奏疏、稟牘、批札之文。嘉興錢卿鉌等新刻之吴中者，冠以國史本傳及年譜。文忠老謀深識，燭照不遺，固中興第一流人。其行文亦辭意嚴正，絶無枝葉，往往援證古事，深摯凱切，國朝言經濟者莫之或先。其集在天壤間自不可磨滅。惜校刊不善，體例蕪雜，聞楚中近日又有刻本，較此更多數倍，前日曾索之楊方伯，尚未得也。

論語後案　清　黄式三

十三日　夜閲黄氏式三論語後案，其書共二十卷。先列集解，次列集注，而後引諸儒説以補益證佐之，不專主漢宋，而悉心考據，務求至當。其詮釋義理，亦深切著明，絶去空疏詰曲之談。於經文之異文古字，皆隨文附注，近世漢學諸家之説，採録尤多。以之教授子弟，既不背於功令，又可以資實學，誠善本也。書尚未梓，以活字版印行之。前有薇香自記、印行小引，後有自序及其弟式穎、穉生序各一首。

陸費瑔、陳克家、江湜詩

十六日　於張玉珊處見近時桐鄉陸費春帆中丞瑔真息齋詩集、長洲陳梁叔孝廉克家蓬萊閣詩集、長洲江弢叔縣丞湜伏敔堂詩集、嘉興楊利叔孝廉象濟南歸草。中丞詩學晚唐，頗有秀句，梁叔爲姚春木弟子，與潘四農交好，其古詩頗刻摯，亦與四農相近，後從張忠武軍，歿於賊。弢叔詩有勁氣，而多病粗率，捧檄吾浙，阨塞而死。又近有甘泉李肇增冰叔者，亦以卑官需次浙中，能爲駢文，頗高古。

方望谿先生文集　清　方苞

夜閱方望谿文集。予不閱此者近十年矣。其文終有本領，而義法未純，由讀書未多，情至處彌爲佳耳。

十七日　閱望谿文集。其叙天倫悲苦處，棖觸生平，時爲泫然廢卷。痛莫切於傷心，鮮民之謂矣。

春秋左氏傳賈服注輯述　清　李貽德

十八日　作書致薛慰翁，借李次白氏春秋左氏傳賈服注輯述。次白名貽德，字天彝，號杏村，嘉興人，嘉慶戊寅恩科舉人。是書凡二十卷，刺取賈、服古注而廣證以釋之，間亦補正其失，較之洪氏左傳詁體例略同而申辨爲多。去年之冬，餘姚朱閣學蘭爲刻於金陵，寶應諸生劉恭冕叔俛爲之校勘。前有閣學劉君兩序，及平湖徐侍郎士芬所撰傳，嘉興錢侍郎儀吉所撰墓誌銘，後有儀徵劉毓崧後序，及叔俛跋，俱頗有發明。

浙江采訪忠義册

十九日　同鄉孟蘭艇孝廉沅來，以浙江采訪忠義册兩帙見示，内載山陰人之照四品官以下陣亡例給雲騎尉世職，襲次完時給予恩騎尉世襲罔替者，道銜員外郎前任户部主事何惟俊等五十一人，其得從九品未入流虚職者皆與焉，惟開化縣訓導薛芳、從九品銜阮江二人獨得從優，於卹典外又加贈一官；薛得贈國子監學録銜，阮得贈鹽運司知事銜。照舉貢生監新章傷亡例給雲騎尉世職襲次完時毋庸給予恩騎尉世襲罔替者，貢生王瑋、廪生薛鳴鳳、王培章、任起元、生員俞蔭棠、王憲章、金纓、朱炳榮等二十七人；照本品官殉難例加贈官銜，並廕一子入監讀書，六月期滿分别注官者，揀發甘肅知縣周治潤、揀選知縣鈕思庸、二人俱贈知府銜，廕子注官知縣。廪貢生金之筴贈布政司都事銜，廕子注官縣主簿。等十七人。

會稽人之照四品官以下陣亡例給雲騎尉世職襲次完時給予恩騎尉世襲罔替者，揀選知縣朱球、徐墉等二十七人；照舉貢生員新章傷亡例給雲騎尉世職襲次完時毋庸給予恩騎尉世襲罔替者，廪生潘炳煃等十六人；照本品官殉難例加贈官銜並廕一子入監讀書六月期滿分別注官者，前任慈谿縣教諭諸星杓贈國子監助教銜，廕子注官縣主簿。等十七人，内生員張韻琯、孔廣鎔等八人均照九品官例贈鹽運司知事銜、廕子入監，而又有一候選訓導孔廣鎔照訓導殉難例贈國子監學録銜，又有候選同知趙鴻其姓名册中凡四見，兩係照四品官以下陣亡例世職雲騎尉、恩騎尉罔替，兩係照五品官殉難例贈道銜廕一子入監讀書六月期滿以知縣注銓，蓋奏報紛岐，未暇覈實，故一人而三四見者往往皆然。又以朝廷寬恩，特破成格，凡冗職末流，皆邀曠典，遂致人希冒濫，不特長平之殤，概名忠義，且有受賊僞署後，或以病死或以兵死者，咸得襚加異等，孤備羽林，轉令華衮失榮、英魄羞伍，是可歎也。

予族人得照四品官以下陣亡例給世職罔替者二人。然有衆目共覩之生員肇丙者，予族父行也，素患心疾，而賊至時獨不肯去，持斷木挺身與賊鬥，連踣三人，賊麇至，遂被攢刺死，大駡不絶口。其子弱，竟無爲申報者，豈非予之責乎？又吾友諸生魯元燮闔門死節，郡人皆知之，而卹典亦弗及，其他蓋可知矣。

蕭山人之得照四品官以下陣亡例給世職罔替者，工部主事黄慶珍、金華府教授蔡召南、候選國子監學正楊鳳藻、國子監學録來嗣尹等五十餘人；照舉貢生員新章傷亡例給世職不給恩騎尉世襲者，廪生王冕藻、瞿祁元等六十人；照本品殉難例贈官廕子入監者，舉人來桷、來其鑑，貢生任式膺等二十餘人。二來照七品例贈都察院經歷銜，廕子縣丞。任照八品例贈布政司都事銜，廕子縣主簿。諸君多予舊識，王先生冕藻則予受舉業師也。餘姚候選員外郎謝敬照道員陣亡例從優給騎都尉世職，襲次完時給予恩騎尉罔替。論以平情，參之公論，則惟此君不媿優典。次則蕭山楊君耳。上虞就職直隸州州判徐虔復，既照四品官以下陣亡例給世職世襲罔替，又照州判殉難例贈知州銜，廕子入監，注官縣丞。徐君即吾友葆意明經也。

尚書古文疏證　清　閻若璩

二十六日　終日讀尚書古文疏證。閻氏此書致力最深，雖時病冗漫，又氣矜自滿，動輒牽連它書，頗失體裁，而雄辨精到處，自不可及。惟既以史記所載之太誓爲僞，又不信書序，因而並力攻詩小序，以及左傳、檀弓俱遭駁詰，逞私武斷，亦往往而有。全謝山笑爲陋儒，非無因也。其中因耑類及諸條，前人已間采入潛邱劄記，予謂當悉去之，盡刻於劄記中，則其浩博自在，而此書之體例不致紊矣。

十二月

春秋左氏傳賈服注輯述　清　李貽德

十八日　閱李杏村春秋左氏傳賈服注輯述，其於名物訓詁皆推究古義，務極精嚴。若發明經傳之旨，求其文從字順，則賈、服舊解，奇零不全，它書所存，往往上下冢屬，遽難別白。或有本非賈、服，而剌取誤及者，以證經義，多不可通，故轉不如杜氏也。

同治七年

正月

襄陽唐碑拓本九通

十五日　張蓉江贈予襄陽新出唐碑九通，皆漢陽文貞王張柬之家墓志也。一爲益州功曹參軍玄弼字神匡及其妻丘氏，文貞之父母也。司元大夫李行廉撰銘詞，而文貞自爲之序。一爲孝廉慶之，字仲遠，功曹之第三子。一爲處士景之，字仲陽，功曹之第二子。一爲將仕郎敬之，字叔謇，功曹之第五子。以上三志，文皆文貞自撰，簡雅有法。四志俱無書丹人姓名，蓋皆文貞自書者。其字以篆隸法行之。據功曹志序言改卜新塋於安養縣西相城里之平原，時惟柬與晦僅存。處士志言以大周天授三年正月六日改卜先墳，移諸兄弟並窆，可知諸志同時所作。其書年月日及天授等字，皆依武后所改。古之大臣，沈幾觀變，初未嘗自異於人，及事會所至，投袂急赴，回天返日之功，頃刻而就，此非其一端耶？

一太中大夫新定郡太守朏，字朏，即文貞弟晦之之子，先以文貞奏授職，以天寶十二載八月與其配李氏合葬於臨漢縣平原，無撰書人姓名。一鄖城縣丞孚，字孟信，文貞之孫，朝散大夫著作郎漪之子，其配呼延氏，志不言其葬年月，但有「姪繟述」三字。一河南府參軍軫，字季心，亦澣之子，即繟之父也。以開元廿一年十月祔葬相城里，吕巖説撰文。一名點，字子敬，亦文貞孫嶧之子，志言其卒年十七，而額題曰故秀士張君，亦以開元廿一年十月祔於先墳，其兄駕部郎中愿撰文。三志皆不言何人書，乎、點兩志書出一人之手。一穀城縣令曛，字繼明，即愿之子，文貞曾孫。志言愿歷官曹、婺等十一州刺史，吴郡太守，兼江南東道廿四州採訪黜陟使。曛以門蔭補奉禮郎，貞元中以推恩文貞子孫，由左武衛兵曹參軍調右神武軍録事參軍，抗表爲文貞請謚，遂下宰臣集議，五王同時得謚，特授曛襄州穀城縣令。元和八年六月殁，十一月祔於大塋，其壻鄉貢進士崔歸美撰文，節度討擊副使屈貢書。文貞再造唐室，事功赫然，其文章學術，亦高視一代。所撰私志，輯唐文者未嘗得見，自宜有神物護持。爲其父母作志序，而係以它人之銘辭，此亦變例，爲言金石例者所未及。五王得謚，由文貞曾孫曛所請，舊新兩唐書皆未載，尤有關於史事。自道光二十二年於樊城長豐洲田間出三石，又於臨漢門外出二石，後次第續出，共十餘石。蓋由襄水齧岸，邱墓已無復存，而碑志幸出於世，金石家未有著録者，深可寶也。

二月

永曆實録　清　王夫之

初四日　從慰翁借得衡陽王夫之而農所著永曆實録，閱之。凡二十六卷，紀一卷，題曰大行皇帝傳鄭成功在臺灣上謚號曰昭宗匡皇帝，王氏遠隔楚南，故未知也。二十五卷，首以瞿、嚴兩公，終以叛臣列傳，爲劉承胤、陳邦傅兩人。其云邦傅字霖寰，浙江紹興人，爲它書所未見。王氏所極推重者，瞿忠宣與嚴忠節。忠節爲山陰人，是録乃以越人爲終始，亦足刷鄉邦之恥矣。其第二十四卷爲佞幸，則馬吉翔、嚴雲從、江西分宜人，嚴世蕃之曾孫。侯性河南歸德人，侯恂之弟。三人。二十五卷爲宦者，則李國輔、王坤、龐天壽、夏國祥四人。

而農當永曆時，以忠宣薦官行人，嘗請忠節力救「五虎」之獄。及忠節被彈，而農亦三上疏糾閣臣王化澄，因此遂歸，故於永曆入滇以後事多不詳。如極貶吴貞毓，而不知其後有十八先生之獄；馬吉翔實死於緬甸祝水俗作咒。之禍，而以爲降我朝見殺。其餘舛繆，亦多不免。又甚不滿於何中湘，而極稱金堡，尤是明季門户習氣，失是非之公。至丁魁楚因降李成棟見殺，而謂其據岑谿與我兵戰，不勝而死；郭之奇、吴炳皆死節，而以爲皆降而死；楊畏知始以兵拒孫可望被執，後終大罵而死，而以爲被脅爲用；郭之奇及魯可藻雖心地未純，皆可節取，而極貶之，儕於程源、萬翺之列。此皆舛戾，不足爲定評。又謂朱天麟欲逐嚴起恒、殺金堡，乃與陳邦傅謀通款於孫可望，吴貞毓亦密啓稱臣，皆疑非實。

惟自永曆居梧以前，而農身仕其朝，見聞較著，固有它書所不及詳者。如謂桂端王薨後，安仁王由㰖承國事，未幾暴薨。永曆即位，追尊爲桂恭王，可訂諸書或稱端王爲恭王者之訛。丁魁楚傳，謂魁楚故怨恭王，又受思文密旨偵桂邸動静，遂欲因事中王。一日就王飲，刺其言以奏，未浹月，王暴薨。或曰魁楚奉密旨爲之。此事疑近誣。

謂永曆初立，即上嫡母王氏爲慈聖皇太后，生母馬氏爲慈寧皇太后，可訂諸書或言王太后崩後始尊馬太后者之誤。慈聖爲神宗生母李太后徽號，不應相襲，當從瞿忠宣集作寧聖、昭聖。

何騰蛟子文瑞以廕至兵部侍郎，居桂林，廣西陷，遇害。張同敞傳言何文瑞以故督子仍督滇軍。諸書言文瑞官止僉都御史，且不詳其所終。劉湘客擢翰林侍讀學士，朱天麟、王化澄言其非科目，不當入內制，湘客不自安，請外除，遂改僉都御史協理院事，旋遘梧州之獄。諸書稱湘客官，或曰侍讀，或曰少詹事，或曰禮部侍郎，或曰副都御史者，皆非。

侯偉時於崇禎末已官吏部驗封司郎中，永曆時超拜吏部右侍郎，代尚書李若星筦部事，殉難後贈禮部尚書。明史諸書言偉時官吏部主事者，大誤。

何中湘謚文忠，諸書或作忠烈，或作文烈，或作文節，見瞿忠宣集。以中湘資望論之，當以文忠爲是。

其它所載，若姜曰廣贈進賢伯，謚文忠；紀作文愍，疑當從傳。所載姜曰廣江西反正時，先加太子太師、武英殿大學士、吏兵二部尚書，再晉少師、建極殿大學士，亦它書所未詳。章曠贈華亭伯，謚文毅；曠兄簡，隆武中贈郎中，謚節愍；侯偉時謚忠靖；王得仁謚忠壯。傳作武烈。亦諸書所未見。晏清字元洲；劉遠生本名廣胤，以字行；湘客之兄。劉季鑛字安世；同升之子。袁彭年字介眉；它書皆言彭年爲宏道之子，此獨云中道之子。中道字小修，中郎之弟也。郭之奇字菽子；萬翺字九皋；程源字金一；王化澄字登水；丁時魁字斗生；曹志建字光宇；楊國棟字瑞宇；馬進忠字葵宇；皮熊字玉山；李成棟字廷玉，子元胤字元伯；

皆足補霸史之闕。李定國它書稱其字鴻遠，此書作寧宇，因名推義，疑此爲得。至焦璉之字，它書作國器，此作瑞庭；金聲桓之字，它書作虎臣，此作虎符；則未知孰是矣。

三月

乾隆紹興府志　清　李亨特

初一日　閱乾隆紹興府志山川、人物、祠祀等卷，體例錯雜，紀載疏冗，多不勝駁。人物於「鄉賢」之後，又列「宦跡」一卷，所載仍是郡人，其意蓋以處有名位而無事實者，然佳傳林立，與「鄉賢」無異，其區分殊不可解，名目亦不倫。至采徐羡之入之而以爲剡人，又僅撮舉其歷官數語，此似目不知史書者。其於「鄉賢」分「理學」、「儒林」爲二卷，拾宋史之唾餘，而不知欽定明史已訂正其妄，是尤其謬之大者也。

河東先生集　唐　柳宗元

二十一日　閱柳文。子厚謫永州時，年僅三十三，其所表見已卓然。及在永五年，與蕭翰林俛書有云：「人生少得六七十者，今已三十七矣。長上聲來覺日月益促，歲歲更甚，大都不過數十寒暑，則無此身矣。」又與李翰林建書有云：「假令病盡，己身復壯，悠悠人世，不過爲三十年客耳。前過三十七年，與瞬息無異，後所得者，不足把翫，亦已審矣。」其言悽愴，讀之酸鼻。然子厚後僅十年而歿，壽止四十七，而文章行業，照耀千古，迄今如未死者。以視僕之年已四十，文筆歌詩，自亦不在人後，而皓首場屋，入貲爲郎，聲稱泯然，無一可恃，百病迭攻，奄奄視息，身雖拘於編氓，魂已遊於岱嶽，不又重可悲耶。

二十二日　閲柳文。「二王八司馬」之事，千載負寃，成敗論人，可爲痛哭。子厚終身摧抑，見於文辭者若不勝其哀怨，而絶不歸咎叔文。若牛賦、弔萇弘文、弔樂毅文諸作，意皆爲叔文發，蓋深痛其懷忠而死，雅志不遂。雖與中朝當事者言，亦但稱之曰罪人，曰負罪者，終未嘗顯相詆斥。至與許孟容書，則幾頌言其寃矣。古人此等處自不可及，而世無特識，多爲昌黎順宗實録所厭，俗作「壓」。雖歐陽文忠、宋景文、司馬文正尚皆不免，可歎也夫。

抱朴子外篇　晉　葛洪

二十五日　卧閲抱朴子外篇。意救衰俗，皆通正明達之言，而理淺思卑，文繁旨複，詞弱而不揚，氣漫而不整，蓋東晉文筆之最下者。内篇全是養生丹訣之説，更淺陋不足觀。

入蜀記　渭南文集　宋　陸游

二十八日　閲放翁入蜀記，夜閲渭南文集。渭南文蕪冗無體裁，小品簡潔，尚有可觀。

四月

馬臻廟

初九日　傍晚入廟，謁太守（馬臻）像。廟中方演劇，士女駢擁，越人好鬼，多淫祀，自二月至五月賽會無虛日，大率非鬼之祭。惟太守功德在人，雖遠益彰，歌舞其下，猶爲近古。然後漢書不爲太守立傳，吾越圖志所述又頗荒忽，如府志名宦傳云是時漢祚日衰，宦豎專政，豪右惡臻，乃使人飛章告臻創湖淹没人冢宅，徵臻下廷尉，及使者按驗，詭稱不見人籍，皆是先死亡者所下狀，臻遂被刑於市。夫太守築湖在順帝永和五年，是時宦豎之禍猶未甚烈，何至以怪妄無稽之言遽誅郡守？自來蔽獄亦無荒誕若此者。張文恭公元忭雖嘗辨之，然嘉泰萬曆志皆仍其説。

又云創築鏡湖。考鏡湖之名起於唐代，水經注謂之長湖，亦謂之大湖，輿地志謂之南湖，當太守時則但有湖名而已，故杜氏通典亦僅云太守馬臻始築塘立湖。或謂因王逸少云「山陰路上行，如在鏡中遊」，以此得名鏡湖，説蓋近是。任昉述異記謂軒轅氏鑄鏡湖邊，因得名。述異記本出僞撰，其説怪妄，不足致辨。又傳僅言其字叔薦，而不言其爲何地人，職官表則云茂陵人，宋傳雱農歌亦云「幸逢太守茂陵來」，然王忠文會稽三賦引圖經云山陽人。考東漢時茂陵屬右扶風，山陽屬河内郡又別有山陽郡。疑諸稱爲茂陵人者，以馬氏郡望扶風而附會之，當從圖經爲是。至湖周回三百一十里，圖經、志乘及通典皆同，或作三百五十八里，亦相去不遠。曾子固鑑湖圖序及萬曆志皆云三百五十八里。考湖舊迹，東至曹娥江，西至西小江，南至山，北至郡城，首受會稽五雲鄉之水，即平水谿。總納兩縣三十六源，宋徐次鐸復湖議云在會稽者自五雲門東至於曹娥江凡七十二里，在山陰者自常禧門西至於西小江凡四十五里，此自其徑長言之，共爲百十七里，與今之道里合。若周回計之，則三百餘里矣。水經注言湖五百里，酈道元未至南方，所言多誤。王忠文賦注引一説鑑湖八百里，則詞賦家夸大言之，本不足據。徐氏又謂隸會稽者曰東湖，隸山陰者曰西湖，郡縣志謂隸山陰者曰南湖則誤。此湖本統名南湖，輿地志及鑑湖圖序、嘉泰志可據。二湖以稽山門驛路爲界，出稽山門一百步有橋，曰三橋，橋下有水門，以限兩湖，雖分爲二，其實相通，是則西湖起常禧門，而迆南至稽山門、東郭門之間，與東湖相接，故五雲門之旁曰都泗門，其外爲都泗堰，今爲橋。舊有則水牌。「都泗」本作「都湯」，都者聚也，言此地爲水之所聚也。或謂湖桑埭一名湖雙，以跨東西兩鑑湖而名。今俗作壺觴。案，湖桑在常禧門外十里，舊有湖桑堰，今爲橋，然民間猶稱堰。去稽山門驛路甚遠，其説非是。而今常禧門外之跨湖橋，俗稱東跨湖橋，自此四十里至湖塘，有橋曰西跨湖橋，此以屬山陰者湖之東西言之。其頻石隄直接，名曰南塘，蓋猶太守湖隄故阯，塘之北岸田皆上腴重科，而山陰有容山湖、秋湖贏此俗字，本作羸。石湖，府縣志皆謂常禧門外甑山下有湖，廣二百餘畝，俗猶呼爲贏石湖，今案此湖在龍尾山下。會稽有白塔洋，長十五里，近東關。皆是鏡湖遺迹，其故道歷歷可指。

太守此廟正據東跨湖橋，枕南塘之首，建始於唐開元中刺史張楚，迄今不廢，但嘉泰志以此廟屬會稽縣，謂在縣東南三里八十步，唐韋瓘有修廟記，而云山陰馬太守廟在縣西六十四里。即萬曆志所謂在廣陵斗門者。萬曆志亦以此廟屬會稽，謂在府城南二里，考常禧門自宋以來無屬會稽者，山陰縣志又云利濟王廟在縣西南五十五里，祀東漢太守馬臻，此又不知在何地，其封號亦不知何據。總之，太守築湖之利，雖今有海塘以捍水，有三江牐以蓄泄，誠如張文恭言，不必復議及此。而自東漢迄宋初幾及千年，民受其賜，至其死也，雖事甚曖昧，要以非常之舉見惡豪强，爲民試法，故今里俗相傳有剝皮楦草之説，漢時固無此刑，而其冤慘結於民心，亦可推見。合之祀典所謂能捍大災以死勤事者，兼而有之，而歷朝未聞褒贈，吾郡名宦祠中亦不列其名，誠闕典也。當言之大吏，爲請封於朝，且文其麗牲之石云。

景詹闇遺文　清　姚諶

十八日　施均甫以歸安姚諶子展雜文一卷見眎。諶又名宗誠，咸豐己未舉人，卒時年僅三十，所作率散佚。此卷惟文十五首，其文私淑姚姬傳，簡潔清雅，無新城、宣城諸家冗滯之病。中有答人論寫中文經書，言欲徧考經文古今同異，條列諸儒考辨之説，而斷以己意，正其俗書，爲中文經議，其諸經卷第篇目，以至漢儒家學異同、原流分合，下及於衛包、梅賾之流所妄造者，别爲考若干卷。又以諸經多假借字，欲爲群經假借考，是亦近世傑出之士矣。

依舊草堂遺稿　清　費丹旭

二十三日　錢塘汪子用來，以新刻湖人費丹旭依舊草堂遺稿見贈。丹旭字曉樓，以畫名道光間，尤工於仕女。稿僅一卷，詩百餘首、詞十闋。丹旭未嘗讀書，而所作頗有婉逸可取者。如題仕女圖云：「舊夢曾尋碧玉家，東風何處問年華？小紅橋畔春如許，吹滿一池楊柳花。」「朝來無賴鷓鴣啼，舍北村南霧欲迷。新種陌頭桑樹小，比來剛與阿儂齊。」爲人題玉臺商畫圖云：「生綃一幅擬徐黃，硯北香南子細商。笑我山妻隨荷鍤，只知晴雨較農桑。」夢回云：「夢回紙帳小窗明，積雪還留已放晴。疑是曉妝人乍起，冰簷時有墮釵聲。」斷句云：「爐香未燼煙猶裊，窗紙新糊雪有聲。」菩薩蠻詞云：「畫羅裙換秋紋襉，齊紈扇底秋痕淺。歸夢卜秋期，釵頭燕子飛。　瘦鞋弓窄窄，立近闌干側。惆悵晚來風，海棠花未紅。」點絳唇詞云：「袖底涼生，翠荷雨過，池塘晚。　越紗新換，髻墮香雲綰。　金鳳花枝，不妒釵頭燕。分明見，水晶雙釧，自把湘簾卷。」皆有風致。

左通補釋　清　梁履繩　列女傳校注　清　梁端

二十四日　從汪子用借得梁氏履繩左通補釋三十二卷，前有梁氏自作小叙，後有朱氏文翰後案一篇。

又梁氏端列女傳校注八卷。端字無非，錢塘人，曜北氏玉繩之女孫，汪小米之室。前有曜北弟德繩楚生及小米序各一首。先是，栖霞郝蘭皋户部之婦王照圓亦注是書。洪筠軒、馬元伯諸君，更相佐助，頗爲精密。梁氏承其祖清白翁之傳，清白士集瞥記中有校此書數則，元和顧抱沖刻入集證。而同時陳碩甫等復爲之審定，故是正頗多。閨房之秀，南北並出，此前古所無者也。

列女傳校注

清 梁端

二十七日　閲梁氏列女傳校讀本，其中引郝氏懿行及王安人即照圓。説者僅三四處，而疏證較詳，勘訂較密。如貞順傳「衛宣夫人」，據太平御覽引改作「衛寡夫人」，「寡」隸書作寘，形與「宣」近；易序卦「巽爲宣髮」，今本作「寡髮」。衛宣夫人事既與左傳大謬，引改作「寡」，又與此傳所列魯寡陶嬰、梁寡高行、陳寡孝婦一例。

惟辯通傳齊威虞姬傳「泥附王著」，注引陳氏奐説「泥」即「昵」字，「王」字疑涉上「明王」而衍，「讒泥附著」四字同義。按此傳上文云「去蓬廬之下，侍明王之讌」，下文云「薦牀蔽席，供執埽除，掌奉湯沐」，皆以偶句行文。此「泥附王著」四字，正與「薦牀蔽席」作對，「王」字當是「土」字之誤。「泥附土著」，謂如泥土之附著也。陳氏蓋以「讌泥」爲即「宴暱」，然則當連上句讀作「侍明王之讌泥附著」，不特無此句法，文義亦甚不通矣。

至賢明傳秦穆公姬傳「且告穆公曰：上天降災，使兩君匪以玉帛相見，乃以興戎。婢子娣姒，不能相教，以辱君命。晉君朝以入，婢子夕以死，惟君其圖之」，注引左傳釋文及正義，謂左傳「使以衰服逆且告」下，自「曰上天降災」至「惟君裁之」四十二字爲後人所加，釋文作四十七字，乃誤連下「乃舍諸靈臺」句數之。此傳蓋采自它書。案隋志謂列女傳小序七篇及頌，皆向子歆所作。漢書稱向爲穀梁學，而歆好左氏。今説苑、新序所稱春秋時事，多與左傳大異，而此傳則多合乎左氏，是必子駿有所增竄。此處云云，與左傳小異而大同，明是左氏本有此文。若使且告以下即接「乃舍諸靈臺」，則不但文氣不足，而穆姬但以死脅，並無一辭，於理亦爲不順。且此四十二字婉曲動人，深於辭令，自非左氏不能。蓋賈、服舊本固有，而杜氏集解本容有與之不同者。孔疏謂服氏無解，當亦本無其文。此欲傳杜氏而曲爲之説，不足憑也。

古紅梅閣駢文 清 劉履芬

二十九日 閱古紅梅閣駢文一稿，近人江山劉履芬彦清所作也。文僅三十一篇，胎息於洪北江，簡貴修潔，雖才力少弱，未宜長篇，而古藻盎然，善言情狀。如送家弟返里序、與宋詠春書、十刹海觀荷小記、夏君妻王孺人哀詞、殤女埋志，尤情文騷楚，求之古人，亦不多得。其餘佳製尚夥，固一時之儁也。此君入貲官主事，改同知，與譚仲修素交好。集中有秋日遊陶然亭記，爲咸豐己未京兆罷舉後作。予是年亦被放在都，惜未與之相識。是集前有泗州傅桐所致一書，文亦古雅，論駢文家法，識議獨高。

閏四月

清尊集 清 汪遠孫輯

朔 卧閱清尊集，汪氏振綺堂所刻也。凡詩詞十六卷，作者七十六人，道光甲申至癸巳間汪遠孫小米、适孫又郇兄弟偕仁和胡學士敬、餘杭嚴明經傑、仁和孫學博同元、武進湯貞愍貽汾、歸安張舍人應昌、錢唐吴總督振棫等爲文酒之會，每月一集，分題賦詩，選其最而刻之。詩詞皆縛於浙派，多餖飣局束之病，而言必典雅，多關掌故，承平觴詠，風流可思。漢上題襟，玉山酬唱，相去政不遠耳。

左通補釋 清 梁履繩

初二日 閲左通補釋。其書采取甚博，而尟所持擇，時有瑣碎迂曲之病，梁氏兄弟所著書大率如是。

半巖廬遺集 清 邵懿辰

初三日 閲邵員外懿辰位西遺文一卷，又禮經通論一卷。員外仁和人，以文學負重名。辛酉粤賊陷杭州，死焉。所著多散失，遺文僅三十五篇。沿桐城之派，疏冗無法。其議論亦依附戴祖啓、方東樹諸人，力攻漢學，至云千古師傳之學，至乾隆中而亡。又屢言乾隆中俗學横流之弊，是不特妄詆名儒，且顯背高廟昌明正學之盛心，近於倡狂而無忌憚。

其文第一篇題云「文人少達多窮」，第三篇題云「夫婦有別」，非論非辨，自來亦無此體製。惟其中如論立子、書趙秉文侯守論後、書靳文襄生財裕餉第一疏後諸篇，言淺旨深，關係頗鉅。記汶上劉公撫浙事、湖北糧儲道林培厚墓表、前福建水師提督許松年墓表、葛壯節公墓表諸篇，皆足徵一時文獻。禮經通論共上下卷三十篇，皆泛論大旨及傳授原流、古今分合，今僅刻其上卷。亦多武斷不根之談。

三國志　晉　陳壽

二十二日　閲三國志吴書。陳氏此志，本未析名何書，然陸士龍集與兄平原書，有「陳壽吴書」云云，則當時固已有此稱，非後之刻三國志者所增題也。曹氏三祖並尊，後世稱祖之濫，實始於此；而吴蜀皆不著其廟號。考孫破虜傳注引吴録曰「尊堅廟曰始祖」。三嗣主傳孫亮「太平元年春」注引吴曆曰「正月爲權立廟，稱太祖廟」。陸士衡辨亡論下篇亦云「吴桓王基之以武，太祖成之以德」，是則堅與權皆有廟號。而自來紀載但稱曰武烈皇帝、大皇帝，則由陳志失載故也。惟蜀之昭烈，蓋欲上媲光武，故用二字謚，而以未定中原，故未加廟號耳。

五月

褎褏㺯

十三日　褎、褏、㺯三字，今多不能分别。褎即今袖字。説文「褎，衣袂也，從衣采聲」。采即禾穗之穗。段氏以聲字爲衍文，謂衣之有褎，猶禾之有采也，似未確。「似又切。俗作袖，從由爲聲」。左傳釋文「袖本作裦」，玉篇作衷，漢書序傳作褎。詩唐風「羔裘豹裦」，經典用袖本字者，僅此一見。古人袂必尚長，戰國策云「長袖善舞」，故裦之引申爲長。詩大雅生民曰「實種實裦」，毛傳「裦，長也」。古人袂必尚飾，唐風「羔裘豹袪」，「羔裘豹裦」，鄭風謂之「羔裘豹飾」，故裦之引申爲盛飾。邶風「裦如充耳」，毛傳「裦，盛服也」。近儒陳氏奐詩毛氏傳疏，謂裦盛服，即承上章「狐裘」而言。「狐裘」爲大夫狐蒼裘，則裦正指豹裦。裦如，即裦然也。漢書董仲舒傳「裦然爲舉首」，注「裦然，盛服貌也」。玉篇衷下云「似又切，袂也；又余久切，色美皃也，進也」。此因義别而强分爲兩音。釋文於邶風亦音由救反，又在秀反。由是俗讀邶風之「裦如」、大雅之「實裦」，皆作「誘」矣。

襃字本作褒。說文「褒，衣博裾也，從衣保省聲，博毛切」。保古文保，故隸變作襃。博裾者，大裾也。漢書朱博傳，「多襃衣大袑」，襃者，「褎」之訛。襃有大義，故引申爲襃大，爲襃美。玉篇亦作襃，下云「布刀切，揚美也，衣博裾也」。

裒又襃之訛變。爾雅釋文云「裒，古字作襃」，是也。邶風釋文云「襃本亦作裒」，則誤。經典本無「裒」字。易謙卦象「君子以裒多益寡」，釋文云裒，蒲侯反，鄭、荀、董、蜀才皆作「捊」，云取也。詩小雅「原隰裒矣」，說文引作「捊矣」，是易、詩本皆作「捊」也。爾雅釋詁「裒，聚也」。詩大雅鄭箋「捄，捊也」，釋文「捊，薄侯反。爾雅云聚也」。是釋詁本亦作「捊」也。釋詁釋文亦云「裒」本或作「捊」。說文「捊，引取也」。大雅釋文「捊」下引「說文」云引取土。金壇段氏謂「取土」二字乃「聖」字之誤，聖義同聚。步侯切，或從包作抱。古孚、包同音，若「懷抱」字本作「褱袌」。玉篇亦通作「掊」。易釋文云「裒，字書作『掊』」。廣雅云「掊，減」。

戴侗六書故引唐本説文云「掊，捊也」。今本作「把也」，段氏謂當作「杷」，如杷之杷物。詩釋文云「掊克，聚斂也」，是捊、掊義通。玉篇始有「裒」字，音扶溝、步九二切，訓云「減也，聚也」。此即附會捊、掊二字之義。蓋由唐以後人所增，非顧氏本有者。若如其訓，則字之從衣，取何義乎？玉篇所載，往往多昧形聲，皆由孫愐等妄竄，非希馮之舊矣。

左傳　春秋　左丘明

十八日　左傳「策正字當作「册」，借用「馬策」字。名委質」，杜元凱解「委質」爲「屈膝而君事之」，是以質爲「形質」之「質」。釋文遂音質如字。正義因云「質，形體也，拜則屈膝而委身體於地，以明敬奉之也」，其説曲而義亦淺。案史記索隱仲尼弟子列傳「委質」下引服虔注：「左氏云『古者始仕，必先書其名於策，委死之質於君，然後爲臣，示必死節於君也』。」是讀質爲贄。國語晉語九「委質爲臣，無有二心」，委質而策死，古之法也。韋昭注：「質，贄也。士贄以雉，委贄而退，言委質於君，書名於策，示必死也。」是服、韋同義。始仕必爲士，士贄以雉者，示守死之誼，服注正本國語。白虎通瑞贄篇本作文質篇。云：「臣見君所以有贄何？贄者質也。質己之誠，致己之悃愊讀若逼，今多誤讀若福。也。士以雉爲贄者，取其不可誘之以食，懾之以威，必死，不可生畜，士行威介，守節死義，不當移轉也。」是「委質」二字，古誼相承，皆訓「委贄」。「贄」本俗字，經典或通作「質」，或通作「摯」，故左傳作「質」，儀禮、禮記作「摯」，胡鳴玉訂訛雜録謂俗因曲禮有「童子委摯而退」之文，遂誤讀左傳之「委質」爲「委贄」，是沿杜注之訛而不知其非也。

莊子 周 莊周

莊子至樂篇「俄而柳生其左肘」。湯大奎炙硯瑣談謂「柳，瘍也，非楊柳之柳」，以王維詩「垂楊生左肘」、元稹詩「肘上柳枝生」爲誤。案，「柳」者，「瘤」之借字，列女傳齊宿瘤女「閔王后也，項有大瘤」。説文「瘤，腫也」。釋名「瘤，流也，血流聚所生瘤腫也」。此「俄而柳生其肘」，即流聚生腫之意。瘤、柳音同，古人字少，故得通假，猶「禿鬜」之「鬜」，釋名作「毾」，俗作「鬎」。古亦借「楬」字爲之也。見禮記明堂位鄭注。孫頤谷讀書脞録，謂它書無以「柳」爲「瘍」者，南華本寓言，謂垂楊生肘亦無害。非也。

法言 漢 揚雄

二十日 揚子法言專擬論語，其中可以參證者三事。爲政篇「書云孝乎惟孝」，此詠歎之詞，古讀皆如是。法言學行篇：「一鬨之市，必立之平；一卷之書，必立之師。習乎習，習非之勝是也，況習是之勝非乎？」問神篇：「或曰『淮南、太史公其多知歟？曷其雜也！』曰：『雜乎雜。』」問明篇：「吉人凶其吉，凶人吉其凶，辰乎辰。曷來之遲去之速也。」淵騫篇：「才乎才，非吾徒之才也。」句法皆一例，可以證集注讀「孝乎」爲句之誤。

憲問篇「問管仲曰人也」，詩正義引鄭君此注，以「人」爲「同位人耦之辭」，猶中庸「仁者，人也」鄭注「人讀如相人耦之人」。法言淵騫篇「或問子蜀人也，請人。曰有李仲元者，人也」。請人者，正謂請可相人耦之人；人也者，正謂此可相人耦之人也。李軌注「請人者問蜀人，答謂仲元則其人也」，其義未瞭。

憲問篇「管仲之力也。如其仁，如其仁」，孔傳、朱注皆謂「如，誰如也」。近儒王伯申謂「如，猶乃也」。慈銘按，廣雅「如，均也」，均猶孟子「鈞是人也」之「鈞」。均其仁者，即下章「民到於今受其賜」之意也。法言學行篇：「或謂子之治產，不如丹圭之富。曰吾聞先生相與言，則以仁與義；市井相與言，則以財與利。如其富，如其富。」此謂先生之言仁義，市井之言財利，均其富也。吾子篇：「或謂屈原智乎？曰如玉如瑩，爰變丹青，如其智，如其智。」此謂原之行清白，如玉之瑩，故發於文辭，能炳若丹青，均其智也。李注言「屈原雖有行能如此之美，而不能樂天知命，至於自沈，不足言其智也」。此由不解「如」字之義。淵騫篇：「或問淵騫之徒惡乎在？曰在寢。李注言淵騫之才，今亦有耳，但寢伏不爲人所知也。或曰淵騫曷不寢。曰，攀龍鱗，附鳳翼，巽以揚之，勃勃乎其不可及乎。如其寢，如其寢。」此篇揚子意以淵騫自況，言或疑淵騫之不寢者，以其名稱至今，使乘時得位，攀龍附鳳，申巽命以明揚之，則勃然興發而不可及。乃僅以德行稱，是亦均之寢伏也。故曰「如其寢，如其寢」，謂均其在寢也。後漢書光武紀耿純說帝曰「其計固望其攀龍鱗附鳳翼」，章懷太子注引法言云云，是可知本解如是。今多誤解爲附驥尾之意，致「如其寢」二句不可通。皆可以證「如其仁」之義。舊解爲「誰如」，既揚之太過，非聖人語氣。若如王說，則「如」之爲「乃」，古無明訓。王氏所引詩常武、大戴記少閒二證，常武之「如震如怒」，本可仍如字爲解；少閒之「君如財之」，此「如」猶「而」也，亦「如」之常訓。兩條皆非確徵。

直齋書録解題 宋 陳振孫

二十二日 閲直齋書録解題。錢警石曝書雜記稱沈雙湖説以解題中有隨齋批注，隨齋乃程大昌之孫棨，元時人。據鄭樵石鼓文考下批注稱「先文簡」云云，今觀卷三「新唐書」下、卷五「越絶書」下批注，皆有文簡云云，是沈説可信。然其批注寥寥，亦無所發明，至以隋曹憲爲撰博雅，又注啖助爲姓名，則其淺陋可知矣。此等人亦不足深考，故四庫書目言不詳其人，養新録又疑是元人楊益也。

十駕齋養新録 清 錢大昕

三十日 閲養新録。此書雖博奥不及困學紀聞，宏富不及日知録，而精密則勝之，要皆搜討不盡者也。

六月

定盦集 清 龔自珍

十七日 得藍洲書，並寄來書局六月分薪水廿番金，及杭人新刻龔禮部定盦初集三卷、續集四卷。閲定盦續集。是集予於都中曾見鈔本,云是仁和人曹籀所傳者,今蘇松太道錢唐吴煦即從曹本付刻。煦本不識字,不知校讎,譌脱甚夥。其前冠以籀序,辭理拙劣,所謂佛頭著糞者。定盦初集之文宏奥奇瑋,續集乃遠不及。其中如説居庸關、説張家口、京師樂籍説、乙丙之際塾議、第二十保甲正名、地丁正名、答人問關内侯、昇平分類讀史雅詩自敍、干禄新書自敍、上海張青琱文集叙、江南生橐筆集叙、陸彦若所著書叙、江子屏所著書叙、書果庸侯入覲諸篇,皆識議名通,有關掌故。工部尚書王文簡公墓表銘、福建海壇鎮總兵官丁朝雄神道碑銘、兩廣總督盧敏肅公神道碑銘,皆敍事謹嚴,典重有法,餘則多以艱深文淺陋,或支離近小説家言。一概刻之,轉失定盦之真矣。

國朝文録　清　李祖陶

二十四日　閲國朝文録,凡四十家,共八十有二卷。道光間江西人李祖陶所輯。四十家者,漢陽熊伯龍次侯、有熊學士文集。新建陳宏緒士業、有石莊、鴻桷、寒庄、恒山堂、敦宿堂等集。餘姚黄宗羲太冲、有南雷文定、文約等集。崑山顧炎武寧人、有亭林文集。商邱侯方域朝宗、有壯悔堂集。南昌彭士望躬庵、有恥躬堂文集。南昌王猷定于一、有四照堂文集。臨川傅占衡平叔有湘帆堂集、永新賀貽孫子翼、有水田居文集。睢州湯斌孔伯、有湯子遺書。宣城施閏章尚白、有學餘堂文集。澤州陳廷敬子端、有午亭文編。丹徒張玉書素存、有張文貞公集。新城王士禛貽上、有帶經堂集。貴谿鄭日奎次公、順治十六年進士,有靜庵先生集。安谿李光地林卿、有榕村全集。商邱宋犖牧仲、有西陂類稿。慈谿姜宸英西溟、有湛園未定稿。廣濟金德嘉會公、有居業齋文集。武進邵長蘅子湘、有青門旅稿、簏稿、賸稿。高安朱軾若瞻、有文端公集。興縣孫嘉淦錫公、有文定公奏疏。漳浦蔡世遠聞之、有二希堂文集。鄞縣全祖望紹衣、有鮚埼亭集。錢唐陳兆崙星齋、有紫竹山房集。漳浦藍鼎元玉霖、有鹿洲文集。丹棱彭端淑樂齋、雍正十一年進士，官至廣東肇羅道，有白鶴堂集。廣昌黄永年靜山、乾隆元年進士，官常州知府，有南莊類稿。桐城劉大櫆才甫、有海峰文鈔。嘉定錢大昕曉徵、有潛研堂集。桐城姚鼐姬傳、有惜抱軒文集。獻縣紀昀曉嵐、有紀文達公文集。仁和趙佑啓人、有清獻堂文集。鉛山蔣士銓心餘、有忠雅堂文集。長洲彭紹升允初、有二林居文集。萬載李榮陛奠基、乾隆間進士，官雲南知縣，有厚岡文集。安化陶必銓士升、貢生，有萸江古文存。寧州劉大紳寄庵、乾隆四十五年進士，官山東知縣，有寄庵文集。湘鄉謝振定薌泉、有知恥齋文集。長樂陳庚煥惕園。貢生，有惕園存稿。

祖陶字欽之，上高縣舉人，故所選多江右産。又以嘗及陶文毅公之門，遂並數其父必銓爲一家。蓋識趣既卑，見聞又陝，其序文評語多淺陋迂拙，全是三家村學究批抹時文習氣，固不足與於選政。惟極詆袁子才之文爲破律敗道，譏朱梅崖之摹仿古人，而謂林雲銘古文析義之選最爲俗劣，是亦少有見解。又自言此外别選魏叔子、汪堯峰、朱竹垞、方望谿、李穆堂、惲子居爲六家文録；又選金、元、明八家古文，以繼唐宋八大家。而雜輯此四十家，以見一代源流升降之略。其未能選盈一卷者，如毛西河、魯絜非、王鐵夫諸家，又都爲一集，其人尚存者弗録，亦可謂有志於此者矣。四十家中自習見者外，陳宏緒爲明尚書陳清襄公道亨之子，崇禎時嘗官知州、監軍、推官，明史附見道亨傳。本不當列之國朝人中，其文亦卑冗無法。鄭日奎文頗能狀山水，而有小説氣。彭端淑文極拙劣。黄永年、李榮陛、劉大紳稍有可取，然亦不知古文義法。陶必銓資江劉氏族譜序、二子名字説、瘞殍文三篇頗佳。然其二子名字説，疑是文毅貴後其門客僞爲之。餘文皆不工。陳庚焕筆舌蕪陋，議論間有可取。要之四十家中最惡劣者，莫如熊伯龍之文，其李雲田紀年稿序尤令人嘔噦。伯龍時藝名家，而古文幾不成句，此俗學誤人，爲可歎也。

群書札記　清　朱亦棟

二十八日　閲朱亦棟群書札記。亦棟原名芹，嘉慶時諸生。書凡十卷，雜考古義，頗有心得。於近時孔衆仲氏之詩聲類詆之甚力，蓋於古今聲均，亦能參互而知其原，故往往中孔氏之失。惟讀書未多，時有村塾陋語。據其凡例言所著尚有十三經札記，已先刊行。是亦吾越好古之士，而學者罕知，深可歎也。其書刻於歿後，編次無法，且多誤字。

文選理學權輿　文選考異　清　汪師韓

二十九日　閲文選理學權輿八卷，錢唐汪師韓韓門撰，又補一卷、文選考異四卷、文選李注補正四卷，皆仁和孫志祖詒穀撰。汪書分撰人、書目、舊注、訂誤、補闕、辨論、未詳、評論、質疑九門，自撰人至未詳，皆即李注畣録，以便檢尋。評論則輯自唐迄國朝之論文選及注者。質疑則汪氏自記所見，以訂注文之誤。其於選學，可謂篤信謹守，實事求是者矣。名曰「理學權輿」者，以此爲窮選理、通選學之權輿也。孫氏爲補輯評論一卷於汪氏書中，亦時訂正其失。考異則據潘稼堂、何義門、錢圓沙三家戡本，而更爲參證異同，致稱詳慎。補正李注，亦古義湛然，精覈不苟。世之讀文選者，固當以此爲津逮矣。

七月

十八日　閲呂氏春秋。乾嘉以來，諸儒專心考訂，周秦古籍，粲然具明，一洗明刻之陋。其最以校勘名者，盧抱經、顧澗薲兩家，蓋非六朝以後人可及。它若惠松崖、江叔澐，則堅守古文，微失之拘。孫淵如、洪筠軒則愛搜僻書，微失之雜。王石渠、伯申父子，則喜爲通論，微失之專，然亦百純而一疵。戴東原之校經，邵二雲、錢竹汀之校史，段懋堂、嚴鐵橋之校説文，尤專門名家之學。其餘如何義門、余仲林、沈沃田、錢十蘭、任芝田、謝金圃、紀曉嵐、丁小雅、金璞園、周書倉、臧在東、孫頤谷、趙味辛、黄蕘圃、莊葆琛、張古香、秦敦夫、汪蘇潭、吴山尊、李尚之、陳簡莊、吴兔牀、周松靄、李次白、張月霄、何夢華、鮑以文、錢警石諸家，皆覃精此事，鉛槧畢生。予嘗謂古書至於明季，滅裂幾盡，爲厄運之極，故漸興於國朝，至乾嘉間而極盛。乃未五十年，遘此大亂，板籍毁者十九，此學人之不幸，而世之妄

呂氏春秋　戰國　呂不韋

人，乃謂乾嘉以來，學術多歧，以致此亂，何其瞽視古籍而無人心之甚耶？

諸家刻叢書者，以抱經堂、經訓堂、雅雨堂、岱南閣四家爲最善。經訓堂中以吕氏春秋及釋名兩種爲最。蓋釋名爲江叔澐校本，此則盧抱經校本也。自來類書，實以此爲祖，而淮南子繼之，故所存古義獨夥。而此作於秦火以前，殷周佚説，賴以僅存，尤可寶貴。畢氏沅序謂此與淮南又同出高誘注，足相參證。而淮南以莊知縣炘已取道藏足本刊於西安，故不更及。案淮南爲炘子逵吉所刻，是正寥寥，實遠不如此書云。

伯山全集　清　姚柬之

十九日　閲姚伯山全集。伯山名柬之，字幼檣，江南桐城人。道光二年進士，官至貴州大定府知府。集凡文八卷，詩十卷，日記一卷，易録十卷。其文規模惜抱，自負甚高，謂不作魏晉以後語，然實卑陋無法。間亦頗講考據，而其言後漢書有云：「東漢自明帝、章帝外無稱宗者，蔡中郎胡公碑銘有成宗晏駕語，實言桓帝，不知後世誰爲削之？」則似後漢書尚未寓目，而又誤「威」爲「成」。其言吕氏春秋有云：「吕覽既無别行之本，須擇無十二紀者收之，緣十二紀即月令，不必重收也。」則並吕氏春秋篇目尚未一見，而爲是瞽言。至謂毛傳是馬融所作，明朱氏爲契之後，則尤令人噴飯，其餘可知矣。

柬之爲故左都御史元之之從弟，故廣西按察使瑩之族兄，所爲詩皆膚霩粗率，僅有腔調，其議論鹵莽，亦略相似。然是集中有與石甫書，譏其所著姚氏先德記之謬，又直斥其不善爲文。書惜抱軒九經説後，謂舍其所長而用其所短，宜讀者之寡。又言惜抱有子烺，字庚甫，由舉人官江蘇泰興縣知縣，以虧累下獄，籍没其家。遇赦後，著楚辭蒙拾一書，多不守其父説，則於其家學皆有違言。桐城末派，其弊如是，而世之淺人，猶耳食虚聲，盛相推奉，謂文章學問，正法所在，豈不惑哉！

荆川文集　明　唐順之

二十日　閲唐荆川文集。凡詩四卷，賦一首，書六卷，序二卷，記一卷，説銘誄贊祭文一卷，誌銘二卷，附行狀二篇。墓表傳一卷，雜著一卷，附數論五篇。共十八卷。荆川之文，自同時王遵巖序之，以爲吴之英華惟季札、言游兩人，繼之者荆川。其言絶誕，固不必論。國朝邵青門則謂荆川之規八家，醪醴之蕴魄，則又訾之太過。王阮亭謂荆川之文，渾茫演迤，可與少游、無咎、文潛之流馳騁後先，而洮汰鍛鍊之功，有所未暇。蓋其中年自詭講學，而又不能忘情於用世；又其學博而雜，荆川自以爲徙業者不嚌其胾，此見答王遵巖爲作文序書。殆非盡誣。其論最爲平允。

往時亡友孫二廷璋最不喜荆川文，屢質之予。予嘗再閲其集，亦多不滿意。今平心論之，集中書牘最多，大半膚言心性，多涉禪宗，其於學問，蓋無一得，而喜爲語録鄙俚之言，最爲可厭。觀其所往還最密者，遵巖外惟吾鄉之王龍谿、吉水之羅念庵，而與吾鄉季彭山書，謂其治經當融真機以求古聖賢之精，則其學可想見。序記諸作，多簡雅清深，不失大家矩矱。傳志墓表諸作，最爲可觀。其叙事謹嚴，確守古法，於故舊之文，尤抑揚往復，情深於詞，多造歐曾深處。以有明而論，遜於震川，勝於潛谿，而齒於遵巖、弇州之間，其名震一代，良非無故。

至其最著名者，敘沈希儀廣右戰功一篇至八千二百言，古今推爲奇作，其中叙次歷歷如繪，備極聲色，固足動人。明史沈希儀傳多采節之，便與它傳迥殊。然自捕韋扶諫以下，稍嫌支蔓。所記誘縛岑金事，雖曲折盡情，而太拉雜，有小説氣。且此兩事，皆不得謂之戰功，若改其題爲「書事」，則無病矣。

詩皆平直淺率，觀其與王遵巖書，謂文莫高於曾南豐，詩莫高於邵康節。此其詩文之優劣所分也。

二十二日　閲荊川文集。荊川爲人，王弇州極詆之，至謂其父民實之死，由荊川譖於分宜所致。野史中遂有謂王氏兄弟於荊川爲不共之仇，其卒於泰州舟中，乃王氏兄弟所鴆。此固無稽，而荊川晚出從戎，驟膺節戉，則人多議之。

然荊川立身自有本末，其官翰林而忤時兩黜，直聲炳然，蓋亦負氣之士，思欲自見於天下。既久不用，則遁而講學以自高，一旦得效尺寸之地，遂攘袂而起，力疾馳驅，經營海上，指臂不應，盡瘁以歿，此其遇亦可悲而心亦良苦矣。是時當國者嚴分宜，視師者趙文華，凶德參會。荊川方思自效，不得不委蛇其間，形跡疑似，易生嫌謗。觀其集中有與趙甬江司空書，力辭其修葺先墓，則亦皭然不滓。與楊椒山書，推以豪傑，而勸其含蓄沈幾，少養其鋭，其相愛亦甚摯。答曾石塘總制書，亦極致推許，而微勸止其河套之役。目録中又有答夏桂洲相公書，而無其文。與胡宗憲素相善，又共事行間，而集中有與胡梅林總督十三書，皆惓惓兵事，未嘗及私。其與白伯倫儀部書有云「三十餘年中第一老翁，偶得一淮揚都堂，世間便有許多摇撼」，其牢騷不平之氣，溢於言外。而今之論者，尚譏其媚權躁進，或謂其輕出無功，徒累晚節，皆責備過甚者也。惟荆川本文士近名之流，而自謂悟道，妄思以講學名，遂過爲高論，唾棄一切，此固文人之通病，而荆川尤爲其拙者歟？

明文授讀　清　黄宗羲

二十三日　閲梨洲先生明文授讀，其子百家所編校，凡六十二卷，爲奏疏四，表一，論五，議一，原考辨一，解説釋一，頌贊箴銘一，疏文對答述叢談一，書八，記七，序十四，碑文一，墓文五，哀文一，行狀一，傳四，賦五，經一，蔣德璟椰經、珠經兩篇。其中又各自分類。梨洲先爲明文案二百一十七卷，後又得徐氏傳是樓所藏明集三百餘家，遂增廣爲明文海四百八十卷，此乃即文海中擇其尤者，加朱圈以授百家讀之。百家乃並輯耆其父所論識之語，綴於各篇之下，間附以百家私記，而梨洲門人張錫琨爲之付梓，亦間附錫琨記語。其篇中圈點，悉依梨洲原本。

南雷之文，浩瀚可憙，而才情爛漫，無復持擇，故往往不脱明末習氣，流入小説家言。其論文主於隨地流出，而謂方言語録皆可入文。於明文痛貶前後七子，以宋潛谿、方正學、楊東里、解春雨、李西涯、王震澤、王新建、唐荆川、王遵巖、歸震川、郭江夏、錢虞山諸家爲大宗，趙大洲、趙浚谷、徐天池、桑民懌、劉子素、盧次楩、吾惟可謹、湯若士、倪鴻寶、黄石齋、尹宣子民興、李寒支、曾弗人諸家爲別子。其極推者，潛谿、新建、大洲、天池四家，極貶者空同、弇州，而謂大復習氣最寡，滄溟尚可附庸於孫樵、劉蜕，於二袁、鍾、譚，則頗節取其長。於艾千子雖稱之，而謂其傳者當在論文諸書，它文摹仿歐陽，生吞活剥，亦猶摹仿史漢之習氣，又謂其理學未嘗深思，而墨守時文見解，批駁先儒，引後生小子不學而狂妄，其罪爲大。於虞山雖許以正宗，而病其不能入情。謂荆川、大洲文皆得之新建，則其宗旨大略可見。至以天池之蕪俗而稱爲嘉靖間大作手，勝於震川，殊不可解。故所選頗汎濫駁雜，多非雅音。以先生學識之高，精力之富，而鑒裁斯事，尚多溷淆，文章正法，固非易知者也。書中頗多范左南太守評語，字跡草率，中有及守柳州時語，蓋是晚年所爲。其評多致不滿之辭，而議論亦未確實。

二十四日　閱明文授讀。梨洲明文案序，言嘗標其中十人爲甲案，然較之唐之韓、杜，宋之歐、蘇，金之遺山，元之牧庵、道園，尚有所未逮。議者以震川爲明文第一，似矣。試除去其敍事之合作，時文境界，間或闌入，此無它，三百年人士之精神，專注於場屋之業，割其餘以爲古文，其不能盡如前代之盛，無足怪也。其論可謂通矣，然竊有未盡者。古文爲天地之元氣，關乎運數。宋文最高者歐、曾、王三家，然已不能及唐之韓氏。歐、王毗於柳子厚，曾毗於李習之。蘇氏老泉最勝，東坡次之，然僅毗於杜樊川，而筆力且不逮焉，子由則又次矣。遺山、牧庵皆學韓而不得其意，道園學歐而不得其神。此固氣運爲之，雖有豪傑之士，不能强也。

至明文之病，非特時文之爲害也。蓋始之創爲者，潛谿、華川、正學三家，皆起於草茅，習爲迂闊之論，不知經術，其源已不能正。故其後談道學者以語録爲文，其病傖；沿館閣者以官樣爲文，其病霸；誇風流者以小説爲文，其病俚；習埸屋者以帖括爲文，其病陋。蓋流爲四端，而趨日下。國朝承之，於是四病不除而又加厲焉。道學爲不傳之秘，而傖之甚者，舍語録而鈔講章矣。館閣無一定之體，而霸之甚者，舍官樣而用吏牘矣。小説不能讀，而所習者十餘篇遊戲之文，近時一廣東人繆姓者，所作曰文章遊戲，惡劣至不可道，而風行海内已久。帖括此本唐人習明經科者帖經之説，明人借以言科舉業。不復知，而所仿者一二科庸爛之墨。至今日而自朝廷以及村塾之文，蓋無一能成句者。其間傑出之士，非不大聲疾呼而思救也，經師碩儒之所作，非不份份質有其文也，而世俗陷溺，乃至於是。且非獨古文，時文亦然。夫明自嘉靖以後，時文之壞，壞於好用子史語也，好以己意行文也。今則無論子，無論史，皆取材於一二科中之文，而意則合數十年天下數億萬人皆此意也。問之己而己不知，問之父師而父師不知，問之主司而主司亦不知。嗚呼，是豈梨洲、亭林諸先生所及料者哉！吾故以爲國運之憂，而時文之在所必廢也。

思舊録　清　黄宗羲

二十五日　梨洲思舊録曰：「念臺先生於余有罔極之恩。余邑多逆黨，敗而歸家，其氣勢不少減，邑人從而化之，故於先公葬地祠屋皆出而阻撓。其時吾邑有沈國模、管宗聖、史孝咸爲密雲悟幅巾弟子，皆以學鳴，每至越中講席，其議論多袒黨逆之人。先生正色以格之，謂當事曰：『不佞，白安先生之未亡友也，苟有相齮者，請以螳臂當之矣。』」嗚呼！觀斯言也，蓋吾越清議之亡久矣。此徐大化尚書之第，今猶巍然於郡城，近始爲賊所燬。而又何怪墨敗之知府、失形之御史把持官司，魚肉鄉里，公然朋分餉捐畝捐，先後至數十萬，猶日囂囂然自鳴於衆乎？

八月

明文授讀　清　黄宗羲

朔　閲明文授讀。梨洲明文案序謂正德間餘姚之醇正，南城之精練，掩絶前作。而授讀中評圭峰之文，以爲逼仄，所争在句法奇險之間，非大家氣象。羅玘字景鳴，南城人，官至吏部侍郎，謚文肅，著有圭峰文集三十卷。明史入文苑傳。吴人黄省曾言其爲文苦思，或棲樹顛，或閉一室。嘗爲都少卿之父作墓銘，謂少卿曰：「吾爲此銘，瞑去四五度矣。」又謂崇禎時三吴以牧齋爲典型，同時江右之艾千子、徐巨源，閩之曾弗人，卓犖相望。而授讀中評錢受之文謂有五病，評千子文謂其模仿歐陽，生吞活剝，猶王李等之模仿史、漢，評徐巨源文，謂其賦豔麗，文則小品，皆抑揚不同。其譏千子尤甚者，以千子極詆陳大樽，而梨洲與大樽交契，故謂卧子晚年亦趨於平淡，未必爲千子之所及。而圭峰則千子所推爲大家，故梨洲亦駁之，然是選終未登大樽一篇，而圭峰、千子之文入選頗夥。又千子與陳人中書大樽初字人中，後字卧子。極口鄙薄，至令受者不堪，而是選亦載之，則又似未嘗爲大樽地。出入無定，疑是書多出主一百家字。所爲，非梨洲論定者也。所選自正學、陽明、圭峰、荆川、遵巖、震川、石齋、牧齋、天傭即千子。數家外，雖間有可觀，不過是議論好，或小品有致，求其知古文義法者，蓋無一二，以此歎明代文章之衰。

白雲草堂文鈔　詩鈔　清　吕星垣

初四日　夜閱白雲草堂文鈔七卷、詩鈔三卷，武進吕星垣叔訥撰。叔訥爲大學士宫之五世孫，以貢生官教諭。少與洪北江、孫淵如、楊蓉裳同里相善，又爲錢文敏之甥，而山陽阮侍郎葵生復極稱之，故其名頗噪。然古文蹇劣而冗滯，喜爲短句，益形拙俗。其中如太保公家傳、太保即宫，字長音，一字蒼忱，號金門。順治十年二月，偕侍講法若真、編修程芳朝、黄機等試柳下惠不以三公易其介論，世祖親擢第一，遂由右中允超授祕書院學士。閏六月，即授吏部右侍郎。十二月大學士員缺，閣臣援前明故事，次第推諸尚書督臣，上特授公弘文院大學士。嘗請免簽點江、浙富民運白糧，請免選報民充織造，皆報可。又欲減江、浙浮糧，格部議未果。偕大學士成克鞏薦御史郝浴有文武才，可制吴三桂。郝即露章劾三桂不法事，三桂馳疏辨。上欲且慰三桂，下郝刑部，公及成各鐫二級留任。十二年正月，晋階太子太保。旋以病乞歸。十三年六月，命御前近侍劉有恒賫敕存問，賜羊酒。公在朝嚴別流品，深疾前明閹黨，常屏絶之，忌者切齒。故歸後交章彈摘，上不爲動。最後奉上諭不必苛求，言者始息。康熙三年四月卒，年六十有二。上聞，賜奠及祭葬。湖北巡撫盧焯神道碑、焯字光植，祖籍山東益都，後爲奉天鑲黄旗人，世襲子爵。由山東武邑令擢至福建巡撫，移浙江，其治海寧尖山塘功最著。以平反獄事被劾戍軍臺，起授鴻臚卿，出爲陝西巡撫，調湖北。湖南巡撫查禮墓志銘、禮部尚書曹文恪公秀先墓志銘、雲南迤西兵備道唐扆衡墓志銘，扆衡字南屏，江都人。湖廣總督綏祖子，先讓廕於其弟秉衡。高宗特授以通判，發雲南，擢至迤西道，自劾落職。復起爲知府，再擢迤西道，征緬甸時有功。稍有關於掌故，而叙次亦多不合。盧、唐兩碑志微有作法，爲其集中之最。王述庵選入湖海文傳，有以也。詩亦粗曠率易，頗似其鄉人趙甌北。

明儒學案　清　黄宗羲

初六日　閱明儒學案。南雷於此書用力甚勤，誠有明一代道學之囊括。然其意專主陽明之學，故雖先時之薛河東、吴崇仁，同時之羅太和，群推爲程朱嫡嗣者，亦致不滿之辭。然陽明功業文章，自足照耀千古，其於理學别提「良知」二字，獨闢宗門，雖事由心悟，非取新異，且以救正末流，亦非無功，要成其爲一家之言則可，標以爲千聖之的則不可。前人論陽明，惜其多講學一節，固非定論，吾獨惜其口説之太多耳。其與羅整庵書力伸其説，謂朱子之失不可曲護，因推言孟子之比楊、墨於洪水禽獸，蓋特言楊、墨非無可取，孟子亦正其末流而爲已甚之辭，未嘗儕朱子於洪水禽獸也。而國朝陸稼書遂乘此間，以爲口實，至反其言以相詆。當湖固不足道，不可謂非陽明授之隙也。

蓋自南宋以後，儒者皆不憙實學而憙空言，遂各標一説以思自異。於是性情之字，出主入奴；理氣之篇，殫麻罄竹。心意忽先而忽後，知能或合而或離，究其指歸，要無真得。其實由凡入聖，合智與愚，則論語之「居敬」，大學之「慎獨」，孟子之「養氣」，三言已盡，人人可爲，何必衍支蔓之浮辭，師禪宗之語録，徒形扞格，適墮機鋒。而積習相沿，賢者莫免，雖以陽明之傑出，猶入太極之圈中。而豈知傳周、孔、曾、孟之道統者，朱子以前，則漢儒授受，端緒不絶，而鄭康成氏集其成。傳朱子之學者，宋則有黄直卿、黄東發、王厚齋，元則有金仁山、吴幼清，而有明一代，則皆傳周、程之學，而傳朱子者無一人焉。若李見羅之陽希陽明而陰詆陽明，觀其處置鄖陽之變，真所謂帶汁諸葛亮矣。學案中所最録吴康齋語多可觀，惜時有吾心如天地之喻，此措大帽子習氣。

倪文貞公集 明 倪瓚

初七日 閲倪文貞公集，首卷爲諭祭文、史傳、墓誌、像贊，卷一至卷四爲制誥，卷五爲策論，卷六至卷八爲雜序，卷九卷十爲墓誌銘，卷十一爲行狀，卷十二爲婦人誌狀，卷十三爲其父瓊州公行述，卷十四爲雜傳，卷十五爲記及題跋，卷十六爲題跋，卷十七爲銘贊，卷十八至二十爲書牘。以上爲文集二十卷。又奏疏别爲十二卷，其制誥之作，文貞在日，門人楊忠節公廷麟等爲刻代言選六卷，倪公當弘光時曾得謚文正，而楊公當永曆時亦謚文正，可謂真師弟矣。而文文肅爲之序。其酬應之作，文貞自編爲應本一集，而黄忠端道周、陳忠裕爲之序。奏疏則宋忠節玫爲之序。乾隆壬辰其元孫安世乃合編代言、應本，益以書牘爲一集、奏疏爲一集，平郡丞聖臺、吴知州璜爲之校訂，而鉛山蔣編修士銓主講蕺山書院時爲之梓行。文貞長於論事，故制誥奏疏俱嚴重剴切，似陸敬輿、劉原父，他文則學沈亞之、孫可之，喜出以奧澀，然善叙情事，與同時黄石齋相上下，在明代中固錚錚秀出者矣。其詩别有刻本，乙卯、丙辰間予曾見之，殊詭僻不入格，蓋學青藤未至，而染於並時王遂東一派者。

尤佳。

琴鶴山房文稿　清　趙銘

初八日　爲趙桐孫評點所著琴鶴山房文稿第三卷，桐孫之文辯博而高秀，善言情事，故駢體尤佳。

四書正事括略　清　毛奇齡

初十日　閱毛西河四書正事括略，凡七卷，又附録一卷，前有西河自序，言時已八十五歲，門生兒子輩輯其所論四書諸説爲之。其門人東陽王崇炳爲之序目，言先生嘗欲作論孟傳，一刊事理之誤，以老不復能著書。其子孝廉文輝、進士遠宗，偕門人會稽章大來字泰占，諸生。及同邑張文彬、文楚、文黼兄弟，搜脊先生所著大學證文、中庸説、論語稽求篇、四書賸言、四書索解等二十種，摘其正事物之誤者合爲五卷。一曰正名，二曰正文，三曰正禮制，四曰正故實，五曰雜正，凡一百六十七條。後續補二卷，凡五十四條。共二百二十一條，中亦間附三張子之説。其附録一卷，則遠宗即當日答難之詞録之爲一十五條。

西河之學，千載自有定論，無庸贅言。其諸經説，則阮儀徵極稱之，謂學者不可不亟讀。凌次仲氏則謂西河之於經，如藥中之有大黄，以之攻去積穢，固不可少，而誤用之亦中其毒。顧獨稱其四書改錯一書爲有功聖學。予謂凌氏之言是也。西河經説，以示死守講章之學究，專力帖括之進士，震聵發矇，良爲快事。若以示聰俊子弟，或性稍浮薄，則未得其穿穴貫串之勤，而先入其矜躁傲很之氣，動輒詬詈，侮蔑前賢，其患匪細。此書成於晚年，頗於其前説有所訂補，其醇粹者十而七八，平心而論，固遠勝朱子之説。然時加以毒詆醜譏，自累其書，徒貽口實，爲可惜也。此書及改錯皆不入西河全集。是本爲道光間蕭山沈補堂所重刻，殊多誤字。

古錢

十九日 偶檢市中行用錢文，唐世開元錢存者尚多，以有唐一代皆鑄此錢也，而肅宗之乾元重寶亦間有之。宋錢存者祥符、元豐、元祐最多，元豐有篆、楷、草三體，又有小錢雜真行體；元祐亦有篆草兩體。金錢惟海陵之正隆爲多。明錢數見者，洪武、永樂、嘉靖、萬曆四號，以高、文、肅、顯四帝享國久也。而日本之寬永錢多至與中朝錢埒，考其國大成年代廣記言第百九代天皇號後水尾者立十二年，當明天啓四年改元寬永，凡六年，至崇禎三年，第百十代天皇立，仍稱寬永，至十六年第百十一代後光明天皇立，當我朝順治三年，改元正保，是則寬永正際中國鼎革時，其稱號亦不過二十二年，何以錢多如是？又張獻忠之大順錢，近人考知爲安南錢，當可信。唐昭宗亦號大順，凡二年，然未嘗鑄錢。吴三桂之利用錢，三桂僞號昭武，而鑄錢文曰利用。其孫世璠之洪化錢，皆不絶於世，而明唐王之隆武、桂王之永曆乃反罕見。世傳李自成鑄永昌錢不成，然則張吴二逆豈獨能分閏位耶？近年洪逆之太平天國錢亦多有存者，此尤令人眥裂，所當亟毁者也。

唐石經校文　清　嚴可均

二十三日　閲嚴氏唐石經校文，此書甚精慎，其抨擊亭林顧氏之誤，幾無完膚。中一條論吴氏廷華儀禮章句云：「余嘗隨手翻之，得卷十一之卅葉，引通典吴氏徐整曰，即其書可知矣。」案吴氏此條在喪服「夫之姑姊妹之長殤」下，其「氏」字乃誤衍；以整爲孫吴時太常，故稱曰吴徐整。中林於儀禮用力頗勤，其章句一書雖未博覈，亦多有可取，何至不知徐整之爲姓名？鐵橋薄之太過矣。

青谿文集　清　程廷祚

二十七日　閲程綿莊廷祚青谿文集，嘉慶間其從曾孫國儀所刻。前有姚姬傳、汪瑟庵兩序。凡論三卷，辨一卷，説議考一卷，序一卷，雜著一卷，書後及碑記一卷，書三卷，尺牘及行狀、誌銘、墓表一卷，共爲十二卷。綿莊爲經制考據之學，識趣豪邁，欲一空依傍，鋭然獨出於世。其學雖不專漢宋，然與程朱時致異同，而稱其遠紹聖門，功不可及。於漢儒則多詆諆，謂其未嘗聞道。蓋自以所討論者皆得聖人之精，固非漢儒所及知，而亦不同宋儒之空説，自負可謂至矣。然其文往往陳義甚高，而不切於世用。其論易，論書，論詩，論周官及論六書，辨禹貢南江，辨古文尚書，辨堂庭廟寢，辨六宗五祀，辨姜嫄廟，辨聖廟從祀，辨石鼓文，抨擊康成、叔重以下諸儒，不遺餘力，實皆臆決景撰，又頗添改古書，以成曲說，不足爲據。其與程魚門論萬充宗儀周二禮說書云：「大抵浙儒多特識而喜自用，往往失之於粗，非獨西河爲然。」然綿莊之自用而失粗，實較充宗尤甚。集中與魚門及袁簡齋論古文書頗夥，而三人之文俱未窺古文門徑。簡齋嘗病綿莊之好考據，魚門嘗病綿莊之攻朱子，以爲身後無子，是其顯報。然綿莊固未能爲考據，亦未顯背朱說，是適成爲枚與晉芳之見而已。

九月

楊揚通用

初四日 古人楊、揚通用。「揚州」之「揚」本作「楊」，通作「揚」，亦作「陽」。釋文引太康地志，以揚州「漸太陽位，履正，含文明，故取名焉」，可證。「揚雄」之「揚」，本同「楊」。唐以前用雄事，無作「揚」者。毛詩「揚之水」，隸釋引魯詩作「楊」。漢書地理志丹揚郡作「揚」，丹陽縣作「陽」。南監本俱作「陽」。續漢志俱作「陽」。晉志郡作「揚」，或亦作「陽」。縣作「楊」，且注云「丹楊山多赤柳，在西」，蓋丹揚郡屬揚州，其取名之義同，其借揚、陽通用之字亦同。春秋元命苞云楊州「厥土下濕而多生楊柳」。李匡乂資暇集「地多白楊，故曰楊州」。楊柳之性輕揚，故通作「揚」。釋名揚州，「水波揚也」。地有水者下濕而宜楊柳，其義亦相備。廣雅「楊，揚也」。自三劉漢書刊誤妄別楊、揚爲兩姓，而異說遂紛紛矣。吴斗南補遺駁之，是也。

李登瀛事略

初五日　先六世祖諱登瀛，康熙五十一年進士，充武英殿纂修官，授内閣中書，分校月令輯要、御選唐詩兩書。書成，不請議叙，歸。旋選授江西安仁縣知縣，入都引見。聖祖特召諭曰：「汝由内廷出宰，須爲好官。」雍正元年，充江西鄉試同考官，旋兼攝萬年，署鄱陽，以與上官齟齬，遂得辠去。此府君自序云爾，年譜、日記、遺令、家傳及詩文稿一切所記皆同。慈銘案，月令輯要卷首所載職名，則題曰進士候選知縣李某。竊意武英殿纂修之差，舊屬翰林，非進士及中書所得與，而府君平生慎密嚴重，無一妄言，且自述歷官，不容有誤。今夜偶閲程綿莊文集中安徽布政使陳德榮字廷彦，安州人行狀，有云公成進士，觀政京師。康熙時海内承平久，天子篤意右文，特隆校書之選，有詔命取壬辰科即五十一年。進士充纂修，公得入武英殿。乃知觀政進士悉入校書，爲是科特典。陳公後亦以期滿歸里，至壬寅始選授湖廣枝江縣知縣。近人鮑康所輯内閣漢票籤舍人題名録，無府君名，則以道光二年内閣失火檔册盡焚，鮑君僅據所見方志綴録成之，故掛漏訛舛，不可殫指，無足訝也。

府君之著述，今已經亂盡亡，遂至官位亦無可參考矣。府君字俊升，因居西郭，郊有村名梅谿，故號梅谿。幼孤貧，爲諸生，旋棄之，游各省督撫間爲司章奏，後以直隸滄州時未有天津府，滄州尚屬河間。金氏籍，補河間府學諸生，學使武進楊學士大鶴奇賞之，三試皆第一，滄人訐其越産，學士力持得免。旋舉戊子順天鄉試，至壬辰成進士，時年已五十七矣。時安谿李文貞公當國，方主張朱子之學，牢籠天下士，士之浮薄不學者遂羣詆陽明，摭拾不根之談，以逢時好。府君素私淑王氏，深惡之，先於廷試朱陸異同論力矯其説，遂歸置三甲，文貞已嗛之矣。及入内廷，持議又與文貞忤，故不得留。比宰縣，不攜家一人，不置賓客，力鉏豪彊，扶貧弱，尤恤寒士。又積與布政司參議李蘭、按察使積善忤，卒以持校官賴良竹誣諸生爲盜獄被劾，故出坐謫戍永平衛，遂卒於戍，年七十五。

府君自四十喪偶，有一子一女，遂不復娶，終身不置媵。嘗愛鑑湖三山間風景，欲於畫橋龜山上營草堂爲終老計，未及遂，屢形之歌詠，繪鑑湖垂釣圖，自爲之記。當時名士長洲汪先生士鋐等題詩者數十人，今上虞王氏刻石於天香樓法帖者是也。家居日與同郡劉正誼戒謀等二十人緟建楊廉夫詩巢於卧龍山麓，吴越時西園故阯也，祀唐賀賓客以下六君子，有詩巢倡和集行於世。府君所交徧海内，作詩至數千首，顧深自晦，不欲曝於世。其卒也，甫得旨赦歸而未復官，遺令若朝廷不復官者毋得求人志墓，故府君事多弗詳，其見於它書者若汪先生及寶應王氏式丹、天門陳氏文燭集中皆有贈府君詩。府君久客，大僚争延，致相引重，善析疑獄，所平反者甚衆。其佐粤幕也，嘗强請當事焚耿鄭之變株連者名籍，獲免者數千家。嘗自言吾多陰德，子孫必盛。

府君一子，諱杜，字端木，國子生，雍正中考授州同知，是曰横川府君，以居西郭外之横河也。孫八人，長諱熙，字文孟，國子生，是曰蕪園府君，慈銘之高祖父也。次諱建烈，字武仲。最少者諱建煦，字載揚。皆舉人。曾孫二十四人，諱策堂，字肯如。筠，字禮如。皆舉人。肯如公者，慈銘之曾祖父也，是曰構亭府君。禮如公官陝西洛川縣、四川銅梁縣知縣。策基，字景康。鳳詔，字丹書。芳春，字景蕃。策埈、字克如。臺，字晉雲。皆諸生。壎，字潤玉。歲貢生。元孫四十七人。釗，字輝遠。舉人，官左翼宗學教習。諱欽，字敬之。青，字宸錫。錫勛，字詔三。文鑒，皆諸生。敬之公，慈銘之祖父也。是曰鏡齋府君。諱鈺，字藴山。官州同知，慈銘之本生祖父也。鎬勛，字配京，以字行。官江蘇高郵州界首司巡檢。鈖，官廣西蒼梧縣東安司巡檢。來孫八十餘人。光涵，由翰林院編修爲山西寧武府知府；師泌，舉人，官青田訓導；攀桂，諸生，官四川雲安場鹽大使；鄂輝，廩貢生，官訓導；肇丙、鼎光、濼、起元、治，皆諸生；光瀾，官直隸承德府豐寧縣黄姑屯巡檢；攀元，官四川新都縣典史。昆孫爾雅作「晜孫」，注：晜，後也。釋名作「昆孫」，昆，貫也。左傳亦作「昆孫」。慈銘案，作「昆」是也。晜乃「晜弟」字。昆者，同也，言同是孫也。一百廿餘人。國琇，進士，官兵部主事；國彬，舉人，官刑部主事；國惠，官河南汝寧府通判；國和，拔貢生，官八旗教習；庚丙、炎葆、辰丙、煇國、守謙、壽嵩、從龍、壽銘，皆諸生。慈銘於兄弟次爲第五十五人也。

紀元通考 清 葉維庚

十三日 傍晚，詣倉橋閲市，購得葉兩垞紀元通考十二卷。一正統，二分霸，三僭竊，四外國，五擬議不用一、史書異辭二、道經雜記三，六分霸紀元年表，七依韻類編，八三字紀元及四字六字，九年號同異，十改元久暫，十一、十二爲總論。分合參稽，可謂詳密，然時有複沓訛誤及體例不一。又强分正僞，多主綱目，亦不脱村學究習氣。其最誤者，如西涼之李恂，既見於分霸，又見於僭竊。以文明歸之唐豫王，而以光宅、垂拱、永昌、載初四號歸之武后。豈知載初以前，皆睿宗在位而武后稱制，至載初二年九月始篡帝位，改國號周，改元曰天授，降睿宗爲皇嗣。然則文明至載初五號，皆當係之睿宗，作唐書者本宜如明史英宗例，分爲前紀後紀，方得其實。此書於明英宗兩標其目，而分系以正統、天順二號，則睿宗正亦宜然。而妄爲分析，予奪由己，是何説也？梁曜北元號略，自文明以下皆屬之武氏，目爲僭竊，尤爲乖謬。

西夏李氏，本由拓拔思恭以唐僖宗時有功賜姓，至德明以降宋賜姓趙，而其子元昊稱帝，即復姓李，後傳八世九主，皆仍李姓，乃稱曰趙元昊而没其李姓。元號略謬與此同。

又吴三桂錢文曰「利用」，耿精忠錢文曰「裕民」，而皆以爲元號。元號略誤亦同。三桂元號昭武，而屬之鄭成功，皆失於眉睫者矣。

兩垞名維庚，秀水人，嘉慶壬戌進士，由庶吉士改知江陰縣。

道德經　周　李耳

十四日　夜校正老子道德經第三十一章經注。王輔嗣於此章獨無注，困學紀聞引晁景迂語云，王弼知此章非老子之言，畢氏沅非之，校殿本者謂此章有注語溷入，是也。今隨文義分別之。

夫佳兵者不祥。河上公、王弼本此下並有「之器」二字。傅奕本「佳」作「美」，亦有「之器」字。陳象古本無「者」字，今從永樂大典。物或惡之，故有道者不處。永樂大典此下有「也」字。君子居則貴左，用兵則貴右，傅奕本「君子」

上有「是以」二字。勝而不美而美之者，永樂大典「美」上無「而」字。是樂殺人。永樂大典此下有「也」字。夫樂殺人者，永樂大典無「夫」字。不可以得志於天下矣。各本句上有「則」字，今從永樂大典及傅奕本。殺人衆多，各本俱作「殺人之衆」，今從傅奕本。則以悲哀泣之。張之象本作「哀悲」。戰勝者則以喪禮處之。各本俱無「者則」二字，今從傅奕本。

王弼注曰：兵者不祥之器，非君子之器，不得已而用之，以恬憺各本或作「恬澹」，或作「恬淡」，或作「恬惔」，又作「恬然」，「恬」又作「栝」，今從傅奕本。爲上，故不美也；若美必樂之；樂之者是樂殺人也。自以恬澹句至此句，皆從傅奕本，與各本異。故吉事尚左，凶事尚右；偏將軍處左，上將軍處右；言居上勢則以喪禮處之。各本皆作「居左」、「居右」，今从永樂大典及傅奕本，奕本「偏將軍」上有「是以」二字，各本皆無。又各本皆作「言以喪禮處之」，永樂大典無此句，今從傅奕本。

十月

漢書　漢　班固

初十日　夜校武帝紀。元朔三年詔曰：「夫刑罰所以防奸也，内長文所以見愛也，以百姓之未洽於教化，朕嘉與士大夫日新厥業，祗而不解，其赦天下。」張晏曰：「長文，長文德也。」晉灼曰：「長音，長吏之長。」其後宋人劉氏昌詩蘆浦筆記言章子厚家藏古本「内長文」三字作「而肆赦」，蓋「而」誤爲

「内」，「肆赦」皆缺偏旁而爲「長文」，詔云「其赦天下」，意甚明白。王氏應麟困學紀聞亦言，或云古寫本作「而肆赦」。明人楊氏慎等皆從之，以爲於下文尤爲貫穿。而宋人無名氏南窗紀談，又述許少伊右丞言江南舊本作「而長吏」，近時許氏宗彦謂「内長文」即「文無害」之意。予案，張晏曹魏時人，晉灼晉時人，其注已解作「長文」。梁書劉之遴言鄱陽王得胡盧中漢書古本，識者已斥其僞妄，則趙宋時章惇所藏古本何從得來？此是後人以意讀改，託言古本，以欺於世，宋人之故智也。是時漢武屢詔求賢勸學，此詔雖爲赦發，亦以百姓未洽教化，嘉與士夫日新厥業爲言，則其意仍主文德。改「長文」作「肆赦」，與下「赦天下」語雖貫，而於詔意反不合，且其語亦太淺。改作「長吏」，似與上刑罰語相配，而長吏所以見愛，則尤淺直不成句，適成爲南宋人文法耳。然「内」字必是「而」字之誤，觀張、晉於「内」字皆無解，顯然可知。而長文所以見愛者，即以長文德之意也。小顔據誤本「内」作「而」字，不能校正，反曲爲之説，致文義不通。宋人遂逞其私臆，紛紛妄改。許氏謂即文無害意，尤非。文無害者，見史、漢蕭何傳，謂其文深無人能勝害之也，與此何涉？

十一日 校昭紀、宣紀畢，又雜校已校諸卷。班氏答賓戲云：「説難既酋，其身乃囚，秦貨既貴，厥宗亦隧。」注：應劭曰：「酋音酋豪之酋，酋雄也。説難，韓非書篇名。」予謂説難既雄，句似無義，班氏此段文，極言策士干進之害。此「酋」即「遒」字，説文「遒，迫也」，或從酋作「遒」。詩大雅「似先公遒矣」，毛傳：「遒，終也。」爾雅釋詁作「酋」。釋文：「酋，郭音遒。」是酋、遒古相通借。韓非自以進説難而作説難，蓋迫於進説也，故曰説難之情既迫，而其身乃囚矣，不當讀作酋豪也。

咸淳臨安志 宋 潛説友

十八日 夜雨，閲咸淳臨安志，共一百卷，道光辛卯間錢唐汪遠孫據吴氏繡谷亭寫本，參考黄蕘圃士禮居宋槧本、吴氏拜經樓宋殘本、盧氏抱經堂寫本校補付刻者。繡谷亭本即從朱竹垞所得宋本傳鈔者也。竹垞得之海鹽胡氏及常熟毛氏，本衹八十卷，竹垞又借鈔得十三卷。抱經於知不足齋鮑氏别見宋殘本，鈔補第六十五、第六十六兩卷，今尚闕第六十四、第九十、第九十八、第九十九、第一百共五卷。錢唐黄士珣又據夢粱録目次，以成化杭州府志補其第六十四人物一卷；士珣更取周淙乾道志、施諤淳祐志及它書爲之訂正其誤，作札記三卷。故今言咸淳志者，以汪氏振綺堂本爲最善云。

群經平議 清 俞樾

二十三日 閲德清俞蔭甫編修樾群經平議，凡周易二、尚書四、逸周書一、毛詩四、周官二、考工記世室重屋明堂考一、儀禮二、大戴禮記二、小戴禮記四、公羊一、穀梁一、左傳三、國語二、論語二、孟子二、爾雅二，共三十五卷，訓詁名通，多發前人所未發。

皇朝謚法考 清 鮑康

二十六日 閲近日歙人鮑舍人康所輯皇朝謚法考，訖於同治三年十二月，凡五卷。卷一爲諸王，卷二爲貝勒、貝子、公、將軍及承恩公、承恩侯、承恩伯，卷三爲文臣，卷四爲死事諸臣，卷五爲武臣，皆依潘文恭易名録例，以會典所載謚法爲次，而附以朝鮮安南國王之謚，共得一千五百一十八人。又續載同治四年所謚者四十六人：科爾沁忠王僧格林沁、惠端王綿愉、尚書趙文恪公光、廖文恪公鴻荃、李文清公棠階、内閣學士全忠壯公全順、巡撫蔣忠愍公文慶、尚書曹恭慤公毓瑛、道員何文貞公桂珍、前巡撫翁文勤公同書、按察使張忠毅公運蘭、知州劉武烈公騰鴻、知州托剛烈公托克清阿、道員徐剛毅公曉峰、都統平忠壯公平瑞、文武毅公文祺、舒威毅公舒通額、將軍慶莊恪公慶昀、提督蕭忠壯公河清、高武烈公餘慶、孟勇烈公宗福、林剛愍公文察、石威毅公清吉、何威慤公勝必、汪勤果公道誠、副都統蘇剛節公蘇倫保、蘇莊介公蘇克金、領隊大臣色武愍公色普詩新、惠壯節公惠慶、博節愍公博勒果素、公銜那貞恪公那木薩賴、辦事大臣扎武愍公扎克當阿、護軍統領恒壯烈公恒齡、參贊大臣錫武烈公錫霖、總兵江武烈公福山、高武烈公餘慶、周武毅公有貴、郭勇烈公鵬程、王剛毅公紹義、巴剛毅公巴揚阿、丁剛介公長勝、何果毅公建鼇、頭等侍衛奇壯武公奇克塔善、隆剛勇公隆春、副將陳武烈公萬勝、游擊畢剛毅公金科。考訂頗覈。予向輯是書，不知已有先我爲之者。

象形字譜　清　蔣和

二十九日　從潘鳳洲借閲金壇蔣和所撰象形字譜，凡兩卷。卷上爲字原象形説、天文字形、天地事物象形之圖、天干字體連屬人形之圖、天干字形地支字體連係人形反正之圖、地支字形干支字體並象人形圖説、地理字形人身正面字形之圖、人身反面字形之圖、人始生至全體字形、器用服飾字形、數目字形、草木始生至繁盛象形之圖、草木字形、鳥獸蟲魚象形之圖、鳥獸蟲魚字形、順逆反復交互字形、穿插移置字形、雜體字形、象形字譜後説。卷下爲相似字形。其剖析字形多有微悟，論干支等字尤精。如言辰之從厂，猶丙之象人肩；其從[illegible]者爲側己字，象人腹，[illegible]象人懷妊之形，故娠字從辰；而巳者從包中[illegible]形；真發前人所未發。

言九字爲七字之變，亦甚確。其天地事物象形之圖上列日月星辰雲氣，中列山岳邱陵𠂤自江原水脈，下列田[illegible]井郭H亩市舍以及草木竹林𣏟茻丰韭，俱用古籀法，通之畫理，高下輳會，巧出天然，尤可愛也。以此示人，可知制字之原，爲小學入門之法。雖或稍近附會，如以[illegible]字爲象手足形，以卯字爲象人耳後形，以尤爲象小犬形，又如分埶、藝爲兩字，以藝爲臧埶於芸中，分況、況爲兩字，以況爲從二，皆不免舛誤。而大體精致，出所著字原集注之上。

十一月

論語類考　孟子雜記　明　陳士元

十五日　閲論語類考二十卷、孟子雜記四卷，皆明應城陳士元心叔著。心叔在嘉靖時頗以文學名，嘗官灤州知州，著有灤志，吾鄉章氏學誠文史通義中力詆之。又著江漢叢談，予於越縵堂日記辛集中亦指摘其謬。

論語類考分天象、時令、封國、邑名、地域、田則、官職、人物、禮儀、樂制、兵法、宫室、飲食、車乘、冠服、器具、鳥獸、草木十八門，又各繫以子目，往往憑臆武斷，其引用古書亦多稗販不根，然尚足爲初學帖括者之助。

孟子雜記分系源、邑里、名字、母、妻、嗣胄、受業、七篇、生卒、補傳、稽書、準詩、揆禮、徵事、逸文、校引、方言、辨名、字同、字脱、斷句、注異、評辭二十三目，既非類書，亦非傳記，似經解而無所發明，故自稱雜記。四庫書目以其無類可歸，姑附之經類，實未當也。其中紕繆，略如類考，而採取較廣；逸文、校引、方言、辨名、斷句、注異之屬，頗有所訂正。至若引桓寬鹽鐵論，而謂漢書桓寬傳中載孟子曰堯舜之道非遠人也而人不思之耳等語，則全是瞽目眯言，似漢書並未寓目。明人著書鹵莽，大抵如是。孟子千餘年後，又其序自言孟子後身，生時，其父夢一老翁冠袍而入，自稱齊卿孟軻，則尤可笑。明代人動以聖賢自神，以楊忠愍之賢，猶言夢大舜授樂，又何怪尚以齊卿系銜自通，令人噴飯滿案。豐坊之僞撰古經、張璁之議滅廟制耶？

式古居彙鈔　清　錢熙祚輯

二十三日　閱金山錢熙祚錫之所編式古居彙鈔，本昭文張氏借月山房叢書也，共四十六種。惠棟易例二卷、蔣廷錫尚書地理今釋一卷、惠周惕詩説二卷、陶正靖詩説一卷、顧炎武左傳杜解補正三卷、陶正靖春秋説一卷、惠棟讀説文記十四卷、席世昌讀説文記十四卷、江永音學辨微一卷、顧炎武九經誤字一卷、石經考一卷、金石文字記六卷、孫承澤思陵典禮記四卷、思陵勤政記一卷、文秉先撥志始二卷、田汝成炎徼紀聞四卷、楊陸榮三藩紀事本末四卷、彭遵泗蜀碧四卷、明逯中立兩垣奏議一卷、蔣伊字渭公，常熟人，大學士廷錫之父，由庶吉士授御史，終提學道。條奏疏稿一卷、明王世貞嘉靖以來首輔傳八卷、史德威維揚殉節紀略一卷、戴兆祚于公德政録一卷、紀康熙間漢軍于宗堯宰常熟事。明亡名氏海道經一卷、明王在晉歷代山陵考兩卷、明黄省曾西洋朝貢典録三卷、顧炎武譎觚一卷、萬斯同崑崙河源考一卷、方式濟龍沙紀略一卷、錢良擇出塞紀略一卷、季嬰西湖手鏡一卷、申涵光荆園小語一卷、荆園進語一卷、明吕坤救命書一卷、吴殳手臂録四卷附録二卷、殳字修齡，所録皆論槍法擊刺事，附録一則峨眉僧槍法，一則少林寺僧槍法也。無名氏種痘指掌一卷、蔣平階字大鴻。水龍經五卷、鄒一桂小山畫譜二卷、蔣驥傳神祕要一卷、桂馥續三十五舉一卷、明王鏊震澤紀聞二卷、震澤長語二卷、王世貞觚不觚録一卷、明錢希言戲瑕三卷，亦雜考之屬，而所見卑陋，多涉俚俗，殊不足觀。馮班鈍吟雜録十卷、明陳士元名疑四卷。

其自序頗譏並時諸家叢書多淆雜重複之弊，而所輯亦正坐此。除惠、席兩家讀説文記外，蓋鮮可觀者。且版式縮小，校勘不精，誤字甚多，非佳籍也。

鈍吟雜録 清 馮班

閲鈍吟雜録。定遠學問不足言，而頗有見地。其卷一、卷二家戒，卷八遺言，卷十將死之鳴，所言多合事理。卷三正俗，皆論詩，卷四讀古淺説，兼論詩文，尤其學力有得之言。卷五嚴氏糾，專駁滄浪詩話之誤，雖取詣不同，各有是非，而辨正時代體制，自爲較確。卷六日記，卷七誡子帖，多論碑帖及學書之法，亦有微悟。

其議論最佳者，如云古人文章自有阡陌，銘誄之文，不當入詩，馮惟訥詩紀載入古銘誄箴誡祝讚繇辭者失之。陸法言定韻之夕，如薛道衡北人也，顔之推南人也，當時已參合南北而定之，故韻非南音也，今人但知沈休文是吴興人耳。夫子曰信而好古，宋人讀書，未聞好古，只是一肚皮不信。讀書不可先讀宋人文字。嘻笑怒駡，自是蘇文病處，君子之文必莊重。蘇公自有大文字，宋儒議論是非不平，便是心不正處。太史公云「諸家言黄帝多不雅馴，縉紳先生難言之」，其不好奇明矣。揚子雲譏之，不知何見。子雲作蜀本紀，其書雖不傳，然所言上古蠶叢以來奇事，頗有存於它書者，皆非六藝所述，恐太史公不必信也。新唐書列傳論讚，大有不可及處，宋公未可輕議也。歐陽公文甚高，然用心不平，不便作史論。爾雅乃詩、書之義訓，不讀此不能讀詩、書。讀書而言古人之不善，不如稱其善之有益於人；讀書須從上讀下，先看後人書，於古人好處便不相入。宋人論文有照應波瀾起伏等語，若著一字於胸中，便不能看史記。真西山文章正宗、謝疊山文章軌範，唐人論文，絶無此等議論。文章無定例，只在合宜。王荆公論仲尼不應作世家，只是不知變例。凡此諸條，皆非深造者不能道。

卷中所附何義門評語，亦多精當。至若痛詆荀子，則定遠之學，固未足以知之。又謂庾子山詩，太白得其清新，老杜得其縱横，齊、梁詩學問源流，氣力精神，有遠過唐人處。則其好尚之偏，不足爲據。又謂韓吏部變今文爲古文，歐陽公變古文爲今文，歐文不如唐人四六尚有古意。以及詆明詩爲更下於宋；詆楊用修好妄而健忘，其書幾於一字不可信；詆王、李爲實是妄庸；詆譚元春、鍾惺爲不通文理，不識一字；皆未免過當。歐文何可易言，明詩實勝於宋。升庵固好僞撰，其學識才情，究爲有明第一人。王弇州大非李比，其才雄學富，遠過震川，妄庸之譏，豈爲定論？友夏、伯敬，亦有清才，學雖近俚，不無機悟可取也。

定遠又云：「余於前人未嘗敢輕詆。老人年長數十歲，便須致敬，況已往之古人？然有五人不可容。李禿謂卓吾之談道，此誅絶之罪，孔子而在，必加兩觀之誅。程大昌之演繁露，妄議紛紛，義門評曰：泰之不惟妄議，其健忘而謬誤處亦多。楊用修之談古，欺天下後世爲無一人。」「譚元春、鍾惺之論詩，俚而猥，乃狹邪小人之俗者。」予謂以用修與此四人伍，究屬不倫。

予生最不敢輕議人，然於古今亦有深惡者十餘人：魏王肅，唐啖助，宋鄭樵、王柏、陳亮，明程敏政，國朝陸隴其、沈德潛、程晉芳、程廷祚、朱仕琇、翁方綱，近時方東樹，皆愚而自用，謬種遺患。若李贄、唐寅、祝允明、孫鑛、金人瑞、袁枚、趙翼、張問陶之流，誕妄不經，世上小兒稍有識者，皆知笑之，不足責矣。至宋元明三朝中，若道學諸儒之語録，蒙存淺達之經解，學究考據之説部，江湖遊士之詩文集，綱目家法之史論，村塾門户之論文，如真西山文章正宗、謝疊山文章軌範及明茅坤、陳仁錫之類。皆足以陷溺性真，錮塞才智。學者於南宋以後書，自當分別觀之。其中經説、叢説、文集必不可不讀者，不過四五十種，餘則盡從屏絶，不但可省日力，亦免流弊無窮。南宋經學，自衛正叔禮記集説、吕東萊讀詩記、嚴華谷詩輯、李如圭儀禮集釋外，説部自王伯厚困學紀聞、洪文敏容齋隨筆、王勉夫野客叢書外，尚皆有一二可取。明則直無可稱。必不得已，其郝京山之經學、楊升庵之雜學乎？文集則明勝於宋，元勝於明。

譎觚 清 顧炎武

閱顧亭林譎觚，凡十條。其自序言見時刻尺牘，有樂安李象先名煥章與顧寧人書，辨正地理十事，然實未嘗有往復之劄。又劄中言「僕讀其所著乘州人物志、李氏八世譜而深許之，僕亦未嘗見此二書。其所辯十事，僕所著書中有其五事，然似道聽而爲之説；又或以僕之説爲李君之説，則李君亦未見鄙書，故出其所著以質之」。其書先列李原書，而後爲辯正。象先諸説，似亦博辨有志於古，而多引别史或近時地志，皆涉無據之談，又好逞臆武斷。然如言臨朐之逢山，據漢書地理志臨朐有逢山祠，則逢山自以逢伯陵得名，非由逢萌一條，亭林亦稱之。又言周封太公於營邱一條，亭林謂史記言其地瀉鹵，人民寡，而以封尚父者，蓋周初有千八百國，中原之地無閑土，故封止於此。象先謂千八百國，當伐紂後自有變置。殷都朝歌，千里内不免改王畿爲侯國；周都鎬京，千里内不免改侯國爲王畿。澗東瀍西，皆有諸侯，營雒以後，安能各守其地？論亦近理。蓋亦當時之矯矯者。亭林於地理爲專門，所辨自皆精當，固非象先所能敵也。

續三十五舉　清　桂馥

閲桂未谷續三十五舉。其自序言摹印變於唐，晦於宋，迨元吾丘衍作三十五舉，始從漢法。元以後古印日出，衍不及見，且近世流弊，亦非衍所能逆知，因續舉之，凡三十則。前有翁方綱、陸費墀兩序，後有沈心醇、吴錫麒、宋葆淳三跋。子行三十五舉在所著學古編中。未谷精於小學，其説文義證、繆篆分韻及札樸、未谷集等書，皆深究篆隸形聲之變，此書專言古印之文法形製，亦多采諸家之説，以正流俗之誤。如言古有官印連姓名者，如「裨將軍張賽」，由於魏武帝令諸官各以官爲名印。有名印具邑里者，如漢有「常山南行唐漢志常山郡有南行唐縣。陳鴦印信」、「右扶風丁潛印」、「趙國襄國家諺字子義」等三印，皆廣所未聞。桂氏言漢印名姓皆别行，郎瑛謂漢印二名，姓獨居右，名俱在左，防誤看也。二名無「印」字，則姓居其半。虞大中印雖有「印」字，亦「虞」字自爲一行。至回文者名在一邊，自不相混，朱白相間者，亦有意。如「尹章之印」，獨「章」字白文，使人易省。郎瑛謂稱臣者多兩面有文，兩面印者，一面姓名，一面稱臣某。若有紐之一面，印則必連姓。譜中一面印作臣某者，臣字即姓也。兩面印一面無文，象鳥獸蟲魚形或刀劃痕，示人以正也。

潛邱劄記　清　閻若璩

二十六日　閲閻百詩潛邱劄記。凡六卷。卷一、卷二皆雜考，往往直録舊説，而無論辨。卷三爲釋地餘論，卷四、上爲策跋等雜文，下爲喪服翼注、日知録補正。卷五爲書牘，卷六爲雜體詩，而前冠以璿機玉衡賦一首，末系以鄭耕老勸學文及跋一通。後附其子詠左汾近稿。此本爲百詩之孫學林所編，四庫書目所謂雜糅無法者，然搜舂較備。百詩窮力於古，論辨精實，而識力未高，壓於宋元俗儒之説。甚至以詩序爲不足信，以爾雅爲不必讀，故全謝山以陋儒目之。其所著書，自當以四書釋地爲最。故此書所論地理，亦多確覈，若以與並時之顧亭林絜量短長，則學識尚相去甚遠。近時平定張穆並作顧閻二譜，蓋不出爲山西人之見而已。

二十七日　閱潛邱劄記。百詩與戴唐器書有曰十二聖人者：錢牧齋、馮定遠、黄南雷、吕晚邨、魏叔子、〔一〕汪苕文、朱錫鬯、顧梁汾、顧寧人、杜于皇、程子上、鄭汝器，更增喻嘉言、黄龍士，凡十四人，謂之聖人，猶唐人以蕭統爲聖人之聖。然其它文於苕文極口詆斥，尤痛闢其古今五服考異之謬，至兩相詬詈，有同仇讐。於南雷亦有違言，條駁其明夷待訪録之誤，且謂其文章不及牧齋。而於牧齋，亦謂其詩勝於文。苕文誠淺狹多妄言，其考據固不足當百詩一吷，若南雷則非百詩所能敵也。錢唐馮山公亦力攻古文尚書者，嘗著淮南子洪保，以與百詩同居淮安時所辨論，故曰淮南子，洪者大也。其名本不經，然其傾倒百詩，可謂至盡，而百詩亦力詆之。言其所據在家語、孔叢子、竹書紀年及魯詩世學、世本、毛詩古義，真謬種流傳，不可救藥。蓋其矜己好罵，若同時毛西河、李天生等，亦一時習氣使然也。

注釋

〔一〕原文漏「魏叔子」，據潛邱札記補。

崑崙河源考　清　萬斯同

二十八日　夜閲崑崙河源考，萬斯同季野撰。荒外之功，聖人所不事，故荒外之地，聖人所不言。禹治水，江河致力最大，而導江僅於岷山，導河僅於積石，不欲窮徼外之原也。自山海經有河出崑崙一語，於是張騫鑿空而漢武求之于闐蔥嶺矣。李靖遠征吐谷渾，而實以星宿川柏海矣。至元世祖勤遠略，而都實今作篤什。遂之吐蕃朵甘思矣。道里不一，名號日歧。

季野堅主崑崙，力申漢説，謂河必不出於星宿海，朵甘思之雪山必非崑崙。書闕難稽，事非目驗，終亦不得而詳也。漢書謂于闐國去長安九千六百七十里，于闐即今之和闐，長安今陝西西安府。而又云河有兩原：一出蔥嶺山，一出于闐。于闐在南山下，其河北流，與蔥嶺河合，東注蒲昌海。蒲昌海一名鹽澤者也，去玉門陽關三百餘里。史記則云「鹽澤去長安可五千里」。案玉門即今甘肅玉門縣地，去陝西西安府不過二千餘里，自史記言之則太遠，自漢書言之則太近，其道里已甚不合。新唐書吐蕃傳劉元鼎言河源崑崙，在吐蕃紫山，去長安五千里。元朱思本則謂河原至蘭州四千五百餘里，明一統志謂去雲南麗江府西北一千五百里。且既據山海經自崇吾至崑崙二千四百一十里，積石又在崑崙西二千一百里，而又泥漢書鹽澤去玉門陽關三百餘里之語，遂謂崑崙在玉門西千里之外，去肅州不過二千里，是則較都實所指朵甘思之崑崙反近四五千里，而何以謂都實所見者自積石潛而復出之流？既謂天下之水未有不發原於山，黄河必出於崑崙，然則何以山海經言積石更在崑崙西二千餘里？故又謂河有重原，崑崙有二，積石亦有二。禹貢之積石爲東積石，山經之積石爲西積石；西積石之外爲大崑崙，山海經大荒經所云崑崙之邱與海内西經之崑崙異，即太史公所稱禹本紀之崑崙。而又謂大荒經之崑崙，明言弱水環之，則非河原所出可知。然則西積石之原固出於何山者？既謂史記言「河源出于闐，其山多玉石。天子案古圖書，名河所出山曰崑崙」，是河所出之山，本不名崑崙。故子長又言張騫「窮河原，烏睹本紀所謂崑崙者」，而又謂漢之崑崙，即古之崑崙，漢武之錫名必審覈而後定，所按圖書蓋即山海經。其自相矛盾，不可殫詰。

蓋漢書所云鹽澤，去玉門陽關三百餘里者，必有數目脱誤之字。山海經所謂積石之山者，固非禹貢之積石，亦非後漢書段熲傳、隋志河源郡之積石。史記言「烏睹本紀所謂崑崙者」，謂禹本紀言崑崙高二千五餘百里，日月相隱避爲光明，其上有醴泉瑶池，今張騫所見崑崙，何嘗有此？其上下文甚明，非謂不見崑崙之山也。季野好博辨，而不能深求古人文法，故往往疵謬。

集虚齋學古文 清 方桑如

二十九日 閲淳安方桑如文輈集虚齋學古文，凡十二卷。首雜著兩卷，爲考辨題跋紀事之文；次書札兩卷；次序四卷；次碑記一卷；次墓志、墓表兩卷；次傳志一卷；附以離騷經解略。文輈仕而即廢，以時文盛名教授浙東西，著録至數百人，杭大宗、孫虚船、梁文莊、任武承等皆其高第弟子，故盛名益著。

其古文頗自矜重，喜鑱刻爲工，而學淺語佻，多近小説。敍事尤無義法，惟議論間有可取。如校大戴禮，謂公符篇當爲「公冠」，後來孔氏廣森、阮氏元皆因之。讀史記伯夷、孟子荀卿、游俠列傳諸解，深得古人文章微意。又極貶宋儒，雖或言之過當，然如書毛詩名物解云，陸農師、方性夫皆從介甫新學，然説經鏗鏗，類能敷通危疑，傑然自建，而號爲得不傳之學，其門徒昏昏索索，乃反十三四不逮之。元度此解，穿穴囚鎖，遠有致思，雜解以下諸條尤奇，故曰王氏之學未必不佳也。此公論也。

書集古録云：「後漢延熹二年孫叔敖碑載叔敖名饒而字叔敖，此立碑人妄作，饒乃叔敖之切音耳。歐陽公信之，後遂有鄭清之謂公羊、穀梁爲姜氏一人幻作者。」與全紹宬書即謝山，「宬」當作「衣」。云：「讀易，謂取象不必泥，謂互卦不必論，即不敢與言易。讀書，謂篇序僞，謂多錯簡，謂文王不受命稱王，謂武王封康叔，謂『命公後』非封伯禽，謂遷頑民而後作洛，即不敢與言書。讀詩，謂序説可廢，謂鄭風即鄭聲，謂笙詩本無詞，謂楚茨以下十四篇非變雅，即不敢與言詩。讀禮，謂周公不踐天子位，謂成王賜魯重祭爲非，謂賜魯重祭者非成王，謂禘禮當如趙匡説，謂周禮冬官非缺誤散入五官中，謂儀禮爲末，即不敢與言禮。讀春秋，謂三傳可高閣，謂春王正月即夏時，即不敢與言春秋。讀論語，謂主皮爲貫革，謂山節藻棁即居蔡，謂左丘明非傳春秋者，謂師摯適齊，爲孔子正樂之功，即不敢與言論語。」

又謂近作經説疑，經無敢疑也，所疑者諸儒經説耳。於漢十之一，於唐十之二，於宋十之七。前儒説經，解説而已，至宋而説之不足，則論而議，議而辨，往往於無可疑者而疑，既疑之則以身質疑事，小則改張前說，大則顛倒經文，儼若有聖人復起，言提其耳而命之更定者。鄭注拾瀋自敍云：「嗚呼！宋儒火焰久矣。漢人解經，不播國序，如去墠而鬼，今鄭氏詩、禮注故在也。諸生家魚愕雞睨，震於怪物，而況收合餘燼，欲然死灰之已溺而傳於爲薪，其不唾而不顧者有人哉。抑歐陽子云：予於鄭氏之學，盡心焉耳。斯則區區之心所願爲執鞭者也。」皆可謂名通之論。是時漢學未盛，尊高密者無幾人，而所言如是，亦一時之達識。

其答李雪崖雜辨，凡十八條，皆辨文王有受命改元之事。據康成禮大傳注文王稱王早矣，於殷猶爲諸侯，謂惟受命改元，而猶率叛國以事殷，所以爲至德。據中庸言周公成文武之德，追王太王王季，不言文王，以證大傳鄭注之可信。且據左傳國君十五而生子，以證文王生伯邑考在十五以前之無足疑。據周官掌六夢，以見古人重言夢文武之夢齡錫齡，正聖人盡性知命，通晝夜之道，知死生之說。據文王受命惟中身，饗國五十年，及文王之德百年而後崩語，即文王之年，推太姒之年，以駁竹書紀年稱武王崩年五十四之繆。亦極明確。

其末一條云：「三古以還，漢爲最古。當日開獻書之路，建藏書之策，置寫書之官，遣求書之使，收合餘燼，火傳窮薪，辛苦而有之，以遺後人。後人當陳而拜之之不暇，何暇登枝捐本，呫呫焉動其喙者？淮南子謂侏儒問天徑於修人，修人曰：『不知。』侏儒曰：子雖不知，猶近之乎我。僕於漢人所不敢輒以意突者以此。」其言尤可味。惟不知古文尚書之僞，而援引紛紜，近於知二五而不知十，是則其所蔽耳。

震澤紀聞　震澤長語　明　王鏊

三十日　閱王文恪震澤紀聞二卷、震澤長語二卷。紀聞皆紀明事，而於並時人爲詳，分人條系，似列傳體，其中多直筆。如言萬安之穢鄙，焦芳之奸邪，皆狼籍滿紙，不少隱避。又言李賢有相業，而在當時以賄聞，亦頗恣横。丘濬博學有辯而剛褊，晚因内臣李廣得入閣，喜紛更，遂憎劉健、王恕。又極言御史湯鼐之狂妄，既負直聲，日與李文祥等十餘人號呼飲酒，以文祥爲先鋒，鼐爲大將，各有名目。又言李東陽之媚閹戀位，力辨楊一清所撰西涯墓志之妄。明代臺官，自弘治後漸横，萬曆後益披猖。如劉臺、李植、王元翰等，最負直聲，而諸書多醜詆之，蓋非無因，鼐等實爲之倡。若西涯，則有明一代，毁譽參半。其周旋凶豎，隨事補救，良出苦心，當時天下，亦未始不陰受其福；要不若潔身早去之爲名高。文恪正人，固非妄詆，又事皆目睹，徵實而書；然心有事後而始明，論有日久而始定，當日之彌縫委曲，亦未必能盡知也。

長語則雜説之屬，其考據議論亦頗有佳者。如謂詩小序不可廢；禮記篇次不可割裂；朱子改大學「以聽訟」一節，釋本末爲可疑；謂本末非綱領，非條目，何用釋？且既釋本末，何獨遺終始？俞廷椿、王次點以周禮五官分補冬官爲亂經；周禮設官之瑣屑不必疑；董子繁露深得春秋之學，而程大昌之辨爲妄；六國時魏之都大梁，乃逼於秦而不得已，後世朱温、宋祖都之則大謬；明代翰林皆得謚文，不以人而以官，且秉筆出於一二人，無駁正者，爲失古法；宋時一甲三人，皆出知外任，然後召試，今制三人及庶吉士留者，皆可坐致清要，既不復苦心於學，又不通知民事；天下以文學名者，不得召試，遺才頗多，不若復制科之爲得；唐宋有勳階官爵，以高下相稱叙，今制惟以官爲定，而勳階隨之，無復叙勞叙功之意；晉書中台星坼以爲大異，張華等應其禍，至國朝而中台星常坼，蓋不立宰相之應；干支等字，皆有本義，史記、説文亦皆有説，而鄭樵言皆爲假借，其説非是。皆卓有所見。

其關係尤重者兩條：一云：「宋儒性理之學行，漢儒之説盡廢，然其間有不可得而廢者，今猶見於十三經注疏，幸閩中尚有其板，好古者不可不考也。使閩板或亡，則漢儒之學幾乎熄矣。」一云：「爲人臣者莫難於任怨，不能任天下之怨，不能成天下之務。孔子論三代之禮，有所因，有所損益。易謂窮則變，變則通。董子謂更化則可以善治。夫祖宗之良法，百世守之可也，其間時變不同，益之損之，與時宜之。自宋王安石變法，馴致大亂，後世以爲大戒。少有更張，則群起而非之，曰又一王安石也。由是相率爲循默，不敢少出意見，不才者得以自容，才者無以自見，支傾補漏，視天下之壞而不敢爲矣。」

嗚呼！觀其前之一説，則明自永樂修大全以後，注疏之不亡者天幸也。其後萬曆時北監之刻本，未始不由於文恪之言，則其功實不在禹下。至十三經注疏之大半非漢學，則文恪固未能知之。觀其後之一説，則明之終淪胥以亡者，職由於此。此黄梨洲明夷待訪録、顧亭林日知録之所以有激言之也。是書凡分經傳、國猷、官制、食貨、象緯、文章、音律、音韻、字學、姓氏、雜論、仙釋、夢兆十三門。

十二月

嘉靖以來内閣首輔傳　明　王世貞

朔　閲王弇州嘉靖以來内閣首輔傳，凡八卷。所載爲楊廷和、蔣冕、毛紀、費宏、楊一清、張孚敬、李時、夏言、翟鑾、嚴嵩、徐階、李春芳、高拱、張居正、張四維、申時行十六人。弇州以嘉靖以來閣權益重，首輔之與次輔，高下益分，故著爲是書。事多目擊，曲折詳盡，較史爲備而可信。其最稱重者，新都、華亭；次則全州、掖縣、任邱、興化；而於鉛山則譏其晚節不終，巴陵則譏其權術自用。於永嘉雖譏其横而稱其屏苞苴，折姦倖，明主威，蕩國蠹，爲功之首。於新鄭謂其剛愎强忮，雖有小才，不足道，幸其早敗耳。皆持平之論。弇州受知於華亭，又與江陵素厚，而始困於分宜，後厄於新鄭。然分宜之惡，不待一人之言；江陵功罪相平，而弇州頗不爲留餘地。但云居正申商之餘習，尚能以法劫持天下，器滿而驕，群小激之，身没之後，名穢家滅。善乎夫子之言，雖有周公之才之美，使驕且吝，其餘不足觀也已。於華亭雖稱美之，而謂其小用權術，收采物情，識者不無遺恨。考弇州當隆慶初爲其父訟冤，而新鄭柅之，賴華亭周旋其事，僅得半卹。此書謂新鄭很於信州。即貴谿。而汰小未甚，亦可謂惡而知其美者。諸傳敘事亦有筆力，惟時有疵語及不典之偁，此染於二李習氣，故爲後人口實也。

龍沙紀略 清 方式濟

初三日 閱方式濟龍沙紀略。式濟字屋源，桐城人，康熙己丑進士，官内閣中書舍人，後以子敏恪公觀承貴，封光禄大夫。其父登嶧，官工部主事。康熙辛卯，戴名世南山集事發，以登嶧之父故學士孝標嘗著滇黔紀聞，登嶧坐是全家戍黑龍江。是書式濟隨其父在戍所時作，分方隅、山川、經制、時令、風俗、飲食、貢賦、物産、屋宇九門。其書紀載詳覈有法，於山川尤考證致慎，爲言北塞者所必需。其辨混同江源出長白山，即松阿里江，西北流二千六百餘里，始與黑龍江合。黑龍江出俄羅斯境興安諸山之南，而金志誤云混同江一名黑龍江，又誤松阿爲宋瓦，爲松花，皆得之目見，有功史學。其名龍沙紀略者，四庫書目提要謂「龍沙」二字始於後漢書班超傳贊「咫尺龍沙」，章懷太子注曰：「龍堆沙漠。」白龍堆在西域中，漢書孟康注、酈道元水經注可證。沙漠，漢書作「幕」，燕然山銘稱大漠，其地亦在西北，不在東。今東北自唐以來，勃海大抵奄有諸土，已久爲城郭宫室之國，不得以「龍沙」目之。式濟蓋尚沿劉孝標「龍沙霄月明」、李白「戰士卧龍沙」等語，以爲塞外之通稱，其論誠確。然式濟言興安嶺，或曰蔥嶺之支絡，盤旋境内數千里，則西北東北，幅員本相連接。又言卜魁本站名，今黑龍江將軍駐此。以南至新城數百里，皆平漠，是北塞未始不可稱漠。且漢世匈奴國境包絡東西，漢書所稱絶幕，固亦兼東西言之耳。

出塞紀略　清　錢良擇

閲常熟錢良擇出塞紀略，紀康熙戊辰五月隨内大臣索額圖、佟國綱、此書誤作佟國瑋，今據張文端奉使俄羅斯日記及國史名臣傳正。馬喇及兵部督捕理事官張鵬翮、兵科給事中陳世安奉使俄羅斯，行歷蒙古四十九旗北界，入噶爾噶國境，值與阿魯忒國構兵敗竄，使臣遂不能進，得旨回京。凡行百餘日，往返四千餘里，山川風俗，逐日所經，載之頗悉。鵬翮即遂寧相國謚文端者，亦著奉使俄羅斯日記，不及此之詳盡。惟叙次蕪俗，所附詩歌亦皆冗劣不足觀也。是役從精騎萬餘人，私從僕馬復萬餘，軍容甚盛，而冒暑進發，涉歷危險，卒不克致使命，而人獸死者已萬餘，耗銀二百五十餘萬，亦可以爲遠略者之戒矣。

東華録　清　蔣良騏

十三日　連日以朱筆校閲刻本蔣良騏東華録。其書雖詮綜無次，詳略不經，而自太祖至世宗五朝之聖德神功，亦藉以考見百一。士生下邑，既不獲窺金匱石室之藏，得此爲天管海蠡，良非無補。且其所紀載，皆直録史館紅本，絶無妨礙之辭，故近日都市通行，不復重申明禁。竊謂唐柳芳之日曆，宋李燾之長編，皆紀述本朝，布行當代，識大識小，不以爲非。今運值中興，詔編方略，設有人上請取法前人，以三祖六宗之事，按代爲編，附以諸臣列傳，略仿宋世東都事略之體，昭著績業，永炳丹青，亦未必不蒙深許也。

先撥志始 明 文秉

十四日 閲明人文秉先撥志始。秉字蓀符，文肅公震孟之子。是書上下兩卷，專紀萬曆至崇禎初國本黨禍始末，較它書特詳。如憂危竑議、續憂危竑議、東林點將録、欽定逆案，皆全載其文，不遺一字；於諸人附閹情狀臚列尤悉。蓀符東林子弟，事事皆所睹聞，其言亦頗平允，無激烈之談，可與其烈皇小識並傳者也。

禹貢錐指 清 胡渭

十八日 閲胡朏明氏禹貢錐指。是書精博固可取，而武斷者亦多。如以梁州之黑水謂與雍州之黑水異，禹於梁州黑水無所致力，故惟導雍州之黑水，至於三危，則禹貢九州分界水名先已相溷。以吐蕃之河源出星宿海，謂與西域之河源出葱嶺及于闐者各别，是則河有三原，愈爲紛歧。既據漢志自西域、鹽澤伏流爲説，而又牽引唐劉元鼎、元潘昂霄之言，故爲此調人之舌。又謂漢武名于闐河原所出之山曰昆侖，即古昆侖國地，亦不知其所據。以舜典「五十載陟方乃死」，謂當讀「五十載陟」爲句，陟者崩也，方乃死者，所以解陟之爲死也，則文理幾至不通。此朏明自爲文則可，虞夏史官所不受也。

其它可議處尚多。又矜己自誇，動涉措大口吻，亦非著書之體。其前冠以吉水李尚書振裕一序，文甚蕪雜。而朏明自撰略例，謂李公稱其書兼得虞夏傳心之要，尤是腐儒妄言。所謂太極圈兒大、先生帽子高也。朏明與閻百詩、顧景范諸君，皆久居徐健庵尚書幕，同佐修一統志，故於地理皆爲名家，而識隘語俚，亦略相似。予嘗謂當時有三大書：顧氏棟高之春秋大事表、閻氏之尚書古文疏證、胡氏之錐指，皆獨出千古，有功經學，門徑亦略同，而皆無經師家法，有學究習氣。江氏藩輯國朝經師經義，皆棄而不録。全氏祖望力詆錐指，謂其葛藤反過於程大昌，皆非平情之論。

國朝文録　清　李祖陶輯

十九日　批點李祖陶國朝文録中邵青門、鄭次公、朱可亭、蔡梁邨、姚姬傳、彭二林、李奠基榮陛、陶士升必銓、劉寄庵大紳、謝薌泉振定、陳惕園庚焕諸家，隨閲隨評，淩雜無次。祖陶所選，雖蕪陋可鄙，然如鄭之靜庵先生集、李之厚岡文集、陶之萸江古文存、劉之寄庵文集、謝之知恥齋文集，皆予所未見。五家誠不足言古文，而次公軍陽山記、東山巖記兩作，狀景頗工；與陳元公書一首，論明代文章門户之習，亦甚痛切。奠基好考古，而陋學自用，妄詆漢儒，文尤蕪雜。然其佛生日辨、書楊宏山士雲大理郡名博議後、駁李中谿元陽大理山川志諸篇，議論嚴切，頗足傳世，予爲删改其纍句，且正其題目。佛生日辨原題作中土附會佛生乖實考；書楊宏山大理郡名博議後原題作宏山不諱僭酋論、駁李中谿大理山川志原題作論大理志傳合天竺山川之謬，皆不合法。

莫江之資江劉氏族譜序，考據議論俱可觀。二子名字説，極似蘇文安作，而絶不蹈襲。瘞殍文、秋夜遊東園記兩作亦佳。薌泉名御史，其巡城杖和珅妾弟一事，風節尤著。文雖率易，然如遊上方山記、登太華山記，雖皆信筆叙次，無作家簡練之功，亦尚不至拉雜如路程記，較之明人王履、蔡羽輩自爲過之。西涯雅集記、遊焦山記清澈可入小品。寄庵宰縣，循聲迄今尚在人口。壽陽祁文端當今上御極初，疏陳其政績，詔列入國史館循吏傳。其文頗有氣勢，而蕪穢彌甚。惟伏生子孫世襲博士記一篇，有關掌故，文亦疏暢，當與趙鹿泉重修有子祠墓並立五經博士序並傳。其東南山中看桃花記三篇，亦小品之可觀者。愓園存稿世尤罕見，其文亦蕪傹涉市井氣，然頗有資考證，如衢州孔氏并官今多誤作幵官夫人楷木像記原本題作孔氏夫子夫人楷木像考，既不辭，其文亦是記，非考，故正之。最有關係之文讀明儒學案上下兩篇，議論亦好。擬增補明儒陳第傳，足裨史缺。略最俗「撮」字。其目於此，以備它日選擇焉。

席氏讀説文記　清　席世昌

二十日　閱席氏讀説文記，常熟席世昌子侃撰，前有黄廷鑒序。言子侃得惠校説文本而善之，欲推廣其義例，作説文疏證，草創未就，中年殂謝。其從舅張若雲刻叢書，訪其遺稿，因與婁東張鐸即其所校説文中凡細書密注者皆逐條繕録，連屬其文，先將説文本文條舉於前，次列疏解於下，仍分爲十四卷。其書先立疏證、補漏、糾誤、異義四例；又謂讀書識古字，其例有七：曰省，曰借，曰通，曰轉，曰異，曰訛，曰增。謂字衹一母，今有二母者，皆轉寫之誤。惟「否」字口部、不部兩見，以兩母故並收，此亦一例。又謂省文有省母、省子二體。案一字有二母者，乃後世附益之字。説文以小篆爲主，故所收亦多有之，非盡傳寫之誤。至「否」字口部自是重出，「否」以不爲母，以口爲子，何得謂之兩母？且字豈有有母而無子者？省母省子，亦小篆之例，大篆所無。觀説文中所載籀文多不減省，故其字往往繁重，即此可知。

又謂許君所取，專用古文，不取小篆，則其論尤謬。許明言今叙篆文，合以古籀，又明言當時隸書有「馬頭人爲長」、「人持十爲斗」、「虫者屈中」之類，故作此以解謬誤，安得謂不用小篆？又謂王弼之周易，杜預之左傳，既經竄改，無異僞書，當與梅賾之僞古文尚書概置弗取，持論亦未免過高。

其間考證，亦時有疏失，如以「琁」字爲「璇」之重文，非「瓊」之重文，而不知「琁」實「璿」之或字，有文選注可證，不得據玉篇以補「璇」字。以「寥，虛空也」，謂當據文選天台山賦注補入，而不知説文自有「廫」字。以「鉉」之古文當爲「扃」，不當爲「鼏」。而不知音扃者爲鼐，鼐所以舉鼎，從冂聲；篆文爲鉉，音密者爲鼏，鼏所以覆鼎，從冖。鼐、鼏本兩字，禮之扃密，皆同音通借字。然貫通古籍，深究形聲，古義湛然，不容一字出入，是漢學之卓絶者。所引惟惠氏説，而時訂正其誤。此外惟引段氏校一條，蓋其時金壇之注及嚴氏、錢氏諸書俱尚未出，而其説多與之暗合者，雖不及段氏之博奥，而亦無其武斷之病，固傑然可傳者矣。

樓山堂遺書 明 吴應箕 **詩四家異文** 清 陳喬樅 **聞見一隅録** 清 夏炘

二十七日 得平景蓀十月十日南昌書，並寄書籍一匧來。李祖陶所選國朝文録續編三十册、所著邁堂文略四册、吴忠節樓山堂遺書五種、樓山堂集六册、兩朝剥復録四册、留都見聞録一册、東林本末一册、忠節公年譜一册。陳喬樅詩四家異文考五册、夏炘聞見一隅録一册，皆江右新刻者。樓山堂集等四種皆當塗夏燮所校，年譜爲燮所撰，燮字嗛父，炘之弟，官知縣。喬樅字樸園，恭甫先生之子，官知府，近皆在江西。景蓀書言此間同官如陳樸園太守之經學、夏嗛父大令之史學、何鏡海觀察應祺之詩古文，足偁三絶。太守名父之子，其所著書予在都中已有見之者，然其鄉人楊鐵臣觀察言太守學過其父，則予未敢信也。夏心伯經學爲近年碩果，所著景紫堂全集貫串漢宋，卓然可傳，其詳已見予孟學齋日記中。其聞見一隅録則淺陋可笑，流於邨學究家數矣。嗛父擩染於兄，當有可觀。何觀察不知其人，然當代人恐無有真能詩古文者，景蓀素未講此事，其言亦未可憑。

國朝文録續編 清 李祖陶輯

二十八日 閲國朝文續録，凡四十九家，爲姚端恪文然、杜于皇濬、顧黄公景星、王無異弘撰、申孚孟涵光、計甫草東、魏善伯祥、丘邦士維屏、徐巨源世溥、張簣山貞生、李維饒振裕、陸清獻隴其、秦留仙松齡、徐健庵乾學、汪蛟門懋麟、趙伸符執信、俞寗世長城、趙恭毅申喬、王予中懋竑、謝霖石濟世、朱斐瞻仕琇、楊勤慤錫紱、萬字兆承蒼、紀慎齋大奎、汪文端由敦、方文輈棨如、沈碻士德潛、沈本謚文慤，後追削。沈冠雲彤、陳文恭宏謀、陳黼儒之蘭、際泰曾孫。袁子才枚、羅臺山有高、劉東橋㪍、熊玉輝璟崇、陸朗夫耀、段若膺玉裁、洪稚存亮吉、沈埴爲叔埏、管緘若世銘、茹遜來敦和、李申耆兆洛、許周生宗彦、張蓮濤錫穀、焦理堂循、陸祁孫繼輅、沈學子大成、陳恭甫壽祺、余卿雯廷燦、姚文僖文田，共六十七卷。有總序，有各家小序，每篇後皆有評語。去年何中允廷謙視學江右，始爲之刻行，而附以邁堂文略四卷，爲五十家。

祖陶陋學鄙見，妄操選政，哆然以古文家自命；而又好言經濟理學，力攻漢學諸儒，蚍蜉自矜，尤爲可惡。此選猥雜不倫，較前録彌甚。如紀大奎、陳之蘭、熊璟崇、張錫穀輩，直一無所知之人。臨桂陳相國吉水、武進李、趙兩尚書，亦豈得以文章論？賓山、雙湖陋俗無識，端恪、勤慤皆是通暢公牘，並無意於爲文。陸清獻之庸僿，俞寧世之促陋，萬孺廬之拙滯，沈歸愚之蕪劣，皆此事中之下下者。韞山、止水，經學既疏，文辭尤拙。即白田、果堂、懋堂、理堂諸君子，經術精深，而文實不工。今舍其考據論辨之篇，而取其序記志傳之作，是何異拔梧檟而養樲棘，屏昌陽而進豨苓耶？

蓋此四十九人中，小足名家者，不過顧、王、魏、丘、徐巨源、汪松泉、方、羅、陸祁孫、陳左海等十人，其餘尠可節取。文略四卷，則尤蕪俗庸劣，如市儈帳簿，村媪家書，閲之令人嘔噦。中允校刊亦極粗疏。以國朝文選者廖廖，雖牛溲馬勃，亦可蓄取，故景蓀以遺予，而予亦姑存之焉。

同治八年

正月

國朝文録續編　清　李祖陶輯

初二日　閱國朝文録續編，略批抹之。其中最不通者，臨川陳之蘭之香國集，令人歐歍。大士太乙山房文，方樸山已醜詆之，無論其孫矣。

初三日　閱文録續編，評勒沈雙湖、管韞山、許止水、張蓮濤諸家，皆文拙而議論繆者。

大學説　清　惠士奇　大學古本注　清　艾暢

初八日　閱惠半農氏大學説及艾檝堂大學古本注。半農極言朱子補「格物致知」章之非，謂格物即物有本末之物，格者度也，格物猶絜矩。以本末終始言格物，猶以上下前後左右言絜矩，謂「此謂知本，此謂知之至也」二語，當如舊在「其所厚者薄，而其所薄者厚，未之有也」下。又謂「親民」不必破「新民」，其説是矣。而謂先釋「明德」、「新民」、「止於至善」三章而後釋「誠意」一章，及詩云「瞻彼淇澳」兩節在釋「止於至善」章後，不在釋「誠意」章後，皆當從朱子改定本。則不漢不宋，又別出一大學改本矣。

檠堂謂次序一當如漢之舊，力言朱子强分經傳及釋「大學」爲「大人之學」、釋「明明德」爲「明其明德」之非，其説是矣。而謂「格物」之「物」乃性命中之實有者，不可以物言，不可以氣言，故謂之物，則仍墮於虚無杳眇，視宋人之説尤爲支離。又謂「在親民者」謂「在親與民」，親是人已交關處，尤謬妄無理。

竊謂致知者，即明明德也。致知之功貫於平天下，則親民止於至善，皆貫之矣。格物者，由天下國家以及身心意皆物也。意爲本，天下爲末，所謂物有本末也。意爲始，天下爲終，所謂事有終始也。致知格物，即知止也。本末終始分先後，不分精粗内外，知止即知所先後也。自致知以及平天下，功有先後，事皆一貫，非必逐事而爲之，非必明明德而後親民，必親民而後止於至善也。自天子以至於庶人，壹是皆以修身爲本，而治國平天下，則非庶人所得與，非庶人之功至齊家而止，非天子諸侯於齊家後更加治國平天下之功也。所謂先後者，示人以爲學之本自誠意始，夫子之所謂一以貫之也。誠意先致知者，中庸之所謂自明誠謂之教也。大學之道，所以明成人之教，故以學知言，不以生知言也。誠知至而意誠，則萬物皆備於我，踐形在是也，盡性在是也，與天地參在是也。故大學先言知本，次言誠意，而亦結之曰此謂知本。然後申言正心修身齊家治國平天下之功而終之以絜矩，非以格物始、絜矩終也。格物即格此心身家國天下之矩，絜矩即絜此天下國家身心之物，皆所謂明明德也，所謂止於至善也。原始要終，徹上徹下，而何有綱目，何有條領，何有即物窮理，何有一旦貫通，使聖賢教人平正通達之旨，入於晦霿荆棘，流於參禪喝棒乎？惠氏由不知明德、親民、止善之勹於誠意，誠意之即爲知本，故尚泥朱子分明德、親民、止善爲三章，别分知本爲一章，而以古本「詩云淇澳」兩節次於「誠意」爲非也。

東林本末　明　吴應箕

十九日　閲吴次尾東林本末，夏嗛父校注，分三卷。其兩卷爲門户始末，又一卷爲論七首。曰江陵奪情，曰三王並封，曰癸巳考察，曰會推閣員，曰辛亥京察上下篇，曰三案。據稱爲何夢華鈔本，較荆駝佚史本較有條理。次尾議論侃侃，非陳同甫輩所敢望，若論東林人物，則不特李三才、于玉立、丁元薦、王元翰、王國王圖兄弟，固皆是小人，即顧憲成亦非貞士。至張溥、張采等繼立復社，直同喪心病狂。明代士不知學，競務虚聲，横議朝政，浸以亡國。東林復社，實爲戎首。次尾身列黨人，曲加掩護，所論多失其平。然其叙涇陽之聲氣結連，耀州及富平孫丕揚。之愛憎反覆，則弄權植勢，固已昭然，次尾亦不能爲之掩諱。蓋嘗論之，趙高邑之清流品，失之過激，致群小鋌而走險，借戈於逆璫，及彪虎狂噬而大獄成，此猶吴張温、曁豔之覆轍也。韓蒲州之定逆案，失之過寬，致閹孽日謀翻局，藏劍於烏程，及馬阮踵起而明社屋，此猶宋范純仁、吕公著之私心也。況東林中敗類如錢謙益、惠世揚、光時亨等，亦復何減「四凶」、「十孩兒」輩？復社則更不足言，求如次尾者，得幾人哉？予讀次尾此書，未嘗不深賞其忼慨激烈，有廉貪立懦之功，而竊惜其意之或偏，故言之未盡也。嗛父注頗詳悉，而筆舌冗漫，有學究氣。

兩朝剥復録　明　吴應箕

二十日　卧閲吴次尾兩朝剥復録，亦夏嗛甫校證，凡六卷。嗛甫於此書用力尤勤，然所證不出明史及文秉先撥志始、烈皇小識、劉若愚酌中志等數種，故搜采未爲晐備。其以吾鄉商太宰周祚爲逆案中人，則大謬矣。太宰素稱浙黨，與東林爲難，暮年家居，又就國朝貂薓之聘，故鄉人皆輕之。然於閹黨則不相涉。嗛父蓋以明史閹黨崔呈秀傳稱呈秀首疏薦張鶴鳴、申用懋、王永光、商周祚、許宏綱五人，遂誤指爲閹黨，而五人皆非逆案中人。蓋吾越之罹此案者，會稽徐大化最爲罪魁；次則蕭山來宗道、餘姚盧承欽、山陰張汝懋、陳爾翼，皆名著丹書，至今遺臭；大化之惡，不減彪虎，僅入三等充軍，實爲漏網，來、盧、張、陳四人，皆入四等，坐徒三年納贖。次則會稽董懋中，入第五等閑住，皆孝子慈孫百世不能改者。若山陰王業浩，則文蓀符謂爲逆案之漏網；餘姚蔣一驄，則黄梨洲指爲閹黨之餘孽。二人雖未列爰書，而王於崇禎初爲楊維垣所疏薦，以之與徐大化、魏應嘉並稱，且嘗劾曹于汴、易應昌等。蔣於京察時爲沈維炳所糾拾，言其與孫杰、崔呈秀相比，且嘗沮劉念臺，是皆倖免刑章，難逃清議。若會稽余武貞，縱預要典，自爲正人，晚節堂堂，一死尤烈。蓀符先撥志始亦列之逆案漏網，蓋未料其後振之奇也。至餘姚姜逢元，初預纂修，閣筆而歎，遂致罷斥，故今所傳要典，列銜並無其名，則於閹黨本皎然不汙，而晚景潦倒，與商公同，爲可惜耳。逆案又有山陰人孫杰，然明史及進士碑録皆言錢唐人。

乾隆紹興府志 清 李亨特　嘉慶山陰縣志 清 徐元梅

二十二日　隨手考訂李亨特乾隆紹興府志、徐元梅嘉慶山陰縣志，以朱墨略點注之。二志於近時尚爲佳志，而體例疏謬，紀載踳駁之處，蓋已不勝言，後有作者，更難知矣。即以兩志中各一事言之：李志鄉賢中收入鄒維璉，蓋誤以江西之新昌爲浙之新昌也。徐志人物中收入金濂，蓋誤以山陽爲山陰也。此皆眼前事而如此，它可知矣。其大端之謬者，李志於鄉賢外又立宦跡，既乖體例，所收又甚糅雜。徐志以土地、人民、政事三目爲全書之綱，既非志體，區別又多混淆。

小蓬萊閣金石文字 清 黄易

二十八日　至倉橋閱市，得錢唐黄易小松小蓬萊閣金石文字五册，前有翁方綱小引及題詩一絶，無目録。所刻爲漢石經殘碑篆文「漢」本從𦰩，而漢碑額篆，此字多作灘、[篆字]、[篆字]、涼篆額作涼州刺篆額作勅史魏元平碑、幽州刺篆額作[篆字]史朱龜碑、成陽靈臺碑、小黄門譙敏碑、雒陽令王渙二石闕、廬江太守范式碑及殘石武梁祠畫像唐拓本及題字、圉令趙君碑、篆字三公山碑，皆摹本雙鉤，並録諸家跋語，而小松及覃谿考辨尤詳。此當與覃谿之兩漢金石記並存者也。

群書拾補　清　盧文弨

三十日　夜閲群書拾補。此書所校，自五經正義表至林和靖集共三十七種，然其中惟易經、尚書注疏、史通、鹽鐵論、新序、説苑、申鑒、列子、韓子、晏子、風俗通義、新論、潛虚、元、白集十五種通校全書爲稍詳。所補者惟山海經圖讚、風俗通逸文爲最完備，而易經注疏惟正汲本之誤，不及官本。新序、申鑒、列子、潛虚亦甚寥寥。山海經圖讚則今郝氏箋疏本已刻之，其餘大率僅標舉一二篇。據盧氏自序，固言限於資力，約之又約，終未快於懷也。

二月

芝庭先生集　清　彭啓豐

朔　閲彭尚書啓豐芝庭先生集。其詩庸率不足觀，文亦平弱，而盅盉有自得之致。其碑志傳狀之作頗夥，多有關文獻，而文體亦潔。如明巡按山東御史宋忠烈公祠堂碑、忠烈名學朱，國朝大學士文恪公德宜之父，忠烈死濟南之難，明史附張秉文傳，言其死節，而諸家野史皆言不知所終，或言其降附。欽定勝朝殉節諸臣傳乃列之通謚第一等。明周忠介公祠堂碑、惠定宇傳、教諭韋君傳、教諭名前謨，字儀喆，蕪湖人。子謙恒，一甲第三人，官編修，通經學。左都督洪公神道碑、名起元，應山人。大學士史文靖公神道碑、浙江平陽鎮總兵官朱忠壯公天貴墓志銘、左都御史沈端恪公墓志銘、雲南巡撫甘公墓志銘、名國璧，漢軍人，雲貴總督忠果公文焜之子。湖南巡撫馮公墓志銘、名光裕，代州人。左副都御史趙公墓志銘、名大鯨，字横山，仁和人。寧紹台道葉君墓志銘、名士寬，字映庭，長洲人。浙江海防道莊君墓志銘、名柱，字書石，武進人，方耕先生之父。左副都御史雷公鋐墓志銘、禮部尚書沈文慤公墓志銘、禮部左侍郎胡公墓志銘、煦，時尚未賜謚。大學士陳文恭公墓志銘、户部右侍郎蔣公墓志銘、名炳，字曉滄，陽湖人。蒲城縣知縣顧君、名楗，字肇聲，元和人。滄州知州徐君、名時作，建寧人。隴州知州鄭君、名大綸，如皋人。贈文林郎昭文縣知縣康君、名惇，興縣人，兩廣總督基田之父，時總督尚官通判。雲南馬龍州知州吴君名三復，吴人。等墓志銘，皆立言醇雅，叙次不蔓。奉直大夫汪君名士榮、贈通議大夫袁君名志鑣，皆蘇人。兩志，言鄉里善人之狀。右贊善錢君名本誠，字冑伊，太倉人。志銘，叙交舊之誼，皆簡質有味，極似歐曾，錢志銘辭尤警絶也。

皇明大政紀　明　雷禮

初二日　閲皇明大政記，自洪武至正德九朝爲二十卷，豐城雷尚書禮所輯；嘉靖朝四卷，淯川范參議守己所續；隆慶朝一卷，茶陵譚希思所續；共爲二十五卷。范氏所著，尚有明史提綱四十三卷。自洪武迄隆慶。又有春秋傳二十五卷，證胡傳之訛。史删二十八卷，糾綱目之失。見朱竹垞明史提綱跋。前二十卷餘姚朱錦校，後五卷金谿閔師孔校。萬曆中江寧周時泰合而刻之，郭文毅正域爲之序。其書編年叙次，有正書，有分注，略如綱目之體，頗便於觀覽。而其詳略多不一例，往往鉅細失倫。其正書又好用書法，亦時淺俗可笑。

尚書當嘉靖末任工部，督三殿大工有勞，而明史無傳。此書於隆慶二年九月書云：「工部尚書雷禮引疾乞休，許之。」注云：「禮言本部上供錢糧，已經奉詔節省，而爲太監滕祥所持，危言橫索，事事掣肘，嫌隙既成，事體相悖，乞早賜罷，以全國體。上覽疏嘉允，令致仕去。禮在先朝以文學政事正直顯，上初即位，忌之者甚衆。及是，自知不理於衆口，故屢疏急退，遂以著述行世，亦昭代名臣之一也。」考明史七卿表，禮以嘉靖三十七年九月爲添注工部尚書，督大工；四十年三月回部管事；四十一年三月加太子太保，十月加太子太傅；四十五年三月晉少保，十月晉太傅、柱國；隆慶二年九月致仕。可謂久任而恩禮備者矣。其所著尚有列卿記，予未得見。

尚書所紀正德朝事，於王文成自兵部主事謫龍場驛丞、自驛丞遷廬陵知縣之以後歷官，孫忠烈自刑部郎中爲大理寺丞之以後歷官，皆一一記之。蓋尚書江右産，深知二公之功大，故特載其始末，而於文成至贛後所施設載之尤詳，可以知其恉矣。

嘉靖大政紀中載九年十二月董玘削籍，注云：「玘爲吏部侍郎，聞母訃不爲亟去，御史胡明善劾之，下都察院行勘，不妄。都御史王廷相覆奏削籍，永不叙復。」隆慶大政紀中載元年二月賜謚，原任吏侍董玘爲文簡，兵侍陶諧爲莊敏。正德紀中載莊敏忤劉瑾事，亦較明史爲詳。案，中峰始以忤閹瑾，由編修左官知縣，清望甚著，及爲講官後則頗不振。嘗劾王文成爲僞學，見沈德符野獲編等書。若此所載，則名節更損矣。中峰明史無傳，紹興府志不言其削奪，又謂歿後世宗思之，贈禮部尚書，謚文簡，則志誤也。隆慶紀又載四年六月大學士李本奏復呂姓，從之。案，文安明史無傳，凡見於帝紀及它傳者皆作李本，宰輔表及進士題名碑録亦皆作「李」。府志但云初姓李，其後奏復，不詳其由。考宰輔表本以嘉靖四十年五月丁憂，後遂不用。府志言以萬曆十五年卒，年八十四。據此書則其奏復姓在罷相後九年，年已六十七矣。

隆慶紀又載六年三月禮部尚書潘晟乞致仕，許之。注云：「先是，給事中宋之韓論晟衰朽不堪典禮，上慰留之。之韓嗾同官賈待問鐸等攻之，晟三疏求去，乃得許。之韓淺鄙很愎，内諂附當事以自肥利，而外務搏擊，以必勝立威，不獨攻晟一事也。士大夫側目視之。」案，潘公史亦無傳，惟見於張居正等傳中，言其爲居正座主，以居正薦召入閣，半道居正卒，遂罷歸。新昌志則盛稱其厚德雅量，有遺愛於鄉。據此一事觀之，則在朝亦有雅望，非恃門生之力者。三公皆越人，此不特可裨史闕，亦可爲志乘之資也。明七卿表載潘晟以隆慶四年庚午十一月任禮尚，六年三月致仕，即此所紀者是也。後萬曆六年戊寅三月，再任禮尚，八年十一月加太子太保，十二月致仕。宰輔表載晟以萬曆十年壬午六月命爲武英殿大學士，未任，罷。是潘公嘗兩長春官也。今乾隆府志乃云歷南京冢宰，張居正薦入内閣，晉大學士，而注云張居正事據明史增。夫南京尚書乃閑秩，潘之應召入閣，固在家居時，其官南吏部，尚在入長禮部之前。志既錯誤，又失載其兩官禮卿，而猶援明史以自炫其博，郡縣志之可笑類如此。

群經平議　清　俞樾

初三日　閱俞蔭甫群經平議「易」、「書」、「詩」諸條。其書涵泳經文，務抉艱辭疑義，而以文從字順求之，蓋本高郵王氏家法，故不主故訓，惟求達詁，亦往往失於武斷，或意過其通，轉涉支離。然多識古義，持論有本，證引疏通，時有創獲，同時學者未能或之先也。

乾隆紹興府志　清　李亨特

初六日　終日點改李志人物，其踳駁不勝詰，約其大病有四。

曰義例不明。如以王文成、劉忠介入理學，以黃忠端、倪文貞、祁忠惠、何文烈等入忠節，既昧史家立傳輕重相權之義，又或先子而後父，如以張文恭入理學，而其子汝霖先見於鄉賢傳，書曰「元忭之子」。以黃忠端入忠節，而其子梨洲、晦木、澤望等先見於儒林傳，書曰「尊素子」。以祁忠惠入忠節，而其子奕喜、孫既朗先見於文苑傳，書曰「彪佳子」、「忠惠孫」之類是也。或宜合而妄分。立傳之例，或以子孫附祖父，或以祖父附子孫，自有輕重之例。府縣志較國史固可稍寬，然亦有定例。此志多散而無統，寥落紛雜，甚爲可厭。既立儒林，又分理學；既立義行，又有一行。致前後之篇不相照覆，彼此之間互爲出入，其病一也。

二曰紀載無法。邑里及字，或書或否；科名出身，或詳或略。父子祖孫，或先後複見，如孫如法自有傳，而清簡傳復及之；吳孟明自有傳，而文恭傳復叙之之類。或彼此失書。如祁司員、祁清，不言其爲祖孫，忠敏傳亦不言爲清之曾孫之類。官位科目，或沿襲俗稱，如總憲、藩臬、中翰、學博、賢書、食餼及稱經歷、照磨爲幕職之類。或依冒古制，如冢宰、司農、宗伯、中丞、方伯、觀察、太守、太史、侍御、司馬、丞尉、孝廉、明經之類。以致真僞雜出，時代不倫，其病二也。

三曰去取失當。施、陸之嘉泰志，張、孫之萬曆志，雖有小疵，並無大謬。而嘉泰之於五代及宋，萬曆之於蒙古及明，聞見既真，甄録不苟。此外各家文集説部諸書，文獻有徵，綜補良易。乃於史有傳者，務録史文，而多刊舊志；於史無傳者，但憑呈報，而不證它書。以致瑰行嘉言，半從刊落，貨郎閑子，悉列鄉賢。豈知史既列於學官，則讀者盡知，奚取地志之録副？傳既出於採訪，則鈔胥可了，何煩名士之纂修？其病三也。

四曰考覈多疏。書以後出而益多，事本前修而倍易，此志於鄉賢删徐摛、徐陵，於義行補戴就、孟英，視舊志之疏，似爲有間。然徐羡之東海之剡，明著宋書，何以仍萬曆之訛，尚存宦跡？鄒維璉江西之新昌，顯書明史，何以襲省志之誤，尚列鄉賢？至若會稽吴君高、周長生見於王仲任論衡，謝承後漢書亦載之。論衡案書篇言「會稽吴君高、周長生之輩位雖不至公卿，誠能知之囊橐，文雅之英雄。君高之越紐録，長生之洞曆，劉子政、揚子雲不能過也」。北堂書鈔引謝承書，言周長生名樹。案，仲任卒於和帝永元中，時會稽尚未分吴郡，而二人自爲越産者，以吴著越紐録，周見謝承書知之也。會稽徐鉉、徐鍇兄弟，見於陸務觀南唐書，書言鉉父爲江都少尹，卒官，遂家廣陵。今宋史徐鉉傳作揚州人，其疏如此。欽定全唐文從之，志皆闕而未補，而於儒林補入澹臺敬伯，不知敬伯爲吴人，今蘇州尚有澹臺湖，此采後漢儒林傳而失者也。此見後漢書儒林薛漢傳，漢爲光武時人，會稽郡尚治吴縣也。澹臺湖本錢氏大昕説。於宦跡載入朱士明，不知士明不見梁史，何以得封漢昌侯？此本高似孫剡録而失者也。蕭梁時封侯者甚尠，士明何功得之，不容不見於書。且剡録言天監初授儒林博士，除吏部尚書，封漢昌侯，此尤不可信。博士何遽得除吏部尚書？尚書何遽得封侯？六朝時封侯非三公令僕不可。剡録疏謬，亦不止此一端也。即其援據典録，載上虞孟英三世死義，此蓋采之三國志注矣。然既不知三世之名，又不著死義之事，而英、章兩世，備載於論衡，論衡齊世篇云：會稽孟章父英爲郡決曹掾，郡將撾殺非辜，事至覆考，英引罪自予，卒代將死。章後復爲郡功曹，從役攻賊，兵卒北敗，爲賊所射，以身代將，卒死不去。孟政逸文，亦存於御覽，太平御覽卷三百五十七引謝承後漢書云：孟政字子節。地皇六年爲府丞虞鄉書佐。毗陵有賊，丞討之，未到縣，道路逢賊，吏卒迸散，操刀盾與賊相擊，丞得免，政遂死於路。又卷四百二十一引會稽典録云：英字公房。以上皆本孫氏志祖説。概從放失，難語宏通。其它事蹟虚誣，叙次矛盾，因端而究，更僕難終，其病四也。

儒林、文苑、孝行、義行四門，尤爲猥濫。大率村師踞塾，即號程朱；市語成篇，便推李杜。或曾或閔，皆紈絝之驕兒；爲勝爲文，乃錙銖之錢虜。此雖通病，終爲穢書。蓋當日者李曉園河督以郡守總其成，有吏材而不知學；平餘山侍郎以鄉衮主其事，徇人意而不敢言。其秉筆者金匱徐孝廉嵩，錢上舍泳，皆江湖俗士，唇吻小才，未嘗讀書，豈知作史？近日郡中有修志之議，而張馥翁頗稱是書，故略論之如此，暇當作書與馥翁言之。

劉子全書　明　劉宗周

十七日　夜閲劉子全書。董瑒無休所編，凡語類十三卷、卷一人譜，卷二讀易圖説及易衍，卷三孔孟合璧、五子連珠，卷四聖學喫緊三關、卷五聖學宗要，卷六證學雜解，卷七原旨七首，卷八説二十四首，卷九問答，卷十、卷十一、卷十二學言，卷十三證人會約、會講申言及會録。文編十四卷、卷一至卷五奏疏，卷六、卷七書啓，卷八序引題跋及記，卷九墓誌表狀，卷十傳論箴贊祭文，卷十一紹興府鄉賢考次、保民訓要、天樂水利圖説、安昌社倉記鄉書，卷十二雜著附會墨，卷十三賦，卷十四詩：苦次九首、行人予告歸詠十一首、奉差九首、同僕歸詠九首、京兆二十九首、司空十九首、北憲六十三首、南憲歸詠十七首、居越詩前後共一百二十首、殉難詩三首。經術十一卷。論語學案四卷、古易鈔義三卷、曾子章句一卷、大學古文參疑一卷、大學古記一卷、又約義及雜言一卷。附録子劉子行狀一卷，門人黄氏宗羲著；年譜上下及録遺一卷，忠介子汋伯繩著，共爲四十卷。而首爲鈔述一卷，亦無休所撰，略如序例之體。其前冠以像贊及蕺山弟子籍；又黄氏原序一首，道光初，鄉先生王氏宗炎、李氏宏信、杜氏煦、杜氏春生兄弟、沈氏復燦等鳩貲校刻，頗稱精慎。其板向藏沈氏，越未亂前家有其書，今百不一存，板歸宗滌甫師處，亦多殘缺，已爲稀見本矣。

萬姓統譜　明　凌迪知

十八日　閲明烏程凌迪知萬姓統譜，凡一百五十卷。其書分韻編次，先常姓，後希姓。每姓下先注郡望五音及所自出，而後依時代分列人物，至明萬曆朝而止。其希姓雖乙科丞尉，亦備録之。其書失於過繁，龐雜牴牾，固難悉數。又不講字學，時病舛訛。然臚載詳盡，考姓氏者莫便於是書。所列明嘉、隆以前人尤詳，多足補明史所未備。其前冠以氏族博考十四卷，分姓氏總論、氏考、氏源、氏案、氏目、字辨、譜系、事實、譜籍、族望、世家、附録十二門，亦多有資考證。迪知字稚哲，由工部員外郎出爲知府，致仕歸。有自序及王世貞、吴京字朝卿，烏程人。兩序。

史外　清　汪有典

十九日　閱汪氏史外，亦名前明忠義别傳，共三十二卷。卷一、卷二爲方孝孺至程濟等，卷三爲劉球至海瑞等，卷四爲張振德至王三善等，卷五、卷六爲萬璟至劉鐸等，卷七爲劉之綸至孫承宗等，卷八、卷九、卷十爲衛景瑗至何燮等，卷十一爲盧象昇至范淑泰等，卷十二、卷十三、卷十四爲范景文至鞏永固等，卷十五爲張令至李昌齡等，卷十六爲廬州忠義合傳，卷十七爲焦源溥至雷縯祚等，卷十八至卷二十七爲福、唐、桂、魯死事諸臣史可法至薛大觀等，卷二十八爲文學許琰至理罂和十九人合傳，及劉孔暉至許文岐等，此卷標題稱布衣諸公合傳，然所列許琰等十九人皆諸生，故其傳叙作文學諸公傳，至劉孔暉等六人皆職官，而王漢則河南巡撫也。蓋標題之誤，今正。卷二十九爲許布衣畫網巾先生合傳，鄧、歐、石三布衣合傳，卷三十爲遺臣姜埰等，卷三十一爲史八夫人、沈雲英、劉淑英，卷三十二爲國變難臣鈔記、據沙偉業先世舊鈔，甲申三月燕京之變被難諸臣，凡分七目。一曰死難姓名，二曰刑辱姓名，三曰囚辱姓名，四曰潛身姓名，五曰叛逆奸臣姓名，六曰受賊官職姓名，七曰誅戮姓名。采薇子一壺先生合傳。

汪氏名有典，字起謨，一字訂頑，安徽無爲人。其書成於乾隆初，尚在明史未頒之前。雖間傷冗雜，而論議激發，志節忼慨，想見其人。所紀亦頗詳慎。

乾隆紹興府志　清　李亨特

二十日　以皇明大政記及萬姓統譜補注府志中周祚、韓邦問、王鑑之、史琳四人傳，以劉蕺山集補注劉棟、來斯行兩人傳。

史外　清　汪有典

二十三日　閱汪氏史外，其議論儘有佳處，而叙次頗冗俗，亦時有生吞活剥之病，蓋學究氣累之也。

劉子全書　明　劉宗周

二十五日　夜讀蕺山集中諸表志。蕺山先生不以文章名，其敍事亦多徇俗稱，未嘗講求義法，然真氣旁薄，字字由衷之言，轉非文士所能及。如南京吏部文選司郎中醒涵臧公、名照如，字明遠，長興人。工科右給事中聚洲王公、名元翰，字伯舉，雲南寧州人。封資政大夫兵部尚書原任刑部浙江司郎中文源李公名廷諫，字信卿，吉水人，忠肅公邦華之父。諸志，丁長孺先生、名元薦，長興人，官尚寶司少卿。禮部尚書孫文介公、江西參政養冲姜公名士昌，字仲文，丹陽人。諸表，皆極言朋黨門户之害，追原禍始，反覆抑揚，深情如揭。刑部河南司郎中日乾趙公名會楨，字衷如，慈谿人。墓志，據事直書，黑白自見，未嘗回護趙君，而亦不以異同致疑，尤見公心如稱。少師恒岳朱公墓志，詳而有要，筆力亦足相副。大中丞張浮峰先生、名元冲，字叔謙，山陰之白魚潭里人。福建右布政使馬湖來公，名斯行，字道之，蕭山人。兩志，皆有裨鄉邦文獻。此所謂有德者必有言也。

二十七日　讀劉忠介集中諸書。忠介之論學頗直截，較諸儒之言心則分情性意志之先後，言理則分氣質知行之偏全，殊爲一掃葛藤。其下一卷言時事出處，尤爲老謀深識，字字名言。吾越之爲理學者，陽明尚矣，龍谿亦經濟之才，忠介難進易退，不竟其用，其抱負宏深，實足爲名世間生，非宋元諸儒及薛、胡、曹、蔡之比，亦非並時梁谿、漳浦所能頡頏。莊烈知而不用，天之所以亡明也。其與周綿貞起元書云：「吾輩出處語默之間，亦多可議。往往從身名起見，不能真心爲國家，其所以異於小人者，只此阿堵中操守一事，然且不免有破綻可乘，安得不授以柄？所云吾黨之罪在宋人之上，不爲虚也。」與丁長孺書云：「山林學問，只是平淡布素，不必冥冥，亦不必汲汲。黨錮之日，徐孺子亦其人乎？問以國家事，笑而不答。兄復喃喃，口不絶世事，何也？」第二書云：「封疆連喪，而朝士猶争經争撫，言是言非，尚無定案，迄於彌月不用一人行一事，束手待斃。國事至此，真可痛也！今日公論，似反出於小人。外患即不來，小人亦當翻局，助内璫以殺正人君子，而況外憂内難，且洶洶交作於旦夕乎？目下禁中事益可虞，閣部大老中無有見及此者，恐大禍只在目前。吾黨劫運，義無可逃。山林廊廟，同是君臣之義，不知吾黨它日之不負相許者幾人耳。」時爲天啓壬戌。觀此可知當日東林諸君子褰裳濡足之習，先生亦心非之，故言之凜然，絶無適莫，而先幾之哲，尤非趙、鄒、楊、左諸公所及。故先生雖首劾客、魏，而其後僅遭削奪，終不及於慘禍，則先生之自處皭然有以致之也。

其答方孩未震孺巡關書，力匡其不善處經撫，但以「不和」二字藉口，有云：「今日之局，經處内而撫處外，勢不得不以經隨撫，協力成功；而撫身逼虎狼之穴，勢又不得不決言一戰，以僥倖於萬一。爲經略者，眼空一世，所見無人，固其素性。一旦身膺節制三方之寄，其肯一一寄人籬下而惟撫之進止乎哉？此措置之不善也。丈何不明言其事，當一委經臣、調度撫臣，撫臣既不受節制，則當以經臣駐節廣寧，身決戰守之計，而撤回撫臣居山海關，以聽調度。倘經臣不願居廣寧，則當聽經臣自舉一巡撫，更换舊撫，惟其調度，無不如意。由是而功成，則朝廷固不惜通侯之賞，敗則不難以尚方膏七寸之頸，而當是任者，雖有卸擔卸罪之計，無所用之矣。不然，是所謂既不能令，又不受命，絶物而已。經臣宜何居焉。」時爲天啓辛酉。其於遼事，可謂洞若觀火，而熊襄愍日後之禍亦已燭照，且益見當日之不善用襄愍，所謂自壞長城。此其識豈葉文忠、鄒忠介、魏忠節等所可同日語哉。

其與錢牧齋書，慰其丁丑之被逮，有曰：「小人之欲借門下以殺君子者久矣，而門下每不知所以自全，一旦禍發而不可解，生死之際，寵辱之交，前人處此，已多榜樣，幸門下自愛。」與黃石齋少詹書，唁其戊寅之得罪，有曰：「語云漢文不能用賈誼，誼與有故焉。當此之時，君負臣乎？臣負君乎？以徵近事，千古同慨。僕不意門下學古之道而僅以長沙擬也。」其詞嚴義正，皆有泰山巖巖氣象。

其上温員嶠體仁相公書，在丙子七月。歷數其營私弄權，辭直而不絞，勝於盧陵之上高司諫書。其與章羽侯正宸吏掌垣書，在辛巳八月十三日。切責其曠官緘口，氣婉而益嚴，過於昌黎之争臣論。至罷官時與祁世培、即忠惠公。祝開美淵、惲仲升日初諸書，國變後與張考甫、祁世培、熊雨殷汝霖諸書，皆非有意爲文，而危切深警，精神迸溢，讀之令人振悚。此先生所以爲有明第一流人，亦道學中之第一流人歟。

鮚埼亭外集　清　全祖望

二十八日　閱鮚埼亭外集，補訂數事。一跋崇禎十六誤作十七。年進士題名録中會稽余增遠，誤稱其若水之號。山陰金廷韶，誤作「廷詔」。又是科有山陰李安世，有餘姚李安世，亦未分晳。一讀使臣碧血録，言冥報事，尚有熊廷弼、吴裕中之殺丁紹軾，熊見三垣筆記，吴見南雷文約。顔佩韋等五人之殺毛一鷺，見剥復録。雷縯祚之殺阮大鋮。見南略諸書。一續幸存録跋，言夏文忠官考功郎，不當稱小宰；其時小宰爲吕公大器。不知明人稱吏侍曰「少宰」，不曰「小宰」，其稱吏部郎曰「小宰」，猶唐人之稱「小天」。

兩朝剥復録校證　明　吴應箕撰　清　夏燮校

二十九日　閱兩朝剥復録校證，爲補注數事。一朱延禧、丁紹軾二人相業，尚可節取。據先撥志始。一商周祚非閹黨，其天啓五年官爲南京工部尚書。據倪文貞公集。一曹欽程縛赴西市，變爲豬形，當屬傳聞之誤。欽程終未正法，後從闖賊西奔，何能獲於南都？據明史解學龍傳、閹黨曹欽程傳及三垣筆記。

一太常寺少卿莊欽鄰下失注欽鄰後於崇禎間由南冢宰召爲吏部尚書，未至，罷。一御史張汝懋爲文恭公元忭之子，明史儒林傳亦載之。一祁承㸁爲忠惠公彪佳之父，明史祁彪佳傳雖未載，而朱竹垞明詩綜、全謝山鮚埼亭集及温氏南疆佚史等皆載之，不僅見於忠惠集。一定海薛三省謚文介，與其兄三才謚恭敏，皆有清望。三省雖以天啓五年任禮部尚書，然未三月即告歸，並非閹黨。據鮚埼亭集外編及明史七卿表。嗛甫皆未能考，可知其史學之疏矣。

三月

朱少師事實 清 朱世衛

初三日 閲朱少師事實。其曾孫世衛所編也。前有桐城張文和公序。文和與世衛從兄世衍爲康熙庚辰同年進士。事實僅著其要，未爲晐備。其末附辨明史本傳中數事，頗爲謹覈。

茨村詠史新樂府 清 胡介祉

初七日 閲茨村詠史新樂府上下二卷，山陰胡介祉著。介祉字存仁，號循齋，禮部尚書銜祕書院學士兆龍之子。康熙間官湖北僉事道。樂府共六十首，皆詠明季事，起於信王至，紀莊烈帝之入立也，終於鍾山樹，紀國朝之防護明陵也。每首各有小序，注其本末，時明史尚未成，故自謂就傳聞逸事取其有關治亂得失者譜之。今其事既多衆著，詩尤重滯不足觀。惟皁城死下注云：「忠賢生前作壽藏，壯麗侔陵寢。國變後，名下奄猶葬其衣冠，今在碧雲寺。」

浣衣局下注云：「客氏每歸私第，大學士沈潅與有私，人皆指爲婞相。故客氏數歸，歸未旬日，忠賢必矯旨召入。客氏亦不知書，而强記尤勝忠賢。忠賢用輕紅紗繡花鳥作大幔，恒與客氏密語其中。夜宴畢，閱廷臣章奏，細商責處當否，移時方就寢。客氏憚張后嚴明，謗以蜚語，謂海寇孫官哥所生，非張氏出。且揚言欲修築安樂堂，行廢后故事，又將遣名下宫人潛往河南，訪后家世。后聞之窘甚。適客氏歸私第，其母動以危言乃止。又言張裕妃之被譖以死，由於過期不育。客氏常令美女數輩，各持梳具環侍，欲拭鬢則挹諸女口中津用之，言此方傳自嶺南祁異人，名曰群仙液，令人至老無白髮。」

劉狀元下注云：「故事，內閣擬策問二條，御筆點用其一，尠所竄改。崇禎甲戌殿試問知人安民，帝親灑宸翰，更其大半。時諸進士率關通內閣，先得題旨，制策皆宿構。及茲入對，倉皇裁答，多不合旨。惟杞縣劉理順素硜硜自守，無所揣摩，至是條對特詳切。及讀卷官循故事硃圈進呈十六卷，劉不與。上閱進呈者不當意，命再呈十二卷，劉在其中。帝覽而善之，遂拔置第一，輿情未厭也。後甲申之變，劉竟闔門殉節。」

三罪輔下注云：「薛國觀賜死，在廷申救，帝出其二揭，一請廢翰林院，一請更監視內臣冠服如朝士，時始知其奸諂。以國觀與周延儒、温體仁爲三罪輔。」

迎太后下注云：「福王太后諭選中宮，使奄人田成選淑女於杭州，太后親命之，其言甚褻，致來物議。或言不早立中宮而選擇民間不已者，太后之故也。」

假皇后下注云：「或言馬士英爲鳳督時，有首告居民藏王印者，取觀則福王印也。詢其人，云負博者持以質錢。士英物色之，以爲真福王也。國變後，遂推戴以邀援立功，天下皆以爲真福王矣。」數事皆它書所罕見。餘如復社行之極言社人之恣横，新女子之極言思陵之寡欲，東陽恨之極言許都之冤憤，懿安后之極言張后之嚴正，京營弊之極言戎政之積壞，内帑疑之力白莊烈之無餘藏，衣冠辱之備寫諸臣降賊之狀，睢陽變之詳叙高傑被害之事，亦皆有裨史事。

至極稱楊武陵之才爲崇禎朝第一任事相，而廷臣以門户故掣其肘；極稱毛文龍之功，以袁崇焕誅之爲冤，又謂文龍日以幣物致津要；華亭陳繼儒布衣負重名，方遊輦下，獨不見及，銜之，遂構之於錢相國龍錫；皆非事實。其以太監王之心爲殉節，以構殺薛國觀爲出於曹化淳，以童氏爲福王藩邸繼妃，以周鑣爲南户部主事，亦不免小誤。稱莊烈爲懷宗，亦非。

是書爲諸曁郭雲也石學種花莊刻本，前有宿松朱書字緑序，後附録李驎書懿安皇后事一首，賀宿紀聞一首，皆力辨懿安死節爲舊宫監王永壽所目覩，並無亂後流落事。驎又據寶應陶徵故宫詞力斥許承欽言烈皇盜嫂之誣。言承欽爲湖廣漢陽人，崇禎丁丑進士，官户部主事。國變後，居揚之泰州，嘗大會賓客，言烈皇宫中穢事，絶誣妄。後見陶徵舟車集中有故宫詞云：「慈寧宫禁老莓苔，元日驚傳法從來。上下隔簾遥拜畢，六龍飛輅一時回。」自注：「故宫人左氏遭李自成亂，流落爲民間澣衣婦，年今五十餘矣。嘗言懿安皇后居慈寧宫，元日烈皇朝后，后必答兩拜，重簾邃密，不相見也。」

方孩未先生集　明　方震孺

十一日　閲方孩未先生集，武進李申耆所編。凡奏疏四卷，獄中自述年譜一卷，報恩録一卷，禍由録一卷，偶然賸稿一卷，爲詩一百四十一首，皆被逮及獄中所作。惟武陵歎十二首，爲楊嗣昌作，則出獄後也。筆記六卷，曰決疑、曰定難各一卷，乃崇禎十六年冬孩未爲廣東按察使時，吉王由長沙避寇入粤，有楚中潰走之楊、湯兩副將，以兵護之至連州。粤人誤傳以爲賊，署連守朱藴鈇遁，粤將嚴某接戰而敗，廣州大震。孩未乃親至連朝王，而王已於十一月十七日薨逝。孩未乃奉其柩厝於陽山，而安插兩副將守藍山贛州之險。決疑皆勘報處置等檄諭，定難則守省扼險等公牘也。曰平反兩卷，則記其分守嶺西及權按察時讞獄等事。曰開節一卷，則記其署布政時征解等事。曰因才一卷，則記舉薦文武等事。以上六卷，皆公牘文字，而稱曰筆記，殊不可解。雜文一卷，附録一卷，則明史本傳以及私傳薦疏、集序贈詩之屬，共爲十六卷。

孩未感憤遼事，自請出關，有忼慨國士之風，其即以此賈禍，尤爲奇冤。然天啓間六君子、七君子，以皆下詔獄，無一得免，獨孩未與惠元孺幸下法司，九死一生，得見天日。而莊烈於既死者贈謚褒卹，備極優崇，二人乃遲之又久，終不大用。當日廷臣争惠者尤衆，劉忠介至書責烏程，罪其阻阨。其後惠得擢刑部侍郎，不久免歸，卒以受賊僞職，負世大詬。孩未聲氣，遠不逮惠，臺諫中自馬如蛟、倪元珙一二人外，尠入啓事。後以壽州守城功，僅叙授廣東參議。明自隆萬以後，科道出爲藩參臬副者比於謫降。故孩未在粤檄獻賊僞官決戰文，亦自稱左遷，豈爾時朝論，終以巡關之舉，失陷封疆，熊公既不見原，故孩未亦不能無議耶？

然考之集，孩未實爲襄愍督學南畿時首拔士，而其言遼事頗不以襄愍爲然。嘗言經撫終日不算敵而鬥口，經説話雖穩而不肯做，撫肯做而漫無實著。又上經撫心同手異一疏，有云經撫兩臣，一爲臣之嚴師，一爲臣之至友，皆以襄愍與王化貞並論，無所是非，此劉忠介所以作書規之。轉眴而襄愍受禍，遂興大獄，孩未爲化貞所誣，郭興治據以疏劾，至擬辟刑，其年譜及禍由録中屢言之。然則忠介之識，豈孩未所可幾，不將歎爲聖人哉。

孩未血氣之士，質美未學，其詩文亦然，大抵伉爽自憙，而絶無涵養，又不脱晚明文士小説家常。其遭難後自號爲念道人，歸心佛乘，遂概以禪宗語入文字，而意激語矜，亦往往自許過甚。其撰年譜，既自稱爲先生，而誇詡者又不一而足。其在粤處置吉藩時，以御史故官行事，檄諭皆自稱本院，亦似非體。其報恩録中，皆紀一時急難之人，而尤感者霍維華，至云死何足惜，獨恨上無以慰母氏，弟無以慰浣叟，友無以慰鍾西，即維華字。故篇中以浣叟始，以鍾西結焉。孩未自言孤蹤寡援，原不知東林爲何人，亦不知何人是門户。其爲諸生時，被人以軍田誣控於督府李公修吾，三才字。至就羈縶，禍且不測，以張先生鶴鳴救得免。及爲御史，上疏請增閣臣，爲首輔劉是庵一燝别號。擬旨切責。後以廣寧失事被劾，張鶴鳴勘疏又稱其有功無罪，御史胡士奇等疏請超擢，奉旨速議。而是時孫瑋爲掌院，楊、左副之，卒不復請，以明其於門户無與。蓋李、劉、孫三公皆東林之主持，楊、左更不待言，而張則東林之勁敵也。其自辨可謂至矣。然以維華之奸狡而感之至此，實不可解，豈墮其術中耶？抑別有故耶？孩未身罹黨禍，又關係遼事，而明史本傳頗略。其列三案是非疏、再掃三案葛藤疏，持議最平，明史皆略撮數語，又易其上疏名目，閱之甚不了了。其崇禎初出獄恭謝天恩疏，自敍甚婉，而願在朝。及被罪廢棄，諸臣悉融成見，持論公恕，尤爲可稱。從信録諸書亦載之，而明史一字不及。孩未因疏論遼東閱臣姚宗文，遂嬰黨人怒，徐大化以與姚最厚，乘間報復，乃其以門户賈禍之由，明史亦不載。

其父因夢方正學而生孩未，故名之曰震孺。其巡遼時副總兵羅一貫方官把總，爲孩未擺馬，孩未力薦其可爲大將，後一貫卒立功稱名將，以戰死。其在籍守壽州事，明史言之亦甚略。今觀是集附録侍郎劉鍾英所撰方侍御守壽春録，則其時州城無一官，孩未堅守兩旬，拒賊衆數十萬，屢斃名賊，其功甚偉，史公可法列上其事，亦極稱之。明史於其官廣西後，僅云用爲廣西參議，尋擢右僉都御史，巡撫廣西。京師陷，福王立南京，即日拜疏勤王，馬士英憚之，敕還鎮，震孺憂憤而亡。今觀是集，則孩未歷署按察使、布政使以授巡撫。據筆記開節一卷自序稱，方子以癸未八月掌臬事，會藩司缺，則又署藩，似已真授按察使矣。然因才卷中請入賀萬壽詳文，仍自稱本道叨守嶺西。趙吉士續表忠記巡撫方公傳，亦云以參議晉巡撫，蓋崇禎特簡，與明史不異。

其署臬時力辨吉王之非僞，散遣楚將，安集人心，及調兵籌餉、備禦獻賊，皆有功於粵。至明史吉王傳言，崇禎九年慈煃嗣爲王，十六年張獻忠入湖南，同惠王走衡州，隨入粵，國亡後死於緬甸。

諸王世表則謂慈煃以崇禎十二年襲，又闕一「煃」字不填。據此書則慈煃入粤即薨，其入緬甸者，蓋其嗣王；而弘光初立所謚曰貞之吉王，蓋即慈煃，非其父由棟矣。明史表傳於由棟、慈煃，皆失其謚，並其世次亦不明，賴此足證其誤。孩未署粤藩時，吾鄉嚴公起恒以廣州知府升蘄州副使，孩未力請奏留，謂民心所係屬無如此人，請俾以副使職銜，仍掌廣州府事，此亦足見其知人善任，而明史諸書亦皆不載。惟附録鄭之元所撰侍御方公傳，言崇禎初將加不次之擢，時長山相國與公同門，欲索重賄。趙吉士撰傳亦云政府有索賄者，此似不足信。劉公賢者，必無是事，趙但云政府，或爾時别有主者耳。

實齋雜著　清　章學誠

十二日　閲實齋雜著，乃沈霞西所録副本，據云得之其子。雜文及筆記，錯出無次。有隨時劄記它書不應存者，有零星無首尾者，有已刻入文史通義者，蓋即其稿本未加甄録也。其中大半爲湖北志稿。實齋於志學用力甚深，實爲專家。而自信太過，喜用我法。嘗言作史作志，須别有宗旨，自開境界，此固可爲庸下鍼砭；而其弊也，穿鑿滅裂，盡變古法，終墮於宋明腐儒師心自用之學。蓋實齋識有餘而學不足，才又遠遜。故其長在别體裁，覈名實，空所依傍，自立家法，而其短則讀書鹵莽，糠粃古人，不能明是非，究正變，汎持一切高論，憑臆進退，矜己自封，好爲立異，駕空虚無實之言，動以道眇宗旨壓人，而不知已陷於學究雲霧之識。後之不學之士，耳食其言，以爲高奇，遂云漢後無史，唐後無文。持空滑之談，以蓋百家；憑目睫之論，以狹千古。自名絶學，一無所知，豈不大愚而可哀哉？

大抵浙儒之學，江以東識力高而好自用，往往别立門庭，其失也妄。江以西塗轍正而喜因人，往往掇拾細瑣，其失也陋。實齋之論史，尊鄭樵，薄班固。論學以馬端臨通考爲淺俗。論文以昌黎爲不知義法，而尤詆半山。論校讎謂當取大小戴記，依類分編各部，如漢志别出夏小正、弟子職、小爾雅例。至謂周易上下經及十翼，亦當分載，皆極謬妄。論國朝各省，當以總督、巡撫、部院標目，不當以布政司標目；又當稱各省爲各統部，力與洪北江辨其撰湖北省志，遂稱爲湖北統部志；則不古不今，不知遵何王之制，幾於文理不通。至於與戴東原辨言地志當以人物爲重，不在考覈疆域；與邵南江書，譏其於文漫不留意立言宗旨，無所發明；又謂其欲作宋史，成一家言，當以維持宋學爲命意所在，又謂周官師儒本分，師者道學也，儒者儒林也，宋史分立道學、儒林傳爲是；皆所謂好惡拂人之性。作文必尋宗旨，蓋仍是時文批尾習氣。其餘謬論尚多，予已别有文論之，不具列。實齋爲先曾王父乾隆丁酉鄉試同年友，其學亦鄉先生之卓然者，當從朱氏轉借得全稿後，並取其已刻者爲之編次刊削，成一鉅集，鳩同志刻之。

湖北志稿　清　章學誠

十四日　嘉泰會稽志有氏族考，全謝山嘗撰四明族望表，此事關係鄉里文獻甚鉅，且以清流品、别僑籍，隱寓九品中正之法，近覩大亂以後衣冠僅存、譜牒悉散，新秦子弟益無顧忌。前日與張馥翁言吾越修志，不可不撰此表，馥翁亦以爲然。今日閱章實齋湖北志稿，亦立族望表，而攻之者紛如。謂地志不必爲人作家譜，且言荆州業以此故搆訟。甚矣，流俗之難曉也。

儆季雜著　清　黄以周

十五日　閱黄元同儆季雜著，其補史記越世家，辨王無疆之見殺在楚懷王二十二年，爲周赧王八年，非楚威王時。無疆之敗，僅失江淮南故吴地，其子玉尚保琅邪，更傳王尊、王親兩世，始爲楚考烈王所伐，失琅邪。而其族人尚據浙東故越地。直至秦始皇降越君，置會稽郡，其子孫始居東甌及閩中，非無疆敗時已失會稽。皆考訂細密，確有據依，言越事者所必采也。

儀禮正義　清　胡培翬

二十日　閱胡氏培翬儀禮正義，共四十卷。凡分四例：一曰補注，補鄭所未及也。一曰申注，申鄭義也。一曰附注，兼取衆説也。一曰訂注，訂鄭失也。其書包羅古今，兼列衆本異同，精覈博綜，誠一時之絶學。其中大射儀、聘禮、覲禮各篇，爲其門人江寧楊大堉所補。前有順德羅尚書惇衍序。板刻於淮上，今藏尚書京邸中。

盾鼻隨聞録　清　汪堃

二十一日　卧閱汪某盾鼻隨聞録，紀粤寇事，至甲寅止。文筆蕪拙，而叙事多覈。惟痛詆道州何氏，謂其通賊，於尚書凌漢、編修紹基父子極口醜詆，穢不堪述，蓋仇怨之辭。然編修實不知學而狂，徒以善書傾動一世，敢爲大言，高自標置，中實柔媚，逢迎貴要，以取多金。蓋江湖招摇之徒，而世人無識，干謁所至，争相迎奉，予嘗疾之，以爲此亦國家之蠹亂之所由生也。汪某蘇州人，以科甲爲廣西縣令，不知何恨於編修。要其怪妄招尤，固所自取，無足深訝。

咸淳臨安志　宋　潛説友

二十二日　卧閱咸淳臨安志。其州郡表一門考覈致慎，吴越考一篇，言杭於春秋時屬越不屬吴，辨析尤精。

炎徼紀聞　明　田汝成

二十七日　閱田汝成炎徼紀聞。田爲錢唐人，而所紀當時黔粤間苗事，於越人若陶莊敏諧、陳中丞克宅皆極致詆斥。於田州事，尤貶王文成，謂其姑息受降。蓋田嘗與翁萬達共事，頗好殺，喜功名，幸依藉萬達，稍得一二自效，遂敢爲大言。其褒貶不足據，而所論諸土司形勢情狀，則事多目擊，往往較史爲詳。文筆亦頗簡潔，惟好潤以古語，則明人習氣也。

四月

易例　清　惠棟

朔　讀惠定宇氏易例，是書草創未定，故體例不一，四庫提要言之甚當。然採集經師微言，多義藴精深，所包甚廣，爲易學者不可不讀周易述，爲周易述學者不可不先讀此書也。

詩巢香火證因　清　沈復粲輯

初五日　閲沈霞西復粲所輯詩巢香火證因，始於唐之賀朝萬、齊融，終於國朝道光時，共五百人。紀其官位著述多誤，體例亦甚錯雜，蓋僅據府志、越風及明詩綜等書，所見既隘，又不能考證，惟以鈔撮了事，要不出書賈伎倆耳。霞西，寄凡之父也，頗以博學稱越中，所著有熙朝書家姓氏纂二十一卷、越中金石廣記八卷、續别號録十卷、於越詩繫六十卷、於越訪碑録一卷、小雲巢金石目三卷、磚文類聚二卷、彙刻帖目四卷、越帖四卷、箋紙小疏十二卷、劉子全書補遺二十四卷、沈氏古今人表四卷、霞西過眼録八卷及王門弟子淵原録、徐文長遺事、娥江詩輯、大善寺志、河東君事實等書。

朱子文集　宋　朱熹

初八日　閲張清恪公伯行所選朱子文集，閩中正誼書院刊本也。共十八卷，有圈點。朱子之文明瀞曉暢，文從字順，而有從容自適之致，無道學家迂腐拖沓習氣。然其佳者在封事，剴切醇厚，不爲高冗無實之談。次則碑志諸作，敍事簡潔，亦多情至之文。若序記已非所長矣。至書牘論學諸篇，不過詆蘇學，攻陸氏太極西銘，糾纏不了，方言俗語，這的怎麽之辭，黄茅白葦，一望而盡，固不得以文字論者也。張氏此選，於封事不録一首，碑志表狀，亦僅寥寥數篇，而書答乃獨盈八卷，理學論文，固别有肺腸者耶？

明儒學案　清　黄宗羲

初九日　閲明儒學案。梨洲於王氏一家之學，扶同抑異，翼蔽後先，可謂盡心。其於天泉證道「無善無惡心之體」一言，既據楊晉庵東明之説，辨其論心非論性，而以龍谿爲誤會師旨。又據傳習録陽明語薛中離侃云「無善無惡理之靜，有善有惡氣之動」；又鄒東廓守益青原贈處記所載亦不同，而以龍谿之言爲誤記。至蘇秦、張儀竊見良知妙用之語，又以爲黄五岳省曾所誤增，非陽明本意。其它所載如宋望之儀望，江西永豐人，隆慶中官巡撫、南直隸僉都御史。陽明先生從祀或問、胡廬山直，江西太和人。萬曆初官福建按察使。與唐仁卿爭辨兩書，薛中離之辨禪學，尤西川時熙之紀聞，孟我疆秋與顧涇陽往復之語，發微闡幽，略無餘蘊，陽明之心術事功，軒然於日月之表，於王氏誠爲忠臣矣。然愚謂致良知之旨，不過爲下愚設教，使知人皆可希聖賢耳，論者謂其高明之過，非也。高明必由博學，故孔孟教人，皆以積學漸致爲功，無一蹴而幾者。由陽明之教，斯王心齋以不識字之人，即可提倡天下，下至樵夫農父，一言有悟，已列儒林。於是，越中之學，一變而爲周海門、陶石簣、陶石梁；泰州之學，一變而爲顏山農、何心隱、李卓吾，鬼怪狂禪，無所不有。此陽明門牆廣大之害也。而近時越之陋儒，又欲推徐文長爲王門再傳弟子，謂其私淑最奇。豈知文長所能者僅小詩粗畫，所讀者惟稗説佛經，蓋一江湖浮薄下才，全不知學，而行跡詭邪，性情險鄙，徒以俳文諧語，炫俗取名，激賞於袁宏道等一二淺人。而鄉曲愚孺，遂增造穢言，影飾故事，以委瑣爲風流，以狂愚爲解悟，至欲援之王學，以累先儒，不將爲陽明之重不幸哉。

陽明治身治事，萬無可議。其招徠後進，亦以自任天民之責，覺世牖人，絶非鶩門户聲氣者比。而同時詆之者皆陰險小人，忌嫉狂噬。即講學之流與爲異者，如湛甘泉柔鄙媚奸，等於鄉愿；李止修材矜愎自用，成爲妄人。崔後渠銑、黄泰泉佐頗知讀書，工議論，而學識拘陜，不足名家。張甬川邦奇斤斤自守之士，學無所得。徐養齋問才略可稱，其功業文章，皆不敢望陽明肩背。至唐仁卿伯元輩，逞臆妄詆，更不足言。惟羅整庵欽順品節粹然，所著困知記一書，言多近道，而理氣支離，終亦出入無主。國朝之闢王氏者，孫退谷承澤虧節無恥，既姚江五尺童子所羞稱。它若孝感熊氏、安谿李氏、柏鄉魏氏、平湖陸氏，語德業則高下懸殊，論學問則膚淺尤甚，徒以門户歧異，橫口詆誣，究何傷於陽明哉。梨洲時猶未聞退谷諸人之論，而釋疑辨嫌，已若無所不至。蓋傳陽明之學者，在吾越惟緒山、彭山、陽和，張氏元忭。在江右惟東廓南野、歐陽氏德。念庵，羅氏洪先。講求實學，稍有根柢。然念庵已不免訪異人，問丹訣。至趙大洲貞吉、羅近谿汝芳輩出，則終身以方外爲歸宿矣。夫吾學豈待它求，希聖必由博學。凡所謂箍桶之易，道士之圖，皆宋人依傍禪宗之故習，唐以前無是也。王學之直捷警悟，謂異於鉢傳棒喝，取弄機鋒，吾未之敢信也。故論諸儒之律身克己，清明在躬，固非末學所能及，若謂其有功聖學，羽翼六經，則即此書所載，無非以「心性理氣」四字，紛紜顛倒，使聖賢大義微言破碎淆亂，不知其統，卮言日出，莫知其紀，不得不歸俑於大中之章句、太極之圓圈，示人以性與天通，不難家自爲説。於是，粗識方圓，便迻河洛之位；能調這麽，可成語録之編。争辨狺狺，鼠鬥牛角，至死而不悟。自謂異於禪而愈入於禪，轉不如黄華翠竹，指點較真，明鏡菩提，轉移即是也。

陽明之徒，若薛中離之貶，徐波石樾之死，已爲可笑；方西樵獻夫、霍渭厓韜功過亦不能相抵；至黄久庵綰、陸元靜澄更何爲乎？梨洲頗爲之掩護。而聶雙江豹尤王門之高坐也，故於楊忠愍疏參分宜冒功兵部議覆一事，力辨其誣。然徐存齋階一時名相，其表章陽明，力興講會，可謂有大功於王氏者矣，而梨洲詆其田連阡陌，鄉論雌黄，立朝大節，亦絶無儒者氣象。又徐珊者，梨洲之同邑先達也，嘉靖癸未赴會試，以策問譏心學，不對而出，王氏以爲干城。而梨洲直書其爲辰州同知，侵餉縊死，時人有「君子學道則害人，小人學道則縊死」之謡。然則謂梨洲此書純是門户鄉曲之見者，非篤論也。

東林之於陽明，離多而合少。梨洲列其父白安於東林，而其師蕺山，雖則别爲學案，要是東林同氣，故梨洲於此不免調停同異，出入其辭。究而論之，陽明之事功足冠有明，其講學可也，其倡宗旨而務攻新安，植氣類，則不必也。東林之氣節足風千古，其講學亦可也，其處山林而務持朝局，議公卿，則不必也。蓋有明一代，士夫不好學而好名，其始也借朝廷以合聲氣，其繼也借聲氣以傾朝廷，故朝廷之黨可離，而山林之局不可破，身退而權益盛，官黜而體愈尊，不可謂非姚江肇其端，而涇陽成其禍也。觀是書所載，如緒山以削籍郎官丁憂出都，而開講粤東，皁蓋呵導。李見羅材出獄遣戍，而仍用督撫威儀，赫奕道路。然則東林六君子之獄，閹黨劾繆西谿繡衣黄蓋，開館招賓，焉得謂之盡誣乎？

自康成氏歿後，三國分崩，經學衰而清談出，王韓之易，經學之旁門也。清談盛而佛教行，達摩渡江，直提心印，禪學者佛教之旁門也。禪學盛而道學興，陳王嗣派，益標宗旨，心學者道學之旁門也。心學盛而天主教出，今英法各夷之禮拜，粤捻各賊之懺祝，天主教之旁門也。原流遠近，一線可尋。國家之所以不亡，而中夏之所以不胥化爲夷者，正以高宗皇帝昌明正學，大闡群經，士子服教畏神，弦誦仡仡，老死相守，故一切新奇曼衍荒忽杳冥之説，不能徧浹於人心。而世之妄人，尚謂近日之亂由漢學太盛不講心性之故，何其愚而無忌憚哉。君子追原禍始，王何之罪，浮於桀紂，雖舉宋以後語録諸書盡投之烈火可也。

文選旁證　清　梁章鉅

二十五日　閲梁氏章鉅文選旁證，考覈精博，多存古義，誠選學之淵藪也。閩人言此書出其鄉之一老儒，而梁氏購得之。或云是陳恭甫氏稿本，梁氏集衆手稍爲增益者。其詳雖不能知，要以中丞它所著書觀之，恐不能辨此。

皇明大政紀　明　雷禮

二十九日　閱皇明大政紀。大政紀載弘治十年七月禮部尚書徐瓊劾太常寺卿崔玄端疏，言太常寺乃祠部之一事，與光禄寺爲膳部之一事、太僕寺爲駕部之一事相同。但以此三事乃事之大者，所以又設此三等衙門專之，今太僕寺既屬兵部，光禄寺既屬禮部，獨太常寺與禮部齊，可乎？朝廷每大事，會議該六部、都察院、通政司、大理寺，未聞有太常寺也。時以玄端疏請，不屬禮部，故瓊論之如此。

五月

國朝名臣言行略　明　劉廷元

初二日　閱明劉廷元國朝名臣言行略，共四卷，自洪武迄嘉靖初，以劉青田始、張永嘉終，又附以革除間節義諸臣鐵鉉、方孝孺等十二人，理學名臣陳遇、吴與弼、胡居敬、陳獻章四人，文筆蕪拙，而所紀多覈。廷元平湖人，名麗魏忠賢逆案。梃擊之事，發於廷元巡城時，其始持議未爲不是，而争者持之太過，天啓初，至目爲邪黨而斥之。而王之寀跡近要功，以一察處主事，遽列卿貳，其輕重失平，殊爲已甚。及魏閹竊政，遂録廷元爲首功，互相批引。而王之寀以首難考死詔獄，廷元以一罷退御史，驟至尚書，彼此之間，所謂物我相形，亦更相笑也。然冰消日出，廷元列名贊導，定罪坐徒，蓋亦非其初意。而所託披猖，遂至瓦裂，亦可謂廷元之不幸矣。

是書爲其萬曆末巡按北直時所刻，前有魏廣微序。廣微與廷元同年進士，時尚官贊善，上公死黨，臭味相同，令人失笑。序文亦甚鄙劣，肖其爲人。廷元字方瀛，亦見於序。同時若霍維華字鍾西、徐大化字煕寰、孫杰字萬我，皆世所僅知者也。宣德時都御史顧佐謚端肅，天順時刑部尚書軒輗謚介肅，正德時南刑部尚書陳壽謚簡襄，皆明史所不載，幸是書見之。

聞見一隅録　清　夏炘

初七日　閱夏炘聞見一隅録，其中頗有學究無稽之言，而大恉醇實，可爲觀法。其載吾鄉馬漁山太守知徽州誤撻生員事，可采入郡縣志太守傳中，觀過知仁，益見其盛德耳。

備論　宋　何去非

初十日　閱宋人何博士備論。何名去非，字正通，浦城人，由特奏名除右班官武學博士，换文資，出爲徐州教授。所論自六國至五代，共二十六篇，元祐中蘇文忠所奏進者。其文大率言兵，文忠亟稱之。四庫提要亦稱其雄快踔厲，去蘇氏爲近。然氣弱而辭枝，時病回冗，蓋較文潛、少游爲劣。其論晁錯、漢武、李廣、鄧艾、苻堅及晉論、魏論、吴論諸篇，折衷情事，頗得肯綮，不同空泛之談。其霍去病論，言用兵非古法所能盡。歸師勿追，曹公所以敗張繡也，皇甫嵩犯之而破王國。窮寇勿迫，趙充國所以緩先零也，唐太宗犯之而降薛仁杲。百里而爭利者蹶上將，孫臏所以殺龐涓也，趙奢犯之而破秦軍，賈詡犯之而破叛羌。强而避之，周亞夫所以不擊吴軍之鋭也，光武犯之而破尋邑，石勒犯之而敗箕澹。兵少而勢分者敗，黥布所以覆楚軍也，曹公用之拒袁紹而斬顔良。臨敵而易將者危，騎劫所以喪燕師也，秦君用之將白起而破趙括。可謂扼要之論。

局刻二十四史

十九日　作書復藍洲，時吾浙及江寧、江蘇、湖北四省書局議合刻二十四史，以舊、新兩唐書及宋史屬之浙，而主者擬仿汲古閣版樣，少荃協揆業以入奏。然汲本止十七史，其譌錯實較南北監本尤甚，又不知刻書體例，如漢書則去其卷首之小顔叙例及宋慶元間所列校刊諸本，後漢書則没司馬彪續志之名，概題范蔚宗撰，三國志則以裴注雙行細書等之它注，晉書則不坿刻何超音義，至於隋書，則不分别其志爲五代史志，此以梁、陳、北齊、周、隋爲五代，以諸書皆唐初一時所修，而總其志入於隋書也。而混稱隋志，歐陽新五代史則不知其名本爲「五代史記」，歐公意以擬司馬氏。而但題「五代史」，此雖監本已誤，亦足見毛氏父子絶不加考覈，於目録之學尚屬茫然。就中惟兩漢之注較監本爲完，世人以其行密字精，故愛重之，其實非也。舊唐及宋既非汲本所有，舊唐聞人本已不可得，今殿本、楊本、吴本及沈東甫合訂本亦互有出入，宋史則殿本出於監本，監本出於粤本，其誤尤甚，且非廣集羣書爲之考證，不足爲功。

因告藍洲，屬其與俞蔭甫編修等合詞請之大吏，開單購書，羅列諸本，各作校勘記坿於後，則不朽盛事也。但聚書既難，審斷尤非易易，時俗因陋就簡，斯事重繁，恐終不能行耳。

晉書　唐　房玄齡

二十七日　舟中閱晉志。晉書之舛駁蕪纍，多采小説，前人指摘之者不一。其尤謬者，如海西公之廢，紀言桓温誣帝在藩夙有痿疾，嬖人相龍志作向龍。計妖朱靈寶等參侍内寢，而二美人田氏、孟氏生三男，長欲封樹，時人惑之。又云桓温有不臣之心，潛謀廢立，以長威權。然憚帝守道，恐招時議，以宫闈重閟，牀笫易誣，乃言帝爲閹，遂行廢辱。又云帝徙居吴縣，深慮横禍，乃杜塞聰明，無思無慮，終日酣暢，耽於内寵，有子不育，庶保天年。是海西不男之語，明出於誣。而五行志詩妖中乃載海西公太和中百姓歌曰：「青青御路楊，白馬紫遊韁。汝非皇太子，那得甘露漿？」識者曰：「白者金行，馬者國族，紫爲奪正之色。海西公尋廢，其三子並非海西公之子，縊以馬韁死之。明日南方獻甘露焉。」又云海西公初生皇子，百姓歌云：「鳳皇生一雛，天下莫不喜。本言是馬駒，今定成龍子。」其歌甚美，其旨甚微。海西公不男，使左右向龍與内侍接，生子以爲己子，則又以温之言爲實。

自魏武崇尚權詐，流品不立，繼以文明，黠飾浮華，由是風教陵遲，人不知有禮義。晉初佐命者，皆卑汚無恥之徒，視簒盜爲固有。故一傳而後，世臣華胄，人有問鼎之心。王濬、華軼、苟晞皆擁兵方隅，自圖專制。牽秀、李含、劉輿之屬，反覆行險，不識名分。王敦、沈充、祖約、蘇峻，遂顯行叛逆。它若索綝臨危而賣君，周顗失志而謀亂。其寒人得志者，若張方、郭默、王彌、陳敏、杜曾、杜弢等，亂臣賊子，不絶於書。立國基淺，而禮教不興，此干令升所以深歎也。

晉書以舊有八王故事一書，故立八王傳。竹汀錢氏深譏其賢奸溷合，失勸懲之旨。謂汝南王無大過，齊王有討逆之功，長沙不失臣節，趙倫當入逆臣傳。其説是也。予謂八王之分合，若但以樹兵相圖爲義，則汝南未嘗有是，亦當去亮而以淮南王允補之。

庾亮執權召亂，史多貶辭。然其徵蘇峻，未爲非也。其出鎮後，規復中原，遣將分據邾城、沔中，而欲自鎮石城，今傳作石頭城，誤。方略佈置，最爲扼要。蔡謨駁之，不過拘墟自守之論。功不克終，惜哉。至屢欲率衆入廢王導，亦可謂不惑名實。導之庸鄙懷奸，實爲晉室罪人，故陶侃與亮同志，史乃以此爲其深罪，許敬宗輩之無識，可謂甚矣。

人才莫衰於晉。其始佐命者，若鄭沖、何曾、石苞、陳騫、王沈、荀顗、荀勖、賈充輩，皆人奴耳。所稱元德耆舊，若王祥、李憙、鄭袤、魯芝，並浮沈無恥，庸鄙取容。自後王謝繼興，殷庾並盛，大率驕淫很戾，絶無才能。就中論之，若羊祜之厚重，杜預之練習，劉毅之勁直，王濬之武鋭，劉弘之識量，江統之志操，周處之忠挺，周訪之勇果，卞壼之風檢，陶侃之幹局，温嶠之智節，祖逖之忼慨，郭璞之博奥，賀循之儒素，劉超之貞烈，蔡謨之檢正，謝安之器度，王坦之之風格，孔愉之清正，王羲之之高簡，皆庸中佼佼，足稱晉世第一流者，蓋二十人盡之矣。餘輩紛紜，皆爲録録，或一長片技，無當於人才；或立僞盜名，難欺大識者。而浮華相扇，標榜爲高，私傳飾其美稱，舊史沿其虛譽。於是高門子弟，悉號清才；世禄衣冠，盡名博學。穎悟絶人之語，接簡無虚；經通濟物之稱，連篇競出。少年萎化，皆曰聖童；一語驕人，便爲名士。甚至匈奴之劉，氐羌之苻姚，皆才悟超群，文辭繼軌。跡其行事，乃桀跖之不如；按其品題，則顔卜之復出。今舉其眉目，揚榷而言，七賢八達無論矣。若王湛之風流，劉惔之簡貴，雅稱領袖，未有殊能。降而衛玠、杜乂之倫，人物雖佳，何與人事？劉疇、附見劉波傳。韓伯、王濛、殷融，雅俗所宗，寂乎無述。王濟之傲縱，王澄之狂暴，殷浩之虚闇，謝萬之佻率，郗超之奸諂，王忱之輕很，皆亂世無賴，蠹國敗家，而士類相矜，以爲標準。至於末造，王珣、王謐，以仍世盛名，爲風流宰輔；而一則呈身於桓氏，一則奉璽於宋朝。王孝伯名譽冠時，身爲戎首；殷仲堪文章著代，甘結叛人。使處平治之朝，不過廝養之列，而史家無識，莫究其誣，誇六代之多才，詒千古之笑柄。晉之不競，良可識矣。然宋儒王應麟謂僭號之國十六，而晉敗其一，滅其三，不可以清談議晉，蓋深慨南宋之不振也。道學盛而事功絶，忠義明而武略衰，不又貽浮華者以口實哉。東晉三復洛陽，再克庸蜀，斬李特，殺苻丕。燕廆、姚襄，皆先委摯；李暠、蒙遜，纍見通箋。李壽有降號之謀，冉閔有送璽之舉，蓋其國勢猶爲强也。

六月

埤雅 宋 陸佃

二十三日 閲陸氏埤雅。左丞爲荆公高第弟子，前人多評此書爲不及羅氏爾雅翼。其中卻有數病：引書不指出處，一也；多主王氏字説，往往穿鑿無理，二也；即物説詩，每失之迂曲，三也。然徵據晐洽，多存有宋以前舊聞僻義，又時參以目驗，故爲考古者所必資。左丞兼精禮學，著述宏富，爲宋世經儒之傑。前年在武林閱市，曾見其爾雅新義，惜未及購歸也。

詩三家注疏　清　周曰庠

二十四日　是日見有邑人周曰庠所著詩三家注疏。其經文依毛詩，而注三家異同於下。其確知爲三家説者，直書曰齊説、魯説、韓説，升大字爲注。其足備翊三家者，自周秦迄國朝諸家之説皆采之。惟毛、鄭、孔、朱四家，以人所盡讀，故不録，亦升大字爲集説。注與集説，皆以小字，各爲之疏。前有貴陽周起濱序，稱其書可與近時陳碩甫毛詩疏並傳。曰庠號一峰，老於諸生。其自叙言群經皆有論撰，惟此書已有清本。今詢其子，言亂後所著盡亡矣。因假此以歸。

叢書目録偶鈔

三十日　偶尋叢書目録數葉，皆近出者，因録於此。

別下齋叢書，海寧蔣光煦生沐編，凡二十五種。

龍氏易傳八卷，元龍仁夫。詩氏族考六卷，李超孫。三傳異文釋十二卷，李富孫。禮記異文釋八卷，李富孫。方舟經説六卷，宋李石。經籍跋文一卷，陳鱣。三吴水利録四卷，明歸有光。靖海紀略四卷，明曹履泰。西洋朝貢典録三卷，明黄省曾。箕田考一卷，明韓百謙。峽石山水志一卷，蔣宏任。漢魏六朝墓銘纂例四卷，李富孫。金石録補二十七卷，葉奕苞。石門碑醳一卷，王森文。得全居士詞一卷，宋趙鼎。澹庵長短句一卷，宋胡銓。茗齋詩餘二卷，明趙孫貽。滎祭酒遺文一卷，元滎肇。甌香館集十二卷，惲格。瓊花集四卷，明曹璿。七頌堂詞繹一卷，劉體仁。金粟詞話一卷，彭孫遹。古文緒論一卷論書隨筆一卷，吴德旋。曝書雜記二卷，錢泰吉。

守山閣叢書目

金山錢熙祚錫之編，凡一百一十種，共六百五十二卷。刻成於道光辛丑。錫之又字雪枝，以捐助海塘石工保舉通判，入都謁選，以癸卯冬卒於京師，年四十有四，無子。此部即昭文張海鵬若雲墨海金壺本刊訂增益，南匯張文虎嘯山等爲之校勘，前有自序及儀徵阮文達、績谿胡竹邨兩序，及吴興淩厚堂堃所作錢雪枝小傳。雪枝又别刻式古居彙鈔四十六種，又仿鮑氏知不足齋叢書例輯小集爲指海，先成十二集，未既而卒。

經部

易説四卷，宋趙善譽。易象鉤解四卷，明陳士元。易圖明辨十卷，胡渭。禹貢説斷四卷，宋傅寅。三家詩拾遺十卷，范家相。周禮疑義舉要七卷，江永。儀禮釋宫一卷，宋李如圭。儀禮釋例一卷，江永。禮記訓義擇言八卷，江永。春秋正旨一卷，明高拱。左傳補注六卷，惠棟。古微書三十六卷，明孫穀。尊孟辨六卷，宋余允文。四書箋義纂要十三卷，宋趙悳。律吕新論二卷，江永。經傳釋詞十卷，王引之。唐韻考五卷，紀容舒。古韻標準四卷，江永。

史部

三國志辨誤一卷。宋季三朝政要六卷。蜀鑑十卷，宋郭允蹈。春秋別典十五卷，明薛虞畿。咸淳遺事二卷。大金弔伐録四卷。平宋録三卷，元劉敏中。至元征緬録一卷。招捕總録一卷。京口耆舊傳九卷。昭忠録一卷。九國志十二卷，宋路振，附拾遺。越史略三卷。吴郡志五十卷，宋范成大，附校勘記。嶺海輿圖一卷，明姚虞。吴中水利書一卷，宋單鍔。四明它山水利備覽二卷，宋魏峴。河防通議二卷，元沙克什。廬山記三卷，宋陳舜俞，附廬山紀略一卷，慧遠。北道刊誤志一卷，宋王瓘。河朔訪古記三卷，元納新。大唐西域記十二卷，唐玄奘。職方外紀五卷，明艾儒略。七國考十四卷，明董説。歷代建元考十卷，鍾淵映。荒政叢書十卷，俞森。歷代兵制八卷，宋陳傅良。籀史一卷，宋翟耆年。

子部

少儀外傳二卷，宋吕祖謙。辨惑編四卷，元謝應芳。太白陰經十卷，唐李筌。守城録四卷，宋陳規。練兵實紀十五卷，明戚繼光。折獄龜鑑八卷，宋鄭克。脈經十卷，晉王叔和。難經集注五卷，明王九思等。新儀象法要三卷，宋蘇頌。簡平儀説一卷，明熊三拔。渾蓋通憲圖説二卷，明李之藻。圜容較義一卷，明李之藻。曉庵新法六卷，王錫闡。五星行度解一卷，王錫闡。數學九卷，江永。推步法解五卷，江永。李虚中命書三卷。珞琭子三命消息賦注二卷，宋徐子平，又二卷，宋曇瑩。天步真原三卷，穆尼閣。太清神鑑六卷。羯鼓録一卷，唐南卓。樂府雜録一卷，唐段安節。棋經一卷，宋張儗。奇器圖説三卷，明鄧玉函，附諸器圖説一卷，王徵。鬻子一卷，附校勘記、逸文。尹文子一卷，附校勘記、逸文。慎子一卷，附逸文。公孫龍子三卷。人物志三卷，魏劉劭。近事會元五卷，宋李上交，附校勘記。靖康緗素雜記十卷，宋黄朝英。能改齋漫録十八卷，宋吴曾。緯略十二卷，宋高似孫。坦齋通編一卷，宋邢凱。潁川識小二卷，宋陳昉。愛日齋叢鈔五卷、日損齋筆記一卷，元黄溍。樵香小記二卷，何琇。日聞録一卷，元李翀。玉堂嘉話八卷，元王惲。古今姓氏書辨證四卷，宋鄧名世。明皇雜録三卷，唐鄭處誨，附校勘記、逸文。大唐傳載一卷。賈氏談録一卷，宋張洎。東齊記事六卷，宋范鎮。續世説十二卷，宋孔平仲。玉壺野史十卷，宋釋文瑩。唐語林八卷，宋王讜，附校勘記。萍洲可談三卷宋朱彧，附校勘記。高齋漫録一卷，宋曾慥。張氏可書一卷，宋張知甫。步里客談二卷，宋陳長方。東南紀聞三卷。菽園雜記十五卷明陸容。漢武内傳一卷，附録外傳、逸文、校勘記。華嚴經音義四卷，唐慧苑。文子二卷，附校勘記。文始真經言外經旨三卷，宋陳顯微。參同契考異一卷，朱子。

集部

古文苑二十一卷，附校勘記。觀林詩話一卷，宋吴聿。餘師録四卷，宋王正德。詞源二卷，宋張炎。

指海書目

第一集

禹貢山川地理圖二卷，宋程大昌。詩説一卷，陶正靖。春秋胡氏傳辨疑二卷，明陸粲。孟子解一卷，宋蘇轍。奉天録四卷，唐趙元一。炎徼紀聞四卷，明田汝成。譎觚一卷，顧炎武。内閣小志一卷，附内閣故事一卷，葉鳳毛。石經考一卷，顧炎武。天步真原一卷，薛鳳祚。震澤長語二卷，明王鏊。

第二集

易例二卷，惠棟。六藝綱目二卷，元舒天民。烈皇勤政紀一卷，孫承澤。襄陽守城録一卷，宋趙萬年。兩垣奏議一卷，明逯中立。條奏疏稿一卷，附續刊，蔣伊。紹熙州縣釋奠儀圖一卷，朱子。義府二卷，黄生。

第三集

儀禮釋宫增注一卷，江永。春秋説一卷，陶正靖。論語意原四卷，宋鄭汝諧。韻補正一卷，顧炎武。音學辨微一卷，江永。大業雜記一卷，唐杜寶。西洋朝貢典録三卷，明黄省曾。中西經星同異考一卷，梅文鼎。東園叢説三卷，宋李如箎。列朝盛事一卷，明王世貞。

第四集

詩説三卷，惠周惕。瑟譜六卷，元熊朋來。讀説文記十五卷，惠棟。崑崙河源考一卷，萬斯同。吕氏雜記二卷，宋吕希哲。潄華隨筆四卷，嚴有禧。

第五集

易大義一卷，惠棟。尚書地理今釋一卷，蔣廷錫。字詁一卷，黄生。革除逸史二卷，明朱睦㮮。詔獄慘言一卷，附天變邸抄一卷，明燕客。出塞紀略一卷，錢良擇。史糾六卷，明朱明鎬。手臂録四卷，附録二卷，吴殳。

第六集

左傳杜解補正三卷，顧炎武。論語拾遺一卷，宋蘇轍。帝王世紀一卷，晉皇甫謐。異域録二卷，圖理琛。楓山語録一卷，明章懋。何博士備論一卷，宋何去非。識小編二卷，董豐垣。紫微雜説一卷，宋吕本中。文選敏音一卷，趙晉。

第七集

讀説文記十五卷，席世昌。司馬法三卷，附逸文一卷司馬穰苴。救命書二卷，明吕坤。鄧析子一卷。商子五卷。測量法義一卷，測量異同一卷，句股義一卷，明徐光啓。

第八集

李相國論事集六卷，唐蔣偕。唐才子傳十卷，元辛文房。吴乘竊筆一卷，明許元溥。戲瑕三卷，明錢希言。本語六卷，明高拱。

第九集

春秋日食質疑一卷，吴守一。汝南遺事四卷，元王鶚。乘軺録一卷，宋路振。蜀碧四卷，彭遵泗。南宋古跡考二卷，朱彭。淮南天文訓補注二卷，錢塘。觚不觚録一卷，明王世貞。筆記一卷，明彭時。

第十集

九經誤字一卷，顧炎武。訥溪奏疏一卷，明周怡。象臺首末五卷，附録一卷，宋胡知柔。于公德政記一卷，戴兆祚。三魚堂日記二卷，陸隴其。博物志十卷，附逸文，晉張華。

第十一集

存是録一卷，明姚宗典。辛巳泣蘄録一卷，宋趙與褰。閩部疏一卷，明王世懋。寧海將軍固山貝子功績録一卷，失名。脈訣刊誤二卷，元戴啓宗。鈍吟雜録十卷，馮班。陰符經考異一卷，朱子。修詞鑑衡二卷，元王構。

第十二集

漢書西域傳補注二卷，徐松。坤輿圖説二卷，南懷仁。金石文字記六卷，顧炎武。明夷待訪録一卷，黄宗羲。

惜陰軒書目，三原李錫齡孟熙編。

第一函

翫易意見二卷，明王恕。石渠意見四卷附。學易記五卷，明金賁亨。周易本義爻徵二卷，吴曰慎。

虚字説一卷，袁仁林。

第二函、第三函

戰國策校注十卷，元吴師道。雲南機務鈔黄一卷，明張紞。東西洋考十二卷，明張燮。

第四函

會稽三賦注四卷，明南逢吉。授經圖二十卷，明朱睦㮮。京畿金石考二卷，孫星衍。

第五函

雍州金石記十卷，附記餘考一卷，朱楓。北溪字義二卷，附嚴陵講義一卷，宋陳淳。正蒙會稿四卷，明劉璣。

第六函

宋四子鈔釋廿一卷，周子三卷，張子六卷，二程子十卷，朱子二卷。明吕柟。

第七函、第八函

陳紀四卷，明何良臣。小兒藥證真訣三卷，宋錢乙。衛生寳鑑二十四卷，附補遺一卷，元羅天益。書法離鉤十卷。明潘之淙。

第九函

六如畫譜三卷，明唐寅。新增格古要論十三卷，明王佐。

第十函

元城語録解三卷，附行録解一卷，明王崇慶。兩山墨談十八卷，明陳霆。見物五卷，明李蘇。

第十一函

事物紀原十卷，宋高承。

第十二函

書叙指南二十卷，宋任廣。表異録二十卷，明王志堅。

第十三函

清異録二卷，宋陶穀。唐語林八卷，宋王讜。

第十四函

世説新語三卷。孝子集解二卷，附考異一卷，明薛蕙。

第十五函、第十六函

古文周易參同契注八卷，袁仁林。楚辭補注十七卷，宋洪興祖。古文苑注二十一卷，宋章樵。

粤雅堂叢書目，南海伍崇曜編，同邑譚瑩玉生所校，刻成於咸豐甲寅，凡百廿六種廿集。

第一集

南部新書十卷，宋錢易。中吴紀聞六卷，宋龔明之。志雅堂雜鈔二卷，宋周密。焦氏筆乘六卷，續八卷，明焦竑。東城雜記二卷，厲鶚。

第二集

奉天録四卷，唐趙元一。咸淳遺事二卷，宋無名氏。昭忠録一卷，宋無名氏。月泉吟社一卷，宋吴渭。谷音一卷，元杜本。河汾諸老詩集八卷，元房祺。揭文安公文粹二卷，元揭傒斯。玉笥集十卷，元張憲。潞水客談一卷，明徐貞明。陶庵夢憶八卷，明張岱。天香閣隨筆二卷，集一卷，明李介。

第三集

芻蕘奥論二卷，宋張方平。唐史論斷三卷，宋孫甫。叔苴子内編六卷，外編二卷，明莊元臣。西洋朝貢典録三卷，明黄省曾。五代詩話十卷，王士禛原編，鄭方坤删補。

第四集

易圖明辨十卷，胡渭。四書逸箋六卷，程大中。古韻標準四卷，江永。四聲切韻表一卷，江永。緒言三卷，戴震。聲類四卷，錢大昕。宋遼金元四史朔閏考二卷，錢大昕。

第五集

國史經籍志五卷，明焦竑。文史通義八卷，校讎通義三卷，章學誠。

第六集

經義考補正十二卷，翁方綱。小石帆亭五言詩續鈔八卷，又。蘇詩補注八卷，又。石洲詩話八卷，又。北江詩話六卷，洪亮吉。玉山草堂續集六卷，錢林。

第七集

虎鈐經二十卷，宋許洞。打馬圖經一卷，宋李清照。敘古千文一卷，宋胡寅撰，黄灝注。草廬經略十二卷，明無名氏。字觿六卷，周亮工。今世説八卷，王晫。飲水詩集二卷，詞集二卷，性德。

第八集

雙溪集十五卷，宋蘇籀。日湖漁唱一卷，宋陳允平。瑟譜六卷，元熊朋來。秋笳集八卷，吴兆騫。燕樂考原六卷，凌廷堪。

第九集

絳雲樓書目四卷，錢謙益編，陳景雲注。述古堂藏書目四卷，錢曾。石柱記箋釋五卷，鄭元慶。林屋唱酬録一卷，馬曰璐編。焦山紀遊集一卷，馬曰璐。沙河逸老小稿六卷，馬曰琯。嶰谷詞一卷，馬曰琯。南齋集六卷，詞二卷，馬曰璐。

第十集

九國志十二卷，宋路振撰，張唐英補。胡子知言六卷，疑義一卷，附録一卷，宋胡宏。蒿庵閒話二卷，張爾岐。後漢書補注二十四卷，惠棟。後漢書補表八卷，錢大昭。

第十一集

詩書古訓六卷，阮元。十三經音略十二卷，周春。説文聲系十四卷，姚文田。

第十二集

新校鄭志三卷，附録一卷，錢東垣等編。文館詞林四卷，唐許敬宗。兩京新記五卷，唐韋述。華嚴經音義四卷，唐釋慧苑。道德真經注四卷，元吴澄。太上感應篇注二卷，惠棟。歷代帝王年表三卷，齊召南編，阮福續。紀元編三卷，李兆洛。

第十三集

中興禦侮録二卷，宋無名氏。襄陽守城録一卷，宋趙萬年。宋季三朝政要五卷，宋無名氏，又陳仲微附録一卷。詞源二卷，宋張炎。元草堂詩餘三卷，元鳳林書院編。樓山堂集二十七卷，明吴應箕。

第十四集

朱子年譜四卷，考異四卷，附録二卷，王懋竑。韓柳年譜八卷，馬曰璐合刻。疑年録四卷，錢大昕。續疑年録四卷，吴修。米海岳年譜一卷，翁方綱編。元遺山先生年譜三卷，翁方綱。

第十五集

崇文總目輯釋五卷，補遺一卷，錢東垣等輯。菉竹堂書目六卷，明葉盛。菉竹堂碑目六卷，明葉盛。金石林時地考二卷，明趙均。勝飲編十八卷，郎廷極。采硫日記三卷，郁永河。嵩洛訪碑日記一卷，黄易。通志堂經解目録一卷，翁方綱。蘇米齋蘭亭考八卷，翁方綱。石渠隨筆八卷，阮元。

第十六集

周官新義十六卷，宋王安石。爾雅新義二十卷，宋陸佃。孫氏周易集解十卷，孫星衍。春秋穀梁傳時月日書法釋例一卷，許桂林。

第十七集

群經音辨七卷，宋賈昌朝。刊正九經三傳沿革例一卷，宋岳珂。九經補韻一卷，宋楊伯嵒。附録一卷，錢侗。詞林韻釋一卷，宋菉斐軒刊本。漢書地理志稽疑六卷，全祖望。國策地名考二十卷，程恩澤撰，狄子奇箋。

第十八集

儀禮石經校勘記四卷，阮元。隸經文四卷，江藩。樂縣考二卷，江藩。國朝漢學師承記八卷，附國朝經師經義目録一卷，又。國朝宋學淵源記二卷，附記一卷，又。顧亭林先生年譜四卷，張穆。閻潛邱先生年譜四卷，又。

第十九集

秋園雜佩一卷，明陳貞慧。倪文正公年譜四卷，倪會鼎。南雷文定前集十一卷，後集四卷，三集三卷，詩曆四卷，黄宗羲。程侍郎遺集十卷，程恩澤。

第二十集

李元賓集六卷，唐李觀。吕衡州集十卷，唐吕温。西崑酬唱集二卷，宋楊億等。羅鄂州小集六卷，宋羅願。樂府雅詞六卷，拾遺二卷，宋曾慥。陽春白雪八卷，外集一卷，宋趙聞禮。揅經室詩録五卷，阮元。

嶺南遺書書目，南海伍崇曜，原名元薇，同譚瑩玉生輯。

第一集

雙槐歲鈔十卷，明黄瑜。廣州人物傳二十四卷，明黄佐。翰林記二十卷，又。革除遺事節本六卷，又。春秋别典十五卷，明薛虞畿。百越先賢志四卷，明歐大任。

第二集

劉希仁文集一卷，唐劉軻。理學簡言一卷，宋歐仕衡。平定交南録一卷，明丘濬。白沙語要一卷，明陳獻章。甘泉新論一卷，明湛若水。元祐黨籍碑考一卷，明海瑞。疑耀七卷，明張萱。海語三卷，明黄衷。郭給諫疏稿二卷，明郭尚賓。筭迪八卷，國朝何夢瑶。春秋詩話五卷，國朝勞孝輿。

第三集

崔清獻公集五卷，宋崔與之。崔清獻公言行録三卷，宋李肖龍。羅浮志十卷，明陳槤。小學古訓一卷，明黄佐。昭代經濟言十四卷，明陳子壯。龐氏家訓一卷，明龐尚鵬。周易爻物當名二卷，明黎遂球。正學續四卷，國朝陳遇夫。史見二卷，又。迂言百則一卷，又。

第四集

周易本義注六卷，國朝胡方。賡和録二卷，國朝何夢瑶。救荒備覽四卷，國朝勞潼。周易略解八卷，附群經互解一卷、算略一卷，國朝馮經。周髀算經述一卷，又。粤臺徵雅録一卷，國朝羅元煥撰，陳仲鴻注。重訂范氏家相三家詩拾遺一卷，葉鈞。

第五集

楊議郎著書一卷，漢楊孚撰，國朝曾釗輯。異物志一卷，漢楊孚。晉劉欣期交州記二卷，曾釗輯。宋王韶之始興記一卷，曾釗輯。司馬文正公潛虚述義四卷，國朝蘇天木述。五山志林八卷，國朝羅天尺。測天約術一卷，國朝陳昌齊。吕氏春秋正誤一卷，又。楚詞辨韻一卷，又。袁督師事蹟一卷，無名氏。嶺南荔支譜六卷，國朝吴應逵。南漢紀五卷，南漢地理志一卷，南漢金石志二卷，吴蘭修。端溪硯史三卷，又。粤詩蒐逸四卷，國朝黄子高。春秋古經説二卷，國朝侯康。穀梁禮證二卷，又。補後漢書藝文志四卷，又。補三國藝文志四卷，又。

第六集

毛詩通考三十卷，國朝林伯桐。毛詩識小三十卷，又。虞書命羲和章解一卷，曾釗。蠡勺編四十卷，國朝凌揚藻。紀夢編年一卷，附續編，國朝釋成鷲。以上自道光辛卯至同治癸亥，始刻至六集。

江都陳氏所著書目

屈辭精義六卷，漢詩統箋一卷，急救探奇一卷，協律鈎元四卷外集一卷，陳本禮著。竹書紀年集證五十卷叙略一卷，逸周書補注二十四卷，穆天子傳注補正六卷，讀騷樓詩二卷，二集二卷，陳逢衡著，本禮子，字穆門。

音學十書，歙江有誥晉三著。

詩經韻讀，群經韻讀附國語大戴禮，楚辭韻讀附宋賦，子史韻讀，廿一史韻譜附通韻譜合韻譜，漢韻讀，諧聲表，入聲表，唐韻再正，古音總論附説文彙聲，説文質疑，繫傳訂訛，等韻叢説，音學辨訛。

敷文閣叢鈔，成都龍萬育編。

群經補義五卷，江永。毛詩古音考四卷，明陳第。春秋長曆一卷，晉杜預。春秋隨筆一卷，顧奎光。周禮疑義舉要六卷，江永。讀史論略一卷，杜詔。讀史管見一卷，龍爲霖。鄧批四書一卷，鄧倫。奉天録一卷，唐趙元一。西域釋地一卷，祁韻士。緝古算經一卷，唐王孝通，附細草一卷、圖解三卷、音義一卷，陳杰。讀書録摘要二卷。居業録摘要二卷。弟子職選注一卷，任大鵬。

岱南閣刻巾箱本四種，孫淵如刻。

周易集解十卷，周易口訣義六卷，夏小正校本三卷，東皋子集三卷。

七月

詩三家注疏　清　周曰庠

初九日　閲邑人周一峰秀才詩三家注疏，其清本僅存二卷，至邶風止；稿本至豳風止。頗掔綜古訓，有裨經術，而體例未妥，約有數病。採集三家之説，不標出處，一也；集説泛存異義，非主三家，二也；疏多遊移出入，罕所發明，三也。諸家或稱名，或稱字，或僅標書名，時代先後，淩雜無序，四也。

史記志疑　清　梁玉繩

十一日　梁氏史記志疑，竹汀錢氏亟稱之。其考訂訓詁固多可取，而頗錮於學究識見，强解三代以上之事。最謬者辨禹無葬會稽事一條，盡翻國語、管子、墨子、吴越春秋、越絶書、水經注及本書之説，而獨據論衡之頗辭。杜注左傳「塗山」之孤解，謂禹時會稽在荒外，何由巡狩至此？又據路史言塗山亦有會稽之名，而並欲移會稽於濠州，且力辨舜葬蒼梧之誣。豈知古聖王勤民憂物，不遺遐遠，桐棺薄葬，隨地而安，不必如後世營卜山陵，重煩人力。國語、管、墨，皆出周時，三代所傳，章章如是。許氏説文最稱謹慎，間引經傳，必致確且精。其山部「嶷」下云：「九嶷山也，舜所葬，在零陵營道。」系部「繃」下引墨子曰：「禹葬會稽，桐棺三寸，葛以繃之。」屾部「嵞」下云：「會稽山也。」可知舜禹葬處，古無異說。而嵞山本在會稽，漢時經師已言之。杜預謂在壽春，不過相傳別說，說文「嵞」下云：「一曰九江當塗也。」亦不得以酈氏之駁爲非。漢書劉向上疏，言堯葬濟陰，舜葬蒼梧，禹葬會稽，不改其列。殷湯無葬處，使禹葬稍有可疑，子政必不別白言之。

王仲任，漢之陋儒，所言多誕；羅長源所述尤無稽。曜北信所不當信，又雜引唐人柳宗元、鄭魴之說，以盡黜載籍徵信之言，是以溝猶瞀儒，不出方隅之見，而妄測古人，何其舛也。至謂句踐非禹苗裔，閩越非句踐種族，又不知誰授以世系矣。

嵞山與塗山是兩地。嵞山自在會稽，因此山而特製「嵞」字。塗山則在漢爲九江當塗，在晉爲淮南壽春，晉志淮南郡下亦有當塗縣，注云古塗山國，而杜氏云在壽春東北。案壽春今爲壽州，當塗今爲懷遠縣，地界相接，非今江南太平府之當塗也。在唐爲濠州，乃古塗山氏之國，禹所娶者。涂、塗古今字，後人牽合嵞、塗而一之，致滋異說。漢書地理志「九江當塗」下應劭注曰「禹所娶塗山氏國」也，其文甚明。

會稽禹陵，事無可疑，越爲少康少子無余之封，歷古訖今，更無異說。至以餘姚爲舜後支庶所封，而附會歷山、舜井、漁浦諸地則妄矣。漢地理志、續漢郡國志於餘姚下皆無注。蓋餘姚如餘暨、餘杭之比，皆越之方言，猶稱於越句吴也。姚暨虞剡，亦不過以方言名縣，其義無得而詳，安可以姚虞之字有關於舜，遂謂重華居此耶？

説文解字　漢　許慎

十三日　説文弓部𢏳,帝嚳射官,夏少康滅之。又羽部羿,亦古諸侯也,一曰射師。又邑部窮,夏后時諸侯夷羿國也。案𢏳、羿自是一字,從羽猶從弓也。而帝嚳射官之𢏳,即堯時所謂射十日、殺窫窳、斬九嬰、射河伯者,論語所稱「羿善射」,孟子所稱「逢蒙學射於羿」,皆是人也。羿爲蒙所殺,故南宫适云不得其死。盪舟之奡,即棄稷所謂「無若丹朱傲」之傲。陸氏釋文於益稷文云「傲,一作奡」。古人論人,必時地相值,南宫正以羿、奡、禹、稷同時並爲堯臣,故取以衡量,必非夏相時之羿、澆也。注論語者見羿名偶同,奡、澆亦音近,遂誤爲夏時之羿、澆。不知左傳所載有窮事甚詳,並無澆能盪舟之言。竹書、楚辭雖皆有澆覆舟滅斟灌之言,然楚辭所述多誕,竹書出於晉時,蓋影合論語、楚辭而撰此言,非事實也。且論語所云盪舟與善射比,蓋謂奡善用舟師,正以多力能出奇,雖少水處亦縱盪自如,故書以爲罔水行舟,非覆滅敵舟之謂。嘗謂古之羿、奡與蚩尤,皆神力間出之才,始皆立功帝室,而自恃其勇,終取滅亡。故言五兵者本於蚩尤,言射者本於𢏳,言舟師者本於奡,蓋其時初製弧矢舟楫,其用未廣,𢏳、奡以奇傑爲帝臣,能盡其利,故南宫以爲不如禹、稷之務躬稼也。且羿爲寒浞與家衆所殺,非殺於逢蒙。羿、澆皆亂賊不容誅,豈得但云不得其死,尤不得以尚力不尚德蔽之。故許於「𢏳」下引論語曰𢏳善射,於「窮」下曰夏后時諸侯夷羿國,分別畫然。而「羿」下云亦古諸侯者,謂夏之有窮后羿;云一曰射師者,謂一説羿即帝嚳射官之𢏳,蓋許自序稱論語皆古文,則所見論語作𢏳爲古,而用羿亦可通。帝嚳及堯時之𢏳爲射官,未嘗爲諸侯。夏時之羿爲有窮國君,未嘗爲射官。凡山海經、歸藏、楚辭、莊子、淮南子所稱之羿，皆堯時之𢏚也。堯時之𢏚，蓋如稷與共工之比，即以其官名之。夏時之羿，乃名字偶同，而後人附會。

自賈景伯言羿之先祖世爲先王射官，於是郭璞則以爲后羿慕羿射，故號此名。孔穎達則以爲羿是善射之號，非人名字，故嚳時堯時及夏皆有羿，不知后羿名爲何。鄭樵則以爲羿必太康時人，以射得名；堯、嚳時亦有善射之人，世訛以爲羿。景純、冲遠皆望文爲説，羌無實據，漁仲直不學而妄言矣。其能析言之者，叔重而後，吴斗南辨之最明。或疑許於「𢏚」下云夏少康滅之，似亦從世爲虞夏射官之説。不知此五字，蓋是後人羼入。既云帝嚳射官，則𢏚非諸侯國名，亦非氏族名，何得云少康滅之？且即如其説，夏羿乃寒浞所滅，少康惟滅澆、豷，故左傳云遂滅過戈、復禹之績。寒浞已非少康所滅，何論羿耶？至奡之非澆，説文亦甚明。夰部「奡」下云：「虞書曰『若丹朱奡』，讀若傲；論語『奡盪舟』。」此以證論語之奡與丹朱並時，非澆可知。近人新化鄒叔績引管子「若敖之在堯」也。莊子「堯伐叢〔枝〕、胥敖」，又「堯攻宗膾、胥敖，國爲虚厲」，謂即虞書之傲，論語之奡。是也。金壇段氏注許書，最稱精覈，而於𢏚羿則以爲夏時夷羿乃帝嚳射官之裔，於奡澆説文「豷」下引左傳生敖及豷。則以爲一人，可謂明有所不瞭矣。

茹敦和、陸祁孫文

二十日　評點茹三樵、段懋堂、焦里堂、洪稚存、陸祁孫、沈沃田諸家文。茹有竹香齋古文，陸有崇百藥齋文集，兩家皆工叙事，故於志傳爲長。茹以俊逸，陸以簡潔，又各擅勝處也。茹所著家傳尤工於語言，如叙存恕公兄弟之友愛，鄒節婦之癡篤，皆千載如生。陸所著如管御史世銘墓表、方知州聯聚行狀、吴知府堦及惲子居、趙味（青）〔辛〕墓誌銘，皆嚴整有筆力。

國朝文録　清　李祖陶輯

二十一日　評點朱梅崖、管藴山、李申耆諸家文。三家文，予前已論之。管尤非當家，然如朱之與林穆庵論大學書，李之鳳臺食貨志、祁鶴皋先生外藩蒙古要略序，固爲一時名作。管之春秋公羊傳説立論名通，馮玉圃鶴半巢詩集序，臚陳軍機職掌始末，足資掌故，皆極有關係之文也。

姚端恪公文集　清　姚文然

閲姚端恪公文集。端恪長於奏牘，指畫分明，令人意解，餘亦多關經世利病之文。其最佳者，與查孟如兄弟書，言人之宜勤不宜閑，山林之中亦當惜福，皆鑿鑿有名理，宜人寫一通，勒之坐右也。

砥齋集　清　王弘撰

二十二日　王山史砥齋集世不多見，僅見於朝邑李時齋關中文鈔。其文頗有佳者，如劉文靖公從祀録、書郃陽世系譜後、艾千子罪王弇州論、侯朝宗責于忠肅論、水火論、山來閣記諸作，議論筆力，皆足勝人。其甲申之變論，詞意激烈，末一段云：「順治初，山陰王思任寄書龍門解允樾，其詞悖慢，追咎神宗、追咎熹宗不已也，終之曰繼之以崇禎勀俗作「剋」，經典祇作「克」剥自雄。嗚呼！生勤宵旰，死殉社稷，此普天哀痛之時也。思任亦人臣，何其忍於刻責而肆爲無禮之言以至此哉？思任有女曰端淑，能詩文，刻映然子集行世，中有言思任之死嫌其數十日之生之多者，蓋謂其死非殉難，不能擇於泰山鴻毛之辨也。嗚呼！臣而非君，女而非父，一何其報之之符也。」案季重卒於丙戌，在魯王航海之後。所云順治初者，蓋當甲申、乙酉間時，秦中已奉正朔也。季重之死，國論已定，惟鄉評尚在疑信間，觀此則知其女已有違言，無待清議矣。惜映然子集今亦不得見耳。

八月

聲韻考 清 戴震 **六書音韻表** 清 段玉裁

初六日 閱戴氏聲均考及段氏六書音均表。江、戴之言古音，由顧氏之旨，推求邃密，段氏尤多創解。然其所言合均，殊不可信，往往有意過其通，求精反疏者。顧氏於此事首開篳路，後儒雖議其未盡，而其言包括晐通，最得古今秘要。足相裨補者，惟孔氏詩聲類而已。

孔子生卒月日

二十一日 至聖先師生日，公羊作襄公二十一年十月庚子，一本作十一月庚子。據陸氏經典釋文，今注疏本皆作十一月庚子，蓋徐彦所據本，即陸氏所云别一本也。近儒孔氏廣森公羊通義本，已據釋文改正作十月。穀梁作二十年十月庚子，史記作二十二年而無月日。漢儒注左傳者，若賈景伯、服子慎，皆主二十一年；司馬貞史記索隱，以爲史記作二十二年者，緣周正十一月屬明年，故誤遲一歲。然則先師生於襄公二十一年十月無疑矣。是月庚辰朔，日有食之，三傳之經皆同，然則庚子爲二十一日又無疑矣。而近儒錢竹汀以三統曆推之，謂庚子當在二十二日。錢氏推算雖精，然三經稱朔不應有誤，或以爲春秋日官之失，則非予所能知也。

至先師之卒，左氏大書於哀公十六年夏四月己丑，而杜注言是年四月十八日爲乙丑，己丑是五月十二日，月日必有誤。元凱精於曆學，此以長曆推而知之者。然以隸書言之，乙、己固形近易訛，而左氏傳於兩漢皆稱古文。古文乙作乁，己作己，絶不相溷，故己可訛爲三，不能訛爲乁。左氏特以存孔子卒日，續兩年之經，若何鄭重，而容致誤？賈景伯深通曆緯，而襄公三十一年左傳正義引賈説，亦作四月己丑，或杜氏所推，亦不能無誤耶？嗚呼！三傳皆尊聖人而傳其經者也，或稱弟子，或爲門人，乃二傳則紀其生而不紀其卒，左傳則紀其卒而不記其生，且又年月乖違，日干疑誤，此好古之士所深慨也。以吾夫子之明並日月，垂法萬世，而生卒異聞，尚不相一，又何怪西域胡神，恒星夜隱，傳疑傳幻，世數等縣耶？本起經言佛以四月八日夜生。因果經言以日初出時生。長阿含經言以夜半明星出時生。雙卷泥洹經言以二月八日生。至其年則魏書釋老志據春秋「莊公七年夏四月辛卯夜，恒星不見」，謂佛生於周莊王十年甲午。然杜氏長曆言辛卯是四月五日。且周正四月爲夏正二月。唐王起五位圖謂生於桓王十年甲子。沙門曇謨最等又誤據竹書紀年「昭王十四年夏四月恒星不見」之文，謂生於昭王二十六年甲寅。而昭王止十九年，並無二十六年，其謬尤不待辨。

九月

十三經古注 明 金蟠 葛鼒輯

十六日 閲局中新補刻永懷堂本十三經注。其版舊在蕭山某氏家，去年楊布政購得之者，然拙惡，多誤字，蓋即葛本翻刻，不知出誰手也。版頗漫漶，且有闕失，布政屬局中諸子校補之，而無原刻本可證，因據毛氏注疏本爲之修改，轉失葛氏之真。

隸篇 清 翟雲昇

十九日 潘鳳洲以東萊翟雲升文泉所著隸篇見眎。凡十五卷，采西漢迄西晉金石文字，依説文十四篇之部目，而每部編字以類篇爲次，皆即原碑雙鉤其文，備列正變，爲之考證。其金石家所已言者，皆不復及。卷首先載碑目，皆注明今在何地，得之何人。第十五篇爲偏旁考，則以篆統隸爲變隸，通例則以隸統篆。又續十五篇、再續十五篇，皆校覈精詳，深資小學。書刻成於道光十八年，前有濰縣陳相國官俊、聊城楊河督以增兩序及翟氏自序。翟氏又言將别爲三續，未知已成否。

寶嚴寺

三十日　上午買舟，赴平水寶嚴寺，以季弟偕穎堂爲其祖母紀建水陸道場於此也。午抵水步，行里許入寺。自歲丙午侍本生大父來游，迄今二十四年矣，竹徑就荒，谿水半涸，惟山色不壞耳。寺在鑪峰之陰，門前青嶂矗如列屏，秋樹萬重，燦若縟繡。山門柱聯八分書「白雲景裏傳心處，流水聲中選佛場」。寺門榜曰「古雲門」，皆無書者名氏。第二榜曰「顯聖古刹」，旁題「九江節度王思任書，國子祭酒陶望齡立」。第三榜曰「敕賜寶嚴禪寺，康熙四十七年，住持僧廣智立」。按季重官九江道按察僉事，而自稱節度，非也。東廡有鐵塔，藏佛牙，有趙凡夫篆書「如來牙塔」四字，旁題「天啓乙丑仲秋趙宧光爲湛然禪師書」。西廡有小碑，刻董思白行書金剛經。聞其墨蹟尚藏寺中，殿廊壁間銜愚庵孟禪師塔銘爲宏覺禪師道忞撰文，山西參議前御史天目陸光旭，釋名行宣。篆額，雲間僧大威書。又有齋田及免徭碑數通，一爲順治十三年免徭碑，會稽縣知縣蒲城郭維藩撰文，前進士欽假留都里人李安世篆額，前進士行人司行人里人陶履卓書，其後列名者紳士姚應嘉、王亹、金蘭、魯栗、祁熊佳、祁豸佳等二十餘人。正殿有聖祖仁皇帝康熙四十六年御書「寶嚴寺」三字，柱聯曰：「雲門寺裏無賸言幾箇僧，石纖峰前好風景一谿水。」散木老人題，僧靜伊書。筆意古逸，似青藤、鴻寶諸公。丈室有王季重爲三宜禪師書「正中妙叶」四字，又桐城張文和書「法王大寶」四字。湛然名圓澄，晚號散木道人，陶石梁爲撰塔銘，謂本東關夏氏子。孟禪師名明孟，字三宜，晚號愚庵，道忞撰銘，謂本錢唐丁氏子。

李安世爲明崇禎癸未進士，據碑録，是科有兩李安世，一在二甲，爲紹興山陰人，一在三甲，爲紹興餘姚人，而府志選舉表祇載一人，注云「碑録是科又有一李安世，餘姚人」，蓋以存疑也。按，餘姚之李安世字奉若，由舉人授泗州學正，成進士後未授官，明亡不仕，有高節，府志鄉賢傳坿其父槃傳，山陰志鄉賢有李安世傳，所載同，而於選舉表注云據碑録，餘姚人。考府志選舉表舉人中僅有餘姚李安世，無山陰李安世，惟崇禎庚午科有李盛世，山陰人，疑碑録安世乃盛世之訛，而餘姚之李安世乃籍餘姚而居山陰者，本是一人。其登第後未嘗補官，府志選舉表中注云官尚寶司卿，則亦誤也。今此碑繫銜曰「欽假留都」，蓋國初遺老多注籍吏部，示欲出之意，規避禍以全高節，其未嘗授官，固亦甚明矣。

十月

雲門顯聖寺志　清　趙甸

朔　閱雲門顯聖寺志，共十卷。其稱「雲門」者，顯聖爲雲門外六寺之一也。中有湛然至百愚諸僧語録及塔銘、規約、疏序等，康熙初邑人趙甸璧雲所編。甸爲明諸生，善畫，有文名。國初與陶行人履卓偕隱雲門，有高節。此書自署曰小梅田，不知何指。商寶意言其與董無休、王白岳等稱雲門十大弟子。分立門目，各有小序，辭意奥約，而往往失之晦澀，蓋猶是明季習氣。其爾宓澓禪師塔銘、麥浪懷禪師塔銘，皆祁忠惠所撰。澓名明澓，號散伊；懷名明懷，字修湛；與三宜、明盂皆湛然弟子。又百愚斯禪師塔銘，忠惠之兄淨超居士駿佳所撰。淨超自號西遯道人，嘗受法於三宜，而百愚則弁山明雪之弟子。明雪字瑞白，亦湛然之徒也。其塔銘，余大成所撰。文皆作彼教中語，想見當日名山道侶，仗錫往還，猶有蓮社東林風流餘韻。至佛牙塔記言湛師得之吴中穹窿山，備諸靈異，幾至鬥利速訟。歸越後，又爲會稽令火之三日，其色逾鮮，傳幻傳疑，理不足信。

水陸儀文考

初四日　觀寺僧誦水陸發願文，據蓮池袾宏竹窗隨筆，言世傳水陸儀文始於梁武帝，因夢感白起求救，與誌公發大藏得此，禱之光明滿室，今藏經並無其文，金山寺傳本亦無端緒，惟東湖志磐所輯水陸儀軌精密簡易，因爲之訂定云云。其書惟載齋醮功德，無它深旨，自來人主事佛，若梁武、南唐後主可謂精謹，而其效如此。宋景文唐書李蔚傳論言之尤切，奈何世人反外周公、孔子之言，而别求所謂内典哉？博施濟衆，堯舜猶病，今之爲此者，其愚亦已甚矣。

國初人傳　清　沈冰壺

十三日　得存齋片，送來鈔本國初人傳一小册，不著撰人名氏，亦無目録，其首尾不可得詳。大旨主於儒林，而明之遺民爲多。有專傳，有合傳，有坿傳，有論，蓋乾隆中吾越人所作。遺獻張白雲先生

怡傳下注云「吾鄉余若水先生風格與先生彷彿」。又沈求如諸先生傳下坿記云「蕺山人譜『訟過』條有香一炷水一盂等語，顯近

枯禿，其嗣孫子志丈與予交，時年已八十餘，嘗言此是史孝咸竄入者」，又云「會稽人陶庸齋廷奎，石簣祖也，著正學演說，力辨良知與嶺南體認之非，石簣不特失其先學，且蒲伏而竄，居湛然、澄密、雲悟座下，而猶曰良知良知，文成寧受之乎？」又故明御史蔣大鴻先生平階傳云：「先生樂會稽有佳山水，遂寓而終，遺命葬樵風涇，在越與毛西河、徐伯調相應和，而獨惡王白岳。好談青紫囊術，其地理辨微一書，於郭璞葬經下至楊賴諸家，悉加貶斥。然爲人卜地頗多衰絶，即其自營之穴，後人凌替不可問矣」云云。知爲越人無疑也。

故其論學，頗左右於陽明、蕺山，雖以湯文正與陸隴其並稱，而尤推重湯公。於湯傳論云：「當盛朝禮樂昌明之會，必有純德懿修嗣續濂洛關閩之箕裘者，公與陸稼書，殆其人乎？而公之涯涘遠矣。」陸傳論云：「公與中州湯潛庵齊名。公之力闢姚江也，潛庵以書規之，其言深切而有味，予讀之未嘗不掩卷歎息也。」張楊園傳後坿記云：「清獻之壻曹宗柱輯年譜，述清獻與石門吕留良投分最契，不啻一人。及石門事敗，其家乃改修年譜，盡滅去之，此亦論世者之所宜知也。」劉伯繩先生傳論云：「蕺山之學，大約圭臬文成，而時有匡拂，具補偏救弊苦心。至考亭一脈，要未嘗規規也。堅守集注者，如孫退谷、陸稼書嫌其不合，即以張弧文成者，集矢蕺山，持鋒甚厲。先生乃不能自信，陰加竄易，坿合考亭。惲日初仲升助之，黄梨洲弜爲三家村學究定王會圖，諒哉。由此觀之，時風衆勢，雖爲之式穀者猶不能不爲所牽，此大過所以稱獨立不懼之君子也。」又坿記云：「詆蕺山者肇端於宛平孫承澤，前此未有也，而平湖繼之。承澤固蒙面賊庭者也，平湖集中載有上孫退谷先生書，尊之何啻碩儒魁德，豈喜其意見之同，忘其律身之污乎？」侍講學士張瑤山貞生，字幹臣，又號簣山。傳後坿記云：「以六經爲聖人糟粕，出程子詩，而稼書誤指爲象山，不細檢故也。近人多踵斯誤。觀諸所言，則其不滿於陸可知。」論李洞初、明性，李塨剛主之父。顔習齋云：「講學而無用，則不如弗講矣。世之訾王文成爲禪爲霸，皆不敢争也，然而有用也，而世欲以語録説書之陋抗之，不亦誤乎？」論沈求如、管霞標、史拙修、退修諸人云：「姚江帶水，揚文成之波者，横山徐愛穎悟，緒山錢德洪篤實，趙麟陽錦以風節振之，至施忠介邦曜身騎箕尾，而完天地之正氣，炳炳烈烈，使後世不敢輕訾文成者，忠介砥柱之力也。」又云：「文成之學，至海門周汝登、石梁陶望齡，直以蓮池放生。文雲谷功過格爲聖學筌蹄，而諸先生皆爲所魅，不能覺也，二史爲尤甚。故劉忠端作人譜以匡之。則淵源授受，大約可知矣。」論沈甸華、昀，更名蘭先。陳乾初確云：「蕺山門多氣節之士，而契其微旨者廖廖。如祁彪佳世培、吴麟徵磊齋、劉理順湛陸、祝淵開美、王毓蓍玄趾，皆仗義死難，炳炳國史，而於學術無所闡揚。章公正宸、何公弘仁、葉公廷秀則韜光滅響，以肥遁終身，故語言風旨，不見於天下。其斐乎有文者，莫如黄宗羲太冲、惲日升仲初、董瑒無休，又不免聲華徵逐之纍，持身亦時見瑕纇。甚且操戈反射，如張考夫、吴褒仲名謙牧，明偏沅巡撫吴麟瑞之子，忠節公麟徵兄子。之徒者，尤不足論。其篤信謹守、始終不渝者，則仁和沈先生、海昌陳先生，巋然爲魯靈光云。」論鄭休仲弘、阮公景元兄弟、海鹽人，端簡公曉之從孫。屠安世、申，秀水人。錢士虎寅，桐鄉人，四人皆蕺山弟子。云：「蕺山以誠意之旨倡天下，而後人以僞亂之，緣改革之際，其高弟多死亡，或遠遁伏匿，無可質詢，致砆玉易混；其子孫復不慎於區別，家貧易餌，聽人鼓簧，爲之刊增姓氏，視爲無關輕重之事，而蕺山之派愈錯雜不可問。嗚呼！其誰定之？」云云。皆羽翼王劉，苦心别白，其識議頗高而確，文筆亦通暢，憙往復以盡其辭，而時失之蕪纍不擇，蓋沿南雷、謝山之派。

其李寒支先生傳論云：「先生文大都仿佛劉文泉、家下賢，則其人沈姓，疑出清玉先生冰壺手也。清玉文不經見，商寶意稱其熟悉勝國朝事，章實齋稱其古文爲一作家。今所傳古調自彈集，詩多論古今學術，其詠史樂府斷制是非，凜然史筆，亦頗與此相類。皇朝文獻通考稱其抗言在昔集一卷，皆七言絶句，爲其詠古之作，頗能考證文史，自抒學識，其所品評詩人文人，悉加排詆，則其宗旨可知。」

其所坿記，頗多異聞，亦有卓識過人者。如云：「歷考古載籍，皆以小學爲字學，而宋人以幼儀當之，則祇此已與古人格格不合矣，何暇復論讀書窮理？」又云：「程端禮讀書分年日程中，講章語録居大半，乃宋元迂曲之儒所爲。趙撝謙學範雖稍有異同，面目不甚相遠。」皆名言不刊。

惟於梨洲黄氏頗有微辭，其傳有云：「先生時有近名之纍，每塗澤學術，以相炫耀。又苦貧，不免請託，以冀溉潤，敝車羸馬，時駐於權貴之門，識者少之。」又云：「石門吕留良與先生素善，延課其子，既而以事隙。相傳晚村以金託先生買祁氏藏書，先生擇其奇秘難得者自買，而以其餘致晚村，晚村怒。又晚村欲刻劉蕺山遺書，致刻費三百金，先生受金不刻，而嗾姜定庵刻之，坿晚村名於後。晚村愠先生甚，輒於時文評語陰詆先生爲僞學，甚且遷怒陽明，而先生亦弥之爲紙尾之學。兩家子弟門人各樹幟而争，幾於讐仇，而先生之名，亦爲之少減矣。」

張楊園傳又云：「考夫於同門黄太冲、惲仲升，皆素不慊心，曰此名士，非儒者也。後仲升以僧服爲釋子所輓，幾欲嗣法靈濟；而太冲多爲鄉里所訾謷。石門狂子覘知之，形於角罵，譽望亦減。人服其鑒。」

又傳嗇廬先生山傳論云：「大科之開，以死拒者三人，李二曲、顧亭林，而先生尤峻。黃太冲、魏叔子則欣欣然食指動者也。一以病，一以喪，皆天之善全之。」其言可謂嚴矣。蓋梨洲晚年名盛慮禍，誠不免蹤跡近人。其居郡城時，至有言其燭籠上題「召試翰林」者。全謝山亦言梨洲所惜者，未除黨人及文士習氣。然予嘗見傳青主印章，亦有曰「徵辟博學鴻詞」者。蓋滄桑黎獻，託名應召以避弋人之篡，不必深求也。此傳叙梨洲學術，雖不及鮚埼亭集梨洲神道碑言之之詳，然推之亦未嘗不至，且極言其羽翼劉門之功，有云：「自先生倡甬上講經之會，天下始蔚然向風，皆知崇本經術，究聖人本旨，而曩時拘牽陋習，不得而蒙之以尺霧也。先王之功，於是爲大。」又云：「先生之弟宗會歿，先生爲壙志曰：『余兄弟二十年來，家道喪失，風波震撼，雖爲論者所甚惜，然讀書談道，窮巖冷屋，要復人間推排所不下，則嫣然於霜落猿啼之夕者，自信不以彼而易此也。』嗟乎！此先生實録也。」是則知梨洲之深者矣。

十四日 沈氏黃梨洲先生傳論曰：「蕺山遺書皆嗣君伯繩所綴輯，於蕺山之言有與洛閩齟齬者輒加竄改。而其孫子志又甚之。予嘗親見藏稿本，三人之手跡畫然，則伯繩父子不得爲無過矣。先生謂昔之人不敢以爝火之光雜於太陽，今之人乃欲以天漢之水就其蹄涔，不亦異乎？嗚呼！先生之識遠矣。」

又沈甸華等傳後坿記云：「越中人士之刻蕺山五子連珠，可謂巷無居人。」以此觀之，則忠介之書經幾改而失真者多矣。道光間校刻劉子之書，以多爲貴。於董氏瑒所輯全書四十卷外，復輯遺編二十四卷，其中如五子連珠類者，蓋非止一二數，支離割裂，轉令人厭。其時主之者老書賈沈霞西復粲，不知別擇，真贋雜陳。而佐之者如蕭山恭甫王氏曼壽、山陰杜氏尺莊、禾子兄弟，或已耄及而失智，或徒愛博而無識，荆楛弗剪，菁華消竭，蓋宋元以來，編輯昔人文集者，往往掇拾它書，搜羅墨蹟，致作僞不經，爲著作之纍。甚至景撰妄補，如柳集坿龍城之録，長編外紀之文，是何異以閉房之記爲論語所遺，以陰道諸篇爲尚書失載？即或言之非僞，而爬羅糞穢，以益丘山，不亦可以已乎？近更有刻人譜類記，而求序於詭遇之顯官，託名於不識字之山長，是猶乞狐父之盜錢，以對夷齊之棄屣，其愚且妄爲已甚。而彼不識羞恥，大書以弁其端，及偃然自命爲繼席者，不特不足污蕺山之塵，亦豈織簾肆中所屑顧者哉？

十六日 沈氏潘東陽先生傳論名開甲，烏程人。曰：「先生之論朱陸，其大旨與孫夏峰、湯潛庵相仿佛，而語更簡穆，溫溫者使人意消矣。然而當時魁碩如張考夫、陸稼書，方以鄒國之息邪拒詖自荷，而孝感熊相國、儀封張尚書，復爲順風之呼，持鋒更厲，嚚嚚者豈容一是魏其之汲黯哉？至先生之學，以原本經術、有濟實用爲肯要，即心性膚談，猶尚掃之，況講章批尾之陋習，足涴其齒頰乎？」

詹事崔定庵先生傳論名蔚林，字玉階，直隸新安人。曰：「南方之學，經孝感、平湖二先生提倡，專以遵朱黜異爲第一義，顧應之者多場屋科舉之士，於説書評尾之外，茫然無覩也。北方風氣樸質，士以和平篤實爲務，奉夏峰爲歸宿。而先生與潛庵、起庵、上蔡張沐。逸庵登封耿介。耿與湯、張稱中州三大儒。諸公，群以躬行相飭厲，當世亦拱手宗仰，孰得孰失，必有能辨之者。」其言皆婉而切。

予嘗論之，陽明之學，誠不能無弊，然無論其功在天地，以一身係明室安危，淑其教者，如趙端肅、孫清簡、黄忠端、施忠介，皆爲千古偉人。而鄉里並時，聞風興起，如上虞四諫、會稽二沈，咸榰柱名教，百折不回，以存天壤之正氣。其門人弟子，如東郭、念庵、南野、陽和，品節德性，粹然無間，擬之孔門，亦幾入室。即世所訾謷以爲王門之累者，如趙文肅貞吉、焦文端竑、陶文簡、周海門，雖流入禪雜，宗旨大殊，而亮節清修，俱資世用。徐華亭爲再傳弟子，聞道未深，而鋤去大奸，力反弊政，嘉、隆之間，卓然救時名相，以視宋代洛閩大儒之門，優絀何如哉。至東林高、顧，首善鄒、馮，塗轍略歧，胚胎則一。其主持清議，或有矯激之過，而熹宗前後數十年中，危而不亡，翳諸公之力。彼河東甘泉，最號爲正學者，而一則委蛇於曹石，一則獻媚於分宜。其得失之明，雖市中五尺童子，不能欺也。

國朝之傳朱學者，莫正於孝感，莫醇於平湖，莫大於安谿。然孝感當聖祖廷議撤遣三藩之初，力請停免，蓋踵宋儒迂論，姑息養奸，幾詒大患。使處文成之地，則株守南贛，不敢出一步，而宸濠之禍成矣。平湖立身無可議，然足以爲循吏，爲直臣，不足以當大任。安谿則身叢衆議，無完膚矣。睢州得君，遠不如安谿之專，較之孝感久侍經帷，恩禮稠密，亦多不逮。雖荷聖明保全終始，與平湖略同，而屢阨於讒，不獲大行其志。備兵於秦，巡撫於吳，皆僅及一稔，乃其所施設，奇偉顯融，已足冠於當代，善政流風，迄今未沫，而世顧以陸王少之。是必循循於四書講章，溝猶墨守，不出聲息，而後爲洙泗大宗、考亭嫡子也。夫分塗責效，不敵如是，宣聖復作，取捨灼然，蜉蝣蟪蛄，宜可息喙。而近日湖湘之士，小效功能，自名理學，以武事爲未足，以心性爲侈談。於是，或言用兵皆本論語，或言臨敵惟講誠明，其甚者至以衾影自治之精誇陳於君后。而依草坿木之徒，乃爲死綏之學究，廣刻遺書，欲以配孔廷，躐兩廡，假徽國之遊魂，拾平湖之餘唾，捕風吠景，狂譫寱言。究其所得，何足當新建之輿皁，而損日月之明哉？嗚呼！可謂愚已。

章氏鳳梧論劉忠介曰：「神廟以來，吾越冠進賢者，趨富貴如鶩。逆璫之禍，稱功頌德者，通郡至十餘人，而死詔獄者止一姚江之黄忠端也。自先生以貞介之操，倡明聖學，士大夫後起者翕然宗之。及夫皇國崩陁，而風概逾振，仗節死義之士，後先接踵。北都則倪文正、施忠介、周文節。南都之變，同先生死者，則祁忠敏、王文學毓蓍、周文學卜年、潘布衣集。渡錢唐蹈難而死者，則余大宗伯煌、高兵曹岱、葉孝廉汝藎、高文學朗、倪布衣文徵、朱布衣瑋、王布衣文宇、傅布衣日炯。陷金華，以越人禦敵死者，則張總鎮鵬翼兄弟三人、吴總鎮邦璿、徐中軍汝琦。魯王航海，從亡而死者，則熊督師汝霖、孫督師嘉績。全髦隱居，以天年終者，則吴通政、傅文學天籟。潔身遐舉，莫可蹤跡者，則吾宗督師正宸、何御史宏仁。足跡不入城市，以農圃老者，則余邑令增遠、徐進士復儀。其它故國舊臣，無一人入仕版，經生杜門誦讀，不應制科者，又比比而是也。推其所自，不得不歸先生風厲之功矣。」嗚呼！章氏之言，吾越士夫所不可不知也。

王遂東嘗言會稽爲報仇雪恥之鄉，非藏垢納污之地；今越中師資久喪，積漸陵夷，人不知名義爲何事。由是粵逆之變，持節鄉邦者逾城逃竄，縉紳之列，無一死難，且忻忻然輸貢賊庭，顧望進用。秀孝之受僞職、毒鄉里者不可悉數。蓋由士不務學，以勢利相崇尚。自道光間有杜主事者，以練勇禦夷爲名，設義倉，結貪吏，假託威福，朋比奸詐，侵削公帑以萬計，首壞風俗而墮家聲。王知府、何主事、沈知府、章御史群不肖繼之，賄賂公行，横暴鄉黨。於是，紈絝小兒，市井魁伯，歆羨慕效，蠅坿螽化，不惜傾産破家，以廁其伍。遂乃虚冒階級，沐冠盗輿，翩翩接裾於縣令之庭，而見者側目，一毒其蠆矣。凶德參會，鬼蜮畢出，人怨神怒，釀爲刀兵，或死或生，蒙面一轍。越之名教，掃地俱盡。此王、劉兩公所蒿目於九京者也。

趙寬夫藏書散出

十七日　下午，偕季弟至倉橋閲市，有仁和趙寬夫氏坦舊藏汲版十七史、十三經，殿版十三經、明史，武英聚珍本水經注、微波榭本水經注、孟子趙注及孫氏音義、抱經堂儀禮注疏詳校、汗筠齋叢書第一集，皆紙槧新好，弢帙精工，近時之佳本也，今爲郡中王姓所轉賣者。

陽明先生文鈔　明　王守仁

二十一日　讀陽明先生文鈔，首以傳習録，殿以年譜，共二十卷，江都張問達所編者也。

十一月

十一日　閲吾族乾隆間舊譜，前有德清許布政祖京序，布政與予家三世同年也。其文甚劣，所述吾家松雲中丞之言尤繆，字作狂草，亦拙惡，後有修者當删去。又前載宋葉夢鼎所題「詩禮傳家，簪纓繼世」八大字隸書，而結銜曰「大丞相葉夢鼎」。南宋置左、右丞相，若止一人，則但曰丞相，無大丞相之稱。又載唐季始祖金華令興宗公之像，而冠以明代幞頭，蓋皆摹自上虞舊譜，流俗不典，所當亟正者也。

今人習見優人演劇皆戴幞頭，俗謂之紗帽。於是塑繪古人，不問時代，皆以此冠之。前日見郡中王姓子弟數人争其先世宋狀元文莊公像，或云宋繪，或云元繪，詢其冠，則皆幞頭也。予告以故，而彼數人中有舉人生員者皆不服，其難以口舌争如此。郡城江橋有碑大書曰「宋大儒徽國公同榜狀元王文莊公故里」，亦王氏後人所立也。章實齋嘗笑之，以爲自來只有稱狀元某人榜進士，無稱某人榜狀元者。予謂王宣子史雖無傳，然據陸放翁所撰墓誌及周公謹齊東野語所紀，其人亦自卓卓，不待同榜五甲中有道學大儒光其綽楔也。使準此例，將山東季氏家樹一碑曰「至聖文宣王同朝正卿季桓子故里」，不足絶倒乎？蒼蠅坿驥，變例至此，亦可哀矣。是不特王氏之羞，亦越人之醜也。

王鳳笙藏書

十五日　詣倉橋沈氏味經堂閱書，賒得微波榭本孟子趙注坿音義一帙，戴校水經注一帙，汗筠齋本錢氏大昭後漢書補表、錢東垣校鄭志合一帙，抱經堂儀禮注疏詳校一帙，沈霞西所輯劉子全書遺編一帙，計直番金九圓，皆近時難得者也。諸書爲瓦窯邨王秀才鳳笙物，秀才亦馬山倪氏之甥，予幼識之，其父本夏畦之豪，秀才後亦棄而學律，名不出里巷，不料其藏書精備乃能如是。

劫灰録　清　馮甦

又見有杭堇浦手書所著劫灰録一册，皆紀明季永曆事，後有自跋及詩一首，言是修浙江通志時因編輯桂王遺事，紀其大略。其書起甲申，迄壬寅，分年條繫，所載廖廖，而頗多舛誤，其丙戌年下分注云「隆武唐王聿鍵，福王之子；紹武聿鐭，桂王長子」，則似於明史亦未嘗寓目矣。

劉子全書遺編　明　劉宗周

十六日　閱劉子全書遺編，沈霞西所輯，凡二十四卷，杜春生爲仿董無休氏例撰鈔述於首。卷一卷二爲語類，首曰證人社語録，次曰問答，次曰學言，皆董氏刪存之餘也。卷三至卷十爲文編，首奏疏六，次揭六，次書百一十九，次啓四，次序三十七，次引二，次題跋四，次考一，次議一，次記三，次雜著十八，次墓志、表、狀、傳、贊共十，次祭文四，次劉氏家傳二十三，次劉氏内傳三，次詩九十七，皆采之董氏所删及法帖、墨蹟、家譜者也。卷十一至卷二十二爲哀此俗字，當作「捊」。纂，首曰陽明先生傳信録三卷，次曰人譜雜記二卷，次曰中興金鑑録七卷。金鑑録者，劉子於南渡時命門人同纂。曰祖鑑，法高帝也；曰近鑑，法宋高宗也；曰遠鑑，法唐肅宗、晉中宗、漢世祖也。曰王鑑，法周宣王、殷高宗、夏少康而坿以越王句踐也。曰帝鑑，堯、舜、禹、湯、文、武也。卷二十三坿録明史本傳。卷二十四坿録歷任始末、誥命、世譜，爲其次孫士林字子志。所編，行實則士林所撰也。其前又冠以像及贊。霞西搜朁之勤，亦可謂不遺餘力，而忠介文以人重，雖片言隻字，芒寒色正，自足流傳，則其寶守之功，尤不可泯。然其中如與族弟諸書，多瑣屑家事；與祝開美諸書，覼縷方藥，半無文字；此等皆必不可存。答張生考夫第二書，末坿注張語，貶斥姚江，隱譏忠介，此即楊園畔師之實據，而一概載之，尤爲無識。至忠介本不能詩，董氏編入全書者，已無一可觀，今並其删棄之什，掇拾靡遺，彌爲拙劣，明史忠介本傳出於拙手，叙次蕪澀，乃不能參互諸書，加以考訂。蔣士銓所作像贊，俗氣滿紙，至以熊廷弼與魏忠賢並論，其所見蓋不能及兒僮，而概爲闌入，是知别擇之事不可不屬之人也。其書校勘粗疏，誤文奪字，層見疊出，又不逮全書遠矣。

朱竹垞明詩綜小傳即靜志居詩話。載思陵賜忠介制詞曰：「疏食菜羹，三月不知肉味；敝車羸馬，廿年猶是書生。」以爲莊烈之知忠介未嘗不深。今考此編所載誥命，則四語乃天啓元年忠介官太僕少卿時制詞也。「疏食菜羹」，作「素食布袍」，蓋其時衆正盈朝，忠介方由行人驟歷三遷，旋又擢副通政，幾欲引之政府，故其詞頭推重如此。

後漢書補表　清　錢大昭

二十日　夜閲錢可廬後漢書補表，凡八卷。首曰諸侯王表，次曰王子侯表，次曰功臣侯表，次曰外戚恩澤侯表，次曰宦者侯表，次曰公卿表。其書考訂精密，多駁熊表之誤。然東京之司隸校尉，職任綦重，河南尹以下七郡守，皆其所屬，實不可以不表。錢氏置此而表河南尹，蓋謹守班表之例，不敢出入。連平練童子恕撰後漢公卿表，乃列司隸而舍河南尹，毛生甫亟稱之，然二官究宜並列也。

李登瀛、厲思晦詩

二十五日　召圬者造竈於寓室之後翼，古所謂宧也。許君云「宧，養也，室之東北隅，食所居」。於室之複閣上得扇面二，一爲先六世祖天山府君書所作詩三首，一爲同邑厲思晦先生壽府君五十詩兩首。府君詩云：「細雨斜風鴨嘴船，神馳學圃舊堂前。青藜光燦香留翰，白苧衣單冷護肩。篋裏經傳皋比座，秋空劍洗錫山泉。寒花分得它鄉夢，一樹棲烏喚客眠。」秋日錫山阻雨懷劉師。「揚子江多險，頃時風色昏。黄雲草木變，濁浪地天渾。千里阻歸櫂，九秋斷客魂。金山吹不動，拳石至今存。」揚子江阻風。「一去維揚渡，歸帆迅鳥飛。秋深蔆角勁，霜落蟹敖俗作「螯」。肥。村婦鳴砧杵，漁人醉釣磯。風塵遊子倦，爲憶北山薇。」舟次丹陽。

厲先生詩云：「讀盡英雄傳，如君有幾人。仲連高世士，元亮葛天民。霜化衝冠髮，杯留横海鱗。

知非今日始，世事莫輕論。」「四十九年前，君生我未然。再加四十九，百歲共華顛。昔似破轅犢，今如上水船。艱難須努力，早著祖生鞭。」

府君所爲詩甚多，其登第以後，有零稿十餘册，舊藏予家。又沈霞西嘗於故紙中收得一册，厚寸許，以歸族祖望樓教習，予曾見之，皆未第時作，繕録精好，朱墨爛然。遭亂以後，竟無一存。今得此三詩，吉光片羽，彌足寶貴。此外文惟鑑湖垂釣圖記一首。存上虞梁湖王氏天香樓法帖中。厲先生名煌，康熙癸巳進士，官翰林編修，與府君同列「詩巢二十一子」中。府君宦不達，而高亮忼慨，儕輩無偶，平生軼事傳者甚多。觀厲先生此詩，及汪退谷圖跋中經綸滿腹之言，可以想其梗概矣。

窗

二十六日 理寓室瓦，换貝窗兩扇，説文云「在屋曰囱」，字本作「囱」，象形。段氏於穴部窗下注「疑窗字爲淺人所增」，是也。其囱部從㡷均，去重文之窗，則非。今呼爲天窗，而通以在牆之牖爲窗。

十二月

陸游詩 宋 陸游

初六日 放翁詩如「正欲清言聞客至，偶思小飲報花開」、「常倚曲闌貪看水，不安四壁怕遮山」、

「雕檻迎陽花迸發，畫梁避雨燕雙歸」、「花藏密葉多時在，風度疏簾特地涼」、「喚客喜傾新熟酒，讀書貪趁欲殘鐙」、「快日明窗閑試墨，寒泉古鼎自烹古衹作「亯」，或云即「𦎫」。茶古衹作「荼」」、「旋遂畫舫破山影古衹作「景」，高捲古衹作「卷」珠簾延月明」、「一窗蘿月禁春瘦，萬壑松風撼晝眠古衹作「瞑」」、「棋劫正忙停晚餉，詩聯未穩畫寒鑪」、「鐙明紙帳雪霜色，火熟銅瓶風雨聲」、「手中書墮初酣枕，窗下鐙殘正劇棋」、「旋烹罌粟留僧話，故種芭蕉待雨聲」、「尋山猶費幾兩屐，貯酒真須百斛船」、「雲碓旋舂菰米滑，風鑪親候藥苗香」、「罵花舊識非生客，山水曾遊是故人」、「繞庭數竹饒新筍，解帶量松長舊圍」、「靜喜香煙縈曲几，臥驚玉子落紋枰」。此等數百十聯，皆宜於楹帖。至如「尋碑野寺雲生屨，送客谿橋雪滿衣」，予曾爲雲門寺僧書之。本放翁留題雲門草堂詩。「兩槳去搖東浦月，一龕回望上方鐙」，予曾爲王城寺僧書之，皆切合佳境。「贖償平日清遊願，更結來生熟睡緣」，則禪房皆宜之。「外物不迻方是學，俗人猶愛未爲詩」，則非尋常書室所得用也。

放翁律句，太平切近人，又往往句法相似，與全篇氣多不貫。其詩派之不高，自由於此。近人譏楊氏大鶴選劍南詩，概取平熟，致失放翁真面，其論誠是。然放翁七律，究不宜學也。予嘗冣與「取」異，俗作「撮」。其五首，亦驪龍之珠矣。感憤云：「今皇神武是周宣，誰賦南征北伐篇？四海一家天曆數，兩河百郡宋山川。諸公尚守和親策，志士虚捐少壯年。京洛雪消春又動，永昌陵上草芊芊。」題接待院壁云：「笙歌凄咽離亭晚，回首高城半掩門。疊疊遠山横翠靄，娟娟新月耿黄昏。未嫌雙鬢妨欹枕，自是孤舟易斷魂。遥想河橋落帆處，隔江微火認漁村。」行至壽昌得請許免入奏仍除外官感恩述懷云：「曉傳尺一到江村，拜起朝衣漬淚痕。敢恨帝城如日遠，喜聞天語似春温。翰林惟奉還山詔，湘水空招去國魂。聖主恩深何力報，時從天末望修門。」書憤云：「早歲那知世事艱，中原北望氣如山。樓船夜雪瓜州渡，鐵馬秋風大散關。塞上長城空自許，鏡中衰鬢已先斑。出師一表真名世，千載誰堪伯仲間。」和周元吉右司過敝居追懷南鄭相從之作云：「梁益東西六十州，大行臺出北防秋。閱兵金鼓震河渭，縱獵狐兔平山丘。露布捷書天上去，軍諮祭酒幄中謀。豈知今日詩來處，日落風生蘆荻洲。」皆全首渾成，氣格高健。置之老杜集中，直無媿色。

此外清新婉約者尚有數篇。然僅到得中晚唐人境界。如九月三日泛舟湖中作云：「兒童隨笑放翁狂，又向湖邊上野航。魚市人家滿斜日，菊花天氣近新霜。重重紅樹秋山晚，獵獵青簾社酒香。鄰曲莫辭同一醉，十年客裏過重陽。」禹迹寺南有沈氏小園四十年前嘗題小闋壁間偶復一到而園已易主刻小闋於石讀之悵賦云：「楓葉初丹槲葉黄，河陽愁鬢怯新霜。林亭感舊空回首，泉路憑誰説斷腸。壞壁醉題塵漠漠，斷雲幽夢事茫茫。年來妄念消除盡，回向禪龕一炷香。」二首自然清轉，情韻甚佳，亦劉隨州、許丁卯之亞矣。

白虎通 清 盧文弨 莊述祖校

十三日 閱盧抱經、莊葆琛所校白虎通。是書惟繆緟貤，幾於難讀，今校正者十得六七，其功甚鉅。然亦有擅刪而未安者。如爵篇「諸侯襲爵章」，何以知天子之子亦稱世子也？春秋傳曰公會王世子於首止。或曰天子之子稱太子。尚書校本此下據通典增「傳」字，亦非。下六字明是今文太誓之文，今惟見於尚書大傳。孟堅時伏生、歐陽之書盛行，不必引傳也。曰「太子發升於舟」。此下舊有「或曰諸侯之子稱代子，則傳曰晉有太子申生，鄭有太子華，齊有太子光，由是觀之，周制太子代子，亦不定也。漢制天子稱皇帝，其適嗣稱皇太子，諸侯王之適子稱代子，後代咸因之」，共六十九字。今以爲此見初學記，乃徐堅說，故避唐諱，後人偶爲附綴，而寫者不知，誤並以爲正文。案，此文前後初學記無引者，後人何由憑空附入此段？至引古書而避諱改字，亦古人之通例。按其文義，自「或曰諸侯之子」至「亦不定也」四十二字，辭意與上相貫，明是白虎通本文。其「漢制」以下二十七字，當是徐說，後人誤據初學記綴入，又妄改「世」作「代」耳。今概節之，非也。

崩薨篇「尸字本作「屍」。柩」章：「尸柩者何謂也？尸之爲言陳字本作「敶」。也，失氣亡神，形體獨陳。柩之爲言究也，久也，不復變也。」「陳也」上舊有「失也」二字，今據北堂書鈔、太平御覽刪去。案，「柩」下究、久皆以音爲訓，「尸」下當本作「失也，矢也」，亦取訓於音。矢者陳也，故下解之曰「失氣亡神，形體獨陳」。後人蓋不解矢有陳義，因改曰「陳也」，以合下文。左傳解矢魚爲陳魚，爾雅釋詁「矢，陳也」。不知說文尸部曰「尸，陳也」，此本訓尸主之尸，非訓屍柩之屍。鄭注曲禮「在牀曰尸」，亦曰「尸，陳也」者，以尸、屍可通用。班氏意蓋相同，故取尸陳之訓爲第二誼；或本作「尸之爲言矢也，陳也」，御覽載禮統語正同。以矢訓尸，以陳轉訓矢，文法亦通。

篹

十九日　跋姚姬傳古文辭類纂。其「纂」作「篹」，篹出玉篇，訓竹器，蓋即説文之籫、纂，可通籑，以籑訓具食，亦訓陳，有列聚之義，故可通用。篹，俗字也，不可通。

説文解字注　清　段玉裁

夜閱段氏説文注，坿訂其个、由、𢇍三條，皆記之眉端，以个爲箇説猶有理，以由坿繇而不坿甹，已爲武斷，至改繼爲𢇍，而曰從糸𢇇，不可通，當從糸𢇍，以糸聯𢇍也。又特增一𢇇篆，可謂自相矛盾，傎倒之甚者矣。

清帝避諱考

二十日　閱説文，自六書之學不明，人不識字，即以避諱一事言之，有避而反觸者，有避而出入無主者。如我朝聖祖諱上一字，凡偏旁從此者皆缺筆作𤣥，獨於畜字不敢缺，不知畜本畜積字，説文訓田畜也，與艸部之蓄音義相同。淮南王説玄田爲畜，其字正從玄，而嘼産之嘼，本作嘼，與畜遠不相涉也。高宗諱上一字缺筆作弘，凡偏旁從此者，皆如之。不知弘本從ㄥ，古肱字篆文作厷，隸變作厶，厶乃公厶今作私，私，禾也字，今缺筆改厶作ㄥ，轉成ㄥ之本文矣。宣宗諱下一字曾奉聖諭改寫作寕，今缺筆作寍，不知安寍之寍在宀部，從心從皿，寧在丂部，願詞也，從丂寍聲。聖諱本取安寍義，故宣廟諸弟之名曰愷、曰忻、曰愉，皆從心，是作寍者轉犯諱之本誼矣。又高宗諱下一字今皆用歷，不知説文本祇有歷，無從厤從日之字，從日者乃俗字也。端慧太子諱一字，今皆用槤，不知説文本祇有槤，無從玉從連之字，從玉者亦俗字也。今上御名下一字，昔年有御史疏言改避偏旁，多失字之本恉，下詔申禁，然其言與城郭之郭本祇作𩫏。字偏旁不同，誠是也，言與熟孰、𩫏等字亦異，則又知一而不知二矣。可以文字爲小學而忽之哉？